L'ORIGINAL

W0413130

ANDRÉ GUELFI

L'ORIGINAL

D'un village marocain aux secrets de l'affaire Elf,
le parcours d'un aventurier de la vie

ROBERT LAFFONT

© Éditions Robert Laffont, S.A., Paris, 1999
ISBN 2-221-08647-3

À ma femme, à mes enfants, à ma famille
À ceux qui préfèrent les originaux aux versions falsifiées

1.

On pourrait penser qu'à soixante-dix-huit ans j'ai acquis une grande sagesse. Donc, un solide fatalisme. On aurait raison, j'ai tout ça, mais j'ai surtout un mouvement de recul en voyant la cellule dans laquelle on me pousse. Une cellule dans un état !... Je n'aurais jamais imaginé que ça puisse exister en France, le pays des droits de l'homme, et à notre époque !... Sans croire au mythe « prisons trois étoiles » je me disais : ce ne doit pas être le Ritz, mais enfin, on n'est plus au Moyen Âge... Or il faut savoir que, si je n'ai jamais été obsédé par la prison, il m'était déjà arrivé d'y penser.

Pourquoi ? Pas en raison de mes activités. Je n'ai jamais eu de crainte à ce sujet, j'ai toujours travaillé dans la légalité. J'aime trop ma liberté pour m'attirer des ennuis, car même en dehors des raisons de morale, « ennuis » égalent « contraintes, comptes à rendre » : tout le contraire de la liberté.

La pensée de la prison, ma hantise de la légalité, ça remonte à un événement bien plus ancien. Je ne veux pas en parler tout de suite, car j'aimerais respecter un semblant de chronologie, mais je vais sans doute y venir très vite, j'écris ce livre en grande partie à cause de lui. Pour l'instant, je suis toujours un peu dans cette prison, dans cette cellule... bel et bien au Moyen Âge.

Un vrai cauchemar. Un cloaque. Des cafards partout. Je n'ose pas entrer. Ils doivent se tromper, ils ne vont pas me mettre *là* !

Alors les deux anges gardiens qui m'accompagnaient me poussent à l'intérieur, et j'en fais tomber tout mon barda. Des couvertures, des draps, et des choses que j'identifierai plus tard, quand j'aurai le courage de regarder, quand je serai moins abattu. Ça aura toujours chassé les cafards quelques instants.

– Tu es chez toi, Guelfi. Fais ton lit.

Je ne bronche pas à ce tutoiement, je suis trop suffoqué. Je ne m'attendais pas à trouver une chambre confortable ni une femme de chambre pour faire mon lit, mais tout de même, en regardant autour de moi, je suis de plus en plus sûr qu'il y a un malentendu. « André, ce n'est pas possible, ils se trompent, ce n'est pas une cellule, on t'a mis dans les oubliettes ! »

Ils ne se trompent pas du tout. La porte se referme sur moi.

Je reste un bon bout de temps assis sur le sommier, la tête entre les mains. Je me force à me calmer, à réfléchir à ce que je dois faire. J'ai vite fini le tour du problème : je ne peux *rien*.

Il était plus de minuit quand j'ai été écroué, les cellules étaient silencieuses, c'était après l'extinction des feux, et je croyais que tous les détenus dormaient. Aujourd'hui, je sais qu'à cette heure quelques-uns ne dorment pas, ils sont couchés, bras croisés sous la tête, les yeux ouverts dans l'obscurité.

Nos pas faisaient un tel bruit dans le couloir qu'on a dû réveiller plus d'un des malheureux qui avaient la chance de dormir...

Ce couloir, cette nuit-là, je ne l'oublierai jamais. Ce dos de gardien, devant, et derrière ce gardien dans mon dos. Et cette pensée qui ne me quitte pas, que je ne parviens toujours pas à croire : « en prison, *moi* ! »...

Moi ! On ne se rend compte de ce que ça signifie que lorsque ça vous arrive ! Même si vous vous dites que ça ne pourra jamais vous arriver à *vous*, vous n'en savez rien. Un malentendu, deux abrutis qui croient vous reconnaître, et vous y êtes ! Après, tâchez de garder votre sang-froid et d'expliquer *calmement* que vous n'êtes pas celui qu'on croit, que vous n'avez pas fait ce qu'on prétend vous avoir vu faire. Et restez calme assez longtemps, car – autant vous prévenir – ce que vous dites n'intéresse personne. Ou si ça intéresse, on ne vous croit pas. Ce n'est pas mieux. J'ai été confronté aux deux variantes et, franchement, je ne peux pas les départager, je ne sais pas quelle est la pire.

Donc, un conseil aux sanguins : tout faire pour éviter de se retrouver en prison. On n'est jamais trop prudent. Moi, à l'avenir, je crois que je vais garder une preuve de ma bonne foi en trois exemplaires dans trois endroits différents jusqu'à la fin de mes jours, même si ça doit m'obliger à louer trois garde-meubles rien que pour la paperasse.

D'abord, alors que je suis encore prostré, assis du bout des fesses sur le bord du sommier, et que je sens ma colère monter, mon instinct de survie tranche pour moi. Tu penseras plus tard à ta femme, à ton avocat, il faut d'abord que tu réussisses à te maîtriser, à ne pas t'énerver.

J'ai depuis longtemps de graves problèmes de tension. Mourir bêtement, ici, maintenant ? C'est possible, avec mon caractère. Ma tension monte très vite quand je suis contrarié, et là, sans risque d'exagérer, je peux affirmer que je le suis. Donc, déjà, tout faire pour que ça ne m'arrive pas. Ça ferait trop plaisir à certains et je ne vais tout de même pas partir sans m'être expliqué.

Je l'ai fait partiellement devant mon juge, mais je veux le faire plus complètement ici, dans ce livre. À ce propos : douter de ce que je dis ici, c'est perdre son temps. Qu'on prenne ça comme un « avertissement au lecteur », ce n'est pas un caprice ou une consigne, simplement un conseil. Parce que la méfiance d'emblée, ça fait lire de travers. J'en sais quelque chose : on m'a lu, avec un certain ton, des pages et des pages de textes que je croyais connaître : j'avais l'impression de les entendre pour la première fois.

Je marche lentement, en respirant avec attention, tendu vers un seul but : regagner le contrôle de moi-même. J'expire en rentrant le ventre, j'aspire en le gonflant, comme un vieux médecin vietnamien me l'a appris. On se souvient de tout ce qui est important, aux moments importants. Petit à petit, je respire mieux, plus calmement.

Il était temps. Je commençais à ressentir des vertiges dus aux bouffées de colère que j'essayais de contrôler. L'injustice décuple le sentiment de révolte. C'est une bonne chose en temps normal (il faut être combatif, ne pas accepter les règles du jeu décidées par d'autres) mais, *ici*, ça implique la colère – et pire encore, la colère impuissante, qui a toujours été ma principale ennemie, ex æquo avec ma naïveté (désastreuse aussi, mais au moins elle n'est pas mortelle).

J'ai toujours dit que je déciderais seul du moment où je mettrais un terme à ma vie active. Je n'avais jamais envisagé que quelqu'un aurait les moyens de m'y contraindre, moi qui ai toujours été libre et qui ai toujours fait ce que j'ai voulu.

Si j'ai voulu très tôt devenir riche (millionnaire, dans mon langage de gosse), c'était uniquement pour être libre. Pour que nul n'ait le droit de me forcer à faire quelque chose qui me déplaît. C'est dans mes gènes. Dès que j'ai pu marcher, j'ai couru. J'ai horreur des restrictions, de l'autorité, de la contrainte... Et ce serait ici, en prison, dans cette cellule qu'on va décider de ma vie pour *moi* ?

Ils ne me connaissent pas. S'ils réussissent à décider de mon sort, c'est que je serai mort – et ce sera d'asphyxie. Je vais vite me rendre compte que, de 8 à 17 heures, les marteaux-piqueurs marchent sans arrêt. On démolit des cellules, pas très loin de moi. La poussière rentre partout dans mon trou à rats. Quand je m'assois sur le lit, un nuage de poussière me fait éternuer sans arrêt. Le désespoir, dans ces moments-là, c'est de ne pas pouvoir débrancher son cerveau comme on ferme la lumière. Ça, c'est la plus grande punition de l'homme.

La prison, c'est la privation de liberté. Admettons que ça serve à quelque chose. C'est un châtiment en soi, il me semble. Cette peine ne suffit pas ? Apparemment non. Ce ne sont pas les gardiens, les responsables, c'est le système, c'est la prison. Tout y est conçu pour humilier, dégrader, casser la personnalité.

Je n'ose pas examiner ma cellule plus attentivement. Jamais rien vu d'aussi infect de ma vie. Combien de temps je vais tenir ? C'est la pensée qui revient le plus souvent, chaque fois que l'œil accroche un détail qui écœure encore plus.

Il y a une couche de saleté poisseuse partout où se porte le regard. Les murs suintent. La tinette est indescriptible. Et j'allais oublier les cafards !...

Bien sûr, je ne suis pas en face des insectes comme certaines femmes, par exemple je ne saute pas sur un tabouret en criant. Mais quand même, il y a cafards et cafards ! Il y a le cafard exotique, imprévu, qu'on trouve dans un endroit pourtant propre, briqué, disons dans un beau pays chaud, touristique et bien tenu, et soudain : « Dites-moi que je rêve ! un cafard, *ici* ? » Oui, monsieur. Et quel cafard ! On ne sait plus si c'est le sans-gêne de ce cafard qui impressionne, ou sa taille. Mais au moins, ça dépayse. Ça peut laisser un souvenir pour plus tard, ça peut même devenir une anecdote si on sait un peu raconter.

Pas les cafards de chez nous, les cafards-cafards. Surtout en si grand nombre. Ils exagèrent ! c'est de la surpopulation ! Un ou deux, passe encore, mais cette multitude !... C'est un peu comme dans la vie : l'individu n'est pas en cause, c'est le nombre, c'est la foule qui dérange. Je ne fréquente pas les endroits fréquentés. J'ai passé ma vie à dénicher les coins solitaires pour être seul avec les miens – le seul vrai luxe – et où je me retrouve ? loin des miens et au milieu de tout ça !

Au moment où je crois que je vais quand même m'endormir, c'est l'heure où en prison commencent les cauchemars, les cris des détenus ! Des cris de tout genre, on ne sait pas ce qui se passe, on tente de deviner : un cri vous donne la chair de poule, un autre vous fait baisser la tête. Même si à la longue on finit par ne plus être surpris, on ne s'y habitue jamais.

Alors, la première nuit en prison...

Je ne dors pas. J'essaie de comprendre comment je me suis retrouvé dans cette situation. Je ne gamberge pas dans le vide, je ne ressasse pas mes malheurs, non : je réfléchis vraiment. En me concentrant, pour revoir tout ce qui a précédé, causé, mon incarcération. Tout s'est passé si vite !

L'avant-veille, le mercredi 26 février 1997, je me présente à une annexe judiciaire de l'AEF (la sous-direction des Affaires économiques et financières) dans le XIIIe arrondissement de Paris, suite à un appel téléphonique d'un certain M. Durand, alors que rien ne m'y oblige [1].

Je m'y rends quand même. Pourquoi pas ? Un : je n'ai rien à me reprocher. Deux : c'est un mercredi, un jour que j'ai toujours aimé. À l'époque de mon enfance, il n'y avait pas école le lendemain. Quand je peux remettre une corvée à un mercredi, je la rends déjà moins pénible. Trois : si on veut me voir, c'est qu'il y a un problème ou un malentendu. Si c'est un malentendu, je préfère le dissiper, et si c'est un problème le régler tout de suite. Enfin, c'est *une* juge qui veut me voir, une femme, donc, et j'ai toujours été vieux jeu. Si c'était une femme qui m'emmenait à la guillotine, je lui ouvrirais la porte et je m'effacerais devant elle : « Après vous, madame... »

Voici les faits. Comme on dit, ils parlent d'eux-mêmes, mais je vais vous les décrire exactement comme je les ai ressentis. La seule chose que je ne garantis pas, c'est l'exactitude des dates – point faible de ma mémoire.

---

1. D'autant que j'étais alors résident suisse, et qu'il m'aurait été facile de refuser ce rendez-vous.

De retour chez moi, à Genève, d'un bref voyage aux États-Unis [1], j'y trouve un message d'un M. Durand, de la brigade financière. Il me demande de bien vouloir l'appeler à son bureau, à Paris, rue du Château-des-Rentiers (ce nom m'avait fait sourire). Pas de problème. Je l'appelle. Il me remercie, et m'informe que je pourrais peut-être les renseigner sur une affaire « Cepsa », dont s'occupe un juge dont je n'avais encore jamais entendu parler : Mme Eva Joly (joli nom).

Effectivement, je suis intervenu pour Elf dans cette affaire. Ils sont bien gentils, mais elle remonte à 1992 : autant dire des siècles, pour moi ! J'informe M. Durand que je vais vérifier dans mes archives afin de rafraîchir ma mémoire, et voir si je dispose de documents (je l'espère, mais je n'en suis pas sûr du tout, avec moi quand une affaire est terminée, elle est terminée). Je lui dis que je le rappellerai pour organiser un rendez-vous.

Il me donne tout de suite son accord, avec courtoisie.

Un peu plus tard, après avoir retrouvé quelques éléments concernant cette affaire, je lui téléphone comme promis depuis Lausanne. Je lui explique que je suis débordé jusqu'au 9 mars (retenez cette date, SVP) mais – et ça prouve ma bonne foi, il me semble – je lui indique que, s'il n'en a pas pour trop longtemps, je pourrais venir à son bureau avant, dans la journée du mercredi 26 février, s'il a un moment. Je dois passer à Paris ce jour-là. Je suis un homme simple, direct, de bon sens. Je sais que le contact avec les gens est toujours préférable quand on en a la possibilité. M. Durand m'assure que recueillir ma déposition durera environ deux heures « au plus » (retenez aussi cette précision).

Rendez-vous est donc pris pour 15 heures le mercredi 26 février. Bon. Pour moi, c'est une affaire classée. En attendant le jour et l'heure du rendez-vous, je passe aussitôt à autre chose, sans l'ombre d'une préoccupation.

Le jour dit, je suis en avance d'une bonne demi-heure – ça roulait mieux qu'escompté. De ma voiture je téléphone à M. Durand pour savoir s'il peut me recevoir un peu plus tôt que prévu. Devant décoller de nouveau pour Lausanne à 18 heures, je gagnerais un temps précieux. Le temps pour arriver au Bourget varie du simple au double selon le trafic.

« Avec plaisir, monsieur Guelfi... »

---

1. Je m'y étais reposé quelques jours après avoir travaillé dur à Saint-Pétersbourg, dont j'étais en train de faire avancer le dossier de candidature pour les Jeux olympiques de 2004.

Quand j'entre dans le hall de l'immeuble de la brigade financière, je n'ai aucune appréhension. Je ne vois pas pourquoi j'en aurais. Je me suis fait une raison : l'entrevue va sans doute être à peu près aussi agréable que n'importe quelle formalité administrative. Au pire, une perte de temps : rien de tragique. On va me demander si deux et deux font quatre, je vais répondre « oui », on va noter cet important témoignage, et la Terre va tourner un peu mieux qu'avant.

Et pourtant c'est là, dans ce hall, que j'ai trop tard le réflexe de demander à mon pendule si ce rendez-vous se présente bien (et qu'il me répond non !). C'est dire si je ne me méfiais pas, car je ne prends aucune décision importante sans consulter mon pendule. Je l'ai toujours dans ma poche, je l'ai même gardé en prison. Mon pendule... Il faut quand même que j'en dise deux mots avant de laisser les imaginations s'emballer. Chacun croit à ce qu'il veut. Liberté totale, et tout le monde sait que c'est la seule vraie liberté. Dieu, Allah, Bouddha, l'horoscope, la chronique médicale de votre quotidien préféré, etc. Ce qu'on veut.

Moi, c'est le pendule. On peut appeler ça comme on veut, de la superstition ou autre chose. Il me rassure, il me fait du bien, et au bout du compte – n'est-ce pas, docteur ? – c'est donc un bienfait de l'objet en question. Peut-être que ses effets sont dus à mon intuition, peut-être est-ce au pendule lui-même, je n'en sais rien, pour moi ça revient au même.

Un jour que je devais prendre l'avion, j'ai oublié d'emporter mon pendule avec moi, je suis retourné le chercher, et du coup j'ai raté mon vol. Or cet avion que j'aurais dû prendre a terminé dans le décor, en bout de piste, et il y a eu des blessés... dus surtout à la panique. Mais ça aurait pu être plus grave, et j'y ai vu un signe que mon pendule m'avait protégé.

Le rapport avec mon pendule n'est peut-être pas apparent pour tout le monde, mais il est réel. Un homme normal qui bouge un peu risque, disons, de se faire une ou deux fractures dans sa vie. Moi, je me déplace *beaucoup* plus souvent. Dans mon cas on peut même parler de bougeotte. Je suis sans arrêt en voyage. Il est normal au vu du total de mes kilomètres/vie que j'aie encouru plus de risques de fractures que la moyenne des gens.

Sans parler de destinations plus dangereuses que d'autres, ni des deux grandes passions que j'ai eues dans ma vie.

Je le dis simplement, parce que c'est vrai : je suis né pour la vitesse. Par ordre chronologique en voiture, puis en avion. Ceux qui connaissent la course automobile et qui ont un peu de mémoire savent que j'ai été pendant huit ans un pilote de course [1] et que, jusqu'à ce que j'apprenne ce que c'est qu'être aux commandes d'un avion, ça a été longtemps ma seule vraie vie et seule envie.

Je n'ai jamais résisté à la belle mécanique, à un beau moteur, et j'ai le plaisir de vous informer que c'est réciproque. C'est un amour partagé. Ça arrive de temps en temps. Au volant d'une voiture, j'étais tout de suite chez moi. Aux commandes d'un avion je suis carrément *moi*. Quand je dois faire une escale imprévue, non seulement ce n'est pas un problème mais ça me réjouit. Le vrai plaisir, en avion, ce sont d'abord les atterrissages et les décollages, alors on comprendra qu'une escale en plus est toujours la bienvenue. Si après ce livre on est amené « à voyager sur mes lignes », mes passagers sont prévenus. On peut tout me demander.

Mais on n'a rien sans rien, et entre les voitures, les avions, et les salles de bains [2], j'ai eu quelques accidents dans ma vie, en particulier des fractures.

D'où le pendule. Ça a commencé en Indochine, pendant ma période commando, là où j'ai eu ma première fracture. Elle m'a fait et me fait encore tellement souffrir qu'il me semble parfois que je l'ai toujours eue. À Saigon, on m'avait soigné comme on pouvait, c'est-à-dire mal. En plus je trimbalais un terrible mal de gorge qui me lançait par intermittence. J'avais tout essayé, aussi j'avais soupé de la médecine officielle.

Donc, plus tard, à Paris je vais voir un radiesthésiste réputé, pour lui parler de ce mal de gorge qui ne guérissait pas. La douleur de la fracture, je la supportais, puisqu'il n'y avait pas moyen de faire autrement, mais ce mal de gorge me minait parce que je ne le comprenais pas (il suffit qu'on m'explique pourquoi j'ai mal pour déjà moins souffrir). Avant de commencer sa consultation, il s'approche de moi, les mains tendues, et soudain il fait un véritable bond réflexe en arrière. Qu'est-ce qu'il y a ? Qu'est-ce qui se passe ? Qu'est-ce que j'ai ?

Il me regarde, sidéré, puis recule encore :

– Mais... vous... vous vous moquez de moi ?

---

1. Sans être un champion (ce n'était pas mon métier principal), j'ai quand même établi trente et un records du tour.

2. En sortant du bain, j'ai failli marcher sur mon chiot et je suis tombé à la renverse sur le bord de la baignoire. La moins glorieuse, mais la plus douloureuse des fractures que j'ai eues.

Devant mon expression de surprise, il s'écrie :

– Vous avez plus de fluide que j'en ai !

C'est là que j'ai compris que mes copains de l'armée ne me mentaient pas quand ils m'affirmaient que j'avais un don, que je les avais guéris, celui-ci d'un rhumatisme, celui-là d'un zona, rien qu'en appliquant mes mains sur le mal. Je faisais semblant de les croire, moi je leur faisais ça parce qu'ils me le demandaient mais je pensais qu'ils étaient un peu jobards.

C'était moi, le jobard. Car, en plus, si je peux guérir les autres (dans certains domaines), je ne peux pas me guérir moi-même (et là, sans restriction).

Toutefois, intéressé par ces phénomènes, j'ai découvert le pendule, d'où la présence permanente dans ma poche de ce charmant petit objet.

Depuis plus de cinquante ans maintenant, il ne m'a jamais quitté. Je lui pose des questions, et selon qu'il tourne dans un sens ou dans un autre, qu'il se balance de droite à gauche, j'interprète ces mouvements : dans des conditions normales, le pendule ne m'a jamais trompé. Où je me suis trompé, c'est quand moi j'ai oublié de le consulter. Principalement dans mes rapports humains. Mais je ne peux quand même pas sortir mon pendule dès qu'on me tend la main.

En Indochine, je ne l'avais pas, mais comme j'en suis revenu vivant, j'ai su que j'avais autre chose, qui dure encore, et qui s'appelle la baraka.

C'est encore plus efficace que le pendule, mais bien plus capricieux que l'amour. Tout le monde a été amoureux. Mais combien ont eu de la chance ? La chance, ça ne se mérite pas, ça vient ou pas. Si ça ne vient pas, attendre que ça vienne. Si ça ne vient jamais, ça s'appelle la malchance. Là, pas besoin de description, beaucoup connaissent, malheureusement pour eux.

Quoi qu'il en soit, pour en finir avec mon pendule : je n'en parle pas, je ne m'en cache pas, je ne m'en vante pas, et je n'en ai pas honte. Je n'en fabrique pas et je n'en vends pas. Si je cause du tort à quelqu'un, c'est à moi. Moi, il me réussit bien, mais je n'ai aucune idée de ce qu'il peut donner avec quelqu'un d'autre. Comme je sais qu'on en a parlé, j'ai préféré dire ici quels sont les rapports que j'ai avec ce bibelot qui – et c'est déjà pas mal – est en plus joli à voir.

J'espère que je n'ai pas semé en route le lecteur à qui j'ai commencé de parler de ce rendez-vous et qui préfère – pour des raisons diverses – continuer avec moi sa visite à l'intérieur de l'immeuble de la brigade financière.

De dehors, ça n'a l'air de rien. D'une entreprise, d'une administration (d'ailleurs c'en est une !). Vous passez devant, vous ne remarquez rien. Activité de l'entreprise ? Spécialisée dans la pose des questions, et l'enregistrement des réponses. Les deux semblent banales, mais au fur et à mesure les premières deviennent insinuations concernant la Loi et ses failles, les Affaires et leurs Tentations. Le sous-entendu est clair : *Allons, allons, on a bien dû faire quelque chose d'illégal, d'irrégulier... Non ? Mouais... Mettons... La peur de la prison, peut-être ? On y pense de temps en temps, à la prison possible ?...* Et voilà, on se sent coupable parce que, effectivement, « on » y a pensé, à la prison.

Mais si je ne leur ai pas dit pourquoi à eux, je vais vous le dire, à vous.

Ça remonte à un bon bout de temps. Et ce n'est pas à cause de quelque chose que j'ai fait, mais qu'on m'a fait. Ma première expérience avec la justice – et la seule jusqu'ici, concrètement.

J'étais pieds nus sur le sable quand ça m'est arrivé. Français (enfin, Corse) du Maroc, l'année 1941 ou 42, un peu avant le débarquement américain, alors que j'étais en permission libérable. Je venais de survivre au naufrage d'un « transport de troupes », et j'étais fraîchement démobilisé *à titre provisoire.* C'est une situation inconfortable. Pas sous les drapeaux... mais pas vraiment libre non plus. On pouvait me rappeler à n'importe quel moment (et d'ailleurs c'est ce qui est arrivé, un peu plus tard). Ça ne m'a pas empêché d'aller à Mazagan (ma ville natale), pour revoir mes parents. Là, mon père m'apprend que les bons d'habillement sont obligatoires et il me dit de passer à la mairie : nouvellement démobilisé, j'aurais sans doute priorité.

Comme pour toute démarche administrative, je renâclais, mais comme ces bons étaient indispensables pour disposer d'un minimum de garde-robe civile, j'ai fini par aller à la mairie : une vraie corvée.

Voilà donc l'état d'esprit dans lequel je suis quand je rencontre à la mairie celui qui m'a causé ces ennuis. Jacques Delvoix. C'était un des rares copains d'avant la guerre à être encore au pays, et un ex-copain d'école : un repère. Un peu comme le seul autre Français qu'on rencontre dans un hôtel à l'étranger.

Donc j'admets que je suis content de voir ce crétin, que je n'avais plus revu depuis mes dix-huit ans. Naturellement, je l'appelle crétin pour tout ce que je sais maintenant, mais je ne savais pas à l'époque que c'en était un d'un tel format !

Dès que j'entre dans le bureau du chef de service concerné, il me tombe dans les bras : c'était lui, le « responsable » des bons d'habillement : cet ancien camarade de classe, presque aussi cancre que moi, je n'aurais jamais pensé le voir dans un bureau.

Croyant m'épater – et m'épatant peut-être, je ne me souviens pas – il me dit qu'il s'occupe de moi « personnellement » (c'est lui qui parle), qu'il me prend en main. Un vieux copain d'école !... Je voyais bien le contentement qu'il avait de lui. J'aurais dû me méfier... En souvenir de notre « vieille amitié », il m'offre un carnet entier de bons d'habillement, représentant cinquante tickets divers et, grand seigneur, il ajoute que, si j'en ai en trop, je peux en faire profiter mes copains.

Je le remercie comme il convient en l'invitant à déjeuner, et on se raconte notre vie. Lui, il n'a pas remué beaucoup (« Pour avancer, dans mon créneau, c'est simple : il ne faut pas bouger ! »). Moi je lui raconte ce que je croyais être une épopée (je n'avais encore rien vu).

Le lendemain, je pars pour Casablanca afin de m'acheter une garde-robe digne de ce nom et, quand je repasse par Mazagan avant de partir travailler avec mon oncle à Agadir, je vois qu'il me reste une trentaine de ces bons dont je n'ai pas besoin.

Alors que je suis sur la plage pour nager et me relaxer un peu (quelques jours de vacances après tant de mois sous l'uniforme), je rencontre deux autres anciens copains d'école. Je leur repasse naturellement mes bons en surplus, en leur expliquant que c'est ce « vieux Jacques » qui m'a offert le carnet.

L'un d'eux, Jean Allot, était un « Marrakchi » (ceux de Marrakech), qui venait passer l'été à Mazagan – considéré comme le Deauville marocain. Il donne dix tickets à son copain et garde le reste pour lui. Et on se quitte.

Un mois après environ, je suis convoqué par la gendarmerie. Je m'y rends, perplexe. Il y a une grande règle dans la vie : tout ce qui est bon fait ou bien grossir ou bien est interdit par la loi. Qu'est-ce que j'ai bien pu faire de si bon ? Je ne trouve rien et pourtant je me sens mal à l'aise. Un pressentiment.

Les gendarmes me demandent avec sévérité si j'ai *acheté* des bons d'habillement à « M. Jacques Delvoix » (c'est bien la première fois qu'on lui octroyait du « monsieur »). Je réponds évidemment que non, qu'il m'en a fait cadeau, et je suis obligé de prouver l'utilisation des bons restants en parlant des deux copains à qui je les avais donnés. Les gendarmes avaient déjà retrouvé Jean Allot mais pas son camarade (dont je ne connaissais pas le nom).

Et là, les gendarmes m'apprennent que Delvoix volait les carnets à la municipalité, et les vendait. J'étais sidéré, mais moi je n'avais commis aucune infraction, il m'avait offert ce carnet, je m'en étais servi, et j'avais repassé le reste à des copains, c'est tout ! Oui, mais légalement, c'est du recel, sauf si ma bonne foi est avérée – ce que je m'efforce de leur prouver.

On me confronte à Jean Allot, qui reconnaît tout de suite que je lui ai *donné* les bons, aussi je ne comprends pas pourquoi je suis mêlé à ça !... Les gendarmes voient bien ma réaction et ma sincérité, mais ils ne sont pas appelés à témoigner quand Allot et moi on passe au tribunal – Jacques étant déjà en détention (« Pour avancer, ne pas bouger », rappelez-vous...).

J'écoute attentivement la réquisition du procureur, sans me faire trop de soucis puisque je suis innocent. Il parle de Jean Allot, sans le charger, en vantant au contraire ses qualités, un garçon d'avenir, un jeune homme exceptionnel à l'en croire, à la tête de nombreuses responsabilités malgré son jeune âge (ah bon ? Première nouvelle ; moi, je le connaissais sous un autre jour, plus décontracté) et il ne requiert aucune peine contre lui.

Eh bien ! Ça ne commençait pas mal pour moi, et je me sentais un peu mieux. On m'avait dérangé pour une petite affaire de rien du tout, un malentendu, puisqu'on ne pouvait rien me reprocher de plus qu'à lui. Soudain, stupéfait, je n'en crois pas mes oreilles ! Ce même procureur réclame contre moi six mois de prison avec sursis et *avec* inscription au casier judiciaire.

D'abord choqué, je mets quelques secondes avant de sentir la révolte me gagner, mais je lis dans le regard du procureur qu'il n'attend que ça. Je me suis maîtrisé, et je suis sorti du tribunal, écœuré.

J'ai su après que la sœur de Jean Allot était la maîtresse du juge d'instruction, avec lequel elle vivait ! Aussi, j'élève une protestation : je trouve scandaleux que la Justice ait forcé ce pauvre procureur à requérir contre le frère de sa maîtresse, il ne pouvait le condamner sans risquer un gros orage ! À sa place, j'aurais d'ailleurs fait pareil... sauf que j'aurais demandé la même indulgence pour *l'autre* accusé !

De ce jour-là date mon idée de la Justice. Je n'ai pas eu l'occasion, avant de mettre les pieds à la brigade financière, de vérifier si Elle avait changé. Et figurez-vous que j'ai l'intuition que non.

Voilà pourquoi j'ai peur de me mettre en colère dès que je sens que ça grince quelque part. Et encore : tant que ça grince, je supporte, mais quand ça coince ? Comme quand on m'a poussé dans ma cellule et que la porte s'est refermée sur moi, dans cette prison de la Santé ? On comprend maintenant pourquoi j'ai *d'abord* essayé de me raisonner ?

Je me connais, et là, protester, c'était mourir. Protester vraiment, j'entends, pas se contenter d'écrire des lettres à droite à gauche, en laissant pour le reste agir le temps, et la justice.

Protester, en prison, pour moi ça voudrait dire en clair : cogner dans la porte à coups de pied, jusqu'à ce qu'on m'ouvre, exiger de voir le directeur, l'engueuler afin qu'il me confronte sur-le-champ avec mes juges pour un détail qui me revient et qui me semble capable à lui seul de lui prouver mon innocence. La suite serait prévisible et inévitable, parce que ce que je demande n'est pas possible, mais est pourtant indispensable. Voilà, je vous ai présenté la colère.

– Monsieur Guelfi ? Vous voulez bien me suivre, s'il vous plaît ?

Pendant que j'étais perdu dans mes réflexions, me demandant si j'avais eu raison de venir, je n'ai pas prêté attention à cet homme qui, dans le hall, marchait dans ma direction.

– Bonjour, M. Mazerolle, le collaborateur de M. Durand.

Et ça y est, c'est fait, presque sans y penser, on va vers les étages. On prend possession de moi sans avoir besoin de me toucher. C'est difficile à expliquer : vous savez que vous êtes entre les mains de la Police alors que la porte est là, à deux mètres, que dehors c'est la rue, la liberté, et pourtant vous suivez.

Toute-puissance de la Police. Heureusement qu'on n'est pas en dictature. Je préfère d'ailleurs aller sur ce sujet sur la pointe des pieds, un jour j'ai dit du mal des douaniers (un coup de tête injustifié, sûrement), résultat : pendant un bon bout de temps, on m'a embêté chaque fois que j'entrais ou que je sortais de Suisse. On m'excusera de ne pas me mettre en plus la Police sur le dos.

Déjà que suis en train, sous vos yeux, d'être présenté à la Justice.

Et je vous dis tout de suite que ça ne va pas être un petit morceau...

D'ailleurs, de revoir ça ensemble me permettra de mieux récapituler.

On va dans les étages, M. Mazerolle devant, moi derrière.

Dans son bureau, M. Durand m'invite à m'asseoir dans un fauteuil. Je n'aime pas perdre mon temps, et encore moins dans cette période où je suis sur la brèche. Et j'ai déjà envie de sortir d'ici. S'il y en a environ « pour deux heures », autant commencer le plus vite possible. Je m'installe donc et M. Durand prend soigneusement à la machine mes déclarations que j'expose le plus clairement possible. Je ne donne que des réponses nettes à des questions me paraissant sans intérêt sur cette affaire Cepsa, qui me vaut officiellement cette « entrevue » que dans ma tête je baptise déjà « souricière ».

Je lui dis que Cepsa (qui date de 1991 ou 1992, et on était en 1997 ! de la préhistoire, pour moi !) est une affaire bête comme chou.

C'est une société de pétrole en Espagne. Elf en possédait un pourcentage important et envisageait d'en prendre le contrôle en signant avec mon acheteur un pacte de majorité. L'affaire tenait à cette prise de majorité. Pour ce faire, j'ai été chargé par Elf de racheter toutes les actions qui pouvaient être disponibles sur le marché. J'ai accepté parce que j'avais l'engagement irrévocable d'Elf, dans le cas où le pourcentage acquis ne lui permettrait pas d'obtenir la majorité, de me reprendre toutes mes actions à mon prix d'achat, majoré des intérêts.

De mon côté j'avais l'accord de mes acheteurs sur le prix d'achat et sur le compromis (pacte de majorité) qu'ils devaient signer avec Elf. J'avais pu, grâce à mes relations en Espagne, acquérir 2 % environ et aussi 1 % par l'intermédiaire d'Elf. Au moment où M. Jaffré a pris la présidence, on détenait déjà 3 % environ, représentant un peu plus de 50 millions de dollars.

Si le projet avait été mené à terme, Elf aurait pu, avec son nouveau partenaire, s'offrir le contrôle majoritaire de la société Cepsa au nez et à la barbe des Espagnols, mais M. Jaffré en a décidé autrement.

Donc, on arrête tout. Dommage, mais c'est la vie.

M. Jaffré charge Mme Geneviève Gomez de régler cette affaire avec moi et effectivement elle donne les instructions pour la reprise des titres Cepsa détenus par ma banque à Genève. Le jour de la cession, alors que je suis en rendez-vous dans les bureaux de Mme Gomez, j'apprends en appelant ma banque [1] qu'elle refuse de livrer les titres car seul le montant des achats a été mis à disposi-

1. L'UBP : Union bancaire privée, une banque suisse.

tion contre les titres. Il manque les 650 000 dollars d'intérêts débiteurs.

Ma banque me dit : « Monsieur Guelfi, désolé, mais s'ils ne nous paient pas nos frais, nous ne leur remettons pas les titres. » Je réplique : « Vous avez raison. » Qu'est-ce que je pouvais dire d'autre ?

J'informe Mme Gomez de la tournure des événements, elle m'assure qu'il ne peut s'agir que d'une erreur, et me donne sa parole qu'Elf me remboursera, et me prie de débloquer la situation.

Fort de sa parole, je donne instruction à ma banque de libérer les titres et de me débiter à moi les intérêts qui lui sont dus par M. Jaffré. Mais voilà que ce monsieur, d'accord pour racheter mes actions, refuse de me rembourser ces frais de garde et de courtage, alors qu'il doit, conformément aux engagements pris par son prédécesseur, reprendre toutes nos actions achetées « majorées des intérêts bancaires », clause bien spécifiée pourtant.

Je voyais déjà le moment où j'allais être floué. Je voyais juste. Lors d'une réunion que j'ai eue avec M. Jaffré en présence de Mme Gomez, et malgré le rappel que c'était sur la parole de sa collaboratrice que j'avais avancé les intérêts dus par sa société, il m'a répondu : « On verra. »

Ça a été tout vu : il a préféré faire perdre la face à Mme Gomez plutôt que de payer ces malheureux 650 000 dollars (1 % du montant total des actions !).

– Bon (je réponds calmement). Ça ne fait rien. J'en prends acte.

Il ajoute qu'il va réfléchir.

Je l'y encourage :

– C'est ça. Réfléchissez. Ça ne fait jamais de mal. Mais de toute façon, même si elle se termine bien, je trouve cette situation lamentable.

Je pensais avoir été assez clair, mais voilà que mes deux policiers commencent à me parler de chiffres, de notes de frais démesurées, de commissions : il n'y a pas un mot qui n'ait pas un aspect négatif.

Je leur dis : « Écoutez, moi, voici comment je travaille avec Elf » (et comme avec tout le monde, d'ailleurs, mais je glisse là-dessus, je ne m'écarte pas du sujet, mes interlocuteurs ont déjà assez de mal à suivre), ou plus exactement comment je *travaillais* avec l'ancienne direction d'Elf pour ce qui concerne mes recherches de contrat en Russie, par exemple.

Je ne me souviens pas exactement des termes employés, mais en gros voici comment je leur ai exposé ma méthode de travail.

Avant de faire quoi que ce soit, d'entreprendre la moindre démarche pour la société avec laquelle je vais collaborer, je m'efforce d'expliquer ma manière d'agir et mes modalités d'accord. Je préviens : mes conditions ne sont pas négociables. Première condition : je ne voyage qu'en avion privé, que je pilote toujours moi-même. Seconde condition : je suis seul juge du nombre de voyages indispensables pour accomplir ma mission. Et à ce propos, de plus en plus, j'ai une certitude : le jour où je ne pourrai plus piloter, je cesserai de travailler. Voilà ma priorité. Travailler est synonyme de piloter, ne perdez pas votre temps à attribuer mon activité à autre chose que cette passion-là. De l'argent, je n'en manquerai plus, à mon âge.

Prenez encore note d'un dernier détail qui, ici, va avoir son importance : pour des raisons de sécurité, d'efficacité et de tranquillité, en voyage d'affaires je ne loge que dans des palaces.

C'est là que je vois – ou que je crois voir, pour être juste – qu'ils sourient d'un air entendu quand je parle de « palace ». J'ai pourtant passé l'âge de camper ou de dormir dans des gîtes ruraux. Je tâche de garder mon calme – bien que je ne sois pas très bon à ce jeu – et j'entre dans les détails pour que tout soit bien clair :

– Pas un palace pour me faire servir du champagne au clair de lune !

Je précise : dans les pays où je travaille, à l'Est le plus souvent, si vous voulez avoir la sécurité, le confort, et aussi le nécessaire pour travailler – téléphone international *qui fonctionne*, fax, branchements informatique, etc. – c'est le palace ou rien. C'est donc pour être au calme, et pouvoir travailler. Les dirigeants des sociétés avec lesquelles je traite le savent très bien.

Pour que je réalise ce qu'ils me demandent, ils s'engagent envers moi (verbalement, d'abord : je travaille d'habitude avec des gens fiables) à me rembourser la totalité de mes frais le jour où je fais établir un protocole d'accord qui leur agrée. J'avance tous les frais, mais quand j'ai rempli ma mission, je demande leurs remboursements sans discussion, sur simple présentation des justificatifs. Toutes les factures souhaitées sont remises, tout est fait dans les règles. Je ne laisse pas de place pour le flou, personne ne sera volé.

Ma seconde condition, pas plus négociable que la première : au moment où on me paie ces frais, on me signe un contrat m'assurant 5 % de commission sur toutes les affaires qui aboutiront. À quoi s'ajoutera naturellement le remboursement des frais qui se révéleront encore indispensables pour que ces contrats soient menés à terme – et vous avez vu que ce n'est pas toujours si facile. On accepte ou pas. En général, on accepte.

Dans le cas qui nous occupe, celui d'Elf, j'ai eu leur accord empressé, bien entendu, car je ne suis pas cher pour le plaisir de l'être, pour jouer les divas, mais bien parce que je suis efficace et que je justifie amplement mon coût. Personne n'aime payer les gens à ne rien faire, dans les affaires moins qu'ailleurs.

J'ai donc commencé à travailler pour Elf, qui cherchait des gisements pétroliers – et donc des accords – dans les pays de l'Est. Ça a pris six mois, un an, deux ans. Je ne compte plus les déplacements en avion privé. Ou plutôt si, je vais les compter, ça vous donnera une idée du travail entrepris et des sommes engagées.

Il faut savoir que chaque voyage représente environ entre 100 et 150 000 dollars. Pour faire aboutir ces contrats pétroliers j'estime le nombre de voyages, de 1991 à octobre 1992, à vingt-cinq, et de 1992 à fin 1996, encore vingt-cinq en Ouzbékistan, et cinquante en Russie, soit cent voyages environ, en tout. Au total, 10 millions de dollars. Rien qu'en frais d'avion pour la seule société Elf.

Ce que je dis là semble surprendre MM. Durand et Mazerolle. Ils n'ont pas l'air de tout comprendre – ou est-ce l'impression qu'ils veulent me donner ? Mais dans ce cas, pourquoi ?

Je joue toujours cartes sur table, une parole est une parole ! Sauf intuition contraire, je crois donc a priori celle qu'on me donne puisque que je tiens toujours la mienne. On m'a dit « deux heures au plus », ce sera deux heures au plus ! Je m'efforce d'éclairer chaque point qui peut leur paraître obscur afin qu'on en termine dans les délais, mais je commence à me sentir mal à l'aise et à m'engueuler intérieurement pour ne pas avoir deviné que la machine judiciaire est beaucoup plus compliquée que les affaires qu'elle traite.

J'y pense trop tard mais je ne me le pardonnerai pas de sitôt.

Je continue mes explications, de plus en plus clairement. Le plus clair, c'est ça : tout se serait bien passé dans cette affaire Cepsa s'il n'y avait eu le limogeage imprévu de M. Le Floch-Prigent et son remplacement à la tête d'Elf par M. Jaffré.

Comme toujours en France, un nouvel arrivant n'a rien de plus pressé que d'abandonner toutes les affaires initiées par son prédécesseur, sans même vérifier si c'était bon pour sa société. Ce que ne ferait jamais un entrepreneur, un industriel, à la tête d'une modeste mais saine petite boîte.

J'avais du mal à faire comprendre cette opération – toute simple pour moi – à M. Durand et c'est là qu'il décide soi-disant [1] de me mettre en garde à vue, ce qui est injustifiable et grotesque.

– Vous plaisantez ?

Non. Il ne plaisante pas.

Mais c'est impossible ! on ne peut pas me garder ! j'ai des rendez-vous vitaux ! Tout mon programme et tous les rendez-vous importants que j'ai à Lausanne (à partir de vendredi soir, samedi et dimanche) sont foutus en l'air ! Je dois impérativement finaliser la candidature de Saint-Pétersbourg pour les Jeux olympiques – dossier sur lequel je travaille depuis des mois ! Si Saint-Pétersbourg est retenu parmi les cinq villes, il y a des milliards à la clé pour les entreprises françaises qui seront choisies préférentiellement – j'y ai veillé, c'est une de mes manies, connue dans le métier. Tout ça défile dans ma tête en même temps que je proteste.

Je suis moins assommé que furieux et catastrophé du parti que ne vont pas manquer d'en tirer mes adversaires. Mais, de toute façon, ne plus être libre, ne serait-ce que vingt-quatre heures, c'est le plus gros choc de ma vie.

Même en occultant ce qui m'arrive – ne plus être libre, j'insiste, c'est pour moi une première ! – je vais décevoir mes amis russes, et bien que ce ne soit pas ma faute, je vais manquer à ma parole. Encore une première !

Et Christine, ma femme ! Elle m'attend en bas dans la voiture depuis une heure et demie, elle doit s'inquiéter, etc. ! Je commence à m'angoisser, à comprendre que je me suis fait piéger.

Ils me disent qu'ils vont la prévenir. Oui, bien sûr, mais ce n'est pas tout, de la prévenir ! il faut aussi que j'aie mes médicaments (j'ai pas mal de cachets à prendre par jour. En réalité, inconsciemment, je me raccroche déjà à tout ce qui vient de l'extérieur). Je leur décris ma femme, la voiture dans laquelle elle m'attend et M. Mazerolle va l'avertir lui-même.

Resté seul avec M. Durand, je tente de le convaincre :

– On peut essayer d'en terminer quand même ! On ne peut plus en avoir pour longtemps, vous allez voir, c'est très simple !

– Pour vous. On ne peut pas faire autrement que vous garder ce soir.

1. J'écris « soi-disant », car je pense que la décision de me placer en garde à vue avait été prise avant même que je mette les pieds à la brigade financière.

Et il précise, sans appuyer :

– ... et peut-être même demain...

Si ce n'est pas un traquenard, ça y ressemble bien.

Je suis furieux contre moi d'avoir pris ce rendez-vous à la légère. Pourtant, la preuve que je ne pensais pas une seconde avoir quoi que ce soit à me reprocher, c'est que, si j'avais eu mauvaise conscience, je ne me serais pas rendu à la brigade financière, rien ne m'y obligeait.

Mais supposons que j'y sois allé sans avoir la conscience tranquille, au moins je ne m'y serais pas rendu en costume et en Weston, tenue insuffisante pour dormir en cellule ou pour se retrouver écroué !... Si je m'étais méfié, j'aurais pris mes précautions, par pur bon sens, je me serais habillé autrement, avec des vêtements plus chauds (là, si la température chute de quelques degrés, j'attrape la crève !) et des chaussures plus confortables, plus résistantes !

J'ai su par la suite, quand ma femme est venue me voir en prison, comment ça s'était passé pour elle. M. Mazerolle a toqué à la vitre de la voiture, lui a demandé si elle attendait « Monsieur Guelfi ». Surprise, elle a dit oui, il a décliné son identité et lui a demandé de le suivre. Tout de suite, elle s'est inquiétée :

– Il a un malaise !

Il l'a rassurée, mais dès qu'elle est entrée avec lui dans ce bâtiment austère, où les gens lui ont paru froids, raides, elle a senti que quelque chose ne tournait pas rond. Elle ne se trompait pas : à peine arrivés au premier étage, il lui a annoncé que j'étais en garde à vue, et que j'avais demandé qu'elle soit prévenue.

Suffoquée de surprise, elle a suivi M. Mazerolle, interdite, sans réaction, avant de comprendre enfin ce qui nous arrivait.

C'est un moment dur, pour nous deux, là, elle et moi. On s'entrevoit entre deux portes, juste le temps pour moi de lui demander mes médicaments pour la tension – mais c'est plus pour lui parler qu'autre chose. J'essaie de paraître normal, de ne pas l'inquiéter, mais elle me connaît trop bien, ça ne marche absolument pas. Au contraire : me voir essayer de la rassurer l'inquiète encore plus.

M. Mazerolle rédige un PV certifiant qu'elle a été prévenue, et le lui remet. En faisant la part d'une paranoïa bien compréhensible, elle ne sait pas trop à quoi s'en tenir avec lui. Il est changeant. Parfois il se montre sympathique, parfois moins. Elle a l'impression qu'on joue avec elle comme le chat avec la souris, alors que, au bénéfice du doute, je lui ai dit ensuite que c'était peut-être l'évolution de mon interrogatoire qui modifiait l'attitude de ces messieurs.

Un exemple. On lui avait assuré qu'elle pouvait m'apporter ce qu'elle voulait pour ma garde à vue de ce premier soir. Son PV en main, après avoir appelé mon avocat, Me Francis Chouraqui [1], craignant qu'on m'enferme vite, elle a foncé dans Paris pour être de retour dans les temps avec mes médicaments et un sac.

On lui demande de l'ouvrir.

– Qu'est-ce que c'est que ça ?

– Vous m'avez dit que je pouvais lui apporter un pull-over !

– On n'a jamais dit ça !

Comme si elle l'avait inventé ! Et le petit jeu continue :

– Et ça, qu'est-ce que c'est ? Un livre ? Vous croyez qu'il aura le temps de lire ?... Et un sandwich ? Vous avez peur qu'on le laisse mourir de faim ?

Christine n'est pas d'origine italienne pour rien, c'est une impétueuse qui, pour tout arranger, ne supporte pas l'arbitraire :

– Mais les médicaments, vous êtes obligés de les prendre, sinon je vous préviens, je le signale !

Changement à vue de nouveau : « Il n'est pas question qu'on ne les lui donne pas, ses médicaments ! Mais elle a tort de s'inquiéter, si ça se trouve il sort demain matin... »

On m'a remis mes médicaments, on a invité ma femme à repartir, et maintenant, après cet intermède, l'interrogatoire a repris. Je réponds aux questions comme un automate, parce que j'ai, bien sûr, l'esprit ailleurs.

Le temps passe, et à l'heure même où je devrais être en train de décoller pour Lausanne, j'en suis toujours à m'expliquer. Ça me met un coup au moral mais pourtant au fond de moi je ne crois pas encore *entièrement* à cette garde à vue. Pour moi, c'est une menace qu'ils emploient parce qu'ils pensent que je cache des choses. Alors je m'évertue à les détromper. Je suis d'une bonne foi totale, je n'ai rien à cacher, c'est à moi qu'on doit de l'argent, pas le contraire !

Je reviens à mes relations d'affaires avec Elf, qui les intriguent beaucoup. Comme je l'ai déjà dit, tout ça remonte à cinq ou six ans, et je me creuse la cervelle pour essayer de ne rien oublier, mais c'est

---

1. Qui n'aura eu le droit d'être là que vingt heures après ma mise en garde à vue. Mais il paraît que c'est normal et que tout le monde est logé à la même enseigne. Sans demander de passe-droit, on pourrait peut-être changer l'enseigne pour tout le monde ?

touffu, pas facile à comprendre pour des non-initiés, et je cafouille dans les dates, ce qui n'arrange rien.

Je leur explique que je viens de donner mon accord à Elf – quelques jours à peine avant ce maudit rendez-vous – sur le choix d'un arbitre unique qui devait déterminer la somme m'étant due pour solder mes comptes (tout le travail entrepris en Russie depuis fort longtemps pour le compte d'Elf). Je leur précise qu'en ce qui me concerne j'étais prêt à accepter la somme de 45 millions de dollars (sur les 100 millions que j'estimais m'être dus, même si c'était à cause d'Elf que l'affaire ne se faisait plus).

On ne peut donc pas dire que je n'ai pas fait d'effort pour trouver une solution à ce problème. Et les 7 millions de dollars dont la brigade financière trouve trace dans le dossier Elf n'ont rien à voir avec cette affaire [1]. Il faut savoir qu'il avait été convenu, lors de mes négociations avec Mme Gomez, que j'acceptais pour leurs besoins internes de signer un solde de tout compte sur le « contrat Russie » moyennant 7 millions de dollars aux conditions suivantes :

Premièrement : que ce contrat *provisoire* soit déposé dans une banque où il ne pourra pas être mis à la disposition d'Elf sans ma signature – ce qui a été fait, et ce contrat y est toujours bloqué.

Deuxièmement : que le contrat original *en un seul exemplaire,* séquestré dans une banque suisse, soit retiré par Elf et me soit remis. Le contrat prévoyait divers paiements : sur l'ensemble de l'exécution, c'était bien une somme de l'ordre de 100 millions de dollars qui était due à mon groupe. Mme Gomez a désigné M. Jacques Halphon qui est venu avec les pouvoirs et en compagnie duquel j'ai retiré l'original du « contrat Russie » toujours en ma possession.

Troisièmement : que l'arbitre unique tienne compte de ce contrat original (et aussi des résultats que j'avais obtenus pour faire accepter les termes exigés par l'ex-PDG, M. Le Floch-Prigent).

Quatrièmement : qu'on accepte la sentence de cet arbitre.

Voilà donc les quatre points pour solder mon compte avec Elf.

Et j'informe MM. Durand et Mazerolle que rien n'a encore été fait, que je n'ai toujours rien reçu. Ce que je dis là à MM. Durand et Mazerolle, dans leur bureau, je le répéterai deux jours plus tard à

1. Ce argent ne représente qu'une partie du remboursement des avances que j'avais effectuées pour le compte d'Elf, sur une affaire « Venezuela », dans le cadre de la régularisation du contrat définitif.

Mme Joly, mais je ne me doutais pas qu'Elf allait essayer de lui faire croire qu'on était tombés *réellement* d'accord sur ce solde de tout compte artificiel de 7 millions de dollars.

Les originaux de ces contrats sont en Suisse, en ma possession, dans ma banque. J'ai décidé de les utiliser pour mettre en demeure Elf de tenir ses engagements, et c'est grâce à ces originaux que je porte plainte, comme vous le verrez plus loin, puisque je n'ai plus l'intention de leur faire de cadeaux. En prime, je vais me charger d'éclairer la presse et les médias sur le comportement et le manque de parole de certains PDG de nos plus grandes sociétés françaises. Ils semblent ignorer qu'à l'étranger, des histoires comme celles-là sont terribles pour notre crédibilité, et font la joie – et les affaires – de nos concurrents.

Ces explications prennent du temps, et ils tapent sur leur machine à écrire si lentement, mais si lentement ! que bientôt il est 19 heures. Ils veulent arrêter. Je renâcle, je veux continuer, on a presque fini, je leur ai pratiquement tout dit, on peut en terminer en dix minutes !

Non, ils veulent qu'on reprenne tout ça le lendemain matin. Donc ils confirment leur garde à vue. Bien forcé de constater qu'ils ne bluffaient pas, je demande à voir Mme Joly : « Puisqu'elle veut me voir, qu'elle me voie ! »

Oh, mais ce n'est pas si simple, me disent-ils, ils n'en ont pas fini avec moi avant que je la voie, ils ont encore des questions à me poser, des détails à éclaircir, etc. Ils ne veulent pas me lâcher.

Je leur répète que je serai à leur disposition à partir du 9 mars, pour le temps qu'ils voudront, mais que d'ici là on ne m'empêche pas de mener à terme mon projet des Jeux olympiques. Ils s'en moquent totalement et je dois les accompagner dans leur voiture jusqu'à la « cage ». La cage, c'est la grande cellule commune à tous les suspects, quels qu'ils soient. La gamme de ses occupants va de l'auteur de tapage nocturne aux suspects de crimes de sang ou aux fous furieux qui attendent l'ambulance pour l'asile.

Moi si vif d'habitude, je me laisse emmener comme un mouton, hésitant entre la révolte et la soumission (genre « André, ne fais pas de vagues, ça va s'arranger dès que tu verras Mme Joly »).

On monte en voiture, on roule, on descend de voiture, on entre dans un petit commissariat. Un couloir, des portes, et je me demande encore ce qui se passe au juste quand j'entends un « clac » et que je me retrouve enfermé. Exactement le même bruit sinistre que dans les films.

Il est environ 20 heures. Pour moi il y aura désormais un temps *avant* et un temps *après* cette heure. Je ne comprends pas ce qui m'arrive, je ne peux même pas décrire le trajet. La partie de moi qui n'est pas groggy est tellement furieuse que tout ce que je ressens vraiment n'est qu'un long vertige, tantôt au bord du découragement, tantôt sur le point de donner le champ libre à ma révolte. Je ne sais plus qui ni où j'étais, ce soir-là...

La cellule est minuscule et répugnante, pas éclairée. Comme mobilier : un bat-flanc cimenté dans le mur. Il y a déjà un occupant, un type, soûl, ou énervé, ou les deux, qui gueule, mais qui gueule !...

C'est déjà petit pour un, mais pour deux, je ne vois pas comment je pourrais dormir, ce qui m'aurait permis d'oublier mon cauchemar et mes douleurs pendant quelques heures. Comment dormir avec un tel compagnon de cellule ? Quand on ne peut même pas s'allonger ? Quand, sans même parler de votre naufrage moral, vous souffrez *aussi* physiquement ? On m'a donné mes médicaments, oui, mais pas d'eau pour les prendre. Pas une goutte. Il n'y a ni robinet ni évier ni même WC dans cette cellule, et il n'y a personne non plus à qui en demander.

Je n'ai pas appris grand-chose à l'école, mais je me souviens vaguement de Louis XI qui enfermait ses victimes dans des cages trop petites pour qu'elles puissent s'allonger ou se redresser complètement : c'est exactement l'effet que me fait cette cellule.

Sauf qu'il y a une petite variante : je n'y suis pas seul. Il y a ce gars qui crie. C'est simple : il crie toute la nuit que les flics sont des enfoirés (ce n'est pas le terme exact qu'il a employé) ! qu'il n'a rien fait ! qu'il aura leur peau ! qu'il promenait son chien quand ils l'ont arrêté :

– Je n'ai rien fait, bande de pourris, je n'ai rien fait, rendez-moi mon chien, bande d'enflures (là, c'est le terme exact) !

Ses hurlements ne cessent pas, et au bout d'un moment j'interviens. Je lui dis qu'à mon avis ce n'est pas la peine qu'il se fatigue : il voit bien qu'ils s'en moquent puisqu'il y a déjà plusieurs heures qu'il s'égosille pour rien. J'ajoute, pour tenter de le raisonner en douceur :

– Vous voyez, moi aussi je suis enfermé. Moi non plus je n'ai rien fait, mais je ne crie pas, puisque ça ne sert à rien.

Il ne s'interrompt qu'un instant, pour focaliser son regard sur moi et essayer de voir qui vient de parler. Puis il m'informe que ces salauds de flics lui ont pris son chien. J'avais cru le comprendre.

– C'est pour ça que je gueule. Ils n'ont pas le droit de prendre mon chien. Il n'a rien fait, lui !

– Ah alors... Moi, ils ne m'ont pas pris mon chien, donc vous avez raison, criez...

Comme c'est ce qu'il fait, sans complexe, j'essaie une petite manœuvre dans l'espoir, sinon de dormir un peu, du moins d'avoir la paix un moment :

– Je vais juste vous dire un truc : criez si vous voulez, on est d'accord.

Il me regarde, intrigué. Je continue :

– Mais ce serait gentil de crier moins fort. D'abord parce que je suis juste à côté de vous et c'est moi qui prends tout dans les oreilles. Ensuite parce qu'eux ils sont tellement habitués qu'ils ne font même plus attention.

Il me regarde de nouveau un moment, et se remet à crier, mais relativement en sourdine. Il est sympathique, il veut m'épargner, mais la volonté ne suffit pas toujours et, si les flics ne l'entendent plus, moi je l'entends encore très bien.

J'aimerais pouvoir dire que c'est l'intention qui compte, mais je n'ai évidemment pas pu fermer l'œil de la nuit, ni même somnoler. Cet enfermement contre nature, plus la douleur réveillée de mes fractures de la colonne vertébrale, c'est trop. Tous les maux dont je souffre parfois se réveillent en même temps, cette nuit-là. Le pire n'est jamais sûr, mais on peut compter dessus quand même.

Ma femme me confirmera plus tard avoir été assurée qu'on veillerait à ce que je puisse prendre mes médicaments. Vous avez vu le résultat. Et ce sera la même chose le lendemain, quand elle apprendra que je n'ai rien mangé la veille au soir ni le midi. Elle m'a bien apporté un sandwich et un Coca, on l'en a encore dissuadée. Qu'elle ne s'inquiète pas, on ne va pas me laisser mourir de faim, on s'occupe de moi... Et s'ils n'ont pas accepté de lui prendre le livre qu'elle m'avait apporté la veille, au moment de m'emmener pour ma première nuit dans une cellule, c'est qu'ils savaient probablement qu'elle serait sans lumière.

Mes deux inspecteurs viennent me chercher à 9 heures du matin. Bien reposés, bien frais, ils m'emmènent comme si j'avais aussi bien dormi qu'eux – en tout cas ils ne se posent pas la question, et ne me la posent pas non plus. Ils ont bien fait.

Le deuxième jour se passe de la même manière que le premier. On ne change pas une formule qui gagne. Seule différence, je suis éreinté, et j'ai du mal à me concentrer.

On se retrouve dans leur bureau. M. Durand est derrière sa machine à écrire. Moi dans mon fauteuil, dans lequel je lutte pour ne pas somnoler pendant les silences. Même pièce, mêmes acteurs : acte II. Scène 1 : de nouveau : questions, demandes de détails, de précisions. On me parle de l'Ouzbékistan, etc., de choses qui n'ont rien à voir – mais alors rien ! – avec l'affaire Cepsa pour laquelle on m'a fixé rendez-vous.

J'en ai soudain assez :

– Écoutez, mes contrats sont en bonne et due forme, je n'ai rien à me reprocher, alors qu'est-ce que ça veut dire ?

Pour toute réponse, ils me demandent si j'ai versé de l'argent à certaines personnes du groupe Elf. Je suis certain – peut-être à tort puisque je ne peux pas le prouver – que ces questions n'ont d'autre but que de me briser le moral, de même que cette garde à vue.

Je réponds quand même – qu'est-ce que je peux faire d'autre ?

– Moi ? Mais vous ne m'écoutez pas ! Pourquoi voulez-vous que je leur donne de l'argent ! J'essaie de vous expliquer depuis hier que ce sont *eux*, les dirigeants d'Elf, qui m'en *doivent*, de l'argent ! Relisez mes contrats, vous verrez bien !

Je leur précise que les contrats établis par les dirigeants d'Elf le sont à *leurs* conditions. C'est-à-dire qu'ils ont prévu et inclus dans leur prix de revient ce qu'ils doivent me verser, ils ne sont pas fous !

Ça ne les convainc pas, puisqu'ils continuent à m'interroger sur ce sujet. J'ai le sentiment qu'ils pourraient m'interroger sur bien d'autres sujets, l'essentiel est d'arriver à vendredi, pour que, si ça se passe mal dans le bureau du juge, je n'aie pas grand recours durant le week-end.

Je dis à l'un de mes inspecteurs d'au moins transmettre ce message à Mme Joly : il est important *pour la France* que la ville de Saint-Pétersbourg soit retenue dans la candidature finale des cinq villes prétendant à l'organisation des Jeux olympiques de 2004, il y a de très gros marchés en perspective, que Mme Joly se renseigne, elle verra que je dis vrai !

M. Mazerolle s'absente pour porter mon message. À son retour il me dit que Mme Joly ne peut en tenir compte, car « ça n'a rien à voir avec notre affaire ». Ça me rappelle l'armée : « Veux pas l'savoir ! »

J'insiste, je leur précise, au cas où certains magouilleraient pour nuire à Saint-Pétersbourg au profit de Lille, autre ville en compétition [1], que mon incarcération ne la ferait pas pour autant retenir dans les cinq villes « nominées » pour les Jeux de 2004 (la *short list*, les maires de plus grandes villes se damneraient pour y figurer). Je leur démontre en détail que c'est Stockholm qui serait alors retenu dans les cinq villes à la place de Saint-Pétersbourg.

Ils sont incrédules :

– Comment savez-vous tout ça ?

– Je le sais, c'est tout... C'est mon métier...

Qu'est-ce qu'ils espèrent ?... Que je leur résume des mois de travail en quelques phrases simples, genre oui ou non, comme pour les questions qu'ils me posent ? Et qu'ils continuent d'ailleurs à me poser, avec la même exigence, toujours des réponses simples à des questions compliquées.

Je fais de mon mieux, mais ça dure, ça dure... Je suis de plus en plus persuadé qu'ils gagnent simplement du temps, qu'ils me mettent sur le gril pour que j'arrive « à point » dans le bureau de Mme Eva Joly. À point ou pas, je n'ai qu'une envie, qu'une idée en tête : la voir, et en finir avec tous ces malentendus.

Mais voilà, comme je le pressentais, Mme Eva Joly « ne peut pas me voir avant le lendemain », et en conséquence on m'annonce que je vais passer une seconde nuit en garde à vue. J'ai tellement la rage que j'ai l'impression d'être à deux doigts d'une crise d'apoplexie – et je m'en fous !...

Heureusement, cette fois on me met au Palais de justice, dans un environnement plus propre et surtout nettement plus tranquille. Dans le quartier des femmes... où les gardiens sont des bonnes sœurs. J'ai un lit, de l'eau pour prendre mes médicaments, et l'atmosphère n'a rien à voir avec la sinistre et interminable nuit de la veille. J'ai même réussi à dormir quelques heures. Normal, je suis un peu plus détendu : demain, je vois Mme Joly, et ce sera fini.

Le lendemain, un vendredi, le 28 février, je suis enfin déféré devant Mme Joly. Je suis assisté de mon avocat, et je me sens mieux pour la première fois depuis quarante-huit heures surtout parce que je suis soulagé de pouvoir enfin m'expliquer avec Mme Joly, quelqu'un qui a l'habitude des gros dossiers, qui peut comprendre. Elle va voir que je dis vrai, elle va se rendre compte de ma bonne foi, ça va aller.

1. Qui n'a pas l'ombre d'une chance, pour cette fois, ni même dans un proche avenir.

On entre dans son bureau. Je la vois pour la première fois, jusqu'ici je ne la connaissais même pas de nom, j'ignore totalement comment elle fonctionne, quel genre de personne c'est.

En me priant de m'asseoir, elle commence par me dire qu'on lui a bien transmis mon message concernant les Jeux olympiques, mais qu'elle ne peut en tenir compte. Cueilli à froid, je l'écoute sans parler.

Assez vite, je m'inquiète un peu, parce que, lorsqu'elle s'adresse à moi, elle a l'air de me prendre pour quelqu'un qui n'a aucun rapport avec moi. J'ai l'impression qu'elle voit en moi un margoulin, ni plus ni moins. Je crois deviner pourquoi elle semble avoir un a priori défavorable sur moi.

Elle ne me connaît probablement qu'à travers une fiche des Renseignements généraux, dont j'ai pu savoir en gros le contenu. Il s'agit d'une fiche malveillante, totalement fantaisiste, un vrai roman, écrit vraisemblablement par un malfaisant cynique, ou un fonctionnaire qui s'ennuyait et qui s'essayait à la littérature policière. Ce qu'on y raconte est si loin de moi et de tout ce que je suis que, jusqu'à maintenant, je n'ai jamais pensé que ça pourrait me nuire *vraiment* tellement c'était énorme.

Mais là, je me dis que, si c'est à travers cette fiche que Mme Joly m'imagine, je vais avoir des problèmes, or je sais que toutes mes chances de ressortir libre d'ici se résument en quelques mots : convaincre Mme Eva Joly de ma bonne foi, et donc la convaincre que cette fiche n'est que du vent. Je ne peux pas malheureusement aller bien loin dans mes explications, car Mme Joly me ramène chaque fois dans le cadre étroit de l'affaire Elf, pour laquelle je suis entendu.

Je lui raconte toute la vérité, je réponds à toutes ses questions. Je lui raconte comment j'ai été catastrophé quand, alors que je me démenais pour trouver à Elf des marchés pétroliers dans les pays de l'Est, j'ai appris le limogeage de Le Floch-Prigent de la présidence de son groupe. La droite était revenue au pouvoir, avec la cohabitation de MM. Balladur et Mitterrand, le petit jeu des sièges éjectables a repris, comme à chaque changement politique. C'est l'une des choses les plus néfastes pour notre économie.

Comme je l'ai fait devant les deux inspecteurs, je lui explique ma manière de travailler, mais plus en détail, en tâchant de ne rien oublier... et surtout, effort intense, en essayant de me mélanger le moins possible dans les dates – un calvaire !

Mme Joly a de la peine à me croire quand je lui affirme que j'en ai été plus d'une fois de ma poche. Mais je le lui prouve, je lui cite des exemples, où ça a tourné court. Dans ces cas-là, je ne réclame rien. Mais quand la mayonnaise prend, alors je touche ma commission de 5 %. Où est le mal ?

À ce compte, envoyons en prison l'agent immobilier qui met en contact le vendeur et l'acheteur, ou l'agent artistique, bref, tous les intermédiaires qui ne prennent en général jamais moins que le double de ce que je prends, et pour infiniment moins d'efforts. Évidemment, sur de grosses opérations, ça représente pas mal d'argent, mais je dois redistribuer une partie (souvent la plus importante) de ma commission.

Si on donne de l'argent à quelqu'un pour qu'on vous facilite un marché, ça peut s'appeler « pot-de-vin » quand on n'offre rien de mieux que ses concurrents. Mais si l'offre est objectivement la meilleure, en fiabilité, en qualité, en prix, là l'argent destiné à accélérer les formalités est indispensable, seuls les menteurs, les hypocrites diront le contraire. Et je l'ai fait, bien sûr. Quand on me facilite la tâche, je remercie, et sans mauvaise conscience puisque je sais que mon offre est la meilleure. Mais jamais, je ne reverse un sou aux dirigeants des entreprises qui ont recours à mes services, jamais : pas un kopeck. Je ne rentre pas dans ces petits jeux-là. On peut chercher partout, on ne trouvera jamais un centime versé à un ministère, à un parti politique, rien de ce genre, jamais.

Je travaille proprement, et du mieux que je peux, c'est tout. D'ailleurs, jusqu'à mes soixante-douze ans, j'ai été un industriel (chronologiquement et principalement, le poisson). En plus j'ai fait d'autres affaires quand elles se présentaient, mais là encore j'achetais, je transformais, je vendais, et non seulement c'était toujours du concret, mais je mettais souvent la main à la pâte.

J'ai fait du solide, j'insiste là-dessus, je ne suis pas un jongleur de papiers, j'ai bâti des choses bien matérielles, bien concrètes, dont certaines durent encore, et qui emploient du personnel : des bateaux, des usines, des entrepôts, des hôtels, un port, même ! C'est seulement l'âge qui m'a empêché de poursuivre et m'a amené à me servir de mes relations, liens tissés pendant ma vie professionnelle et sportive. Je considère que je ne suis devenu intermédiaire qu'à partir du jour où je n'ai plus fait que ça, et que mes relations m'ont permis de traiter directement avec les chefs d'État et les PDG des sociétés que je choisis.

Donc je suis un intermédiaire... qui ne coûte rien à l'entreprise qui m'emploie, puisque mes conditions étant fixées au départ, la totalité de ce que je dois percevoir est incluse dans le prix que j'ai la responsabilité de faire accepter par le pays auquel je m'adresse. Mais si l'affaire ne se fait pas, si un marché rate faute de recourir à un intermédiaire, si celui-ci ne trouve pas de nouveaux débouchés, le contribuable devra, en fin de compte, mettre la main à la poche. Il ne faut pas toujours tout voir petit, et à court terme.

Qu'est-ce qui est mieux ? Zéro franc à verser et zéro franc de chiffre d'affaires, ou payer une commission méritée et satisfaire à la fois le vendeur et l'acheteur ? Il y a l'offre, il y a la demande : il faut mettre les deux en rapport, et ça ne se fait pas par petite annonce. C'est tout un métier, et contrairement à ce qu'on pense, il n'est pas facile. Il faut se démener, c'est du travail, il faut une vraie résistance physique, ça n'a rien à voir avec ce qu'on croit en savoir.

Le tri entre les bonnes et les mauvaises affaires, entre les saines et les autres, entraîne déjà une première sélection. Ensuite commence le parcours du combattant. On risque d'abord son propre argent, on mobilise toute sa volonté, son temps, son énergie. Et il faut bouger. Il n'y a que dans les films où, d'une île paradisiaque, il suffit de décrocher un téléphone et d'échanger quelques mots (milliards, dollars, pétrole, champagne, etc.) puis d'aller tranquillement piquer une tête dans la piscine. Je fais plus de kilomètres en un mois qu'un représentant actif et motivé dans son année, et rarement dans des pays touristiques.

Parfois les soirées d'affaires se prolongent, j'ai horreur de ça, on porte des toasts à n'en plus finir. Je déteste boire pour boire, mais j'y suis forcé de temps en temps dans les pays de l'Est. Alors il vaut mieux tenir l'alcool. Se rappeler les chiffres. Rester à l'écoute. Savoir se taire. Savoir parler. Tenir le coup pendant des heures. Rentrer insatisfait, se sachant obligé de recommencer le lendemain. Parfois j'ai lutté pour ne pas finir ivre (un récent mélange vin blanc/vodka m'a même valu une crise de goutte : je ne savais pas que c'était si douloureux).

Outre ses autres qualités, j'ai choisi Michel, mon copilote, *aussi* pour sa capacité à tenir l'alcool, à cause de mes fréquents voyages en Russie. Il est commandant de bord, ancien pilote de chasse et maintenant chef pilote, mais il accepte pour moi d'être mon copilote. Sans qu'il perde rien de sa maîtrise et de son attention, il est capable de supporter les toasts rituels et quasi obligatoires avec les personnalités – surtout ceux de l'Est.

Ça peut paraître drôle, ou secondaire, mais ça ne l'est pas. Un jour, avant que Michel travaille avec moi, ayant loué un avion chez

Dassault, on me donne pour copilote (obligatoire sur les jets) quelqu'un avec lequel je n'avais encore jamais volé. En avion, il y a une règle : quand on boit du champagne, on me sert toujours le premier (je veux vérifier s'il est bon, digne de mes passagers). On me sert, et moi je sers le copilote avant les passagers.

Il refuse poliment. Désolé, il ne boit pas. Oh ! là ! là ! je n'ai rien dit, mais de retour chez Dassault-Aviation, je les avertis :

– Je ne le veux plus avec moi, ce n'est pas ses qualités de pilote qui sont en question, mais si un jour on est obligés de boire, il ne va pas tenir le coup, ce n'est pas possible. Je ne peux pas prendre ce risque.

Une semaine après, ce pilote me téléphone :

– Monsieur Guelfi, ça y est, je bois, je m'y suis mis. Là, j'ai une hépatite virale, donc ce n'est pas possible pendant quelques jours, mais dès que je serai guéri je vous promets que je boirai avec vous !

Le malheureux ! J'ai été désolé de décliner son offre. Il était prêt à se payer une cirrhose pour voler avec moi !

C'est donc un métier à risques. Ça ne se fait pas de père en fils, comme député ou maire d'une ville cossue. Les relations ne jouent que si vous êtes à la hauteur du portrait qu'elles ont fait de vous. Vous avez intérêt à être bon et accrocheur. À en vouloir, comme on dit. Quand votre travail et votre vie se confondent, vous en voulez, en général. C'est mon cas.

Et, si je ne veux pas prétendre que la défense de l'emploi en France a été ma motivation première, qui peut nier qu'en décrochant un marché à la France je lui fais du bien ? Même un intermédiaire est cocardier. Au Parc des Princes il sera pour la France et non pour le pays avec lequel il traite. Hors de France, il sera heureux de souffler un gros marché à un pays étranger, surtout s'il s'agit de pays comme les États-Unis ou le Japon, pays protectionnistes à gros moyens, très très mal placés pour donner à l'Europe des leçons de morale !

Dans cette affaire Elf, complexe, compliquée, Mme Joly me pose des questions de dates auxquelles je suis incapable de répondre avec la précision souhaitée. Je lui explique que je n'ai ni la notion du temps ni la mémoire des dates. Et depuis très, très longtemps, depuis que je ne cours plus en voiture, je n'ouvre jamais un journal. Avant, je connaissais les dates grâce aux compétitions. C'est la vérité, et pourtant elle ne me croit pas – et je ne peux pas l'en blâmer, sachant qu'elle voit en moi le personnage décrit par cette fiche des RG.

Je lui dis les choses telles qu'elles sont (quand on n'a pas de mémoire, on n'a pas intérêt à être menteur) : à part ce que je fais pour les Jeux olympiques, j'étais sur le point de réussir à obtenir à Elf des concessions de pétrole en Ouzbékistan, grâce à mes contacts – qui s'appuient sur la durée – avec le président Karimov. Le Floch-Prigent, en tant que PDG d'Elf, devait me rembourser mes frais à la signature du protocole, à Crans-Montana où était aussi présent le président Karimov. Or rien ne m'a été versé et j'en rappelle les raisons. Le Floch-Prigent débarqué. Remplacé par M. Jaffré. Refus de ce dernier d'honorer les engagements pris par Elf, en contradiction avec ce qui se fait aussi bien au Pouvoir que dans les Affaires. Pour rester crédibles, les grands dirigeants sont toujours engagés par les signatures de leurs prédécesseurs. Sinon le pays – ou la grande société – se déconsidère.

Finalement, je résume cette affaire mieux que je ne l'ai fait pour MM. Durand et Mazerolle. Des arguments me reviennent. Que M. Jaffré, par exemple, me propose ce solde de tout compte de 7 millions de dollars signifie bien que de l'argent m'était dû [1] (bien entendu, j'ai refusé son offre).

Je précise à Mme Joly que l'accord de compromis a été chiffré par l'arbitre unique approximativement à 45 millions de dollars, et Mme Gomez et M. Jaffré le savent parfaitement.

En fait, Mme Joly n'avait rien de précis à me reprocher. Seulement, ce dossier Elf était si volumineux, si inextricable, que mon nom y apparaissant plusieurs fois j'étais a priori suspect.

Le mot « intermédiaire » devait lui sortir par les yeux, comme c'est souvent le cas quand on ne connaît le sujet qu'à travers les faits divers.

Au fond, disons les choses simplement, puisque c'est vrai, la Justice et l'opinion publique n'admettent pas le système des commissions.

Alors je lui précise ce rôle, et lui donne quelques détails. Pour que les meilleures affaires ne soient pas prises par ceux qui ont plus de moyens que nous, il faut des intermédiaires qui pallient ce manque par la qualité des rapports humains qu'ils entretiennent avec les dirigeants du pays concerné.

Elf ne peut plus compter sur ses seuls gisements d'Afrique et il lui faut en trouver d'autres. L'ex-URSS – et en l'occurrence, dans

1. On est loin de ce qu'il me doit, mais c'est quand même une somme importante, il n'aurait aucune raison de m'en faire cadeau.

l'affaire qui l'intéresse, l'Ouzbékistan où je suis le meilleur contact – est le nouvel Eldorado pétrolier, et pas seulement pétrolier, d'ailleurs. Ce sont des pays neufs, pratiquement vierges parce que très mal exploités, jusque-là.

Je sens que mon juge, la personne qui va décider de ma liberté, ne m'écoute que d'une oreille. La plupart des gens qui vous écoutent ont déjà sur vous leur opinion toute faite. Il faut beaucoup ramer, et avoir de la chance, et du temps, pour les faire changer d'avis, et ça ne marche que s'ils sont de bonne foi – comme, heureusement pour moi, le sera finalement Mme Joly.

Donc, je ne me plains pas ! Je ne suis pas tombé souvent sur de vrais intransigeants, des gens fiers, des intraitables, des ombrageux, race pas commode mais respectable. Au moins on a quelqu'un en face. Jusque-là j'ai surtout eu l'impression d'être en rapport avec des gens au sang froid, qui faisaient leur métier, mais sans plus, et il faut bien reconnaître que dans certains postes on trouve plus souvent – sinon toujours – le type froid que le type chaud. Or c'est l'animal à sang froid qui me fait perdre le mien quand, d'emblée, il refuse d'admettre que je puisse être sincère.

Sans me connaître, on m'a déjà classé, on me voit comme un magouilleur, un aventurier, et pas d'un genre noble ! C'est vrai que j'aime l'aventure dans le sens nature, dans le sens vitesse, dans le sens expérience, mais être aventurier genre fouiner et flairer le gain sous chaque galet de la plage, non, merci, ce n'est pas mon style, ce n'est pas ma vie. Comment les en persuader ?

Dans le danger physique, l'adrénaline vous donne un coup de fouet qui vous tire d'un mauvais pas. Mais ici, dans ce genre d'endroits, quand vous sentez que l'étau se resserre sur vous, loin de vous aider à vous sauver, ça vous rend brouillon et confus – alors que vous savez qu'au fond c'est si simple et que vous ne pouvez pas le dire. On sent l'hostilité vague mais réelle du préjugé. C'est dommage, mais c'est comme ça. Bien sûr, ce n'est qu'un malentendu, pourtant il est de taille. Ces personnes croient qu'on manipule le monde, et ils nous ont en face d'eux à leur merci. Je me mets à leur place. Ils sont humains. C'est tout dire.

Quel est le vrai problème entre la Justice et les justiciables de mon genre ? ou plus simplement : entre Mme Joly, MM. Durand et Mazerolle, et moi ?

Il est qu'ils ne comprennent pas tout ce que moi je sais, et qu'ils suspectent tout ce que je dis. En plus, je ne suis pas le seul à être entendu, il y a des dizaines d'individus qui doivent s'expliquer dans des centaines d'affaires. Ils ne peuvent pas toujours (pas souvent) prendre le temps de vérifier nos affirmations, alors dans le doute... ils doutent. La Justice a un budget de fonctionnement, du personnel, c'est dans les faits une entreprise comme les autres. Il faut que ça marche, tout le monde fait tout pour le rendement, mais hélas ils n'ont pas les moyens de travailler décemment. D'où, de leur part, une rancune contre moi, plus exactement contre tous ceux à qui ils croient que je ressemble.

Ceux qui nous écoutent et décident de notre sort sont des gens qui veulent rester calmes, imperturbables, surtout pas impressionnés par nos fortunes vraies ou supposées, et qui le sont bien sûr, impressionnés, comme on l'est tous devant quelque chose qui nous paraît interdit, donc frustrant.

Mme Joly m'écoute avec intérêt me débattre, mais elle préfère que je revienne à nos moutons. Si vous voulez, madame, si vous voulez. Qu'est-ce que vous désirez savoir ? Mais... tout ! Bon : on commence par quoi ? Et c'est reparti pour une explication compliquée, alors que sa méfiance me gêne, me handicape, même. J'essaie de procéder par ordre : d'abord, de quoi me croit-elle coupable ?

– Je ne sais pas... Mais toutes ces sommes... qui vont... qui viennent...

J'ai l'intuition qu'elle aussi va vouloir me garder ! Je ne vais pas ressortir libre de cet immeuble, je commence à le pressentir.

J'ai carrément la trouille, alors je me lance, je lui dis que je n'ai rien à cacher, je lui demande avec empressement ce qu'elle veut savoir, ce qu'elle veut voir exactement. Elle répond aussitôt :

– Eh bien, donnez-moi les relevés de votre compte pour l'année 93 !

– Très bien. Vous permettez que je téléphone de votre bureau ?

– Mais... certainement !

N'ayant rien à me reprocher et n'ayant commis aucune infraction, je téléphone à ma banque et lui demande de bien vouloir me faxer le relevé des opérations de l'année 1993 du compte souhaité par Mme Joly.

La banque croit avoir mal compris, dit que c'est impossible, qu'il y a au moins soixante pages. Je transmets cette information à Mme Joly (encore surprise de mon offre) : elle me montre son tout petit fax qui ne pourra jamais recevoir toutes ces pages de grand format. Fin de la tentative ? Pas du tout ! Toujours à l'étonnement de Mme Joly, je dis alors à ma banque de les envoyer chez mon avocat, Francis Chouraqui, présent à cette entrevue : on nous les apportera dès réception ! Là, Mme Joly peut penser ce qu'elle veut, mais si ce que je viens de faire n'est pas un gage de bonne foi, je ne sais pas ce qu'il lui faut !

Une collaboratrice de mon avocat arrive enfin avec les soixante pages de télécopies. Mme Joly se lève pour les compulser, les feuilleter, tantôt rapidement, tantôt attentivement, et tombe soudain en arrêt devant un virement concernant « Leuna-Minol » – le complexe pétrochimique de Leuna, en ex-Allemagne de l'Est, près de Leipzig, augmenté du réseau de stations-service Minol.

– Qu'est-ce que c'est que ça ?

Là, elle a nettement tiqué.

Je lui dis que c'était une transaction effectuée par une société offshore mise à la disposition d'Elf pour une opération en Allemagne tout à fait officielle.

Et là, me clouant sur place, Mme Joly m'annonce qu'elle va m'écrouer !

Je m'écrie que tout ce que je fais est clair, je lui raconte même comment j'ai été amené à travailler pour Elf. Je partageais trente ans d'amitié avec Mathieu Valentini, qui avait la responsabilité des assurances de toute la société. Un jour, il m'a demandé si grâce à mes relations je pouvais l'aider à pénétrer le marché vénézuélien pour le compte d'Elf qui avait des problèmes dans sa prospection ; or il se trouvait que j'étais en affaires avec Firmin Fernandez, Français résident vénézuélien, que j'avais rencontré au cours d'un marché avec la Snecma, pour des moteurs d'avion [1].

J'ai donc présenté Fernandez à Valentini. Mathieu m'avait dit : « Ne t'en fais pas pour l'argent, je te donnerai la moitié de ce que je dois gagner. » À la suite de la mort subite de Mathieu lors d'un de ses voyages, Firmin Fernandez et Hagop Demirdjian – tous deux ayants droit de la société Sulina – m'ont prié de bien vouloir remplacer Mathieu auprès de la société Elf, avec laquelle ils avaient signé un accord important. Je me suis rapproché d'Elf grâce à des relations amicales et j'ai fait savoir à ses dirigeants que je pouvais personnellement les aider très efficacement en Chine, en Ouzbékistan, au Kazakh-

1. À la Snecma, j'ai des positions solides puisque je suis, par exemple, à l'origine de leur collaboration avec le constructeur russe MIG.

stan, en Russie, et plus généralement dans tous les pays de l'ex-URSS. Ma proposition les a intéressés. C'est seulement alors que j'ai fait savoir à Firmin Fernandez que j'acceptais de les aider auprès d'Elf, à la suite de quoi ils m'ont établi un pouvoir (une procuration, si vous préférez [1]).

De fil en aiguille, je me suis retrouvé en selle et j'ai pu prospecter des débouchés pour Elf, en Russie, en Ouzbékistan et en Chine.

En ce qui concerne la véritable destination des millions engagés dans l'affaire Leuna-Minol, il n'y a que trois personnes qui puissent dire où est allé l'argent – à des hommes politiques, à des partis, à des syndicats de patrons ? – et ce sont Alain Guillon, directeur du raffinage, Hubert Le Blanc-Belleveaux, chargé de mission à la présidence d'Elf, et Alfred Sirven, président d'Elf-Aquitaine International, bien sûr. Mais pas moi.

Je dis la vérité à Mme Eva Joly, mais il est de plus en plus clair qu'elle ne me croit pas, et elle me confirme, à ma consternation, qu'elle m'écroue sous l'inculpation de recel d'abus de biens sociaux en attendant de me confronter à Le Floch-Prigent.

Cette fois, le ciel me tombe sur la tête et je comprends que je ne le reverrai pas de sitôt. Pourtant, sans réussir à y croire *vraiment*, ça ne me paraissait plus impossible depuis un petit moment – mais c'était surtout une manière de conjurer le sort.

Alors je l'ai suppliée. Pour la première fois de ma vie, j'ai supplié quelqu'un. Il fallait vraiment que la liberté soit mon bien le plus viscéralement ancré, pour que je sois allé jusque-là – mais je l'ai fait :

– Écoutez, madame le juge [2], je vous donne ma parole que je rentre la semaine prochaine, laissez-moi libre ce week-end, c'est important, c'est vital, qu'est-ce que vous risquez ? Je vous laisse mon passeport, je vous laisse tous les papiers que vous voulez, je vous promets que je reviens me mettre à votre disposition dès que j'en ai terminé. Où est-ce que je pourrais fuir, sans passeport ?

Elle ne veut rien savoir. Je suis anéanti. La cellule de la garde à vue, passe encore, c'est dans la ville, mais la prison c'est autre chose, même à Paris ce n'est plus en ville, c'est un État indépendant, avec ses lois, ses habitants, et les hauts murs sont ses frontières infranchissables.

---

1. Voir Annexe n° 1, p. 355 à 361.
2. Et en plus je ne savais jamais si je devais lui dire madame *le* juge ou madame *la* juge. Mais elle avait l'air de s'en moquer complètement.

À l'armée j'ai connu un type qui, condamné à quatre jours de mitard, à cause de son caractère et de l'antipathie d'un petit gradé hargneux, y est resté au total plus de deux mois. La prison, on ne sait jamais quand on va en sortir.

C'est le désespoir.

Dans n'importe quelle situation, y compris le tremblement de terre d'Agadir et l'incendie en Mauritanie de mon *Clupéa*, le premier bateau-usine de pêche (flambant neuf), qui m'ont ruiné deux fois, j'ai toujours eu la force morale et physique de faire face : de contre-attaquer. De m'en sortir. J'ai failli mourir plusieurs fois en compétition automobile, et aux commandes de mes avions : j'ai toujours su réagir à temps. Je m'en suis toujours tiré.

En affaires, quand ça se complique, ou que des difficultés surgissent, je ne lâche pas prise tant que je n'ai pas emporté le morceau, et il faut vraiment une catastrophe, un événement de grande importance, pour que j'abandonne et reconnaisse mon échec. Et encore ! je reviens souvent à la charge une fois que les circonstances me semblent plus favorables.

Je ne me décourage donc pas facilement. Mais là, si. Là, ma liberté ne dépend pas de moi, je ne peux rien faire, donc je ne me bats pas. Je suis abattu. Désemparé. Je ne me suis jamais senti à la dérive, jusqu'ici.

Est-ce vraiment la peine que je vous en dise plus ? J'ai soixante-dix-huit ans, je n'ai jamais, de toute ma vie [1], supporté la moindre contrainte, et on me met en prison. Imaginez le reste.

J'ai demandé comme une faveur à Mme Joly qu'en attendant de me revoir elle me permette de ne pas quitter le quartier des femmes du Palais de justice, mais non, elle a refusé : il fallait que ce soit la prison, paraît-il.

Elle m'a laissé son bureau pour que le somnambule que j'étais devenu puisse se raser, se changer. Elle a autorisé ma femme Christine à me donner un sandwich et une demi-bouteille de bordeaux, mais je n'ai rien pu emporter d'autre (c'est la loi !).

Au moment de nous séparer ma femme ne réussissait pas à s'en aller, elle ne faisait que répéter « Ce n'est pas juste, ce n'est pas juste », et elle s'est mise à pleurer, c'était plus fort qu'elle, elle est bien placée pour savoir que je n'ai jamais rien fait de mal, et cette injustice la révoltait. La voyant dans cet état, je n'ai pas pu m'empêcher de craquer aussi, j'ai pleuré avec elle, en lui demandant d'être courageuse et

1. Excepté pendant mon service militaire et à l'armée, mais ça ne compte pas.

d'avoir la force de partir. Ce qu'elle a fait, la mort dans l'âme. Je me sentais sinistré. Quel tableau... Quel souvenir... Jamais on n'aurait pu imaginer, elle et moi, qu'on puisse un jour nous séparer de force.

Je n'en veux pas à Mme Eva Joly. Je serais à sa place, je dirais comme elle : « Cet homme est à abattre, à mettre au trou ! » Tant qu'elle ne se rendra pas compte que je n'ai rien à voir avec le type décrit par les RG elle m'aura dans le collimateur, je la comprends. Et je la respecte même. Elle fait son métier, et je suis sûr qu'elle veut le faire bien. Mais ça m'arrangerait qu'elle le fasse vite.

Je pars pour la prison, les mains vides. Quand on m'emmène, je croise une dernière fois ma femme dans le couloir, et je comprends à son regard chamboulé que je dois l'être encore plus qu'elle.

On est vendredi soir, le 28 février 1997.

Je le note comme ça me vient. Ce premier soir en prison comptera de toute façon jusqu'à la fin de ma vie. J'étais à la fois effondré et furieux : effondré, parce qu'emprisonné, et furieux parce qu'au fond de moi je n'arrivais pas à éliminer la pensée que tout ça était un coup fourré pour m'enlever toute chance de défendre la ville de Saint-Pétersbourg au profit de Lille.

Il faut savoir que la présentation de la candidature de Saint-Pétersbourg a eu lieu au même moment que celle de Lille. Je faisais partie de la délégation de Saint-Pétersbourg et, au cours du déjeuner offert par M. Juan Antonio Samaranch, j'étais assis en face de Mme Martine Aubry. À un moment, je lui ai demandé qui était cette fillette qui accompagnait sa délégation. Elle m'a expliqué que c'était la petite, malgré son âge (une dizaine d'années), qui avait sollicité l'autorisation de suivre la délégation de Lille. Je lui ai répondu que, vu son âge, avec un peu de chance, elle aurait probablement l'occasion de voir un jour les Jeux olympiques en France. J'ai bien peur que ma réponse, qui partait réellement d'une bonne intention, ait contrarié la délégation lilloise.

Si vous m'aviez vu lors de mon premier matin en prison, vous auriez tellement mieux compris qu'avec ce que je vais tenter de vous décrire !... Je n'ai commencé à revivre un peu qu'avec les premiers bruits d'une lourde machine qui se remet peu à peu en marche. Cliquetis, bruits divers, changements du rythme des pas des gardiens dans le couloir, etc., une infinité de petites choses.

Si la prison revit, c'est que le jour revient, c'est que les bureaux, les administrations, le grand chambardement quotidien reprend, et qu'il n'est pas question que moi je reste ici à ne rien faire alors que dehors on travaille déjà pour ou contre moi.

Et là, coup au cœur. C'est samedi. Les administrations sont fermées. Et demain c'est dimanche. Deux jours à ne rien pouvoir faire d'efficace puisque ceux qui m'ont collé là ne sont pas joignables. C'est ça, la prison : des punitions dans la Punition. Il y en a suffisamment d'autres, mais celle-là est une de celles qui font le plus mal, qui frappent bien méchamment au ventre, à en couper le souffle.

Car ça veut dire que, même si tout à coup, par miracle, Mme Joly s'avisait de me libérer, je ne pourrais l'être avant lundi.

On entre deux fois, en prison. La première fois, par la porte, sans assez y prêter attention, bien trop accaparé qu'on est par des millions d'autres pensées. La seconde, quand on comprend qu'on est dedans. C'est la bonne.

C'est là que j'ai compris que les JO, Saint-Pétersbourg, et toutes ses retombées, tout ça, ça passait après moi, la priorité ne se partage pas.

Francis Chouraqui est venu me voir trois fois ce jour-là. La première, par amitié, la deuxième par devoir, en tant qu'avocat, pour me tenir au courant de ses démarches, la troisième je ne sais plus pourquoi, les deux à la fois sans doute. Ma femme n'a pas obtenu un droit de visite pour ce premier samedi de mars, et c'était mieux ainsi. Je n'avais ni envie de faire pitié ni le temps d'être réconforté, je n'avais qu'un but, c'était de me battre pour ma libération. Ça m'a sauvé.

Cela dit, j'ai eu un tort : confondre « me battre » et « m'isoler », rester enfermé dans ma cellule comme pour nier l'existence de cette prison. J'aurais dû me nourrir et m'occuper de mon corps plus tôt. Mais ça n'a pas duré assez longtemps pour que j'en souffre. Quatre jours de jeûne.

Avec ce premier samedi de mon incarcération, j'en aurai connu cinq. J'ai été libéré la veille du sixième samedi, le vendredi 4 avril. À un jour près, j'y suis resté six semaines. L'armée vous vole votre temps, mais au moins ça donne des souvenirs qui, avec les années, deviennent tous bons. Mais en prison ? C'est une expérience, il faudrait être fou pour le nier, ça offre l'occasion de se regarder réagir, de s'observer dans des situations extrêmes, c'est tout ce qu'on peut dire en sa faveur. Car c'est long, la prison, même si ça peut faire sourire certains quand on dit « six semaines » (sous-entendu : *Oh, six semaines, ce n'est pas la mort*)... En une seconde, j'en apprends plus sur ceux qui réagissent ainsi qu'en six semaines de fréquentation normale.

Six semaines, ça en fait déjà, des heures, des jours, mais quand on est innocent, ça en fait infiniment plus. Ça ne sert à rien de revivre le passé, alors, je me dis que ça m'aura peut-être permis d'avoir une vague idée de l'éternité. Que je n'aurai donc pas connu cette expérience entièrement pour rien. Tant mieux. Je n'aime pas rester sur du noir total, du complètement inutile.

Francis Chouraqui, pessimiste en me voyant embarqué en prison, était surpris et content de me trouver si remonté le lendemain. Je lui dis que j'ai été sens dessus dessous toute la nuit, que je ne me suis vraiment repris que tôt ce matin, en entendant les bruits de la vie mais que je n'ai pas envie de parler de moi, ce que je veux, c'est en avoir le cœur net, savoir si ma détention n'est pas due à quelque chose qui n'a aucun rapport avec l'affaire pour laquelle j'ai été entendu par Mme Joly et ses collaborateurs :

– Tu vas dire dès lundi à Mme Joly que, si certains pensent profiter de mon emprisonnement pour éliminer Saint-Pétersbourg au profit de Lille, ils se trompent. Et donc m'enfermer ne leur sert à rien ! Dis-le-lui bien !

Il ne croyait pas à cette thèse. Il avait raison, bien sûr, je reconnais que, sur le moment, j'étais persuadé qu'il y avait comme un complot, organisé pour me mettre hors d'état de nuire, puisque dans ce milieu tout le monde sait que c'est Horst Dassler et moi, en tant qu'associés, qui avons réussi à faire désigner Moscou pour les Jeux de 1980. À l'époque notre position nous avait permis de convaincre les responsables chargés du vote mais, malheureusement, depuis la nomination de Juan Antonio Samaranch à la présidence, les règles de vote ont été modifiées : il y a désormais beaucoup trop de monde à convaincre, ce qui implique une multiplication de travail et de voyages.

Francis transmet mon message dès le lundi matin à Mme Eva Joly... et je n'entends plus parler d'elle pendant toute la semaine [1] ! Ce qui naturellement conforte ma thèse du complot et alimente ma parano. Qui ne serait pas parano dans de telles conditions ? Je n'ai rien

1. Elle s'absentera deux fois pendant ma détention, et chaque fois c'était comme si je voyais s'envoler mon ballon d'oxygène. Elle présente, tout était toujours possible... Quand elle s'absentait, l'espoir d'une libération soudaine s'évanouissait.

fait qui mérite qu'on me mette en prison, et mon incarcération arrange des gens : j'ai quand même le droit de me demander si ce ne sont pas ces gens qui m'ont tendu ce piège, c'est légitime ! Dans les romans noirs, on dit : « À qui profite le crime ? » Et je n'y suis pas, là, dans un roman noir ? Il y a des romans policiers dont les héros ne sont même jamais allés en prison. Or moi, j'y suis.

Les trois premiers jours, le plus insupportable, c'est le surveillant qui vient pendant la nuit soulever l'œilleton. Alors que vous avez eu tant de mal à vous endormir – pour au moins vous échapper dans le rêve, puisqu'à l'état de veille il est impossible de penser à autre chose qu'à la prison – vous êtes soudain inondé de lumière, vous vous réveillez, hagard... en plein dans le réel de votre cellule. Vous, en cellule ? Impossible ! Pourtant vous y êtes. Et c'est reparti pour faire les cent pas, dans la cellule ou dans la tête. Et, après avoir gambergé un long moment, alors que le sommeil est, dans l'ordre, une gageure et une bénédiction, allez réussir à vous rendormir ! Vous crierez au sadisme et vous aurez raison.

Le premier jour où ma femme a enfin eu la permission de me rendre visite, elle s'est mise dans la file, composée surtout de femmes. Il pleuvait. Quand est arrivé son tour, un visiteur, un petit vieux, lui a dit qu'elle devait donner le nom du détenu, pas le sien. Quand elle l'a donné, les surveillants à l'entrée lui ont déclaré qu'ils n'avaient personne de ce nom ! Après des palabres, des protestations, ils ont fini par la renvoyer à un autre guichet, à une autre entrée.

Or la Santé, c'est grand ; faire le tour, c'est long, surtout sous la pluie, et plus encore avec la peur d'arriver en retard. Elle avait déjà passé une demi-heure pour rien dans cette file, alors que son permis de visite précisait que c'était à cette entrée qu'elle devait se présenter, et pas à celle qu'on venait de lui indiquer. Mais elle s'est dépêchée et elle est arrivée – essoufflée et anxieuse – dans les temps à l'autre fameuse entrée, celle des avocats et des « privilégiés ».

Là, elle est tombée sur un gardien, qui a prétendu qu'elle était en retard, que les visites se terminaient... Comment ? Indignée, elle a rouspété : « Je suis allée là où on m'a dit d'aller ! et que ceci, et que cela, etc. » – elle a ce petit trait de caractère de ne pas se laisser marcher sur les pieds. De guerre lasse, il a cédé : « Bon, bon, je vais voir ça, je vais voir ce que je peux faire... Guelfi, vous dites ?... Oui, c'est vrai, ça me revient, on m'a téléphoné ce matin, donnez votre papier, je vais aller voir... » Il l'a tout de même fait attendre une demi-heure sous la pluie avant de la laisser entrer « exceptionnellement, parce que d'habitude l'heure, c'est l'heure ».

Le soir où Mme Joly m'a fait écrouer, elle avait affirmé à ma femme qu'elle pourrait me voir sans problème. Apparemment, elle ne se doute pas que ce n'est pas si facile puisque ma femme a dû attendre plusieurs jours avant de pouvoir me rendre visite. Il semble que la communication entre le cabinet du juge et l'administration pénitentiaire ne fonctionne pas très bien.

La première question que ma femme m'a posée, après celles concernant mon moral et ma santé, a été pour me demander pourquoi on appelait cette aile de la prison le « quartier des privilégiés ». J'ai bien fait de le lui expliquer, parce qu'elle ne l'aurait jamais deviné toute seule.

C'est simple : les privilégiés sont ceux qui ont une cellule individuelle. Ici, c'est un luxe. Ils ne se promènent pas dans la cour en même temps que les autres, mais uniquement pour des raisons de sécurité, pas par faveur. Certains détenus ne voient en nous que des gâtés de la vie qui ont simplement trébuché, des gens qui viennent juste faire trois petits tours en prison avant de ressortir vivre la grande vie. Bref, des vernis. Je me mets à leur place, et si j'étais fauché et abandonné comme eux, moi aussi je haïrais... ces privilégiés !

Comment imagineraient-ils que le privilégié que je suis n'a rien voulu prendre pendant les quatre premiers jours de son incarcération ?

Sans volonté délibérée de faire quelque chose genre « grève de la faim », je ne mange rien, je ne prends rien, même pas le café du matin. Mes médics, de l'eau, et mes mêmes pensées qui tournent en rond : être innocenté, être libéré. Je m'imagine peut-être qu'en me recroquevillant je serai moins vulnérable ? ou que ma condition touchera quelqu'un, qu'un miracle se produira ? Je ne sais pas... En tout cas, pendant quatre jours, je refuse de voir la réalité, je ne sors pas de cette cellule, de ma cellule (en prison, on devient possessif pour des choses dont on n'a pas idée à l'extérieur...). Non, merci, pas de café ; non, merci, pas de promenade dans la cour ; non, merci, rien.

Puis je prends conscience que ce n'est pas en m'affaiblissant que je pourrai tenir le coup et me battre. Là, j'ai eu un long débat avec moi-même, il y avait ballottage entre ma raison et mon caractère, aussi c'est le doyen d'âge qui a tranché : « André, reprends-toi ! »

Et donc le cinquième jour, voyant que je veux enfin me nourrir, on me donne un bol et un verre. C'est un soulagement pour les gardiens, non pas parce qu'ils ont pitié de moi, mais un détenu qui se laisse dépérir leur crée des problèmes. Grève de la faim, tentative de suicide, automutilation, toutes ces petites bêtises sont mal vues. Les gardiens sont déjà surchargés, et la preuve c'est qu'ils le rappellent à tout bout de champ. Alors, signaler l'incident, le taper à la machine, le transmettre, etc., oh là là, vous vous rendez compte ? le malheureux qui leur impose ce travail supplémentaire le leur paiera, s'il en réchappe !

Je fais en sorte d'être prêt pour que, quand ma porte s'ouvrira, je puisse demander du lait avec mon café. Les bruits se précisent : « ils » vont passer avec leur chariot (au début, le nouvel arrivant met dans le même sac le détenu qui travaille en prison, en l'occurrence celui qui sert le petit déjeuner, et celui qui le surveille). J'ai mon verre et mon bol dans les mains, comme un môme en colonie de vacances, mais une colonie où il serait le seul à ne connaître personne.

Ma porte s'ouvre. On me verse du café dans le bol, et la porte se referme.

Je reste bouche bée, je me sens vraiment con avec mon verre vide : pas de lait ? Non, puisqu'on ne vous a pas dit que, pour le lait, il fallait se servir soi-même. Le genre de détail qui, sur le coup, rend fou de rage.

Je n'ouvre pas une seule fois la bouche jusqu'à ce que le ciel m'envoie un petit encouragement. Quand je sors de la cellule le lendemain (comprendre : faire un pas hors de ma cellule), un gradé me fait signe d'approcher :

– Tu es corse ?

– Toi aussi ?

Ça m'a échappé, mais ça y est ! Je ne suis plus tout à fait seul au monde. C'est le seul « uniforme » avec lequel je parle sans y être contraint, mais c'est un Corse ! Quand on est corses, on se connaît, c'est comme une franc-maçonnerie qui n'a pas besoin de dire son nom, on est amis, on peut se parler, on se comprend tout de suite. Ne croyez pas ceux qui disent que les Corses sont des Français comme les autres : ils ne soupçonnent pas le lien immédiat qui se crée entre deux Corses dès la première fois qu'ils se voient à l'étranger... C'est-à-dire n'importe où ailleurs qu'en Corse, même et surtout en France !

On s'est tout de suite tutoyés, avec lui ça ne me gêne pas, entre Corses ça va de soi. Avec les autres j'ai refusé qu'on me tutoie. Le premier matin de ma détention, il y a eu un gardien, un moustachu qui ressemblait à Jacques Médecin, qui m'a dit « Tu ». Je l'ai arrêté net :

– Je vous vouvoie, vous pouvez très bien en faire autant.

– Mais pour qui tu te... ?

J'ai levé la main, pour lui signifier que la conversation était terminée :

– Je vous le répète, vous me vouvoyez. C'est comme ça.

Haine des cols blancs ou pas, celui-là non seulement ne m'a plus jamais tutoyé, mais en plus il m'évitait quand il le pouvait. Probablement pour ne pas céder à la tentation de m'apprendre les bonnes manières. Enfin, les siennes.

Mais avec le surveillant corse, c'est tout à fait différent, je lui ai dit :

– Je suis là accidentellement, à cause d'une bande de minables, des hommes d'affaires qui ont tout appris dans les livres, tu vois le genre ? Ils ne connaissent rien à la vie, ils vivent sur des échasses... Mais je ne vais pas rester très longtemps.

Je lui donne mon adresse et quand il viendra en Corse – et il viendra – il logera à la maison, je le recevrai en ami. Ici, un bon contact, ça ne s'oublie pas.

C'est lui qui m'a appris comment faire, pour le lait. Il m'a un peu expliqué les règles de la prison, mais vite fait, en passant, parce qu'il savait bien que seule l'expérience compte, ici plus encore que dehors.

Je me tromperai une fois, je ferai attention la fois d'après ; c'est comme ça partout, sauf qu'en prison la sanction est immédiate. Si on se trompe d'heure ou d'endroit, on rate ou le courrier, ou une visite, ou un repas – ce n'est pas le repas lui-même qu'on regrette, c'est l'une des précieuses références auxquelles on se raccroche pour avoir un semblant de vie *cohérente*.

Comment ? Vous étiez à la douche ? Pas de chance, la prochaine fois il faudra demander si rien d'autre n'était prévu pour vous. On dirait qu'ils le font exprès, afin de vous montrer que vous dépendez d'eux pour tout et que vous avez donc intérêt à marcher droit. Dans leur position, ça se comprend : même ici il y a, sous les apparences d'une autorité capricieuse – parfois sévère, parfois presque indulgente – une vraie logique d'entreprise. Pas au niveau du petit personnel des gardiens, mais de la hiérarchie. Le directeur de la prison qui présentera les meilleurs chiffres, les meilleures statistiques, se verra bien noté.

Tout se passe ici de la manière qui les arrange, et aux conditions qu'ils décrètent. Aucune chance de pouvoir présenter le point de vue du détenu, ce « consommateur », sans parler du « citoyen » si vous avez le cœur à rire. Il n'y a pas à discuter, le règlement est là. Lequel ? Ah voilà ! C'est qu'il est impossible d'avoir une copie de ce fameux règlement, mais il existe. Il existe en autant de versions qu'il y a de gardiens, mais il existe.

Pour arranger le tout, un gardien de bonne humeur : ça fait un. Le même, de mauvais poil : ça fait deux. Devant un autre détenu : ça fait trois. Devant un collègue : ça fait quatre. Devant un supérieur, n'en parlons pas. Continuez à compter, car n'oubliez pas tous les états intermédiaires, ajoutez un peu d'imprévu, un rien de malchance, quelques contretemps et voilà, vous ne devez pas être loin du compte. Malgré la densité de la population carcérale on a toujours l'impression qu'il y a plus de gardiens que de détenus. Il faut le faire. C'est une entreprise qui sait faire tourner son personnel.

Quant à l'organisation... Par exemple, vous voulez la télévision ; très bien, rien de plus facile si vous pouvez payer 65 francs par semaine. Mais on ne vous dit rien des démarches à entreprendre pour l'obtenir. Vous croyez que c'est une baisse d'efficacité du personnel ? Pas du tout. C'est pour occuper les détenus. L'oisiveté est la mère de tous les vices. Vous demandez à un « maton » où il faut s'adresser pour avoir la télé, il vous répond que ce n'est pas à lui. Alors à qui ?

– Ça, je ne suis pas le bureau de renseignements !

N'insistez surtout pas, n'allez pas lui demander alors où vous pourriez le trouver, ce bureau de renseignements ou ce qui en tient lieu. Il faut quand même avoir de la psychologie, il pourrait prendre ça pour de la moquerie. Vous marchez sur des œufs... même si vous ne savez pas où vous adresser pour en acheter.

Car, pour la nourriture, c'est presque la même chose mais en plus compliqué. Là encore personne ne vous dit rien. On peut commander à manger – c'est prévu dans le règlement – mais personne ne vous avertit qu'il faut des tickets. Ni qu'il y en a de toutes les couleurs. Exemple : le mercredi vous passez vos commandes pour le samedi, dimanche et lundi : telle couleur. Le jeudi, vous commandez pour le mardi et le vendredi pour le mercredi : autre couleur. Ça peut prendre quelques jours avant de comprendre.

Une fois ce coup de main acquis, voici comment je procédais : le mercredi, il y avait « Plats cuisinés ». Deux au maximum. Pourquoi

« au maximum », puisque c'était en vente, je n'en sais rien, mais je cochais les deux. Disons, poulet basquaise et cassoulet. Quand on me livrait, je ne prenais qu'un plat, et je faisais donner l'autre à quelqu'un qui n'avait pas les moyens.

On se spécialise toujours un peu, et j'avais pas mal de fromages et beaucoup de saucissons, en vente à volonté et achetés en pagaille. Grâce à quoi je faisais du troc avec un type sympathique qui avait pris trois ans et qui me portait à manger. C'était mon acheteur.

Ainsi j'ai échangé un beau saucisson contre une serpillière de mauvaise qualité pour nettoyer ma cellule. Contre un bœuf-mode, j'ai eu un détergent pour tout désinfecter. Contre deux cartouches de cigarettes, j'ai eu du Paic citron pour nettoyer ma vaisselle – je n'emploierai plus que ça si j'en ai l'occasion. C'est qu'on devient une vraie petite ménagère. J'ai eu aussi des éponges pour laver les murs, des tampons Jex pour les frotter, des lacets pour accrocher au-dessus des tuyaux et y suspendre mes affaires pour les sécher, etc.

On se débrouille toujours.

Mais la question est : à quoi sert tout ça ? Je suis partisan de la peine de mort pour les vrais salauds, mais seulement des peines de substitution type travaux d'utilité publique pour les autres. L'une d'elles serait d'ailleurs de nettoyer les prisons de fond en comble, ce serait vraiment « utile », sans parler de l'urgence.

Que peut faire la prison pour améliorer un homme ? Strictement rien du tout, au contraire. Que faire ? Nos politiques ne s'en occupent pas, ils ne décident rien, ils suivent les sondages, et les sondages se détournent des prisons – comme beaucoup de monde, d'ailleurs, je l'ai remarqué quand j'ai été remis en liberté. Il doit y avoir plus prioritaire ? Je n'en suis pas si sûr.

Moi, je n'avais pas le droit de me plaindre. J'avais de l'argent, ma femme, ma famille, donc une vie qui m'attendait dehors. Mais je me mettais à la place du gars fauché, en manque de tout, qui n'a même pas de quoi cantiner – c'est-à-dire avoir le droit d'acheter à la prison et au prix qu'elle fixe les denrées ou les objets dont il a besoin, sans même parler de ceux dont il a envie !

Sinon, c'est un bout de savon par mois, tant de papier toilette et pas une feuille de plus, et pour tout réconfort, une nourriture... une nourriture... je ne trouve pas le mot juste, et je ne voudrais pas tomber dans la caricature. Disons que, sans faire le délicat, c'est une expérience qui ne gagne rien à être tentée. Je ne m'en suis ni aperçu ni soucié tout de suite parce que je n'avais pas le cœur à manger. Mais, même ensuite, quand mon organisme s'est fait exigeant, puis tyrannique, et qu'il a fallu que je me nourrisse (je finis toujours par écouter mon corps, en cas de doute c'est lui qui a raison) à part le café au lait matinal je n'ai rien pris provenant de l'*ordinaire*. Je me suis même demandé si ce n'était pas pour pousser à cantiner. J'ai tout le temps cantiné.

Il y a un produit que je n'oublierai pas.

J'avais mes cachets à prendre quotidiennement pour mes problèmes de tension, sans parler des analgésiques pour mon dos, et il aurait fallu que je mange, mais je ne pouvais vraiment pas avaler leur cuisine – comme la plupart des détenus, d'ailleurs. Je me souviens de l'un d'eux, un garçon sympathique : celui qui passait avec le chariot le midi. Il a vu qu'après quatre jours je n'avais toujours rien mangé, et il m'a donné en cachette des biscuits chocolatés. Je n'ai mangé que ça pendant encore quelques jours, jusqu'à ce que je décide de me nourrir le plus convenablement possible pour pouvoir reprendre le dessus, pour tenir le coup. C'étaient des « Chocorêve ».

Bonne marque...

Ces événements ont été les faits les plus excitants de ma vie en prison, jusqu'à ce que mon dossier s'emballe et, aussi, que je rencontre Bernard Tapie.

Avant ça, le reste, c'était le train-train, la routine : juge, murs, porte, juge, murs, porte. La porte étant pour moi plus fermée que les murs, parce qu'on n'attend pas d'un mur qu'il s'ouvre pour vous, alors qu'une porte est faite pour ça. La porte, c'est le rappel permanent de la Punition, sans préjudice de toutes les punitions secondaires, quotidiennes car chaque matin au réveil on commence déjà par prendre une claque : « Ah oui, c'est vrai, on est encore là... »

Au début, on ne fait pas attention à la porte : c'est normal, en cellule, on doit bien enfermer les prisonniers pour la nuit. Pour la nuit, et pour le jour, et même si on se promène dans la cour (comme ce sera le cas pour moi plus tard) on sait qu'elle est là-haut à attendre de se refermer sur vous.

Oubliez tout ce que vous avez lu sur la prison : la prison, c'est cette porte.

Le plus horrible pour moi, qui n'ai jamais su rester en place, qui ai bu « le sirop de la rue », comme on dit, qui ai toujours placé ma liberté plus haut que tout, moi qui me lève et qui pars toujours quand j'en ai envie, c'est que je ne le peux plus, tout simplement. Me priver de ma liberté, c'est m'ôter la vie, ma vraie vie, celle où je suis moi, pas celle où je me cogne contre les murs. Je ne suis plus maître de moi, donc je ne suis plus moi. Je ne suis plus rien. En prison, ce n'est pas ce qu'on vous fait subir, qui vous dégrade : y être suffit. C'est pour ça qu'il est difficile de parler de la prison. On a honte, non pas de l'opinion des gens, mais de savoir que ceux qui nous aiment et nous connaissent se doutent de ce qu'on devient : des matricules, des quidams, tout ce qu'on veut, sauf des hommes.

Avant, quand j'étais libre et que je ne travaillais pas, soit je marchais ou je faisais du sport, je ne m'ennuyais jamais. J'avais mille choses à quoi penser. Là je ne peux pas, je ne pense à rien d'autre qu'à anticiper, prévoir, imaginer ma libération.

On nous enferme, c'est compréhensible puisque pour le système pénitentiaire on est des clients qui doivent être enfermés. On nous empêche de nous évader, c'est encore dans l'ordre des choses... mais on enferme aussi notre esprit, on nous empêche de nous évader même dans la tête, et là ce n'est plus légitime. C'est une double peine. Si on ne peut même plus penser à soi (aux siens, à ses affaires) pendant une détention, ça ne va plus.

Je peux dire que les premiers jours de captivité je suis resté enfermé vingt-quatre heures sur vingt-quatre, ne sortant que pour me faire prendre ma tension le matin.

Pas de culture physique, pas de promenade, rien. Je n'avais pas un moral brillant. Et puis un jour j'ai pu recevoir un survêtement, et je me suis senti mieux. D'abord parce que c'était quand même plus confortable qu'en complet veston, mais surtout parce qu'une fois en survêtement l'envie m'est venue de faire un peu de gym, de me remuer un peu.

J'ai accepté enfin une promenade dans la cour. Naïf que j'étais !... La cour de la Santé, c'est une catastrophe. Quand, avec mon accord, on m'y a mené pour que je fasse quelques pas, dès que je l'ai vue, j'ai aussitôt demandé au gardien de me raccompagner dans ma cellule.

J'ai juste eu le temps de voir un moineau perché sur le grillage ceinturant la courette. Il n'avait pas l'air farouche, il a voleté jusqu'au rebord d'une fenêtre, et je l'ai vu picorer quelque chose, sans doute des miettes qu'un détenu lui donnait. Je l'ai revu depuis, toujours dans les mêmes circonstances : rebord de la fenêtre ou haut du grillage, rien de plus, même lui ne mettait pas les pieds dans la cour.

Ce moineau m'a fait penser à mon enfance, et la comparaison de cette époque avec ma situation présente a encore accentué ma démoralisation.

Chez moi au Maroc, à Mazagan – « El-Jadida », de nos jours, ce qui veut dire « la nouvelle » – j'étais surnommé le roi du « tire-boulettes ». J'avais toujours dans ma poche un lance-pierres et j'étais vraiment le seul à pouvoir l'utiliser sans presque jamais manquer ma cible (les moineaux). J'avais le cuir et les deux élastiques, et je me servais de mes doigts pour faire le « V ». Tous les copains qui m'ont imité se sont retrouvés à l'infirmerie, le pouce ensanglanté. Les professeurs les engueulaient, puis venaient vers moi, menaçants, disant que j'étais un mauvais exemple, et que d'ailleurs c'était interdit d'avoir un lance-pierres...

– Quel lance-pierres, monsieur ?

Ils fouillaient mon cartable, et ne trouvaient rien, bien sûr – un élastique et un morceau de cuir ça ne tient pas de place dans une poche. Ils n'étaient pas dupes, mais manquaient de preuve, alors j'écopais chaque fois de cent lignes de punition. Tout ça parce que mes camarades essayaient de me copier, ces maladroits... Cent lignes, ce n'est pas une punition terrible, ça ne prend pas la tête, on peut écrire et penser à autre chose.

Je ne tirais pas les moineaux par plaisir, mais pour gagner de l'argent. Je les tirais même pendant les récréations, et je passais ensuite les remettre chaque après-midi à la mairie de Mazagan où un employé les comptabilisait et me versait deux sous par tête.

Jadis, au Maroc, c'était une méthode parmi d'autres pour éliminer les moineaux qui nuisaient aux récoltes, ils étaient nombreux comme des sauterelles. Je n'aime pas la chasse pour le plaisir, mais l'homme a le droit de chasser si c'est pour manger, et moi c'était pour gagner quelques sous – dans notre civilisation, ça revient au même.

Ça me faisait des économies et me permettait de faire ce dont j'avais envie sans rien demander à mon père, qui ne me donnait que 5 francs par mois. Non par avarice, mais de peur de nous gâter tous les quatre, car il en allait bien sûr de même pour mes sœurs Jeanne (Jeannette, l'aînée) et Carmen (la cadette), et mon jeune frère Pierre. Quand j'avais une dépense personnelle, je me débrouillais avec mon argent, sans solliciter personne. Les 5 francs de mon père étaient en principe consacrés au cinéma, mais au cinéma je ne payais jamais. J'aimais bien resquiller et j'avais mis au point une technique avec un ami plus grand que moi : il me cachait quand il prenait son billet à la caisse, et on partageait ensuite le prix de ma place. C'est comme ça que j'ai vu toutes les aventures de « Biscot, le roi de la pédale » ; ce n'était pas le genre nouvelle vague, mais on riait bien !

J'économisais, et je vais vous dire pourquoi. Tout jeune, je m'étais pris d'admiration pour des amis de mes parents, qu'on appelait « les millionnaires ». Ils avaient une voiture, devant laquelle je restais bouche bée comme un imbécile, mes parents devaient me secouer pour me faire revenir sur terre. C'était une Avion-Voisin, très belle et très puissante. C'est elle qui m'a donné le goût de la voiture et l'envie d'aller vite. D'où mon idée fixe d'être riche afin de faire ce qui me plairait, et ce qui me plaisait, c'était de devenir pilote de course. Et je le suis devenu. D'où des souvenirs en pagaille.

Assez pour m'avoir fait cesser d'écrire pendant un petit moment, comme chaque fois que je repense à cette époque.

Pendant toute ma jeunesse, on passait tous les ans les vacances en Corse, à Luri, dans la famille, tous au grand complet, oncles, tantes, cousines, cousins, frère et sœurs, mère et père, on y restait trois mois – en ce temps-là les vacances c'étaient vraiment des vacances ! Et moi, tous les ans, même endroit, même période de l'année, je retrouvais mon émerveillement pour les belles voitures, un voisin de Luri possédant, lui aussi, une voiture presque aussi belle que l'Avion-Voisin, orgueil de Mazagan : une Hotchkiss. À l'âge que j'avais, ça avait été plus que suffisant pour que s'inscrive dans ma petite tête ce simple constat :

a) Millionnaire = belle voiture ;

b) Les deux ensemble = liberté.

Pour mes parents, un travail convenable devait obligatoirement s'effectuer dans un bureau, ce qui me faisait horreur. C'est pour ça que j'ai voulu devenir millionnaire, comme d'autres veulent devenir explorateur ou pompier. Quand on me demandait ce que je voulais faire plus tard, c'est ce que je répondais. Les gens riaient. « Sacré André ! » C'est ça, c'est ça. Leurs rires ne me dérangeaient pas. Ils prenaient ça pour un mot d'enfant.

Avion-Voisin, Hotchkiss, ça me rendait fou.

Je n'ai jamais résisté à la belle mécanique, ni alors ni durant toute ma vie d'adulte, et j'ai le plaisir de vous informer que c'est un amour partagé. Ça arrive parfois, il ne faut jamais désespérer.

Dès l'âge de dix ans, je me suis donc juré d'avoir primo une aussi belle voiture que celles-là dès mes dix-huit ans et, secundo, du temps à moi et rien qu'à moi, sans que personne ait le droit de me dire de faire ci ou ça ou d'avoir le moindre droit de regard sur ce que je faisais de ma personne et de mon temps.

Si ça ne s'appelle pas « la liberté », alors qu'est-ce que la liberté ? Et maintenant ce sont des moineaux qui viennent me rappeler ma jeunesse, pour que le présent soit plus pénible encore, comme pour me dire : « Bon, tu as eu ce que tu voulais. Mais moi je suis libre. Tu ne voulais pas l'être avant tout ? »

Je leur donne raison. En plus, c'est la première fois que je fais attention à eux, ils sont vraiment marrants, futés, sautillants, vifs, ce sont les poulbots des oiseaux, des piafs, quoi, un nom qui attire la sympathie...

Et comme, du coup, je me souviens de ma copine Édith Piaf, ça me donne le bourdon, et je chasse mes souvenirs, c'est trop démoralisant d'être où je suis et de me rappeler où et avec qui j'étais...

En prison, il se produit une chose curieuse, et tous ceux qui y sont passés le ressentent : on se rappelle de moments qu'on croyait oubliés, mais dans le désordre le plus total, et de préférence les plus anciens. C'est sans doute dû à la perte de repères, alors le cerveau cherche son salut dans le passé, là où tout n'est que jalons et étapes, souvenirs : par association d'idées, on va de l'un à l'autre sans jamais se perdre, on est chez soi, entre soi.

Et puis que serait la vie d'un homme, même d'un hyperactif comme moi, s'il ne regardait pas de temps en temps en arrière ? Vivre l'instant présent ou se projeter sans cesse dans l'avenir, comme ça a été mon cas jusqu'ici, c'est ne vivre qu'une fois. C'est faire son petit bonhomme de chemin et s'apercevoir un peu tard que le plus important, c'était le paysage, autrement dit la famille, les petites joies quotidiennes, les bonheurs simples... Le passé vaut qu'on le regarde. Qu'au moins ce séjour forcé en prison me serve à quelque chose.

C'est comme ça que j'ai décidé de me raconter.

Cette nuit-là, au lieu de dormir afin que le temps passe plus vite (ici, dormir le plus possible est la seule solution), je reviens à ce déclic dans ma vie, à ces voisins au nom prédestiné avec leur belle voiture, qui elle aussi avait un nom magique, car dans Avion-Voisin, il y a « avion », qui aura été la seconde des deux seules passions de ma vie avec la course automobile, et la seule qui dure encore.

Encore aujourd'hui, je n'affrète les jets qu'à la condition expresse que je sois le commandant de bord, et c'est une condition indiscutable. Même si ce que je préfère, ce sont les décollages et les atterrissages – et plus encore les imprévus, là où il faut avoir le bon réflexe au quart de seconde – je ne quitte que rarement mon siège, sauf parfois une minute pendant les longs voyages, pour aller voir mes passagers quand j'en ai, ou me dégourdir les jambes, mais c'est tout, je reste aux commandes.

Je me rappelle la réaction de mon père quand je lui ai annoncé mon but :

– Moi aussi je serai riche et j'aurai une voiture comme eux !

Il ne m'a pas mesuré mon tour de tête pour voir si elle était enflée :

– Pourquoi pas ? Avec de la chance et du travail...

Preuve que c'était quelqu'un de bien, parce que ce sont exactement les deux trucs indispensables pour réussir. Le travail, c'est être disponible. La chance, c'est rencontrer des gens.

Manque de chance pour mes parents, on n'avait pas la même conception du travail. Eux, ils pensaient à l'école. Moi, au travail pour lequel on est payé.

Mais au moins ils n'ont pas ri, comme l'auraient fait d'autres parents d'enfants moins veinards, parce qu'ils savaient déjà que lorsque j'avais une idée dans la tête je l'avais pour de bon. Ils espéraient sans doute que c'étaient des idées de gosse qui passeraient avec le temps, mais quand même, ils n'ont pas commencé par ricaner, c'est déjà quelque chose.

Ils se sont trompés, bien sûr, parce que, s'il y a une idée qui n'a fait que se renforcer au fil du temps, c'est bien celle-là. Je me foutais de l'argent pour l'argent, je n'en voulais pas pour le mettre dans un coffre ou pour faire bisquer [1] les copains, mais uniquement pour m'acheter la liberté. Je ne pensais alors qu'à celle de ne plus aller à l'école et de conduire une puissante voiture à tombeau ouvert – en ce qui me concerne, ce n'est pas juste une expression toute faite.

Les autres avantages, et il y en a, ne me sont apparus qu'après. Mais une chose est sûre, ce n'est pas « avoir » de l'argent qui compte, c'est, pardon pour cette banalité, ce qu'on en fait : pour moi, il sert à faire plaisir, à mettre des petites lumières dans les yeux des femmes, et des gens que vous aimez. Le reste, ça s'apparente à la manie du collec-

1. « Faire bisquer »... Une expression qui d'un seul coup vous fait revoir votre jeunesse...

tionneur. Billets ou couvercles de boîtes de camembert, le résultat est le même. Si vous avez du bon sens, l'argent ne peut pas vous faire tourner la tête... même s'il peut en revanche vous mettre dans des situations périlleuses. Vous êtes très sollicité.

Mon père, qui n'était pas un bavard, ne m'a donné qu'un conseil en entendant mon rêve d'enfant, mais il était bon, et je me le rappelle encore très bien :

– Dans n'importe quel secteur de n'importe quel quartier, de n'importe quelle ville, et dans le monde entier, il y a chaque matin un pigeon qui se réveille. Fais bien attention que ce ne soit pas toi.

J'étais mort de rire. Malheureusement, je n'ai pas toujours suivi son conseil et je me suis fait avoir, mais toujours par des amis d'amis, des gens présentés et recommandés par des amis.

En fait, j'ai mis plus de dix jours à me ressaisir. J'avais de la tension tous les matins. J'étais à 24/10 et je ne voulais tout de même pas crever ici !

Je savais que j'avais des risques d'hypertension, car je suis très nerveux. Par exemple, après avoir été arnaqué par un copain, ma tension est montée à 32/10. Un vaisseau a cédé. Pas dans le cerveau, heureusement, sinon je ne serais pas là à vous écrire. En principe, je n'ai pas le droit de m'énerver. Une interdiction facile à respecter. C'est un peu comme si on vous disait : interdit de tomber amoureux, ou interdit d'avoir faim.

J'ai obtenu, non sans mal, qu'un médecin surveille ma tension régulièrement. Ensuite, on m'a laissé prendre ma tension moi-même avec le tensiomètre que ma femme m'a apporté quelques jours après mon incarcération.

J'essayais de me raisonner lorsque le tensiomètre indiquait des chiffres trop élevés, mais je savais bien que la seule chose qui aurait pu faire baisser ma tension, c'était le sport, la gymnastique, le mouvement, pour m'empêcher de me répéter cent fois par jour « mais qu'est-ce que je fous là-dedans ? ».

Et là, il s'est passé quelque chose qui m'a sans doute sauvé.

Il devait y avoir quelqu'un de pas trop nul dans le personnel pénitentiaire (peut-être mon Corse ? je n'ai pas osé lui poser la question), parce qu'on est venu me demander si ça ne me gênait pas de partager ma cellule avec un détenu. J'ai d'abord refusé, tenant à ma solitude, mais on m'a expliqué que c'était afin de le surveiller ! J'ai cru qu'ils se fichaient de moi, mais non : ils étaient sérieux. Il s'agissait d'un commandant de gendarmerie, du nom de Mathieu, placé en préventive – comme 40 % des détenus. Il était accusé d'avoir tué sa femme, accidentellement, et il n'arrêtait pas d'essayer de se suicider (« ... vous ne savez pas comme c'est difficile, sans arme à feu... »).

Étant plutôt serviable, je me suis dit que ce serait toujours mieux que de ne rien faire. Seul problème, Mathieu fumait comme un malade, et je ne supporte pas la fumée. Depuis des décennies on ne fume pas en ma présence, n'importe où, n'importe qui. Je comprends qu'on fume, mais alors on sort, ou je sors.

Il a bien fallu que je passe outre, parce que moi aussi j'avais besoin d'un but : m'occuper de lui me permettrait d'avoir autre chose à faire que me regarder m'angoisser. J'ai donc fait un gros, un immense effort, et je l'ai accepté avec moi dans ma cellule. Jusqu'ici – allez savoir pourquoi ! – j'étais considéré comme un prisonnier dangereux, et j'avais donc droit à une cellule pour moi seul. Je vous l'ai dit, en prison on désignait notre bloc comme le quartier des privilégiés. Pour une fois, je suis d'accord. Être seul en prison est un grand privilège.

Puis, Mathieu était gendarme, et je dois dire que, depuis la Corse et mon Maroc natal, j'aime bien les gendarmes. Ceux que j'ai connus quand j'étais gosse n'étaient vraiment pas des chiens.

La preuve, à Luri, en Corse, où j'ai fait parler de moi très jeune. C'est là où j'ai été pour la première fois au volant d'une voiture, à dix ans. Le compatriote qui m'a appris à conduire avait été obligé de mettre des cales en bois sur les pédales pour que mes pieds les atteignent. Au bout de quinze jours, je me débrouillais si bien au volant qu'il m'a permis de transporter les passagers entre le village de Luri et la plage. J'étais heu-reux !

Au début, mes parents n'en savaient rien. Les gendarmes qui me voyaient passer se marraient et laissaient faire.

J'assurais la navette entre la plage et le village de Luri toute la journée. C'était idéal : mes parents étaient d'un côté et ne s'occupaient pas de nous, les enfants, qui étions censés être à la plage – ils y étaient d'ailleurs tous, sauf moi. Pour un gosse, conduire une voiture à dix ans, est-ce que vous imaginez comme c'est merveilleux ?

Quand mes parents l'ont su, il était trop tard : j'étais devenu une petite célébrité locale, et chacun s'extasiait ou s'attendrissait sur moi. Le souvenir de la première gloire dure toute la vie. Rien ne l'égale.

À leur grand désespoir, je continuais toute la journée à faire des aller et retour en profitant très peu de la plage, seulement quand les derniers passagers m'invitaient à descendre et à les accompagner. J'ai même à plusieurs reprises transporté des gendarmes qui, à cette belle époque, ne s'occupaient pas de paperasseries inutiles. On vous voyait conduire ? C'est que vous saviez conduire. Il n'y avait pas besoin de papiers pour prouver ce que tout le monde pouvait vérifier. C'était l'époque bénie du bon sens.

Conduire – ce sport qui allait me faire rencontrer tant de gens formidables base de mon noyau de relations – m'a permis, étant gosse, d'en faire une importante source de revenus, bien avant les rentrées procurées par ma chasse aux moineaux.

Et ça m'a inculqué la notion de risque, car cette activité qui me plaisait tant ne m'a pas valu que des sous ou des compliments...

Un jour, le Corse que j'enviais tant, celui qui possédait la magnifique Hotchkiss dont j'ai déjà parlé, et qui savait lui aussi que je conduisais et que ça devait amuser, me fait signe de m'approcher et me dit :

– Tiens, tu veux me conduire, je vais à X... (je ne sais plus où) ? Tu m'y emmènes, et tu me ramèneras. Je vais te mettre des coussins sous les fesses.

Et me voilà au volant de l'Hotchkiss, sur les petites routes corses.

On devait être de retour à 18 heures, malheureusement on est rentrés plus tard que prévu. Enfin, à la nuit tombée, toute ma famille sur le pied de guerre scrutant les alentours voit des petites lumières de phares, loin sur la route qui revenait vers Luri, où j'arrive enfin au volant de l'Hotchkiss. Je descends un peu avant l'entrée du village, et je rentre à pied.

Et là, j'ai reçu une dégelée, une dérouillée... disons : presque exagérée. Eh bien, malgré ça, j'étais prêt à prendre tous les jours une correction comme celle-là si on me laissait conduire de nouveau l'Hotchkiss. C'est vous dire que la passion, ça ne s'endigue pas comme ça. Et accessoirement que les raclées et moi, ça ferait facilement le titre d'un livre !

Rentré chez moi à Mazagan, après les vacances, j'ai continué à conduire aussi souvent que j'ai pu, la voiture de Momo par exemple. Momo était un chauffeur de taxi reconnaissant envers mon père de l'avoir aidé, lui et sa famille, et il n'avait rien à me refuser, d'autant plus tranquillement qu'il savait que je ne le mettrais pas en cause si on m'attrapait. On s'est arrangés. J'avais entre quatorze et quinze ans quand il m'a laissé faire le taxi à sa place régulièrement tous les dimanches. J'enchaînais sans me lasser des aller et retour entre la sortie de Mazagan et Sidi Bouzid, en encaissant courses et pourboires. Les gendarmes marocains faisaient comme les Corses, ils fermaient les yeux. Pendant ce temps-là, Momo s'en allait avec sa petite amie et vers 18 heures, je le retrouvais. En prime de ce que j'avais gagné avec son taxi, et qu'il m'abandonnait, il me donnait chaque fois 5 francs... soit ce que mon père m'accordait par mois.

Être payé pour faire ce qu'on aime, c'était une révélation. Je n'ai jamais oublié ce principe.

Donc, en souvenir reconnaissant des gendarmes de ma jeunesse, j'ai accepté de m'occuper de celui-ci, qui voulait vraiment se suicider, ce n'était pas un simulateur.

– Vous voulez savoir pourquoi je ne me suis pas tué juste après ? Parce que je n'arrivais pas à croire qu'elle était morte.

Il y a des sincérités si évidentes qu'elles vous coupent le sifflet. Mais je le retrouvais vite pour l'empêcher de faire des bêtises, parce qu'il repérait la hauteur des murs, tordait ses draps pour en faire une corde, examinait méthodiquement les barreaux de la lucarne, comme si je n'étais pas là pour le voir.

– Ça va, Mathieu ?

– On fait aller.

« On fait aller, on fait aller... » Je voyais bien comment ! Je le raisonnais pendant des heures, je le surveillais sans arrêt. Même la nuit j'étais prêt à bondir.

D'abord, j'ai entrepris de l'apprivoiser, et quand il a été en confiance, je lui ai demandé de m'expliquer comment c'était arrivé.

Dès les premiers mots, j'ai compris qu'il disait vrai, qu'il l'avait blessée mortellement mais accidentellement, et je l'ai convaincu qu'il serait reconnu innocent, parce qu'il l'était, qu'il disait la vérité, c'était un accident et rien d'autre.

Mais Mathieu était un cas, il ne voulait pas se tuer à cause d'un remords ou de je ne sais quoi, ni pour échapper à la prison, non, il voulait se tuer parce qu'il aimait sa femme, qu'elle allait lui manquer, et qu'il n'avait pas envie de vivre sans elle. Quand c'est tout con et aussi simple que ça, c'est sérieux.

J'ai passé des jours à lui remonter le moral, à lui dire les paroles qu'il fallait, que le suicide serait une lâcheté car il avait des enfants et qu'au moins pour eux il devait vivre. Il a repris le dessus, parce que je ne l'ai pas lâché, je l'ai même obligé à faire de la culture physique... et c'est comme ça que je m'y suis mis aussi, moi à qui l'exercice manquait à un point que je n'avais pas réalisé !

Ça avait même pris un tour assez grave, je me sentais très mal, j'avais envie de cogner dans les murs : il fallait que je bouge, que je me défoule. Mathieu m'aura aidé involontairement à décider de ne plus me morfondre en cellule, surtout que j'avais recommencé à m'alimenter normalement, que mes forces se reconstituaient, et que je devais dépenser mon trop-plein d'énergie – et j'en ai toujours eu beaucoup, trop même disent certains de mes proches.

Un exemple. Pendant toute ma jeunesse, quand je ne conduisais pas, je ne me déplaçais qu'en patins à roulettes. Je les emportais même à l'école, dans mon cartable. D'ailleurs, à part les patins, et mes munitions pour mon lance-pierres, il n'y avait pas de place pour grand-chose dedans. C'étaient des patins reliés à une cordelette de quelques mètres, ce qui me permettait de l'enrouler à l'arrière des fiacres et de me faire remorquer. Parfois, un cocher essayait de me donner des coups de fouet pour que je lâche, mais il pouvait toujours courir ! S'il s'arrêtait pour m'attraper, je lâchais vite fait la cordelette et au revoir ! Et s'il avait une tête ou un comportement qui me déplaisait, je le dépassais en patins, je me cachais un peu plus loin en aval et dès qu'il repassait, je remettais ça. Je les rendais fous !

C'est grâce à ces centaines de kilomètres effectués en patins à roulettes que je me suis fait des jambes puissantes... ce qui, indirectement, m'a permis enfin, un peu plus tard, de quitter l'école et de travailler !

C'est donc parce que je me sens responsable de Mathieu que je me dis : on va marcher. Or si Mathieu est en tennis, moi je n'en ai pas. Ma femme m'en a apporté mais on n'a pas voulu me les donner – je ne suis jamais arrivé à comprendre pourquoi, et je doute qu'il y ait une explication logique.

Pourtant ma femme a pu se rendre compte que tous les gardiens n'étaient pas de méchants types. Certains étaient même aimables. Il y en avait qui lui ouvraient la porte, parce qu'elle, quand elle voit une porte, elle n'est pas habituée à ce qu'elle soit fermée et elle la pousse d'instinct. Là, le gardien comprenait la situation, lui souriait, et la lui ouvrait. D'autres avaient la tête de leur emploi, ceux qui fouillaient son sac à l'entrée. Elle devait tout mettre dans des sacs plastique type grandes surfaces, des sacs qui ne peuvent rien cacher. Certaines choses anodines sont admises, d'autres non, elle n'a jamais su pourquoi, ni moi non plus. De plus savants que nous se sont cassé les dents sur ce mystère ! En tout cas, je n'ai jamais pu avoir des tennis et je suis resté durant toute ma détention avec mes Weston.

Je devais être le prisonnier le plus élégant de la Santé, probablement, mais sûrement pas le plus « confortable ». J'ai abandonné là mes dernières vanités vestimentaires, si j'en ai jamais eu ! (il faudra que je vous parle de mes relations avec cet objet inutile qu'est « la cravate ». Je vais tâcher d'y penser).

Tennis ou pas, je marche, même si avec mes Weston j'ai vite les pieds en sang – sans compter les ampoules. Tant pis, le besoin de marcher est plus fort que la douleur.

On fait chaque jour entre une heure et une heure et demie de marche dans la petite cour grise et triste où j'ai vu le moineau. Je marche jusqu'à ce que l'on me dise que c'est l'heure d'arrêter. Cette heure varie (pourquoi à tel instant précis et pas il y a cinq minutes ou dans un quart d'heure ? officiellement on ne le saura jamais non plus, c'est au bon vouloir du personnel).

Je fais mes comptes : huit minutes par kilomètre, pendant un minimum d'une heure ça me fait 7,5 kilomètres (6 000 doubles pas), le périmètre de la cour fait 20 doubles pas, et 1 kilomètre fait 600 doubles pas. Si on m'avait dit à l'école que je deviendrais fort en calcul mental...

Pendant notre marche, moi je tourne, Mathieu reste derrière moi, je l'oblige à marcher à mon rythme. Certaines fois, je le rattrape, alors je le pousse :

– Plus vite. Vous devez me suivre. C'est un ordre !

Les gendarmes, c'est un peu l'armée, quand ils entendent le mot « ordre », ils obtempèrent, comme ils disent.

Et petit à petit, mais sûrement, je réussis à le discipliner, à le transformer, à lui redonner l'envie de vivre. Au bout du neuvième jour (je ne dormais pas de la nuit, car il fumait toujours – ça le désolait pour moi, mais c'était plus fort que lui), le voyant remis, je lui dis en toute franchise, amicalement, pour qu'il ne se froisse pas, que dans ma vie j'ai fréquenté des grands patrons de multinationales, des ministres, même des chefs d'État, aucun d'eux ne s'est permis de fumer en ma présence, sachant que ce n'est pas un caprice de ma part, mais une allergie.

Et je lui fais remarquer que non seulement il fume, mais qu'en plus il ronfle toute la nuit. Même avec des boules Quies je n'arrive pas à dormir et, pour tenir le coup, je ne grappille qu'un peu de sommeil dans la journée, pendant qu'il va chez la psychologue – et heureusement que ça prend un petit moment !

Il vaut donc mieux qu'on se sépare, à présent qu'il est rétabli. Je lui promets qu'on continuera à marcher ensemble dans la cour, comme d'habitude, mais il faut que je sois de nouveau seul en cellule. Il faut que je puisse respirer et dormir : il comprend ça ? Il n'est pas bête, il le comprend très bien, il s'excuse même d'avoir été une gêne pour moi.

Moi, je le rends en meilleur état qu'on me l'a confié, et on est restés bons camarades, il n'arrêtait pas de me remercier :

– Sans vous, je me serais suicidé, monsieur. C'est le bon Dieu qui vous a mis sur mon chemin.

– Oh mais non, mon vieux, c'est seulement Mme Joly.

Quand j'ai réintégré ma cellule, j'ai eu l'impression de me retrouver dans un palace – avec de nouveau des WC pour moi seul. J'en ai profité pour refaire un ménage en grand et j'ai certainement la cellule la plus propre de l'étage. Je suis au deuxième étage, division 3, cellule 208 et j'ai comme voisin depuis quelques jours Bernard Tapie qui est à la cellule 207.

Je ne le connais que de réputation (c'est-à-dire pas du tout) : il pourrait peut-être se débrouiller et racheter la prison pour 1 franc symbolique, ce serait une bonne chose ! Il aurait certainement des idées qui amélioreraient le système – et de mon côté j'aurais quelques suggestions aussi.

Nos routes ne s'étaient pas encore croisées. Je savais qu'il avait déjà essayé de me voir, mais je pensais n'avoir rien à lui dire et donc je ne l'ai pas rencontré. Là, c'est différent, j'ai le temps, et je me dis : on verra bien, le hasard fait qu'il est juste à côté, en prison en même temps que moi, et dans la cellule qui touche la mienne, ce n'est certainement pas pour rien.

Mais je n'y ai pas pensé plus que ça, j'avais d'autres chats à fouetter, et chaque matin j'attendais que Mme Joly (que je n'avais pas revue depuis mon arrivée à la Santé) me convoque.

2.

Le premier vendredi de ma détention, elle me reçoit enfin. Huit jours ont passé pour rien.

Quand je la vois, je pense qu'au pire des cas, si elle s'imagine que je lui cache quelque chose, elle a le droit de me garder six mois. Je me dis donc que je dois me faire à cette idée de rester six mois en prison, sans craquer. Mais si c'est le cas, si je reste six mois, il faudra que ça coûte très cher à quelqu'un. Je ne le lui cache pas :

– Pour un milliard de francs, je n'aurais jamais accepté de faire un seul jour de prison et vous, vous m'enfermez gratuitement pour je ne sais pas combien de temps... Il faudra que je me venge de ceux qui m'ont mis dans cette situation. Jusqu'à présent j'ai accepté de perdre des millions de dollars par bonté, ou plutôt par bêtise, mais ça ne m'empêchait pas de dormir la nuit. Mais maintenant je ne m'en moque plus, car c'est à cause de ces gens-là que je suis ici !

– Et vous n'êtes pour rien dans tous vos malheurs, monsieur Guelfi ?

– Franchement, non.

Et je lui explique comment je travaille ; si elle est de bonne foi – et je pense qu'elle l'est – elle verra bien en filigrane quel genre d'homme je suis.

Je reviens donc sur ma hantise, « ma liberté avant tout ». Je ne me souviens pas des mots que j'ai employés, mais en gros voici ce que je lui ai dit. Et d'abord, que même la plus juteuse des affaires ne me ferait jamais faire quelque chose d'illégal. S'il y a une chance sur un milliard que je risque ma liberté, je refuse. Jamais je n'ai voulu toucher aux armes, à la drogue – je me crispais même quand on mentionnait ces sujets devant moi. Pourtant j'en ai eu, des propositions, vu la fréquence avec laquelle je franchissais les frontières. On m'a déjà proposé des tas de trucs dingues, y compris un sous-marin, et même des têtes nucléaires ! Si j'avais fait ça, je ne serais plus André Guelfi, je serais quelqu'un d'autre, c'est là que je ressemblerais à celui décrit dans la fiche des RG.

Un jour une vague connaissance me dit qu'il me donnera une grosse somme si je l'emmène à Chypre avec un paquet. Je lui demande à voir ce qu'il y a dans le paquet, et je l'emmènerai gratuitement si ce n'est rien d'illégal, sinon il peut toujours courir. Il court encore.

Autre exemple : ma période commando m'avait fait une réputation de chauffeur unique, habile, et hardi. Un jour qu'on roulait en brousse avec le commando au complet (une trentaine d'hommes), on a été pris par des tirs croisés vietnamiens venant de toutes parts. Impossible de nous arrêter pour riposter sous peine de tous y passer : j'ai foncé au volant de notre camion Ford à plus de 100 km/h dans la brousse, entre les arbres, et on a échappé à une mort certaine.

C'est là que certains copains corses du commando ont commencé à me regarder d'un autre œil. Quelques-uns étaient, dans le civil, si j'ose dire, tout simplement des braqueurs. Même avant ce petit rodéo j'avais la réputation de faire ce que je voulais avec un volant entre les mains mais en plus, voyant que j'avais la Chance avec moi – car s'il y avait eu une seule racine mal placée on y restait tous – ils m'ont proposé des sommes folles pour être leur chauffeur pour un hold-up (plus que ce que me rapportait alors ma part d'associé dans l'usine à poissons de mon oncle [1]) – et j'ai bien sûr refusé. Et ça n'a pas été facile, il y a des circonstances où on vous force un peu à faire ce que vous n'avez pas envie de faire, mais j'ai tenu bon. Un braquage pour rire, genre aller piquer des vivres chez les Américains, je n'aurais pas dit non, pour pouvoir m'amuser au volant, mais un vrai ? avec le risque d'aller en prison ? jamais !

Mme Joly continue à décortiquer le dossier Leuna-Minol. On peut lui reprocher ce qu'on veut, mais pas de bâcler son travail, j'en sais quelque chose.

Minol, c'est simple : Loïk Le Floch-Prigent, alors patron d'Elf, m'avait demandé si j'avais une société offshore pour une opération

1. J'ai été tout jeune industriel... et jusqu'à mes soixante-douze ans. Ça devrait être suffisant pour faire taire ceux qui ne voient en moi qu'un intermédiaire, mais ça ne l'est pas : d'où ce livre.

« blanc-bleu » consistant à recevoir une importante somme d'argent et à la dispatcher là où un de ses hommes de confiance, Hubert Le Blanc-Belleveaux, me le dirait. Et, m'avait-il affirmé, ils avaient la bénédiction de Mitterrand et de Helmut Kohl, et ce n'était que dans un souci de discrétion qu'Elf ne désirait pas intervenir officiellement.

D'ailleurs, toute cette opération a été entièrement effectuée par M. Le Blanc-Belleveaux, via notre société Nobleplac, et aucun d'entre nous n'a pensé un seul instant qu'on puisse commettre une infraction quelconque avec un si haut patronage, d'autant plus que, sur la totalité des fonds virés sur Nobleplac (300 millions de francs environ), aucune somme n'a été retenue en sa faveur. C'est, de plus, le jour même de ce crédit effectué par Elf que M. Le Blanc-Belleveaux a fait exécuter les virements au bénéfice de comptes que bien entendu je ne connaissais absolument pas.

Donc moi (j'ai failli dire à Mme Joly « Mettez-vous à ma place » !), déjà rassuré par ces noms, Mitterrand, Kohl, puis par la prise en charge de cette opération par l'homme de confiance de Le Floch-Prigent, je ne suis que trop content de pouvoir lui rendre service alors que j'ai avec Elf, en Russie, un contrat qui doit me rapporter une centaine de millions de dollars !

Avec l'accord de mon partenaire dans Nobleplac, j'ai donc mis cette société offshore à la disposition d'Elf, qui a viré dessus l'importante somme d'argent mentionnée, je l'ai virée à mon tour dans la journée sur les comptes qu'on m'a donnés, et voilà. Mme Joly veut savoir à qui appartiennent ces comptes, mais le problème, c'est que je ne le sais pas, je ne sais que ce que tout le monde peut lire dans les journaux, à savoir que Hubert Le Blanc-Belleveaux a fait virer 220 millions de francs au profit de Stand by Esta, 36 millions au profit de la société Showfast, toutes deux immatriculées au Liechtenstein.

– M. Le Blanc-Belleveaux vous a déclaré qu'il ne connaissait pas leurs véritables ayants droit, comment les connaîtrais-je moi ?

Avec toutes ces contrariétés, ces énervements, la marche ne me suffisait plus. Quand je regardais ma tension le matin, j'avais 20/10, or après une heure de culture physique, elle redescendait à 13/7. Je me suis débrouillé pour en faire plus souvent (cantiner, en prison, ce n'est pas que pour acheter des petits-beurre, ça s'entend au sens large – il faut d'ailleurs l'être soi-même).

C'est dans la salle de culture physique que j'ai failli m'attirer des ennuis.

Un jour, je me trouve devant Pierre Botton. C'est à peine si je le connaissais de nom, et encore ! seulement par rapport à Michel Noir, son beau-père.

J'étais en train de faire de « l'aviron », il vient me voir, avec un sourire de pure frime :

– Vous cherchez la guerre ?

J'ai d'instinct failli lui balancer un haltère, mais je me suis maîtrisé, pour ne pas me mettre dans un mauvais cas, les gardiens n'aiment pas les perturbateurs. En outre, je ne comprends pas ce qu'il veut dire. En quoi j'aurais cherché la guerre à qui que ce soit ? Je le défie du regard. Il me dit :

– Vous ne connaissez pas les règles de la prison ?

D'après lui les anciens détenus ont priorité sur les nouveaux arrivés. J'ai vraiment très envie de lui prouver le contraire, mais je décide de laisser tomber parce que je ne veux pas perturber les règles de la prison – écrites ou non – et je lui laisse le rameur. Ce type me déplaît, pas besoin de consulter mon pendule !

Par prudence, je demande au sous-directeur de ne pas me faire rencontrer ce Botton, le prévenant que sinon ça risque de mal se terminer. Pour lui. Parce que pour moi, il ne représente rien du tout.

Le lendemain, ça recommence. Mais cette fois je me suis renseigné : on ne « réserve » aucun appareil dans la salle de gym. Premier arrivé, premier servi. Comme j'arrive en même temps que Botton, je presse le pas pour le devancer sur le rameur et je me mets à ramer. Il se campe en face de moi, ses copains autour de lui. Je continue à ramer. Il me regarde sans trop savoir quoi faire, avec un rictus de petit dur, pour avoir une contenance, et me dit :

– Alors, vous me cherchez ?

Si lui et ses copains veulent m'éjecter de force du rameur, il commence par le recevoir, l'haltère.

Il essaie, sans trop y croire, de m'avoir au baratin :

– Je suis là depuis dix-huit mois, j'ai priorité et je passe avant vous...

Je continue à l'ignorer. Et il se déballonne, bien entendu, perdant la face devant ses deux copains. Mais à mon avis, il ne perdait pas grand-chose...

Mais moi, si. Je perdais mon temps. J'attendais un papier, que je voulais consulter avant la confrontation avec Mme Gomez que m'avait annoncée Mme Joly... J'ai attendu longtemps. Des papiers, les papiers, *un* papier : en prison, c'est compliqué. On meurt d'impatience, et eux ils font tranquillement tourner les papiers. Normalement il faut cinq secondes pour en tamponner un. Pas en prison : on mettra trois jours. Ils ne le font pas par malice. Ce ne sont pas des bourreaux. Mais ça prendra le temps que ça prendra. Manque de moyens. Il me semble avoir déjà employé cette expression, pardon si je me répète.

Le détenu suit à la trace le cheminement des papiers désirés : on les met ici, puis après « un certain temps » on les change de place, ils quittent la prison, des jours s'écoulent, ils reviennent mais pas dans nos cellules, dans le bureau du directeur. Qui les examine posément. Enfin la rumeur prétend qu'ils se rapprochent, qu'ils vont être distribués. Je me dis que ça va être pour moi, le papier que j'attends est enfin arrivé... Non. Ce n'est pas encore mon tour.

Alors, il se passe encore du temps, mais ce n'est plus le même. On se rend compte avec angoisse que même le Temps est imprévisible, en prison. C'est un comble pour lui, qui en principe est une garantie de régularité dans un monde où tout fluctue. Si on ne peut même plus compter sur le Temps ! Non, on ne peut plus. Pas en prison. Et vous comprenez que le Temps est contre vous, qu'il n'a plus rien à voir avec celui de monsieur Tout-le-Monde. Cette fois, ça y est, vous êtes vraiment un « taulard ».

Finalement, c'est mon avocat qui m'a apporté au parloir le papier que j'attendais, « parloir », parce qu'on peut y parler, mais on ne peut rien y faire d'autre, c'est une cabine de 1,50 mètre sur 0,50 où Francis a juste réussi un jour à me passer un livre en cachette. Bravo ! je ne nous savais pas si souples !

Jour important. Mme Joly me confronte avec Mme Gomez, « l'homme de confiance » de M. Jaffré, le patron d'Elf. En me l'annonçant, Mme Joly a peut-être cru me mettre en difficulté, mais je lui ai répondu qu'au contraire je ne demandais qu'à être confronté à tous ceux qui disent des énormités sur moi, je vais les démolir les unes après les autres. Ils vont voir ce qu'ils vont prendre !

Là, c'est Mme Gomez qui prend. Elle est vite obligée de confirmer mes dires en ce qui concerne ces fameux contrats de solde de tout compte. Elle a concédé (comme à regret, alors que c'était devenu de notoriété publique) qu'il y avait des « querelles d'influence internes » chez Elf. C'est le moins qu'on puisse dire !

D'ailleurs, même en dehors de ces querelles intérieures à l'entreprise, j'avais informé en personne Elf des réserves existantes en Ouzbékistan et le président Karimov lui-même avait confirmé mes informations. Les emplacements étaient désignés. Tout était prêt. Il n'y avait qu'à se baisser pour ramasser. Au lieu de quoi, Elf est allé faire des recherches en mer d'Aral – où il s'est vérifié qu'il n'y avait rien (même plus de mer !). Je le leur avais dit. Ils ont donc été obligés de reconnaître aussi, entre autres, que j'avais parfaitement raison sur les indications de forage que j'avais données à Elf sur le Kazakhstan – on avait parlé avec Mme Joly des bizarreries de comportement d'Elf dans ce pays, et elle voulait savoir le pourquoi de cette grossière erreur d'appréciation.

Je crois bien avoir coupé la parole à Mme Gomez en expliquant à Mme Joly, avec une certaine chaleur, que c'était enfantin : les spécialistes d'Elf avaient dit à leur patron qu'il n'y avait pas de pétrole en Ouzbékistan, et donc ils voulaient montrer qu'il n'y en avait pas. Point final. C'est aussi simple et bête que ça. Ils ont dépensé des milliards en vain. Puéril (et scandaleux) mais pas étonnant. Dans les romans policiers on dit « Cherchez la femme » ; en affaires, quand ça vasouille, on dit « Cherchez l'énarque ! ».

Si M. Jaffré avait accepté de respecter les contrats approuvés par la Russie, Elf aurait eu l'exclusivité des principaux gisements russes, et du travail pour des années ! C'est démoralisant de travailler avec des gens pareils. Aujourd'hui j'ai la preuve que la région que j'avais réussi à faire attribuer à Elf, celle de Saratov et de Volvograd, a un gisement de plusieurs milliards de barils de réserve.

Au fil des confrontations Mme Joly a pu se rendre compte que je disais la vérité et que le pseudo-solde de 7 millions de dollars annoncé par Mme Gomez était complètement faux car il faisait partie de l'ensemble des trois points que je lui avais déjà détaillés.

Or j'apprends que Mme Gomez n'en a pas soufflé mot jusqu'à ce jour ! Et moi de m'exclamer, après un court instant de stupeur pendant lequel je reste bouche bée :

– Mais c'est du mensonge !

Alors Mme Gomez, décontenancée par mon cri du cœur, a prétendu qu'elle ne le niait pas, mais qu'elle l'avait oublié. Comme si on oubliait un tel contrat ! Je veux bien croire qu'elle jongle avec les chiffres, mais quand même, elle ne doit pas voir passer 45 millions de dollars tous les jours ! Et ainsi, par petites touches, Mme Joly s'aperçoit que c'est moi qui dis la vérité dans toutes ces histoires. Et ça me soulage si bien que je me sens plus à l'aise, plus spontané et, sans y mettre peut-être toutes les formes nécessaires, j'enfonce le clou en m'adressant à elle :

– Vous avez le contrat de solde de tout compte que Mme Gomez vous a produit? je serais curieux de le voir!

Elle me le montre, guettant ma réaction.

Et ce que je vois, c'est une réplique du contrat déposé dans la banque de Mme Gomez. Une réplique. C'est-à-dire le même document que l'original... auquel il ne manquait que les signatures! Rien que ça!

Bien sûr, Mme Gomez ne pouvait pas présenter le contrat original puisqu'il était bloqué, qu'il était impossible de le retirer sans ma signature. Quand je perds, je perds, mais quand je perds parce qu'on triche, là je ne marche plus.

Mon moral remonte, je me retrouve, je redeviens combatif. Chaque précision que j'apporte est confirmée par Mme Gomez, qui peut difficilement dire le contraire. Et encore, elle n'était pas la principale responsable, s'il s'était agi de M. Jaffré, je l'aurais coulé encore plus profond.

En tout cas, Mme Joly semble maintenant être fixée sur la sincérité respective des deux parties – et c'est pour moi le principal.

Elle me confie d'ailleurs, après le départ de Mme Gomez, qu'elle essaie d'accélérer la confrontation avec Le Floch-Prigent (après laquelle elle me libérera) car, s'il lui a déclaré n'avoir jamais discuté d'un contrat avec moi, elle n'a plus l'air de le croire.

De plus, elle me prévient que M. Mallet, représentant d'Elf en Russie, prétend que j'ai déjà touché 20 millions de dollars sur ce contrat avec la Russie. Je me récrie :

– Je n'ai pas touché un sou, et si on vous dit le contraire, on vous ment! Demandez-leur donc des preuves, vous verrez bien!

Alors, Mme Joly me sort un document comprenant vingt-cinq articles. Le vingt-cinquième article – que je n'avais jamais vu de ma vie – précisait qu'à la signature de ce fameux et maudit contrat, il me serait versé 20 millions de dollars. Ce type, Mallet, s'est dit : « C'est Guelfi qui s'en est occupé, c'est donc Guelfi qui a touché. » Je réfléchis quelques secondes, et je déclare à Mme Joly que ce contrat ne peut être qu'un faux. Je n'ai jamais entendu parler de cette clause, et je suis bien placé pour savoir que je n'ai pas encaissé cette somme. Je dis à Mme Joly :

– Moi je suis enfermé, mais ma femme va aller en Russie avec mon interprète voir M. Viktor Tchernomyrdine, le Premier ministre [1], et va vous rapporter la photocopie certifiée de l'original.

1. Il l'était à l'époque.

Je charge ma femme de partir en Russie avec mon interprète pour demander de ma part au Premier ministre s'il peut me faire donner une copie certifiée conforme du contrat en question. Bien entendu, quelques jours après, ma femme rapporte à mon avocat la copie officielle de ce contrat qui ne comporte pas d'article 25 indiquant qu'une somme de 20 millions de dollars serait payable à la signature de l'accord, pour la bonne raison qu'il n'y a que vingt-quatre articles *en tout* ! Et c'est moi qu'on traite de magouilleur !

Je préfère de loin mes rares connaissances de prison. Lorsque Bernard Tapie est venu aux mêmes heures que nous dans la cour, Mathieu et moi on marchait ensemble, comme promis.

Dès les premiers jours de mon incarcération, il était venu frapper à la porte de ma cellule et m'avait interpellé :

– Monsieur Guelfi... ?

« *Monsieur* » Guelfi ? Je me dis : « Tu délires ou quoi ? Qui peut bien me donner du monsieur, *ici* ? »

– Monsieur Guelfi ? C'est Bernard Tapie !

– Ah, c'est bien... Je suis content. Je veux dire, je suis content de vous entendre, pas de vous savoir là !

– Je m'en doute ! Vous savez, monsieur Guelfi, il y a trois ans, j'ai cherché à avoir un rendez-vous avec vous...

– Eh bien rassurez-vous : maintenant on va avoir le temps. J'ai un agenda assez peu chargé. On va pouvoir se voir tous les jours !

C'est la première fois que je *voyais* Tapie. Jusque-là, venant à travers le mur ou du couloir, je n'avais entendu que sa voix, une voix, chaleureuse, vivante, et pleine de force – il devait cacher ses moments d'abattement. Il vient vers moi, main tendue, et me demande si on peut se tutoyer. Je lui réponds que oui, mais qu'en général je tutoie seulement les gens que je connais très bien.

Je considère que c'étaient nous, Tapie et moi, les plus punis. On était les plus actifs, les plus physiques, et on n'avait droit qu'à une petite courette alors que les autres, Carlos, etc., disposaient d'une cour grande comme un stade.

Quand j'ai voulu savoir pourquoi, on m'a répété :

– Vous êtes considérés comme très dangereux.

Ma seule arme, c'est le stylo avec lequel je signe mes contrats et qui me sert à écrire chaque soir dans mes cahiers – et c'est moi qui suis catalogué « dangereux » ! Incroyable ! Lorsque je sortais pour prendre ma tension, j'étais accompagné par deux gardiens fébriles. On disait : « Attention, fermez tout. »

– Vous ne voulez pas appeler le GIGN, pendant que vous y êtes ?

– En plus, il la ramène !

J'avais envie de me marrer. Mais oui, mon vieux, je la ramène, je l'ai toujours ramenée, et ce n'est pas maintenant qu'on va m'en empêcher... Comme quoi, même en prison, on trouve matière à rire...

Mathieu, Tapie, et moi on se retrouvait donc à trois dans cette petite cour, à marcher. Ça fait drôle de marcher vite comme si on allait quelque part, alors qu'on tourne en rond. C'est moins drôle avec les pieds qui font mal, et c'est là, sans que je lui demande rien, que Tapie a vu et compris ce qui se passait.

– Vous souffrez, ça se voit...

– Pour souffrir, je souffre. Que ça se voie, je ne le savais pas.

J'adore les gens observateurs, ils sont vifs, alertes, curieux d'esprit, rien de figé dans le cerveau comme ces têtes d'œuf qui sortent des grandes écoles. Il y a une grosse différence entre « savoir » et « savoir regarder ». Mais, même si Tapie comprend tout de suite que marcher en Weston, ce n'est pas du gâteau, qu'est-ce qu'il peut faire ? Il n'a que sa paire d'Adidas à lui !

Alors il a ce geste que je n'oublierai jamais quoi qu'il arrive. D'abord il m'examine de la tête aux pieds, s'attarde sur eux un court instant, puis il s'appuie contre le mur, ôte ses Adidas et me les tend :

– Tenez. On fait à peu près la même pointure.

J'en reste muet. On se connaît à peine et il me passe ses tennis alors qu'en prison c'est la chose à la fois la plus courante et la plus difficile à obtenir ! Il paraît qu'une fois abîmée, ou perdue (ou volée), il faut attendre longtemps avant d'en toucher une autre paire... Je serais curieux de savoir quel danger peuvent représenter des tennis : peut-être leurs lacets ? Peur qu'on se pende avec, comme pendant une garde à vue ? Qu'on ligote des malheureux gardiens qui ne sont pour rien dans notre malheur ? Ou que les détenus les mettent dans un pot commun, qu'ils les tressent ensemble et obtiennent une corde permettant à tous de faire le mur ?

Je me tourne vers Tapie :

– Mais... et vous ? Vous tournez pas ?

– Je n'arrête pas (il montre son front, avec un geste circulaire du doigt).

Bon. Je mets ses tennis. Elles me vont. Il m'encourage du regard, alors je reprends ma marche rapide. Lui, il reste en socquettes à me regarder marcher, en souriant. Moi je tourne, lui me parle, on se comprend. Je lui dis :

– C'est de la nougatine avec ces Adidas !

Il lève les mains en l'air, comme frappé par un coup invisible :

– S'il vous plaît, ne prononcez plus ce nom-là devant moi !

On a ri, et du coup on s'est vraiment tutoyés.

Après la marche, comme nos cellules se touchaient, on a continué à communiquer. Tapie, comme disent les Guignols, il est peut-être sévèrement « burné », mais il est surtout sévèrement puni, parce que se retrouver en taule pour un match de foot, franchement...

Je lui promets, voyant qu'il n'a pas trop le moral :

– Ça fait trois ans que tu voulais me voir et tu ne m'as pas vu. À présent je te promets une chose : tu es jeune, qu'est-ce que ça peut te faire, six mois de prison, voire un an ? Tu ne vas même pas t'en apercevoir ! Moi j'ai fait sept ans comme appelé, c'était pire que la prison... propreté et bouffe à part !

Je lui dis pourquoi j'avais un a priori contre lui. Moi, j'ai sauvé des entreprises, et pas en licenciant et en démembrant les actifs, au contraire, j'ai toujours tout fait pour garder le personnel. Je n'étais donc pas d'accord avec sa méthode de travail, différente de la mienne. Il proteste doucement, il dit qu'on le caricature, que ça ne se passait pas comme ça :

– On raconte n'importe quoi...

– C'est ce qu'écrivent les journaux, en tout cas.

– Vous croyez ce qu'écrivent les journaux, maintenant !

Je ris. Là il marque encore un point. Et puis, même si c'était vrai, ça ne compterait plus vraiment : dehors c'est dehors, ici en prison, ce qu'on a fait passe au second plan, seul compte ce qu'on est. Et d'ailleurs, il a tué quelqu'un ? il a violé une gamine ? Non ! alors ? Des adversaires de même milieu social sont plus proches les uns des autres que des alliés issus de milieux différents. Si Tapie avait été un grand bourgeois – qu'on retrouve aussi bien en politique que dans les bureaux de PDG – il ne serait pas en prison à cause d'un match de foot, de primes au noir pour les joueurs, etc. Tous les grands clubs le font depuis longtemps. Seuls les cyniques – et la Justice, plus naïve – semblent l'ignorer.

– Laisse tomber. Maintenant tu es un ami, on est en taule, tu peux compter sur moi. En revanche, écoute bien ce que je vais te dire : si je t'avais connu avant, il y a deux choses que je t'aurais évité de faire : d'abord de perdre Adidas, et ensuite je ne t'aurais pas laissé devenir ministre. Il faut être idiot pour accepter d'être ministre quand on fait des affaires !

– Tu as raison... (Il a un geste fataliste.) C'était trop beau pour refuser... Moi, venant de la banlieue et tout... C'était une belle revanche...

– Les revanches sont belles si elles ont le dernier mot ! C'est comme la mort, tant que tu ne sais pas comment tu vas te comporter au moment de mourir, tu ne sais pas si tu as eu ou non une vie digne.

Comme ça lui flanquait le cafard, j'ai vite ajouté :

– Et puis ne t'en fais pas, on n'est pas près de mourir, et d'ailleurs, uniquement pour leur montrer, on va faire une affaire ensemble. Rien que pour leur montrer qu'on peut gagner de l'argent, comme on veut et où on veut, et que nous, au moins, on n'a pas besoin de le voler !

Et chaque fois qu'on se retrouvait dans la cour, il me passait ses Adidas. C'est le genre de gestes qu'on n'oublie pas.

Un autre truc que je n'oublierai pas, ce sont les « transports de justice », car mon avocat plaidait ma remise en liberté devant la chambre d'accusation du Palais de justice, et je voulais être là – comme j'en avais le droit.

Ce sera à tous les coups le plus mauvais souvenir de ma détention. Et d'ailleurs de tous les détenus qui doivent se rendre au Palais de justice.

En sortant de prison on est fouillé deux fois, tout nu, pieds nus. On est fouillé partout, entre les doigt de pied, le rectum, tout y passe. On est mis ensuite dans un fourgon, dans lequel on est debout, comme dans une bétaillère, et quand il démarre et roule, les cahots, il est difficile de dire comme c'est humiliant.

À l'arrivée au Palais, nouvelle fouille. On m'a laissé dans une cage de 10 heures du matin à 5 heures de l'après-midi, debout, dans une cellule qui n'était rien d'autre qu'une tinette à peine plus grande qu'une vraie ! On nous y entasse à deux, parfois à trois, debout, blêmes de rage impuissante. Et je souffrais terriblement en raison de mes fractures à la colonne vertébrale.

Heureusement que j'ai mon âge. Je comprends mieux que des détenus deviennent parfois des mutins. Si j'avais eu trente ans de moins et qu'on m'ait traité ainsi, je ne sais pas ce que j'aurais fait.

J'ai été enfermé avec un homme d'affaires, et on a échangé des banalités. Puis, à ma grande surprise, il s'est mis à me questionner sur Pasqua. Il était persuadé que Pasqua était l'arbitre dans l'affaire Elf, alors que cet arbitre était l'ancien président du tribunal de commerce de Nanterre, choisi par Elf. Je me suis demandé s'il avait été mis là pour me faire parler... mais ce qu'il voulait savoir pouvait être répété à tout le monde. Alors je le lui ai dit.

J'ai connu Charles Pasqua lors d'essais que j'avais faits sur la piste d'aviation près du Castellet. Le circuit Ricard n'existait pas encore, ce qui est une indication du sérieux de certains journalistes qui y situent notre première rencontre ! On a sympathisé, puis on est devenus amis.

Mais, sur le plan politique, je n'ai jamais eu affaire à lui. Je fais de l'économie, je ne fais pas de politique – et ça n'a jamais souffert d'exception. Je le dis à tous mes amis, je venais de le redire à Bernard Tapie, c'est devenu une rengaine dans mes propos : « Si on veut réussir dans la vie, on ne fait pas de politique, on fait de l'économie. Qu'on soit ministre, Premier ministre, chef d'État, ou même roi, c'est la même chose, à la fin on n'est plus libre. »

Lorsque j'ai fait inviter en France le président de l'Ouzbékistan, Islam Karimov, Charles Pasqua l'a reçu dans les Hauts-de-Seine à ma demande, il l'a accompagné chez Dassault, et voilà tout. Il savait qu'il y avait des emplois à la clé.

Mais ces explications ne suffisaient pas à ce bonhomme. Il était curieux, et m'a encore demandé si j'étais menacé (de mort, s'entend) et là un instant j'ai vraiment pensé qu'il n'était pas là par hasard, que c'était un « mouton », comme on dit dans les romans. Alors j'ai été plus explicite :

– Oui, on m'a dit que j'étais menacé, on m'a fait comprendre qu'on me croyait capable de raconter, d'inventer n'importe quoi pour m'en sortir, mais je n'en ai rien à foutre. Je suis propre, je n'ai rien à me reprocher.

Puis je l'ai bien regardé :

– C'est tout pour aujourd'hui ?

– Mais... Oui... On bavardait...

Je lui ai tourné le dos et il n'a pas insisté, il a eu peur. Il n'était probablement qu'un minus jouant à l'important, mais mieux vaut faire une petite crise de méfiance pour rien que de ne pas être à temps sur ses gardes.

Je n'ai accepté qu'une fois d'aller devant la cour, quand on m'y a convoqué à nouveau j'ai refusé d'y retourner. Je savais parfaitement que ça ne servait à rien et j'en avais assez d'être fouillé à corps, de tout leur traitement. J'ai dit à mon avocat : c'est Mme Joly qui m'a mis dedans, c'est elle seule qui m'en sortira.

Troisième convocation chez Mme Joly.

L'attente a été interminable, car elle avait pris huit jours de vacances – ça c'est pour le passé – et elle doit prendre encore quelques jours, pour un stage à l'Institut des hautes études de la Défense nationale – je ne sais pas du tout ce que c'est, mais Francis Chouraqui me dit que c'est très calé, et que ça peut mener très haut. Tant mieux pour elle, autant que ce soit quelqu'un de ce calibre, quelqu'un d'honnête, aussi, qui monte, et pas un pistonné quelconque.

J'étais fatigué, mais en même temps c'est de son bureau seulement que pouvait venir ma libération. Dès que je la vois, je me laisse tomber sur une chaise, et je me penche vers elle :

– Vous savez, madame, j'ai été fiancé vingt-sept fois dans ma vie, et je n'ai jamais autant eu envie de venir à un rendez-vous, car vous êtes la seule à pouvoir me faire sortir d'ici !

J'ouvre une parenthèse : je veux préciser quelque chose au cas où, lorsque je parle de mes vingt-sept fiancées, certains croiraient que je fanfaronne. C'est tout le contraire. Un homme à femmes ne compte plus ses conquêtes. Moi, non seulement je peux les compter, mais en plus, par timidité, je ne sortais jamais avec une fille avant d'être fiancé. Est-ce l'attitude d'un fat, ou d'un vantard ? D'ailleurs je suis trop fier pour être vantard. Je n'aimerais pas qu'on me prenne pour quelqu'un que je ne suis pas, même si le malentendu est en ma faveur. Fin de la parenthèse.

En entendant mon cri du cœur, je me demande si Mme Joly n'a pas souri. En tout cas, elle me confirme que, dès qu'elle m'aura confronté avec M. Le Floch-Prigent, elle me laissera sortir. J'ai failli crier de joie ! Comme je la désire, cette confrontation ! et le plus vite possible !

Mais il y a un hic. Les avocats de Le Floch-Prigent la repoussent pour l'instant, afin, disent-ils, de s'y préparer – plutôt pour gagner du temps et trouver une astuce quelconque, à mon avis. Et cette sale petite manœuvre va me coûter quinze jours de prison supplémentaires, complètement inutiles !

Je bous de colère, mais que faire ? Ces avocats connaissent toutes les ficelles pour ralentir les procédures ; à cause d'eux je vais retourner moisir en prison *pour rien* pendant deux longues semaines, pendant lesquelles il ne se passera *rien* de positif pour ma libération ! *rien* ! je fais ces quinze jours *pour rien* !

Mme Joly est désolée pour moi, mais elle n'a pas les moyens de s'y opposer. Le code est le code. La procédure est la procédure. Etc.

Je n'ai plus fait qu'attendre cette libération (je laisse le lapsus tel qu'il m'est venu, je voulais bien sûr écrire « confrontation »), avec une impatience dingue. J'ai même prié ! Il fallait que je sois vraiment à bout !

Malheureusement, lors d'une convocation ultérieure que je crois être la bonne, Mme Joly m'informe que M. Le Floch-Prigent est pour le moment absent de France et qu'il me faut attendre son retour. Je suis si déçu que je m'affale sur ma chaise.

– Il va venir, vous savez. Encore un peu de patience, ça ne va plus être très long, maintenant...

Je lui dis, sans colère :

– Je crois qu'en ce moment je suis bien placé pour savoir ce qui est très long ou pas...

Elle ne le prend pas mal, et se met à étudier de nouveau le document que Christine a rapporté de Russie. Comme dans cette copie certifiée conforme le fameux article 25 n'existe pas, et que les 20 millions de dollars ont été payés quand même, elle se demande qui les a encaissés, puisque ce n'est pas moi.

– Si je le savais !...

– Les avocats d'Elf prétendent que, bon, d'accord, ce n'est pas vous qui avez touché... mais qui nous dit que ce vingt-cinquième article n'a pas été ajouté pour que la ville de Saratov touche cet argent ?

Indigné, je lui précise avec feu que la seule personne qui avait fait des promesses aux Russes c'était moi ! et que si le projet avait été jusqu'au bout, j'aurais construit à mes frais une piscine olympique à Volvograd ainsi qu'un stade à Saratov, et que jamais rien d'autre n'a été prévu par quiconque !

– Pourquoi, ces cadeaux ?

Dans mon élan, je lui explique comment je travaille en général et je lui décris concrètement comment j'ai fait avancer le dossier dont on vient de parler. Quand j'accepte une mission, comme celle consistant à réussir le contrat souhaité par Elf en Russie, je suis obligé de tout prendre à zéro. D'abord rencontrer tous les responsables ayant le pouvoir de décision – et il y en a ! – ensuite voir sur le plan économique ce que peut apporter à la région (comme avantages et comme inconvénients) l'implantation de la société Elf.

Après avoir convaincu absolument la totalité des gens plus ou moins impliqués, je commence à attaquer, je prends séparément les personnes ayant un avis à donner, puis je me charge de persuader les maires de chaque région en leur apportant des propositions de crédit pour le développement économique de leur région.

Si ça marche, je sais que je vais gagner ma vie, alors où est le mal d'offrir quelque chose *à une ville* ? *à ses habitants* ? pas à un homme politique ou un haut fonctionnaire ! J'offrais une piscine olympique, pas un dessous-de-table ! Les meilleurs nageurs, ceux ayant obtenu des médailles olympiques, sont issus de cette région. J'avais aussi promis au maire de Saratov de financer moi-même un stade. Bien entendu, dans les deux cas, cet argent aurait été pris sur *ma commission*, celle que devait me verser Elf (rétribution légale et justifiée) et je peux vous assurer que les travaux représentaient des centaines de millions : il suffit de demander à M. Juan Antonio Samaranch, le président du CIO, il sait, lui, ce que valent un stade et une piscine olympique dignes de ce nom.

Heureusement, Mme Joly semble me croire, me comprendre ! De ce fait, l'horizon est moins sombre... mais je dois encore être patient, puisque ma liberté dépend de la confrontation avec Le Floch-Prigent. Moi, patient. J'aurai tout vu !

Pour l'heure, elle m'interroge sur un versement effectué à mon bénéfice par la CGE, d'un montant de 31,5 millions de francs. Je lui explique de quoi il s'agit.

Je veux tout de suite vous préciser quelque chose d'important. Dans ce livre, je ne vais pas donner des détails sur toutes celles de mes affaires qui sont dans une phase « contentieux ». J'avais des accords, j'ai fait mon travail, et certains de mes partenaires n'ont pas tenu leur parole. Je ne suis pas procédurier, sauf quand on m'y contraint : comme c'est le cas pour ces affaires, je leur demande donc justice. C'est en cours, je fais confiance à la justice, j'ai le droit et, n'en déplaise à certains, même la morale pour moi. Ici, je ne veux donc parler que d'Elf, l'affaire qui a été la cause directe de ma mise en détention, et de lui seul, car nos démêlés dépassent largement le cadre strict des affaires, c'est sur le plan humain que ça se passe.

Ne croyez pas que ce soit de la langue de bois, comme les gens qui veulent se dérober en disant des choses du genre « ce débat trop technique ennuierait le lecteur ». Je n'ai rien à cacher, et il se trouve même que je suis sans doute le seul à être dans ce cas, ceux qui n'ont pas tenu parole ne peuvent pas en dire autant. D'ailleurs, tout journaliste qui veut des informations sur telle ou telle de mes affaires peut les obtenir, il suffit de demander un rendez-vous à mes avocats – ça vaudra bien mieux que d'écrire n'importe quoi ou de reprendre des informations non vérifiées.

Dans ce bouquin, je le répète, écrit sur le coup avec hargne, colère, je n'avais qu'un seul but, non pas régler des comptes, mais régler *un* compte, ce compte Elf, responsable de mes trente-six jours de prison que je lui ferai payer au « trente-sixtuple » ! Le reste de mes différends, à côté, n'est pas insignifiant, loin de là, mais est tout de même secondaire. Il devait même l'être tellement que, en cours d'écriture, le livre prend une direction inattendue : en m'éloignant de toutes les affaires dont je croyais que j'allais parler, il m'a tiré sans même que je m'en aperçoive vers le passé, vers mon passé. Et je ne le regrette pas, ça m'a bien aidé à faire la différence entre l'essentiel et l'accessoire.

Mme Joly me pose encore quelques questions, j'y réponds, mais ce n'est plus de l'interrogatoire dur, du harcèlement. J'ai le temps de m'expliquer un peu. Et je lui dis que je suis démoralisé par le désastre pour Saint-Pétersbourg, par mon impuissance à le défendre, je suis écœuré, consterné, tout mon travail est tombé à l'eau. De plus les Russes vont être vexés que leur homme de confiance soit jeté en prison comme un malfaiteur, mais surtout, à leurs yeux, j'aurai failli à mon engagement à cause de mon incarcération... Or, s'il y a quelque chose que je hais, c'est bien de ne pas tenir mes engagements ! Et je ne sais pas si Mme Joly s'en doute, mais en affaires ça pardonne rarement.

On a encore discuté un peu de l'affaire Leuna-Minol, mais elle me regardait à présent d'un autre œil, elle voyait bien que je n'étais pas le bonhomme décrit dans cette fiche des Renseignements généraux.

Je crois qu'elle me demande encore pourquoi exactement mon arrangement avec Elf a échoué, et je le lui explique. Tout avait été discuté, mis au point et enfin réglé après des mois et des mois. Tout était OK, je devais aller en Suisse avec M. Halphon (la personne désignée par Mme Gomez) pour aller déposer le contrat final dans ma banque. Le destin en a décidé autrement et M. Halphon est mort accidentellement pendant ses vacances. Il a voulu sauver son fils de la noyade, et c'est lui qui s'est noyé. Ça m'a fichu un coup, car c'était quelqu'un de fiable, d'estimable, bref, quelqu'un de correct. Naturellement, à la suite de son décès, tout a été repoussé pendant des mois et des mois, ce qui fait que je ne suis pas aujourd'hui en possession de ce contrat, sinon tout serait réglé depuis longtemps.

Ce soir-là, en prison, je me sens mieux. Je sais maintenant que lors de ma confrontation avec Le Floch-Prigent la vérité se fera, et que je serai libéré. Pour la première fois je regarde ma cellule sans haine. Elle a dû en voir passer, des pauvres gens. Sans même parler des innocents, elle a dû en voir, des malchanceux.

Il y en a qui ont laissé leur marque, un graffiti dans le mur, un nom, et bien sûr il reste encore çà et là des photos de femmes nues sur les murs. Il y a même une photo de Dieu, enfin, le Christ sur sa croix. Je l'ai déjà vu en reproduction dans des lieux pieux et des circonstances graves. Lui aussi c'est un intermédiaire dans mon genre, il s'est fait avoir. Du coup, je l'ai prise, et je l'ai scotchée au-dessus de mon lit. C'est le seul truc de la prison que j'emporterai avec moi en la quittant.

Jésus tout seul aurait fait un peu solitaire (il en avait l'air), mais heureusement j'avais des photos de ma femme, de mes enfants et de mes chiens.

Je parlerai de mes enfants plus loin, ils n'ont rien à faire dans ces pages sur la prison, mais mes chiens, eux, ils se moquent du qu'en-dira-t-on, taulard ou pas, ils m'aiment tout autant.

J'adore les animaux et j'ai toujours eu des chiens, actuellement j'ai des bergers allemands, Mabrouk et Lola, qui nous attendent toujours avec autant d'impatience à chaque retour de voyage. Ils sont formidables, c'est un bonheur pour moi que de les voir – j'ai déjà pris l'avion juste pour aller passer quelques heures avec eux. Mabrouk est assez impressionnant, mais tout petit il est tombé dans la piscine de notre propriété à Lausanne : il n'arrivait pas à en sortir, l'eau était glacée, en plus. Heureusement, j'ai entendu ses aboiements désespérés et j'ai pu le sauver : depuis il est peureux, le pauvre, et reste toujours près de Lola, sa mère.

C'est un bon chien de garde, mais s'il détecte quelque chose qui ne va pas, il va vite le dire à Lola et suit les événements par-dessus son épaule, derrière elle... en jappant quand même, pour montrer qu'il est avec elle moralement.

En Corse, à la maison, j'ai Flassi, une chienne vraiment à part. Elle n'est jamais seule, la gardienne s'en occupe bien, elles s'aiment bien, mais quand elle nous voit, elle devient folle, douloureusement heureuse, elle ne me quitte pas, elle se baigne avec moi, nous suit partout, elle nous parle, elle est intelligente... elle ne vit que quand on est là. Malheur à celui, même s'il ne lui est pas inconnu, qui s'approche un peu trop brusquement de nous... Elle nous veut pour elle toute seule... C'est incroyable, incroyable... Rien que d'y penser, j'oublie tout le reste.

Avec toutes ces histoires, je ne suis pas allé en Corse depuis un bon moment [1], et elle me manque. Alors elle ! Elle doit croire que je l'ai oubliée... Je le sais, je connais les chiens, eux et moi, c'est une vieille histoire.

Je dois vous dire que j'ai été élevé par ma grand-mère, en fait, car mes parents sortaient beaucoup. L'affection, c'était ma grand-mère. La responsabilité, l'autorité, c'étaient mes parents. Ma mère surtout était une femme très droite, un peu sévère. Elle voulait qu'on devienne des gens bien, et nous flanquait sans passion des raclées solides. Or j'avais déjà un chien, à cette époque – déjà un berger allemand. Un jour où elle me frappait, il lui a sauté dessus et l'a mordue au bras.

Après, quand elle voulait me frapper, elle était obligée d'abord de l'attacher. Il voulait tout casser, il se déchaînait – d'ailleurs il l'a fait pour de bon un peu plus tard. Ma mère l'ayant donné à son frère Jaïmé [2] qui habitait à Safi, à 180 kilomètres de Mazagan, mon chien a cassé sa chaîne, s'est échappé, et il est revenu à la maison. J'étais fou de joie, mais hélas ma mère est restée ferme, et l'a remis de nouveau à son frère. J'ai pleuré quand mon chien est mort, je suis sûr qu'il s'est laissé mourir de tristesse.

J'ai eu là le plus gros chagrin dont je me souvienne. Ça peut paraître bizarre, mais c'est comme ça. Avec les humains, j'ai pu m'expliquer, mais moi qui ai avec mes chiens de vrais rapports, je me désole toujours de ne pas pouvoir leur dire par exemple : « Ne vous inquiétez pas, je reviens dans une semaine. » Quand un chien vous voit faire vos valises, partir, pour lui, vous partez, un point c'est tout. Il ne sait pas que vous allez revenir.

---

1. J'y suis allé récemment. Comme on dit de nos jours d'un spectacle qui valait le coup : « Je ne vous raconte pas... »

2. L'un de mes trois oncles du côté maternel, les Sambrana : celui avec lequel j'allais être associé s'appelait Clovis.

J'ai donc mis ces photos au-dessus de mon lit. Je regardais celle de ma maison en Corse et je me disais : « Tu vas bientôt y retourner, ne t'en fais pas. » Je ne pensais qu'à ça. Je me persuadais : « Tu as commencé ta vie active très tôt, tu la finiras très tard... », autrement dit, j'aurai encore du temps devant moi, du temps à moi. À consacrer à Flassi, par exemple, et je l'imagine folle de joie en me revoyant, me faisant une fête dingue en gémissant de bonheur...

Les quelques heures avant la confrontation avec Le Floch-Prigent sont interminables... Je crains une catastrophe imprévue, que la vie s'amuse avec moi comme le chat avec la souris alors que je suis si proche du but : « Dès que je vous aurai confronté avec M. Le Floch-Prigent, je vous remettrai en liberté. » Elle l'a dit, je n'ai pas rêvé. Et c'est une femme de parole.

Et, en même temps, j'ai peur que ça rate à cause d'une bêtise, d'un oubli, d'une erreur de chiffre, de date, d'une éventuelle mauvaise foi de Le Floch-Prigent, je ne sais pas, moi, il y a une chance sur cent pour que je reste en prison, mais par superstition ou autre chose, j'ai peur des quelques heures qui viennent.

Alors pour forcer la chance je demande à mon avocat d'organiser mon départ le soir même, avec un jet privé (et moi aux commandes, bien sûr, s'envoler c'est pas mal pour une liberté retrouvée !), et qu'il fasse en sorte qu'on se tienne prêt au Bourget à partir de 21 heures et qu'on attende mes instructions.

Le matin de cette convocation, à 8 h 30, lors de la marche avec Bernard Tapie et mon Mathieu, je leur dis que je compte bien être libéré le soir même.

C'est tout le mal qu'ils me souhaitent.

Dans le cabinet de Mme Joly, je suis gonflé à bloc, personne ne pourra me mentir au nez sans que j'éclate – et Mme Joly verra qui dit la vérité, elle doit avoir l'habitude, c'est son métier. Le Floch-Prigent est déjà là quand j'arrive.

Mme Joly lui rappelle qu'il a déclaré n'avoir jamais discuté d'un contrat avec moi, celui-ci ou un autre, puis elle me regarde, guettant ma réaction. Là, ça commence à bien faire. Les Jaffré, Gomez, Le Blanc-Belleveaux et Cie, c'était déjà pas mal, mais si Le Floch-Prigent s'y met aussi !... Je ne laisse pas passer une chose pareille et je démarre au quart de tour :

– Je vais vous dire quelque chose, madame. Pour gagner du temps, être efficace, je ne discute qu'avec les dirigeants – chefs d'entreprise, chefs d'État – pas avec les sous-fifres. Je leur demande de me désigner une ou deux personnes de confiance vingt-quatre heures sur vingt-quatre pour le suivi des opérations et des contrats, mais je ne rends de comptes à personne d'autre qu'aux dirigeants.

Et j'explique en détail que mes partenaires ont exigé des garanties sur le montant à percevoir qui devait dépendre des investissements à raison d'un pourcentage à fixer. J'en ai longuement discuté avec M. Jacques Halphon et j'ai pu obtenir, en plus du pourcentage sur les barils/jour, à payer cash au moment de la signature par les autorités des conditions fixées par M. Le Floch-Prigent, la somme de 12 millions de dollars, plus 20 millions de francs ainsi qu'une garantie bancaire d'un paiement de 20 millions de francs par an pendant cinq ans.

Je me tourne carrément vers lui :

– J'ai fait signer les autorités quelques jours avant votre départ et contrairement à ce qu'a annoncé la presse, je n'ai pas touché un centime jusqu'ici. Cet avenant a bien été signé par vous-même, vous ne pouvez pas ne pas vous en souvenir.

Avec les détails que je donne devant Mme Joly, il aurait du mal à oublier. Je lui rappelle comment ça s'est passé et pourquoi il a accepté de me le signer en l'absence de MM. Halphon et Baritiu :

– C'est moi-même qui vous l'ai fait signer. Le jour où je suis passé à la tour Elf, MM. Halphon et Baritiu étaient absents, et je devais repartir avec l'avenant le lendemain à Moscou voir le Premier ministre M. Tchernomyrdine. Voilà pourquoi vous me l'avez signé vous-même.

Le Floch-Prigent se souvient alors de ces circonstances, et reconnaît que je dis la vérité. Je le crois honnête, il ne voulait pas mentir, simplement, il ne s'en souvenait plus – c'est possible, après tout, car d'ordinaire ce sont les techniciens qui signent, et non lui. Il devait aussi avoir la tête encombrée de bien d'autres choses, car il avait pas mal d'ennuis...

Mais moi, ce qui m'importe surtout, c'est que Mme Joly a pu voir – encore une fois ! – que je n'inventais rien et que je me contentais de dire la vérité.

Loïk Le Floch-Prigent parti, Mme Eva Joly tient parole et m'informe qu'elle va me faire libérer. C'est bête, mais je suis ému comme si elle m'offrait un cadeau royal, alors que ce n'est que justice. En tête à tête, on échange quelques mots, sur un ton plus normal, sans tension. Je lui dis ce que j'ai sur le cœur, que l'idée qu'elle avait de moi au départ m'embêtait, que je ne suis ni un requin ni un « tueur », au contraire, j'en ai aidé, voire sauvé, des hommes, et des affaires, dans ma vie !...

Je lui confie par exemple que, même enfermé – surtout maintenant que le dossier Saint-Pétersbourg pour les JO est enterré – je suis en ce moment sur un contrat pour Dassault qui porte sur une première commande de trente avions à 30 millions de dollars chacun : 900 millions de dollars. Même si ce n'est pas ma première motivation, je travaille aussi à ma manière – bêtement, naïvement – pour la France, à laquelle j'ai toujours donné priorité sur les autres pays, quitte à subir un manque à gagner, ce qui est presque toujours le cas. L'opinion publique devrait comprendre que des gens comme nous ne sont pas des pestiférés, on alimente la France en marchés et débouchés. Même si c'est un « effet secondaire », il est bénéfique.

J'ai soixante-dix-huit ans, mais j'ai cinq cents ans d'expérience. Ce que je lui dis là, ce n'est pas du boniment, je le pense : je crois à l'utilité de ce que je fais.

Elle a l'air de me comprendre, ou de me croire – du moins, c'est l'impression que j'ai. Je me sens « soulagé d'un grand poids » (je croyais que c'était juste une expression, un cliché, mais non, ça fait comme ça pour de vrai).

D'ailleurs, dès que j'entends parler de cliché, je lève le nez, je suis attentif. Sous un cliché il y a souvent une vérité. Quand j'en entends un, je trouve toujours le temps d'aller flairer ce que c'est, d'aller vérifier de quoi on parle. Si ça ne peut me servir à rien dans la vie pratique, ça m'apprendra toujours quelque chose, et je ne refuse jamais d'apprendre. Je rattrape chaque fois que je le peux tout ce que je n'ai pas appris à l'école. Je me fais mes cours du soir, quoi !

Je dois dire que Mme Eva Joly n'a jamais cherché à m'abaisser, durant ma détention. Elle n'a pas cherché non plus à étaler notre différence d'éducation. Non, elle a fait son boulot du mieux possible (enfin, elle était de bonne foi, ça revient au même – pour elle, sinon pour moi).

Elle a reconnu d'elle-même que mes prévisions sur Lille et les JO se sont révélées justes, et elle m'a même affirmé, que, si *un seul* chef d'entreprise lui avait confirmé mes paroles, que s'il y avait vraiment eu des marchés pour la France sur le chantier des Jeux olympiques de Saint-Pétersbourg, elle ne m'aurait pas incarcéré mais seulement fixé une caution !

Il y a de quoi en avoir gros sur le cœur ! Je venais de faire signer un accord conséquent entre la ville de Saint-Pétersbourg et la société Technip, qui était parfaitement au courant de l'importance de ma présence à Lausanne les 1er, 2 et 3 mars : j'ai honte pour M. Vaillaud, le PDG de Technip, qu'il n'ait pas fait la lettre réclamée par mon avocat, où pourtant on n'attendait de lui que d'écrire la vérité.

Quand on me parle avec un sourire de ce drôle de rapport entre Mme Eva Joly et moi, entre le juge et son prisonnier, et qu'on me demande si je sais ce qu'est le « syndrome de Stockholm » – cette espèce d'amitié qui se crée peu à peu entre l'otage et le terroriste, paraît-il – j'éclate aussitôt :

– Non, je ne le connais pas, votre syndrome de Stockholm ! Pour moi, Stockholm, c'est la ville qui m'a pris Saint-Pétersbourg pour les Jeux olympiques ! Et en ce qui concerne Mme Joly, avec la fiche des RG qu'on lui a donnée, c'est normal qu'elle ait cru ce qu'elle a cru !

C'est pour ça que je ne lui en veux pas. Mais il a fallu quand même quelques confrontations avant qu'elle se rende compte que je ne suis pas celui qu'elle croyait !... Et on vient me parler de syndrome de Stockholm ?

Devant ma réaction, on me dit que je suis un cas. C'est bien possible.

En sortant du bureau d'Eva Joly, je vois dans le couloir André Tarallo, qui attend son tour d'être interrogé. Juste le temps d'un petit sourire amical, d'un regard qui se veut encourageant (l'un pour l'autre, d'ailleurs) et les deux policiers qui m'escortent m'entraînent déjà vers la prison pour les formalités de levée d'écrou.

Je ne le reverrai que six semaines plus tard, lors d'une confrontation voulue par Mme Joly, et dont je reparlerai dans la suite car elle a suscité des calomnies qui me forcent à rétablir la vérité.

Quand je reviens à la Santé pour la dernière fois, pour la levée d'écrou officielle, j'ai le pressentiment qu'il faut que je sois dehors le plus vite possible. J'active le mouvement vers ma cellule.

Mes gardiens sourient, se poussent du coude.

– Pressé d'être libéré, monsieur Guelfi ?

– Vous ne pouvez pas savoir à quel point !

Mais moi je le savais ! et comme les formalités sont longues (que de tracasseries ! de paperasseries ! à croire qu'on vous relâche à regret !), en ce qui concerne mes « effets personnels » à emporter avec moi, je suis prêt en dix secondes. Je veux laisser tout ce que j'ai ainsi que mon pécule en faveur de Mathieu : c'est impossible. « Et lui dire au revoir de ma part, c'est possible ? – Ce sera fait. » Maintenant que je sors, il y a une petite touche de considération chez mes gardiens, c'est nouveau. On me permet des choses qu'on m'interdisait avant, par exemple de toquer à la porte de la cellule de Tapie :

– Bernard, ça fait trente-six jours que je suis là !

Tout de suite, il veut me réconforter :

– Je sais, André, je sais, mais...

– ... mais il n'y en aura pas de trente-septième ! je te l'avais dit ! ça y est, je pars !

– Ah bravo, André, je suis vraiment content ! Bravo, mon vieux ! Il y en a déjà au moins un de nous deux dehors !

Je le sens sincèrement content pour moi, mais par contrecoup je le devine un peu découragé pour lui ; c'est humain, quand l'un s'en va, c'est deux fois plus dur pour celui qui reste.

– Ne t'en fais pas, je t'attends à la sortie. La vie recommence. Tu verras ce que je te dis.

Et d'ailleurs, dès qu'il sortira, on se téléphonera, et je tiendrai ma promesse de monter des choses ensemble, je savais déjà en prison l'affaire que je ferais avec lui pour gagner de l'argent, pour qu'il se refasse une santé financière, afin de donner une leçon à tous ceux qui nous ont enterrés un peu vite.

Tout ça grâce à une paire de tennis, et à sa spontanéité. Durant toute ma détention, je n'ai jamais eu le droit d'avoir des pieds dans des tennis à moi et j'ai continué à emprunter celles de Bernard. Lui, qui avait été le patron d'Adidas, et moi qui, quelques années avant lui, avais eu la marque aux « trois bandes » parmi mes actifs, on se partageait à deux une seule et même paire de ces chaussures de sport alors qu'on en avait vu défiler par millions ! Si vous avez une seconde pour visualiser la scène, ne vous en privez pas, ça pourrait vous faire sourire.

Et je suis sûr que ça ferait une bonne photo.

En quittant la Santé, je désire aussi remercier le brave type qui poussait le chariot, celui qui m'avait donné des « Chocorêve » lorsque j'étais si écœuré que je ne voulais rien manger. Je veux lui donner de l'argent, on me dit que ça ne se fait pas, pas plus que d'abandonner son pécule en faveur d'un autre détenu.

Si je me mets à écrire la liste de ce qui ne se fait pas en prison, je risque de ne plus faire que ça ! Alors je décide d'envoyer de l'argent à sa femme. C'est encore permis de donner de l'argent à une femme, en France, je suppose ? ça l'est. Le contraire m'aurait étonné.

Avant de me laisser partir on me fait signer encore des formulaires par dizaines, des reçus que je ne regarde même pas, on me rend le solde de mon pécule, que je dois compter, mais je refuse avec un tel agacement qu'on n'insiste pas. Je fourre la liasse de billets de 200 francs dans mon sac et j'accélère le mouvement pour être plus vite dehors. Le pressentiment se fait plus fort.

Ma voiture est là, devant la prison, j'y monte, on démarre très vite... et je m'arrête un peu plus loin devant l'ancien PLM Saint-Jacques où m'attendent mes deux avocats, Mes Isabelle Werner et Francis Chouraqui. On s'embrasse pour ces retrouvailles pendant qu'on fonce déjà, mais vers Roissy (Le Bourget, d'où je décolle d'habitude, étant fermé). De la voiture, j'appelle le pilote qui doit m'accompagner en lui demandant une mise en route dans les vingt-cinq prochaines minutes grand maximum.

Et à 11 h 30 je décolle aux commandes du jet, avec une sensation de soulagement énorme. Quel bonheur ! À ce point, je ne connaissais pas...

Je vais me poser à Chambéry vers minuit et demi car j'ai volé à 0,87 Mach pour rejoindre ma femme. Elle m'attend au pied de la passerelle. On prend aussitôt la route de la Suisse, pour nous retrouver autour d'une bouteille de champagne, à la maison. Comme on dit au cinéma, « enfin seuls », et comme je le dis moi, « enfin libre ! ».

Je constate alors que mon instinct, en me poussant à vite quitter la prison, m'a évité d'y passer une nuit supplémentaire : Chouraqui, à qui j'ai téléphoné dès le lendemain matin, m'a appris que vers minuit et quart Mme Eva Joly avait demandé si je me trouvais avec lui, car elle souhaitait m'entendre à nouveau !

Mon ancien fondé de pouvoir est maintenant à la retraite, il s'agit de Jean-Roch Vittori [1] : il a été déçu quand j'ai essayé de lui raconter ce qu'était la prison. Il trouvait ou que je racontais mal, ou que vraiment il s'en était fait une autre idée. C'est qu'on peut en parler pour se soulager, même essayer d'en donner une vague idée, mais pas espérer

1. C'est lui qui contrôlait les entreprises que je créais ou que je reprenais. Moi je préfère rester en retrait. Je donne les grandes lignes, je délègue à des gens bien, des gens sûrs, et je ne suis pas obligé de rester vingt-quatre sur vingt-quatre au chevet d'une entreprise convalescente – et pire encore si elle est en pleine forme : je m'ennuierais trop.

que les autres ressentent ce que vous avez vécu... Je déborde pourtant d'une envie de tout dire, tout expliquer, mais rien ne sort, ou que des banalités. La prison, c'est dur, la raconter, c'est impossible.

Même un gardien de prison ne peut décrire ce qu'éprouve un homme privé de sa liberté. Il sort quand il veut, lui !... Les visiteurs, les avocats, même la famille, personne ne le peut. Il faut être emprisonné, savoir qu'on ne peut plus sortir, c'est là seulement qu'on comprend ce qu'est la prison. Il faut être en cage, comme un chimpanzé au zoo et savoir que, comme lui, on est presque humain, mais... mais qu'il nous manque aussi la parole, je veux dire celle qu'on écoute, qu'on prend en considération.

Moi, c'est fini, je n'essaie plus, je ne veux plus y penser. Comme pour toutes les expériences fortes, seuls peuvent les comprendre ceux qui les ont vécues. Que ceux qui trouvent plat ou fade le récit de mon séjour en prison soient indulgents. S'ils tiennent *vraiment* à savoir ce que c'est, ils n'ont le choix qu'entre deux options. S'arranger pour s'y retrouver – mais je le leur déconseille. Ou faire un gros effort de créativité : imaginer un cocktail de désespoir, de solitude, d'un sentiment d'injustice, de saleté, de puanteur, d'inconfort, de l'hostilité des uns et de l'indifférence des autres. Ajouter les ingrédients qui les dégoûtent particulièrement ou les rendent malades, comme la promiscuité ou la claustrophobie. Secouer bien, servir glacé en hiver ou brûlant en été : ils ne sauront toujours pas vraiment ce que c'est, mais ils commenceront à en avoir une vague idée. De toute façon ils seront en dessous de la vérité.

Certains reproches que j'ai entendus concernaient mon manque de méfiance lorsque je me suis rendu à la brigade financière.

Mais pourquoi me serais-je méfié ? Je ne suis pas un gangster ! je n'ai rien fait de malhonnête ! Ou alors se décarcasser pour emporter un marché est malhonnête ! Les commissions à la clé ? Tout le monde en donne, tout le monde en touche, sous une forme ou sous une autre, y compris les États (« Tenez, je vous accorde une aide exceptionnelle, à la condition que vous achetiez vos armes chez nous »). Sinon, il n'y a pas d'affaires. C'est comme ça. Si on veut changer le monde, je le veux bien, mais moi je l'ai pris en route et il était déjà comme ça quand je suis né.

D'ailleurs, sur ce plan des commissions, nous, les Européens, on n'est déjà pas gâtés face aux Américains, qui donnent systématiquement le double de ce qu'offrent les autres – je l'ai dit à Mme Joly. En revanche, j'ai tissé durant une vie mouvementée, pleine de fractures physiques et morales, des liens d'amitié avec des personnes importantes, chefs d'État ou de gouvernement, ce que les Américains ne savent pas faire. À force de dire que le temps c'est de l'argent, ils ne prennent jamais celui de connaître les gens avec lesquels ils traitent.

Moi, si, et ça fait une différence énorme.

S'il fallait impérativement savoir écrire pour convaincre un décideur et enlever un marché, aujourd'hui je ne serais plus qu'un coureur automobile à la retraite – et notez qu'à cette époque le sport ne payait pas du tout comme maintenant. Mais comme il s'agit de séduire, de convaincre, je suis dans mon domaine – pour le reste, la suite, les papiers à rédiger, j'ai du personnel qui sait écrire des phrases d'un kilomètre sans faire une seule faute de français.

Ce que j'ai peut-être et que n'ont pas forcément les membres de mon personnel ou mes concurrents, c'est ma force de conviction et un don de persuasion, pour les grandes comme pour les petites choses de la vie. C'est ce qui me permet parfois de soulever une affaire sous le nez d'un Américain avant même qu'il ait dégainé ses mallettes bourrées de dollars. Je n'y suis pour rien, je ne sais pas comment ça m'est venu, on est petit, on est gros, on est chauve ou chevelu, « *Article 22, chacun se débrouille comme il peut* », comme je l'ai entendu dire une fois. Cette expression me plaît. J'ai toujours fait avec ce que j'avais, sans perdre de temps à regretter ce que je n'avais pas.

La seule chose que j'aie regrettée, c'est ma liberté perdue en prison, mais je l'ai regrettée fort. On ne me connaîtra jamais tant qu'on n'aura pas compris que la liberté est plus que mon bien le plus précieux, c'est ma raison de vivre.

Dans ma cellule, j'ai eu le temps de visiter tous les recoins de mon cerveau, de la cave au grenier. Eh bien, franchement, résultat de l'inspection : il n'y a rien dont j'ai honte. Je n'ai aucun regret. J'ai réalisé mon rêve de jeunesse, qui était d'être libre – même si à l'époque j'appelais ça « devenir millionnaire ».

Mon rêve d'enfant, quand j'étais le petit Dédé, a toujours été, est encore, et le sera jusqu'au bout, de faire tout ce dont j'ai envie, même quand je suis devenu « Dédé la Sardine », et que j'avais plein de responsabilités – ce surnom évidemment parce que c'est d'abord dans le poisson que j'ai fait fortune, parce que j'étais le premier exportateur de conserves du Maroc, et surtout le premier au monde à avoir congelé du poisson vivant.

Avant la confrontation avec Tarallo, que souhaitait Mme Joly, j'ai eu le temps de me rendre à Moscou pour rencontrer le Premier ministre M. Tchernomyrdine, et m'excuser de ma défaillance en ce qui concerne Saint-Pétersbourg. J'ai aussi remercié mes amis russes pour leur attitude à mon égard pendant ma détention. Quand on a l'occasion de compter ses amis... et qu'on en trouve, on peut s'estimer chanceux. Ce que je fais d'ailleurs bien volontiers, j'ai toujours reconnu que j'avais la chance avec moi – ces trente-six jours de prison ne font pas le poids contre soixante-dix-neuf années de baraka.

Puis, seulement après, je me suis rendu libre pour les confrontations que me demandait Mme Joly. Je ne suis pas sûr de la chronologie, mais je crois bien qu'elle m'a d'abord confronté avec ceux-là mêmes qui m'ont entraîné dans cette aventure, MM. Guillon (directeur de la branche raffinerie distribution d'Elf) et Le Blanc-Belleveaux (directement mandaté par le PDG d'Elf-Aquitaine International pour me proposer cette affaire).

Je préviens Mme Joly que je ne peux que confirmer qu'on a agi avec moi comme des malpropres ! Je ne me souviens pas du mot à mot, mais je garantis la teneur de ce que j'ai déclaré : à savoir, que j'ai mis à la disposition de ces messieurs ma société offshore, Nobleplac, et qu'elle leur a servi d'interface, c'est tout. Là-dedans je n'ai été qu'un exécutant, une plaque tournante. Je ne sais pas pourquoi ces messieurs mentent, ni pour couvrir qui, mais puisque c'est comme ça, puisqu'ils mentent et osent prétendre que c'est ma société qui a négocié avec les Allemands – et que je n'ai pas envie de porter le chapeau pour eux ! – je répète à Mme Joly que la seule personne qui a traité toute cette affaire, de A jusqu'à Z, c'est M. Le Blanc-Belleveaux « ici présent ! ».

Et je le prouve : il a eu à sa disposition mes bureaux de Lausanne, Orgafid fiduciaire. C'est lui qui a donné à la secrétaire toutes les consignes, les modèles de lettres à faire, de documents à rédiger : tout ce qu'il disait, on le faisait. On suivait ses instructions, c'est tout. Évidemment, j'ai signé des documents, Nobleplac a signé des documents, mais sur des modèles faits par lui ! Le Blanc-Belleveaux ! et qu'il a envoyés à des gens qui nous étaient inconnus !

J'accuse donc M. Le Blanc-Belleveaux de mauvaise foi, et je lui prouve qu'il ment : il a oublié une chose élémentaire et bien trop simple pour qu'il y pense, c'est que toutes ces heures, ces jours, qu'il a passés dans mes bureaux, avec ma secrétaire, à rédiger ses petites affaires, à les dicter à mes employées, eh bien tout ce temps a été facturé, et en détail ! Et je peux prouver le nombre de semaines, de jours, et d'heures où il était dans nos bureaux. Je peux aussi produire le double de *toutes* les lettres qu'il a fait envoyer !

Alors là, il a craqué, comme je m'y attendais.

Mme Joly :

– Que dites-vous de ce qu'avance M. Guelfi ?

– Je reconnais que Nobleplac n'a été qu'une société interface.

– Qui vous donnait les instructions ?

– Le président d'Elf.

– M. Le Floch-Prigent ?

– Non. Le président d'Elf-Aquitaine International.

– M. Alfred Sirven ?

– Oui. Ès qualités.

Ouf. Il l'a dit. Je me suis senti soulagé de n'avoir pas à le pousser moi-même dans ses derniers retranchements. Mme Eva Joly a, une dernière fois, pu vérifier que ce que je lui avais dit était exact... s'il en avait été encore besoin !

Je ne sais pas ce que vous éprouvez, vous, quand le ciel se dégage, mais moi je peux vous dire que je me sens tout à coup très bien. Comme en avion, quand le plafond est bas, qu'on est perdu dans les nuages, et que soudain on voit une trouée dans laquelle on s'engouffre pour voir enfin où on est exactement.

Je me suis senti plus serein avant la prochaine confrontation concernant cette affaire, qui sera pourtant la plus pénible, parce que c'est avec André Tarallo et qu'il est un compatriote.

Avant cette ultime confrontation, je suis allé revoir deux grands amis de ma belle époque. D'abord Nano Da Silva Ramos, mon copain d'écurie chez Gordini, à Biarritz (avec un bon repas dans un restaurant coté et méritant sa cote – dans le Sud-Ouest ça veut dire quelque chose !). Puis mon vieil ami Marcel Tardy, que j'ai rejoint à Brive. Marcel m'attendait devant la petite aérogare déserte, seul, mains dans les poches, toujours grand et solide, mais les cheveux tout blancs... Marcel, avec qui j'ai passé une grande partie de ma vie...

Je tenais à les revoir au moins encore une fois, parce que, même si j'étais sûr de moi et de mon affaire, j'étais échaudé, je me disais qu'on ne savait jamais, que si par malheur les choses tournaient mal dans le bureau d'Eva Joly pour une raison ou pour une autre, au moins j'aurais revu deux de mes vrais potes. Une fois que vous êtes allé en prison, vous n'êtes plus jamais le même, il y a toujours la petite angoisse qu'un malentendu ou une malveillance vous y renvoie.

Les retrouvailles ont été émouvantes, surtout avec Marcel : je ne l'avais pas revu en chair et en os depuis vingt ans, c'est lui qui a fait le calcul, moi je n'aurais pas pu dire si ça faisait dix ans ou quarante – toujours ce problème de notion du temps.

Lui, il a toutes les formes de mémoire. Des choses que je croyais avoir oubliées, il me revenait des parcelles en l'entendant parler. Il se souvenait de tout : quand c'était, où c'était, avec qui, etc. Baroudeur, mais cérébral, ce Marcel...

C'est toute ma vie d'homme que je revois, quand je pense à lui. Je l'ai connu à l'armée, et après nos routes ne se sont jamais séparées jusqu'au moment où il a pris sa retraite.

Même après qu'il eut quitté le Maroc à la suite de l'indépendance du pays, on s'est retrouvés et on a travaillé de nouveau ensemble à Paris et à La Rochelle, pendant que je montais une flotte de pêche pour aller tenter l'aventure en Mauritanie.

Il en a vu, avec moi, le pauvre... C'était mon souffre-douleur, mais pour rire, je veux dire par là qu'il ne me servait pas à passer mes nerfs, mais qu'il était mon indispensable partenaire pour nos virées, nos blagues, et surtout ma principale victime ! J'adorais lui faire des farces, rien que pour l'entendre râler d'abord et rire ensuite. Quand je repense à toutes les misères que je lui ai faites, je ne comprends même pas comment il ne m'a pas plusieurs fois envoyé balader. Peut-être parce qu'il sentait qu'on était des frères. On se disait tout, entre nous la confiance était totale.

On ne s'est rien dit de ce genre en se revoyant, bien sûr, mais j'étais ému, et il l'était aussi, c'était visible. Heureusement, on n'a pas eu trop le temps de s'attendrir parce que j'ai encore pu vérifier, quand il est venu me chercher à l'aérodrome de Brive, qu'il n'était pas devenu meilleur chauffeur qu'autrefois. Au retour, après le restaurant, j'ai dit « passe tes clés » et je me suis mis au volant – parce qu'il conduit comme une patate, c'est sa propre expression ! En cinquante ans d'amitié, je ne crois pas l'avoir vu plus d'une fois ou deux ailleurs qu'à ma droite en voiture – même dans la sienne !

En revanche, c'était un bon navigateur, on a fait des rallyes ensemble, sur Peugeot Darmat. Il ne s'émouvait jamais de rien, avec moi, il n'avait jamais peur. Dans n'importe quelle situation, on s'en tirait toujours.

En avion aussi, il était bon pour repérer la route. Plusieurs fois, on s'est perdus dans le mauvais temps, à force de changer de cap, d'altitude [1]. On n'avait rien qu'une carte et une montre et le fait de changer sans cesse de cap pour éviter les orages nous empêchait de savoir où on était. Une fois c'était : « Tiens, André, le mont Pilat, c'est bon, on vient de passer Saint-Étienne, on a des chances d'arriver. » Moi je faisais ouf, lui il commençait déjà à regarder la carte en aval de notre itinéraire idéal.

Une fois, on longeait la côte marocaine, de nuit, et on cherchait des lumières (à La Rochelle, je m'étais souvent posé en pleine nuit avec seulement deux voitures aux phares allumés pour que je distingue la piste). Là, rien : nuit noire, pas de lune. On essaie Casa ? On essaie ! Rien : aussi noir que le reste. On retourne vers Rabat ? On y retourne. Au-dessus de Rabat, ce n'est pas mieux. Et puis il voit une lumière.

– Tiens, c'est l'usine Machin (il m'a redit le nom, mais j'ai encore oublié). Va dans les terres sur une cinquantaine de bornes, je sais où on va se poser.

Là-dessus, il repousse ses cartes et se met à bâiller. On n'y voyait toujours rien, mais maintenant que j'étais dans la bonne direction, pour lui c'était réglé, j'allais bien réussir à nous ramener vivants. Aussi simple que s'il avait dit : « Première à droite après le rond-point. »

C'est un type très droit, Marcel. Il a été gaulliste de la première heure, et il n'a jamais changé de bord. Il aurait pu faire un grand ministre (et il en a eu l'occasion), mais il a préféré bouger, vivre, et je trouve que c'est tout à son honneur... et qu'en plus il a fait le bon choix.

Avec Nano, ça a été différent, on n'a pas arrêté de rire. On aurait dit qu'on ne s'était pas quittés depuis plus de quinze jours, qu'on était revenus trente ans en arrière. L'illusion était frappante parce qu'il est demeuré en pleine forme ; tous ses sens restés jeunes, pas un gramme de graisse, le visage inchangé : s'il n'avait pas eu lui aussi des cheveux blancs, comme Marcel et moi, on lui aurait donné cinquante ans ! Il a toujours été veinard, le salaud !

Comme la fois où on courait sur le circuit du Nürburgring et que je menais, j'allais gagner, mais soudain ma porte s'est ouverte, et avec le vent j'ai failli sortir de la piste. Nano m'a dépassé et m'a battu, mais j'avais quand même fait le record du tour.

1. Ce n'étaient pas les avions modernes d'aujourd'hui avec lesquels on peut se poser sans même voir la piste.

Nano souriait et hochait la tête en m'entendant rappeler cette histoire :

– Allez, allez... tu récris l'histoire...

– Ah non, je te jure : 1) le record du tour, et 2) j'allais gagner !

– C'est ça, c'est ça...

Il riait, mais entre coureurs, amis ou pas, on ne se fait pas de cadeaux sur les palmarès... même si après toutes ces années, franchement, j'aurais aussi bien pu avoir terminé dans les choux ou dernier à plus d'une heure, je m'en foutais ! La victoire, elle était là, en face de moi, et elle était double : c'était la chance de pouvoir revoir mon ami, et ensuite, et surtout, c'était la chance d'en avoir encore envie. Parfois, avec l'âge, le cœur se lasse un peu, se désintéresse un peu trop des choses et des gens... et je suis content que ce ne soit pas le cas pour moi – en tout cas en ce qui concerne l'amitié.

Je reviens un petit moment à des choses moins agréables. Il le faut bien.

Cette confrontation avec Tarallo n'était gênante pour moi que dans la mesure où, me sachant innocent, je ne pouvais tout de même pas inventer des faits inexistants, et nier ceux qui avaient existé ! Avec une certaine clique, il n'y a pas matière à culpabiliser, mais avec un camarade...

En termes simples : après les déclarations des responsables d'Elf, Mme Eva Joly avait fait saisir par le juge suisse M. Perraudin la totalité de mes documents dans les bureaux de ma fiduciaire à Lausanne et à ma banque de Genève. J'avais appris par mon avocat suisse que le juge possédait ainsi toutes les pièces (les ordres de virement que j'avais signés, où figuraient les initiales des destinataires, ont fait l'objet d'un reçu du juge suisse) qui prouvaient la totalité des versements que j'avais effectués avec tous les détails, notamment sur la répartition des 20 millions de dollars de Sulina. Mon avocat suisse m'avait confirmé que Mme Joly les avait vus.

Mon avocat parisien m'avait déjà prévenu, du temps de ma détention, que, si je ne disais pas la vérité à Mme Joly, elle me laisserait en prison. Elle voulait savoir si je connaissais André Tarallo, ainsi que le prénom de sa femme. Ayant eu l'occasion de les rencontrer bien après avoir reçu les instructions de virement de Sulina, je ne pouvais pas prétendre que je ne les connaissais pas !

Une confirmation extérieure avait été nécessaire pour persuader Mme Joly que je disais la vérité. M. Firmin Fernandez étant décédé (des suites d'un cancer), c'est M. Hagop Demirdjian qui a heureusement pu confirmer que je n'étais au courant de rien de plus que ce que j'avais déclaré.

Il a pu convaincre Mme Joly que, à aucun titre, je n'étais ayant droit de Sulina, et, sur cette somme de 20 millions de dollars qui l'intriguait, figurant dans le contrat en question, il lui a prouvé que lui-même en avait dispatché 10, et que le reste l'avait été par moi selon les instructions données préalablement par M. Firmin Fernandez.

Pour ces 10 millions de dollars, la répartition a été faite sur les comptes suivants :

– 2,5 sont allés sur un compte « T.A. » référence « TA Colette » ;

– 5 sur un compte référence « S.A. ».

Les 2,5 restant ont servi à éponger les frais de voyages, etc.

Je nous revois elle et moi dans son bureau. Elle me demande si je suis sûr de ce que je dis. Je lui réponds que je le crois, mais que cette affaire remonte à plus de six ans, et qu'en tout cas c'est le souvenir que j'en garde au moment où je lui parle.

Je ne me souvenais pas très bien de la façon dont tout ça s'était passé mais ce que je savais parfaitement, c'est que je ne pouvais pas nier l'évidence, je ne pouvais pas dire blanc quand c'était visiblement noir, je le répète, les ordres de virement avaient été saisis par le juge suisse.

N'importe qui de bonne foi admettra que je ne pouvais que reconnaître la vérité ; c'est pourtant à partir de ce moment qu'un certain personnage m'a traité de « balance [1] ». Je vais heureusement pouvoir prouver le contraire, mais en attendant le mal a été fait, parce qu'il y a eu dans une certaine presse des articles venimeux reprenant ces calomnies. Je n'ai jamais « balancé » André Tarallo, pas plus lui que n'importe qui, d'ailleurs [2], on m'a même accusé d'avoir pris l'argent des amis, y compris (tant qu'on y était !) d'avoir aussi volé celui d'Oufkir au moment de sa mort ou après, alors que c'est bien sûr totalement faux et invraisemblable, et là aussi je vais le prouver dans ce livre, de façon irréfutable.

Pour commencer, je suis surpris que personne ne fasse la différence entre une « entrevue » et une présence forcée devant un juge. Il y a pourtant une marge. À peu près la même qu'entre un vrai journa-

1. Ce vocabulaire de roman policier n'est bien sûr pas innocent.

2. Vous le verrez pendant ce que, avec le recul, je peux appeler mon *aventure mauritanienne*, dans un moment difficile où s'est posé pour moi un cas de conscience.

liste vérifiant ses sources et un tocard qui écrit n'importe quoi sans se soucier des répercussions de ses mensonges. Dans certains journaux, il y a vraiment un torchon qui sommeille. Ça ressemble quand même d'assez près à de la lâcheté.

Tarallo et Mme Joly savent bien que je n'ai « balancé » personne. Lorsqu'elle me posait des questions risquant de me laisser moisir en prison si je niais l'évidence, j'y répondais, un point, c'est tout.

Alors pourquoi cette campagne de presse calomnieuse me présentant comme un mouchard ? Et pourquoi personne ne s'est demandé comment on aurait pu savoir un mot de ce qui s'était dit dans le bureau du juge ?

Je sais qui a mené cette campagne, et j'ai des raisons de ne pas l'oublier. Il s'agit d'un certain Marc Francelet qui a su se rendre indispensable auprès de Françoise Sagan, et qui a profité de mes relations amicales avec elle pour s'insinuer dans mes affaires. Il clame partout que je leur dois de l'argent, alors je vous le dis tout de suite, ils en ont déjà reçu et dépensé en grande quantité et en échange de... rien. Le lésé, dans cette affaire, c'est moi et, puisqu'on m'y force, je vais dire le pourquoi et le comment, mais j'en parlerai à la fin du bouquin, car si je me mets à en parler maintenant, je ne m'y retrouverai jamais !... Ça attendra l'époque concernée, quand je décrirai quels étaient mon travail et l'état de mes affaires en Ouzbékistan, et pourquoi j'ai eu besoin d'un renseignement – un simple renseignement ! – à demander à Françoise Sagan. Vous verrez alors ce qu'il en est et je vous garantis que ça vous fera passer un bon moment. Et j'ajoute que c'est un grand plaisir de pouvoir prouver qu'on a raison, car ce n'est pas toujours chose possible. On peut prouver qu'on a fait quelque chose, mais on peut difficilement prouver qu'on n'a rien fait : comment montrer des preuves de ce qui n'existe pas ?

Si je jette un coup d'œil en arrière sur mon séjour en prison, je constate qu'avant le conflit que j'ai eu avec le roi du Maroc (l'affaire Oufkir, dont je parlerai plus loin en détail), je me sentais déjà beaucoup plus marocain que français. Alors, maintenant que j'ai vu en action la Justice française (d'abord au Maroc avec l'affaire Delvoix – les bons d'habillement, vous vous souvenez ? – et à présent ici avec cette affaire Elf), je me sens encore moins français ! Depuis qu'on m'a mis en prison, j'ai même honte de l'être.

Et il n'y a pas que la Justice !

Quand je pense que je me suis battu pour défendre les intérêts de nos sociétés et que des chefs d'entreprise français, au lieu d'en profiter, perdaient leur temps dans des guéguerres internes, et en prime m'accusent avec une totale mauvaise foi, j'ai honte pour eux.

C'est fini. Je tourne la page.

Mais il y en aura d'autres, parce que j'ai décidé que mon avenir immédiat, c'était de revenir un peu sur mon passé, c'était ce bouquin. Je suis libre, mais je n'en ai pas abandonné l'idée (il était plus qu'à moitié écrit quand j'ai été libéré), bien au contraire, parce qu'on ne comprend rien à un homme si on ne s'arrête que sur les faits marquants ou connus, ou bien si on ne prend en compte qu'une période donnée de sa vie.

On ne connaît pas un homme parce qu'on le reconnaît soit dans la rue soit dans un journal.

Maintenant qu'on m'a vu en prison, et qu'on peut très bien dire qu'il n'y a pas de fumée sans feu, je pense que le mieux pour montrer qui je suis en réalité, c'est de commencer par le début. Un homme qui a été « prévenu » en vaut deux, c'est connu !

Chacun se fera sa propre opinion sur la question de savoir si je suis ou non coupable de quoi que ce soit. Voici deux éléments dont il faut tenir compte si on veut comprendre quelque chose à mon histoire : je dis les choses telles qu'elles se sont passées, aussi exactement que je me les rappelle, et si avec le temps j'oublie certaines choses – surtout les dates – je ne mens jamais.

Et je commence déjà par vous dire qu'au lieu de me mettre aussitôt à écrire la suite du bouquin... dès le lendemain de cette confrontation avec André Tarallo chez Mme Joly, j'ai décollé avec ma femme pour une destination que je tairai, où personne n'a pu me joindre pendant plus d'un mois. Trente-six jours exactement. Autant que de jours passés en prison. Il me fallait bien ça.

Mais je n'ai pas arrêté d'écrire. Ce livre a eu une vie bizarre. Je l'ai commencé pour me défouler de ma colère, pour m'occuper, pour éviter de devenir fou, pour que le temps en prison passe plus vite. L'idée m'en a été donnée par mon avocat, qui craignait que je me laisse couler. Ç'a été efficace à certains moments pour échapper à la colère impuissante qui a fait de ces trente-six jours un *enfer*. Puisque je n'ai jamais connu pire jusqu'ici, je crois que j'ai le droit d'employer ce mot.

Donc, sur des cahiers achetés à la cantine de la prison, j'ai écrit, écrit, écrit. J'écrivais tous les jours, sans exception, et quand j'ai vu que – heureusement ! – mon incarcération se terminerait avant mon manuscrit, j'ai décidé de continuer pour achever ce que j'avais à dire.

J'ai d'abord essayé de dicter des passages, mais le résultat a été de me retrouver avec une dizaine de pages pour un passage en valant une ! Donc j'écris, en m'appliquant de mon mieux... J'écris pour toutes les raisons que j'ai mentionnées, mais aussi parce que le risque que j'y reste était bien réel. Cet enfermement qui me rendait fou a mis ma vie en danger. Je ne dramatise pas, c'est un constat. J'en ai parlé plus tôt, dès que je suis énervé, ma tension monte. Et comme déjà, *par nature*, je me monte toujours assez vite...

J'ai donc gambergé. Alors, jusque-là, c'était quoi ma vie ? Le bon l'a emporté sur le mauvais ? Qu'est-ce que j'ai réussi ? Qu'est-ce que j'ai raté ? Pourquoi est-ce que j'ai toujours vécu avec tant d'intensité ? Pourquoi je travaille encore sans aucune envie de dételer alors que, tout môme, je m'étais promis de prendre ma retraite à quarante-cinq ans ? Et blablabla. Et voilà comment on raconte sa vie à des gens qu'on n'a jamais vus, vous, les lecteurs.

Je ne connais rien aux ficelles de la communication, et je ne suis pas sûr qu'un livre puisse rétablir la vérité, mais je le souhaite, parce que je n'arrive pas à digérer le fait qu'on m'a traité de « balance », qu'on m'a reproché d'avoir pris l'argent des amis (alors que je peux tapisser les murs de ma maison avec leurs reconnaissances de dette, justement – plus exactement avec celles des amis de mes amis). Si, de toutes les raisons qui, au début, m'ont fait écrire ce livre je devais n'en choisir qu'une, ce serait celle-ci : réfuter cette calomnie d'être une « balance ».

Je ne l'ai pas digérée, *parce que c'est faux*, et je vais le démontrer puisque je le dois, mais ce qui me tue c'est justement ça : que j'aie besoin de le faire !

Moi qu'on a élevé dans le dégoût du mensonge – éducation que j'ai transmise à mes enfants – voilà qu'il faut que je me justifie, que je m'explique, que je prouve ma sincérité ! Alors que je n'ai jamais, ce qui s'appelle jamais, trahi personne de ma vie ! Jamais !

Ça me met hors de moi, franchement, cette calomnie m'est restée en travers de la gorge, parce que, précisément, j'ai toujours été le contraire d'un délateur, d'un dénonciateur. Tous ceux avec qui je travaille le savent parfaitement, même si ça m'a coûté cher parfois ! Par exemple, en Mauritanie (mais je le raconterai plus loin, en prenant mon temps pour entrer dans les détails, ça en vaut la peine) c'est justement parce que j'ai refusé de mettre en cause quelqu'un, que j'ai tout perdu. Et quand je dis tout, je dis bien *tout*. J'ai été ruiné deux fois dans ma vie, la deuxième ça a été là, en Mauritanie, quand je n'ai pas hésité à perdre tous mes investissements pour ne pas avoir à mettre en cause le ministre des Finances de l'époque qui avait touché, avec mon accord, une commission de 5 % du prix des bateaux que j'avais achetés. Je détenais ces preuves. Si je les avais données, non seulement je serais resté en Mauritanie, mais mon statut, ma situation auraient été grandement améliorés, c'est le moins qu'on puisse dire. Parmi ceux qui me diffament – et qui en plus me font la morale [1] ! – y en a-t-il seulement un qui aurait accepté d'abandonner sa fortune plutôt que de « coopérer » ?

Avant d'en terminer avec le « pourquoi » de ce livre, je dois aussi vous faire un aveu. Enfin, un aveu, c'est beaucoup dire, il ne me coûte pas du tout, car je n'ai évidemment aucune prétention littéraire. J'ai fait, grâce à mon éditeur, la connaissance de quelqu'un qui est devenu un vrai camarade. Au contraire de moi, lui passe son temps à lire (ou à rêvasser, c'est lui qui me l'a dit), et quand il ne lit pas (ou ne rêvasse pas), il écrit. Il m'a donné un coup de main pour rédiger ce livre. Quand je peine trop, que je m'emmêle, il est toujours là pour arranger tel passage embrouillé et obscur, pour trouver le mot juste quand je le cherche en vain. Il coupe aussi par-ci, par-là, bref, il revoit mon texte pour qu'il soit le plus lisible et le plus vivant possible.

Dès qu'il aura tout revu, relu et corrigé, allez hop ! en librairie ! bon vent et bonne chance !

---

1. Mais ça va souvent ensemble.

3.

Je commence ce cahier vers mes dix ans, à Mazagan, au Maroc, à l'époque où on allait chaque année passer trois mois à Luri, en Corse, pendant nos vacances, comme je l'ai déjà signalé. Époque bénie. Si en claquant des doigts je pouvais revivre une période de ma vie, ce serait celle-là, celle de mon enfance, vers les dix-onze ans jusqu'à l'année du certificat d'études.

Avant ça, je ne me rappelle pas grand-chose. On m'a raconté ce qui s'était passé. J'aimais le sport, je courais, je nageais beaucoup. Non pas que je sois un bon nageur ; je peux nager un kilomètre par jour, pour me détendre, mais je nage mal, seulement la brasse, parce que je n'arrive pas à respirer. Vingt-cinq mètres sous l'eau, sans problème, mais vingt-cinq mètres de crawl en surface : impossible. Mais enfin, c'était un sport gratuit, les seuls que je pouvais me permettre alors.

Un jour, vers mes huit ou neuf ans, il faisait chaud, j'ai couru, j'ai plongé... et je me suis réveillé six mois après. J'étais, paraît-il, tombé raide d'une congestion, qui s'est transformée en typhoïde et je suis resté six mois dans le coma. Je me le suis fait répéter souvent : on m'a toujours affirmé que ça avait bien duré six mois. Ce n'était pas une expression comme « Je reviens dans cinq minutes » ou « J'en ai pour deux secondes », non : ce sont vraiment six mois, pendant lesquels personne ne savait si j'émergerais ou pas.

À mon grand désespoir, quand je suis revenu à la vie je me suis rendu compte que cette immobilité interminable avait fait fondre mes muscles. Dans ces cas-là, on se demande si ça reviendra un jour, si on pourra marcher, bouger. L'angoisse pour quelqu'un de physique comme moi, qui ne vit pas quand il ne se dépense pas.

C'est un médecin qui m'a sauvé la vie, un simple généraliste. Mon corps était bouillant : il ne descendait pas en dessous de 40 degrés, et souvent c'était plus. Dans un grand baquet, ce médecin a plongé des pains de glace, y a trempé mes draps, pour m'en envelopper : je ne sentais même pas le froid tellement j'avais de fièvre. Mais il a continué, et finalement c'est grâce à cette méthode qu'on m'a sauvé, ce ne sont pas des médicaments ni un grand docteur de Marrakech. Juste ce toubib, un baquet, des draps, de l'eau glacée.

Après deux ou trois mois pour me remettre, j'ai réappris à marcher tout seul. Je me suis accroché. On me considérait comme un miraculé, et ma foi on avait raison, la vie n'offre pas souvent de seconde chance.

Je crois que c'est peut-être de là que m'est venue cette fringale de vivre à fond et de bouger sans arrêt.

Je ne me souviens pas de grand-chose, avant cet âge-là, sauf que mes deux sœurs, mon frère et moi, on a été élevés par nos parents avec une très grande rigueur. Il fallait être couchés chaque soir à 8 heures avant qu'ils rentrent. C'est ma grand-mère, une Espagnole, qui nous gardait pendant la journée. J'étais le cadet, mais pas le cadet de ses soucis, car il paraît que j'étais un enfant très remuant et casse-cou. Sur ce plan-là, je n'ai pas changé.

Mes parents sortaient beaucoup. Quand ils revenaient se changer, avant de repartir en tenue de soirée, ils ouvraient notre porte pour voir si on dormait ou si, du moins, on se tenait aussi tranquilles que si on dormait. Je m'arrangeais pour ne jamais les retarder.

Mon père était un homme très droit, très strict, officier de marine, et commandant du port de Mazagan. Nous étions dressés à ne jamais mentir. Pour un petit morceau de chocolat volé, on nous mettait du piment sur la langue, ainsi qu'une bonne raclée pour nous en faire souvenir pendant quelques heures.

J'embrassais mes parents une fois par an pour la bonne année et, la veille de ce rituel, je n'en dormais pas de la nuit. L'appréhension. Je n'étais pas habitué.

Il paraît qu'un grand écrivain français ne pouvait pas s'endormir avant que sa mère ne vienne lui faire un petit câlin chaque soir. Chez nous, il n'aurait pas dormi beaucoup.

En y repensant, je crois que finalement on s'embrassait aussi pour nos anniversaires. Donc deux fois par an. Je me trompe du simple au double, mais je crois qu'il n'y avait quand même pas de quoi faire de nous des enfants gâtés.

J'ai été élevé comme ça. Plus tard, quand j'ai eu des enfants à mon tour, j'ai jugé que nos parents avaient un peu exagéré sur le plan de la discipline. Un peu plus de chaleur humaine ne m'aurait pas tué, d'autant plus que je suis comme tout le monde, tout ce que je fais c'est pour être aimé, d'une façon ou d'une autre. Je suis un peu plus démonstratif avec mes enfants que mes parents l'ont été pour moi, même si je n'ai pas vraiment été, moi non plus, très câlin.

Je n'en ai jamais voulu à mes parents, et ne leur en veux toujours pas : ils ont été élevés de la manière qu'ils nous ont élevés. Mon père était corse – et non maltais contrairement à ce qu'écrivent certains journalistes (c'est un détail, mais le reste est à l'avenant. Écrire sans savoir de quoi on parle me sidère). Ma mère était d'origine espagnole. Un Corse, une Espagnole : voilà ce que ça donne...

Cette histoire de bisou, c'est un souvenir parmi d'autres, largement compensé par celui de la main de ma grand-mère sur mon front, chaque nuit, en me souhaitant de bons rêves. Je pense souvent à elle.

C'est du côté de l'école que j'ai été marqué, dans mon enfance, par mon horreur des études. Vous ne pouvez pas savoir... Encore maintenant, quand je passe devant une école, les lundis, surtout, je me dis : « Tu te rends compte de la chance que tu as ? tu ne vas pas en classe ! » Mon Dieu que c'est bon !...

Quand venait la fin des vacances corses, j'étais désespéré en embarquant avec mes parents sur ce sale paquebot qui nous ramenait à Casablanca.

À chaque reprise des classes j'avais moins envie de travailler et d'étudier que l'année précédente : je ne pensais qu'aux prochains trois mois de vacances à Luri, où je pourrais conduire tout mon soûl. À Mazagan, c'était quand même plus difficile, je risquais d'être cafté par un jaloux, ou un voisin zélé.

Bon, mes parents savaient bien que je conduisais, mais ils ne se doutaient tout de même pas que je ne pensais qu'à ça !

J'ai toujours été un garçon difficile à diriger, rebelle aux contraintes. C'était un défi de me forcer à faire quelque chose qui ne m'intéressait pas, mais je ne voulais pas attrister mes parents et leur avouer que si j'avais pu rester chauffeur, je l'aurais fait.

Je ne fichais rien à l'école, vraiment rien, mais j'ai quand même réussi à ne jamais redoubler une classe, sans jamais écouter un cours, apprendre une leçon, ou faire un devoir. Je n'écoutais même pas. « Bzz-bzz » : même le manège des mouches m'intéressait plus que ce qu'on me disait.

Ce que mes parents et les profs ignoraient, c'est que j'ai toujours eu de l'intuition et je ne révisais que les sujets sur lesquels je serais interrogé.

Comme il n'y avait pas moyen d'échapper *physiquement* à l'école, il a fallu que j'apprenne la patience – bonne leçon – pour pouvoir supporter ces interminables et tristes journées, tout à fait inutiles pour mon cas personnel.

En classe, je n'étais pas chahuteur; enfin, mettons-nous d'accord, je l'étais de nature, mais je me retenais parce qu'il ne fallait surtout pas que j'attire l'attention sur moi, et je ne faisais pas le trublion, je n'empêchais pas mes camarades d'étudier. En revanche, j'étais resquilleur et débrouillard : j'étais bien obligé de l'être puisque je n'apprenais rien, que mon intuition me trompait de temps en temps, et que je ne voulais surtout pas redoubler, à la fois pour ne pas inquiéter et peiner mes parents... mais aussi à cause de leur prévisible réaction.

J'y ai réussi, mais sans jamais obtenir la moyenne, je passais chaque fois grâce à l'examen de rattrapage – où j'avais la chance de ne tomber que sur les rares sujets que j'avais révisés. Je dis : la chance. Quelques lignes plus haut, j'ai dit : l'intuition. Comme c'est ou l'un ou l'autre, mettons que j'ai souvent eu la chance d'avoir la bonne intuition.

J'avais monté un système génial. J'avais un copain très fort en algèbre. Moi, j'étais encore plus nul dans cette matière que dans toutes les autres réunies. Franchement, je pense que pour ceux qui n'accrochent pas à l'algèbre, c'est une torture : « X + Y moins Chose facteur de Truc-chouette = Machin. » Ah bon ? Première nouvelle, tant mieux, je voulais bien les croire sur parole mais je ne tenais pas à ce qu'on m'explique pourquoi. Pas embêtant, comme élève.

Voici ce que je faisais (ce n'est sûrement pas moi qui ai inventé le système, mais je l'avais bien perfectionné) : je n'avais rien de précieux dans mon cartable à part mes patins à roulettes et mon tire-boulettes, et rien de neuf... sauf des buvards. Mais beaucoup, et bien neufs. « Un mauvais ouvrier a toujours de mauvais outils » : ce conseil entendu en classe, au moins, je l'ai bien retenu.

On écrivait en ce temps-là avec des porte-plume. Mon copain faisait sa compo, séchait son devoir avec mes buvards neufs et ensuite me les repassait. J'avais un petit miroir qui me permettait de refléter dans le bon sens ce qui s'était imprimé sur le buvard, et je recopiais ce que j'y lisais. Je remerciais mon copain en lui donnant des sous que j'avais gagnés grâce à mes moineaux ou à mon talent de chauffeur.

C'était une astuce qui roulait bien, mais j'aurais carrément préféré qu'on m'oublie, en classe. Je passais mon temps à regarder par la fenêtre. Les profs auraient dû comprendre que je n'étais pas né pour l'école. Ils auraient dû me laisser dans mon coin : je ne faisais de mal à personne, je ne perturbais pas la classe. Je ne faisais *rien*. Je n'écoutais *rien*. Même avec un effort, je ne tenais pas plus d'une ou deux minutes. Tandis que je pouvais suivre le spectacle du dehors, par la fenêtre, pendant des heures.

En fait, j'ai passé plus de temps en classe à réfléchir au moyen de quitter l'école qu'à tout autre sujet. D'abord, je savais compter et je me disais que c'était le principal. Le reste, c'était bon pour ceux qui voulaient avoir des diplômes – et ce n'était pas mon cas. J'avais des bases saines : ne pas dépenser plus que ce qu'on gagne. Les rentrées d'un côté, les sorties de l'autre : avec cette règle d'or, en principe, je n'aurais jamais dû avoir de problèmes d'arithmétique à résoudre. Est-ce que ce n'est pas du bon sens ? Est-ce que ça a quelque chose à voir avec les problèmes de robinets qui fuient ou de trains rattrapant des convois plus lents mais partis plus tôt ?

Pour tenter de dérider le maître, je lui ai dit une fois que, si je devais un jour avoir des problèmes de robinets, j'appellerais le plombier. Ça ne l'a pas amusé. Les calculs compliqués, genre racines carrées, quotients, coefficients, tout ça, je lui ai assuré que je n'y comprendrais jamais rien, et que – sans mauvaise volonté – ce n'était tout simplement pas pour moi. Maintenant on accepte les calculettes aux examens : à quoi bon m'avoir martyrisé ?!

Les profs appelaient mes parents. Il y en a même un qui est venu un jour à la maison. Avec cet humour typique des enseignants, il a dit à mon père que si « Pascal combattait ses maux de tête en faisant de l'algèbre », avec moi c'était le contraire : je combattais l'algèbre en prétendant avoir des maux de tête [1].

Et il a laissé tomber ses bras sur ses cuisses, en regardant mes parents d'un air navré. J'avais l'air d'un paquet dont il ne savait que faire. Mais quand il a commencé à insinuer que j'étais paresseux (« Il est intelligent, mais il ne veut rien faire, il faut lui mettre le couteau sous la gorge ! »), là j'ai eu un cri du cœur :

1. Je reconnais que toutes les excuses m'étaient bonnes. Cela dit, je ne savais même pas de quel Pascal il parlait mais en tout cas ce n'était pas le genre de copain que j'aurais aimé avoir !

– C'est faux ! Je ne suis pas paresseux ! La preuve : je veux travailler !

– Et travailler comme quoi ? s'exclamait ma mère. Sans diplômes, tu seras tout juste bon à vendre des pommes de terre !

J'ai regardé le prof :

– Je croyais qu'il n'y avait pas de « sots métiers » ?

Vlan ! Une gifle de ma mère : « On ne répond pas aux grandes personnes. » C'est vrai, j'avais oublié que la partie n'était pas égale, mais j'ai préféré garder cette réflexion pour moi (parfois je m'étonne, je réagis pas mal).

N'empêche que j'ai essayé de leur expliquer que pour moi l'important était de commencer à travailler : peu importe où et dans quelle branche je débuterais, je trouverais bien ma voie un jour !

Ma mère m'a fusillé du regard, mon père a cherché ses mots, le prof en a trouvé, puis il s'en est allé en soupirant... et j'ai eu droit à une raclée de plus.

Et la semaine suivante, ça recommençait.

Mes parents avaient probablement peur que je tourne mal, sans études, mais ils se tracassaient pour rien. Moi je savais que je ne tournerais jamais mal, parce que je n'en avais aucune envie, ça ne me disait rien du tout. Ce que je voulais, c'était travailler sérieusement, point final (c'est quand même incroyable qu'il faille supplier de travailler !...).

Ce supplice a duré quatre ans, et empirait à chaque rentrée scolaire. Ma mère me flanquait des volées, mon cuir se tannait, et moi je comprenais de mieux en mieux que l'attente d'une punition est pire que la punition elle-même.

Et encore ! mes parents ne se doutaient pas de la gravité du mal puisque je réussissais régulièrement à ne pas redoubler. Le choc a dû être d'autant plus rude quand j'ai échoué au certificat d'études primaires, le fameux certif. J'ai passé l'écrit mais échoué à l'oral – à l'oral, on est un peu démuni de ressources, je veux dire d'antisèches. J'ai cru qu'avec un peu de culot et de chance, ça irait. Mais ça a été la catastrophe. L'examinateur voulait presque appeler ses collègues pour qu'ils voient le tout beau cas ! Malgré cet échec qui a consterné mes parents – je pensais qu'ils y étaient préparés, mais pas du tout ! – je suis passé tout de même dans les classes supérieures par examen de rattrapage.

Et puis, je trichais aussi sur les carnets de notes. Mon rêve, c'était d'avoir des zéros, car là je pouvais imiter l'écriture du prof et mettre un 1 devant un zéro, ce qui me faisait un 10. Ma mère était contente : son fils, un 10 ! « Tu vois que tu peux quand tu veux ! » Mon père était satisfait. Et moi j'étais tranquille. Mais je n'avais que très rarement des zéros, des « sphinges » comme on disait à l'époque, au Maroc. J'avais des 2, des 3, des notes comme ça, pas les honnêtes et simples zéros facilement transformables en 10, voire en 9, en 8, ou même en 6 – tout ce qui était au-dessus de la moyenne était bon à prendre. Mon père n'était pas trop sévère avec moi sur le plan des études, mais ma pauvre mère, elle, était très inquiète pour mon avenir, c'était une bonne mère, je suppose. Elle soupirait : « Tu ne feras jamais rien de bon !... »

Mais comment me corriger ? Me priver d'argent de poche ? Je gagnais de l'argent tout seul ! je me suis toujours débrouillé. Par exemple au cinéma, si mon copain plus grand que moi n'était pas là, je trouvais quelqu'un d'autre, et en plus on se payait une glace en partageant le prix du billet économisé.

Quand je revenais de Corse où je conduisais autant que je voulais, je n'avais qu'une seule hâte... conduire de nouveau. Mon père n'avait pas de voiture. Une année, vers mes quinze ans, mon oncle Farid (le troisième frère de ma mère) est venu d'Agadir passer quelques jours à la maison. Il avait une Citroën « moteur flottant », grande nouveauté à l'époque. Irrésistible. Je l'ai fauchée au garage. Lorsque je suis rentré le soir, j'ai pris une trempe si sérieuse que je suis bien resté une semaine tranquille (c'est plus facile quand on peut à peine bouger).

Mais chassez le naturel, il revient en auto. Quand mon père a appris qu'en plus je conduisais le taxi de son ami Momo, il s'est résigné à donner son accord pour que je passe mon permis de conduire avec dérogation, à dix-sept ans moins trois mois... à la condition que j'étudie plus sérieusement, puisque ce n'était pas « une affaire d'intelligence, mais de volonté ».

Un peu plus tard, le permis, je l'ai eu.

Les études, j'ai essayé, mais je n'ai pas pu.

Ce que tout le monde peut apprendre en tendant une oreille pour qu'on y verse des trucs comme dans un entonnoir, ça ne marchait pas avec moi. J'observais plutôt les maîtres, mes camarades (« vos condisciples », comme disaient les profs, et rien que ce mot, déjà, me faisait autant rire que le lac Titicaca ou le volcan Popocatepetl – je me rappelle aussi très bien « centripète », et le pape Pie VII), je comprenais des choses, j'en devinais d'autres. Connaître les hommes me semblait plus important que la date exacte de la bataille de Marignan ou la production de charbon de l'Allemagne en 1515.

Ça devenait catastrophique. Mes parents ont fait une dernière tentative, et ont organisé à la maison une sorte d'examen de fin d'année privé : je vois encore leurs mines effondrées. Je ne comprenais strictement rien à tout ce que j'avais été censé apprendre durant toutes ces années ! Comment j'avais pu leur donner si longtemps l'impression d'être un écolier comme un autre, alors qu'avec ce que je savais je raterais même un concours d'entrée à l'école maternelle ?

Je n'ai rien dit. J'ai attendu. Et cette fois je n'ai pas reçu de correction, rien. Ils avaient compris. On ne peut pas forcer les gens à aimer ce qu'ils n'aiment pas. Ce qui vaut pour l'amour vaut pour tout le reste : « On peut amener un âne à l'abreuvoir mais on ne peut pas le faire boire », etc.

C'était donc le moment ou jamais de les convaincre qu'il me tardait de travailler, de gagner mon argent. J'ai été si convaincant qu'ils ont été enfin persuadés que ce n'était pas une idée en l'air, que je ne ferais jamais rien en classe, que leur fils ne serait jamais un diplômé (« Tu ne seras qu'un manuel, et moi je serai morte de honte ! »). Ils ont enfin cessé de me pousser et m'ont laissé faire !... Chers parents : ça compensait bien la rareté des bisous...

Travailler, d'accord. Mais où ?

Ça s'est fait comme ça : j'avais seize ans et demi, et le sort a voulu que la municipalité de Mazagan organise une course cycliste.

J'ai emprunté le vélo de mon père, un engin balourd, à gros pneus ballons, alors que les autres concurrents avaient des vélos à pneus minces, ou mieux encore, des pneus boyaux, le fin du fin.

J'avais vraiment l'air d'un bouseux, avant le départ. Mais j'ai gagné. J'ai gagné et j'ai été très surpris de faire si facilement la différence avec presque tous mes concurrents. Je savais pouvoir compter sur mes jambes grâce aux kilomètres parcourus en patins à roulettes – mais à ce point-là ! Le deuxième, arrivé pas trop loin derrière moi, était un garçon sympathique, qui avait un magnifique vélo de course et qui a eu l'intelligence et le fair-play de ne pas se vexer d'avoir été battu par un plouc sur un vélo de cambrousse.

Il s'appelait Jean et il allait beaucoup compter pour moi, pour mes débuts.

Le style de ma victoire l'avait tellement épaté qu'on est devenus copains. Il venait de Casablanca (où il gagnait presque toutes ses courses cyclistes) pour passer quelques jours chez ses parents à Mazagan. Il travaillait au CFAT [1], à Casablanca. On a discuté, et quand il a vu ma forte envie de travailler, d'entrer dans la vie active, il m'a proposé de m'introduire auprès du chef du personnel de sa boîte – il avait des relations, ce garçon.

On a décidé de se revoir. J'étais engagé dans une course de voiliers, la coupe des Pilotins, dont le départ serait donné au port de Mazagan et l'arrivée prévue à celui de Casa : je pourrais peut-être profiter de ce jour pour qu'il me présente au chef du personnel avant le départ de la course ? Pas de problème !

C'est ce qui s'est passé, et ça s'est bien passé.

Avec mon tout nouveau moral d'acier, j'ai gagné la course en mer devant une quinzaine de participants, ma hargne et ma fougue compensant mes lacunes en matière de navigation. Quand il s'agit d'aller vite, dans quelque domaine que ce soit, je trouve toujours le bon geste, je ne sais pas comment ça se fait, mais c'est comme ça. J'en suis content, je ne le dis pas par vantardise, mais uniquement parce que c'est vrai. D'ailleurs je n'ai aucun mérite, ça me vient tout seul.

Après ma présentation par Jean au chef du personnel de la banque et ma victoire dans la course de voiliers, on est allés arroser ça à une terrasse, comme des adultes (l'alcool en moins), puis en rentrant à la maison j'ai informé mes parents de « la proposition » de la banque.

Ils se sont regardés, désolés que je persiste dans mon désir de travailler (les parents sont incorrigibles), mais au moins soulagés de voir que ce n'était pas par fainéantise, et m'ont finalement donné leur accord, dans un soupir. J'ai failli leur sauter au cou. C'était le plus beau jour de ma vie : adieu l'école !

Je prépare ma petite valise. C'est vite fait, je n'emporte pas grand-chose. J'ai le cœur un peu gros de quitter Mazagan (le Djdidi, comme on surnommait affectueusement notre ville, d'après son nom marocain El-Jadida) mais au fond je suis bien content de partir.

Mes parents m'accompagnent au car Minerva qui assure la navette entre Casa et Mazagan et, bien entendu, au lieu de réfléchir à ce que je vais devoir dire pendant l'entrevue avec le chef du personnel du CFAT, dès le premier virage je demande à Pépé Salinas, le patron et le chauffeur du car, de me laisser conduire.

Comme Pépé me connaît bien et que je l'amuse, qu'il m'a à la bonne – il me laisse conduire son car (attention : on l'appelait Pépé,

1. Crédit foncier de l'Algérie et de la Tunisie.

mais ce n'était pas un pépé, au contraire : c'était un beau garçon, un cavaleur ne pensant qu'aux filles, et il avait beaucoup de succès auprès d'elles).

Personne n'a jamais fait mieux sur ce trajet que moi ce jour-là : Casa-Mazagan en quarante-cinq minutes... Je mentirais en disant que j'étais porté par mon public. La stupeur avait gagné la plupart des passagers, et certains se sont trouvé des motifs pour descendre dès le prochain arrêt ! Et il fallait encore qu'ils fassent vite, parce que je trépignais d'impatience.

Cela dit, s'ils sont vraiment descendus avant leur vraie destination et s'ils ont continué à pied, ce n'est pas grave : la marche c'est bon pour le cœur. Et s'ils ont fait du stop, c'est bien aussi, ça permet de rencontrer des gens : avec un bon cœur, et des rencontres, on peut aller loin dans la vie.

Mais, hélas pour eux, les gamins d'aujourd'hui qui m'imiteraient se retrouveraient en maison de correction, et le chauffeur serait licencié. La douceur de vivre disparaît toujours petit à petit, sans qu'on y fasse attention. Une loi ici, un décret là, une interdiction par-ci, une obligation par-là... On ne peut pratiquement plus rien faire, tout est balisé, réglementé.

J'arrive à Casa, mon copain Jean m'attendait au terminus de la navette (j'avais rendu le volant à Pépé un peu avant l'entrée en ville). Il était entendu que je dormirais ce premier soir chez lui. Dès qu'il me voit, son visage s'éclaire. Ça me fait plaisir, et j'ai l'impression d'être moins seul dans cette ville où je ne connais personne.

Il m'emmène dans sa famille, puis à mots couverts il me prévient que son père est chouette, mais qu'il a une belle-mère un peu... assez... désagréable.

Il me présente à son père, bonjour monsieur (on se serre la main), il me présente sa belle-mère, bonjour madame (elle incline la tête d'un centimètre, et je rengaine vite ma main). Je vois ce que Jean voulait dire : la marâtre est du genre à ne jamais sourire de bon cœur. Puis il me montre la chambre. Elle est grande comme un débarras, mais en plus vide.

C'est là que je dormirais pour cette nuit, avait décidé sa belle-mère. Au moins, je ne risquais pas de casser quelque chose : rien à voir avec une chambre d'ami. Or elle en avait – je parle des chambres, parce que des amis, j'en doute.

En témoignage de bienvenue, elle m'informe que, si je suis embauché à la banque, elle sera d'accord pour me prendre en pension « chez elle », nourri et logé. Pris au dépourvu, je lui réponds « pourquoi pas ? », mais je l'avertis que je ne sais même pas combien je vais gagner.

– On verra ça, on s'arrangera toujours...

Elle avait raison. Ça s'est vite arrangé. Pour elle.

Quand je retourne au salon avec Jean, je me rends compte que, effectivement, son père est un brave homme, mais dans le genre effacé. Quand il voit que j'ai l'air de bien m'entendre avec son fils, il sourit en suçotant une pipe sans tabac dans cette maison sans cendriers. S'il n'y a pas beaucoup de chaleur entre eux, chez eux, il n'y a pas non plus de poussière. Le ménage est apparemment la première préoccupation de la belle-mère.

Quand elle me parle, je sursaute.

– Vous ne fumez pas, j'espère ?

– Ah non, madame !... Et je ne fumerai jamais !

Pendant quelques secondes elle a un regard moins sévère. Elle croit peut-être que c'est pour lui plaire, que je ne veux pas fumer ?

Fumeur ou pas, ça ne doit pas être le paradis de vivre sous son toit et je décide aussitôt que je ne ferai pas de vieux os ici. Avec les gens, moi, c'est simple : je les sens bien, ou pas. Quand c'est négatif, je ne suis pas idiot : je ne prolonge pas les rapports si je peux faire autrement.

Et là, ce n'est pas que je ne la sentais pas... au contraire... c'est plutôt que je sentais que je ne pourrais vraiment pas la sentir !

Mais, dans l'immédiat, je laisse ma valise chez eux, et je vais aussitôt à mon rendez-vous avec le chef du personnel de la banque, pour les formalités d'embauche. Formalités. Un mot qui ne m'a jamais bien plu...

Jean fait une drôle de tête, en m'accompagnant jusqu'à la banque. Il est soucieux, et shoote distraitement dans les cailloux. Je suis tellement préoccupé par mon rendez-vous que je mets un moment avant de comprendre ce qui le tracasse : il est malheureux, peut-être humilié de l'accueil de sa belle-mère.

Alors je le prends par l'épaule, je le secoue avec une bonne humeur un peu forcée et je lui dis que les gens qui m'indiffèrent peuvent avoir envers moi l'attitude qu'ils veulent : je m'en fous, et là j'ai vu tout de suite à qui j'avais affaire. Je ne lui dis pas que si je suis peiné, c'est pour lui, pauvre vieux, qui devait la supporter tous les jours, pour lui et pour son père...

Bref, tout le long du trajet je lui remonte le moral. Et j'ai bien fait, car, du coup, sans le vouloir, je me retrouve devant la banque sans avoir eu le temps de trop m'angoisser.

Il me laisse devant la porte, en me serrant la main, assez fort, avec un clin d'œil d'encouragement viril, comme au cinéma, probablement pour cacher son émotion (on voyait tous les mêmes films).

C'est marrant : le jour de notre course cycliste, j'aurais juré que ce gars-là était heureux...

– À tout à l'heure ?

– À tout à l'heure.

« À tout à l'heure, à tout à l'heure », je n'en sais soudain plus trop rien... Il se pourrait bien qu'il me voie revenir plus tôt que prévu !

Parce que, dès qu'il fait demi-tour et s'en va, je reste là, planté devant la banque. Quand je dis « planté », je n'exagère pas, je suis bien resté à hésiter une demi-heure, laissant même passer l'heure du rendez-vous, pour la première fois (et l'une des dernières) de ma vie [1] !

C'est aussi la première fois que je dois me présenter quelque part et, en quelque sorte, me vendre en tant que valeur marchande. Autrement dit faire passer le message que voici : « Voilà, c'est moi, je suis comme ci, je suis comme ça, je sais faire ci, je ne sais pas faire ça, combien je vaux ? et d'abord est-ce que je vaux quelque chose ? il y a des chances que je fasse votre affaire ? et si je ne la fais pas, je comprendrai, ne vous tracassez pas... »

J'avais un trac, mais un trac !... L'envie de retourner à Mazagan me tenaillait. Et ces grands murs de la banque, bien hauts, bien clos, ça ne me disait vraiment rien (j'avais les murs en horreur, déjà !...).

D'un autre côté, je ne me reconnais plus et ça me met en colère : « Alors, mon vieux, qu'est-ce qui t'arrive ? tu casses les pieds à tout le monde en répétant que tu veux travailler, et maintenant que tu es là tu veux te sauver ? »

Je me ressaisis et me présente au secrétariat de M... Thrioreau (Thri-o-reau : moi qui ai déjà du mal à écrire « bonbon » sans faire une faute, il faut que je tombe sur un chef avec un nom si compliqué !).

Une dame à l'accueil me conduit dans une salle d'attente, en me disant qu'on va venir me chercher. Elle a un petit sourire en me voyant si jeune. Ou plutôt : si intimidé (mais ça revient au même). Après quel-

1. La ponctualité est l'une des qualités que j'apprécie le plus chez mes collaborateurs ou mes partenaires. J'ai toujours un a priori favorable pour eux.

ques minutes, arrive la secrétaire particulière de M. Thrioreau. Elle me sourit aussi, mais plus franchement, et je sens tout de suite que c'est une femme gentille, bonne. Elle me prie de m'asseoir dans le fauteuil face à son bureau, et me donne une fiche de renseignements.

Sans exagérer : je tremblais.

Je commence à remplir cette fiche en essayant de faire attention à l'écriture et à l'orthographe plus qu'à la chronologie de mon curriculum vitæ (un CV à dix-sept ans, il faut le faire !). C'est là que cette charmante femme, Mme Camand, me précise de n'oublier aucune de mes références scolaires. Les oublier, ç'aurait été difficile, je n'avais rien, pas même le certificat d'études comme je vous l'ai déjà dit. Alors je ne sais pas ce qui me prend, je pose mon crayon, et sans pouvoir me contrôler je me mets à pleurer.

Après un court mais profond silence, elle fond sur moi, émue. C'est vraiment la brave femme maternelle qui ne sait pas quoi faire pour me réconforter. À ce moment M. Thrioreau lui-même surgit dans le bureau.

Il s'arrête net, et au bout d'un court moment il me dit bonjour d'un air surpris. Je réponds « bonjour » en pleurant de plus belle comme si sa vue me donnait le coup de grâce. Il en reste coi, et a dû croire que j'étais l'idiot du village. Toujours est-il qu'il charge Mme Camand de s'occuper de moi, mais elle n'avait pas attendu son invitation.

Elle me remet plus ou moins d'aplomb, et me donne un exemplaire du formulaire que j'avais à remplir, en me disant :

– Remplissez-le chez vous et revenez demain... Vous verrez, ce n'est pas si terrible. 9 heures, ça ira ?

– Oui, madame !

Quand je suis mal quelque part, je saute toujours sur la première occasion pour pouvoir m'échapper. Dans ces cas-là, « demain » me paraît loin, très loin. Du moment que je peux m'en aller *maintenant*, je veux bien tout ce qu'on veut *demain*. Alors « demain 9 heures » ? Mais comment donc !

Dès que je sors de la banque, ma première pensée est bien entendu de rentrer chez moi, à Mazagan, immédiatement.

Manque de chance : j'ai remarqué que tout ce qui demande vraiment réflexion nous tombe toujours dessus dans l'urgence. Parce que « rentrer », oui, plutôt deux fois qu'une, mais comment ? la queue entre les jambes ? sans même avoir essayé ? J'entendais d'ici les commentaires, à Mazagan.

Je me décide : je retournerai à Mazagan après avoir échoué. Car j'allais être recalé, c'était sûr. Ce serait quand même moins grave que de revenir sans même avoir eu le courage de me présenter dans les formes. Quant à mentir, faire croire à mes parents que j'avais essayé et que j'avais échoué, c'était exclu : ils m'avaient inculqué la franchise pour le restant de mes jours et l'un de mes traits de caractère est de ne pas pouvoir supporter les menteurs.

Donc je m'arme de courage, et le lendemain je me présente de nouveau à la banque, à l'heure, cette fois. Mme Camand est heureuse de me revoir, et je lui remets ma demande d'emploi (dont l'orthographe a été vérifiée et corrigée par Jean chez qui j'ai passé cette première nuit – une nuit blanche).

– Tu me sauves, mon vieux, merci !

– Oh, pas de quoi, il n'y avait pas grand-chose à écrire...

C'est vrai que dans la colonne « examens », je lui avais fait écrire « Permis de conduire ». C'est tout. Même lui avait tiqué. Dans une entreprise de transport, ça aurait pu encore aller, mais dans une banque, où on passe son temps à écrire des lettres, ça faisait un peu juste. Je le savais très bien. À mon avis, on va m'éconduire, dans les formes, avec gentillesse, mais on va m'éconduire. Moi, en tout cas, si j'avais été le directeur de cette banque, je ne me serais pas embauché sans diplômes – on m'avait pourtant dit que c'était indispensable !...

Il s'en est fallu de très peu que j'en aie moi aussi, des diplômes : j'avais une amie d'enfance, qui s'appelait Gisèle Peraldi [1], aujourd'hui Gisèle Godest. On était à la même école. Elle était très bonne en classe, et moi très bon en relations humaines, et elle m'aurait laissé copier sur elle sans problèmes, mais le malheur a voulu qu'on ne soit pas dans la même classe : à quoi tient une embauche !...

Un mot sur Gisèle : bien plus tard, alors que je suis PDG du Coq sportif, elle me prie de lui rendre service et de créer une dizaine d'emplois à Égletons, pour son patron, alors maire de Paris, M. Jacques Chirac. J'ai accepté, j'ai investi, j'ai créé une cinquantaine d'emplois et j'ai supporté les pertes pendant deux ans avant de pouvoir équilibrer. Gisèle a insisté pour que je déjeune à l'Hôtel de Ville avec Jacques Chirac, il tenait à me « montrer sa reconnaissance » : je

1. Je la cite parce que cette grande amie de Jacques Chirac sait comment je travaille dans mes affaires, et que certains journalistes feraient bien de la voir avant d'écrire n'importe quoi sur moi.

l'ai poliment arrêté en lui disant que j'avais fait ça pour rendre service à Gisèle, et que c'est elle seule qu'il devait remercier.

Et je n'ai jamais rien demandé à Jacques Chirac, sauf assez récemment, pour attirer son attention sur le risque que courait la Snecma dans les négociations avec la Russie pour l'équipement des IL-76 avec réacteurs Snecma CFMI56 (son attitude envers la General Electric mettait un projet commun en péril). Il a tenu compte de mon avis et j'ai pu, grâce à mes contacts personnels avec le PDG de la General Electric, sauver la situation. La première affaire a été réalisée en équipant le MIG-AT. Je me la rappelle avec plaisir, parce que c'était la première que je voyais se conclure après ma sortie de prison. Et qu'elle était belle.

Je reviens à mes débuts à la banque, qui ne sont pas laids non plus. M. Thrioreau me reçoit donc. Ce n'est pas le chef du personnel comme je l'ai cru, mais celui du « Contentieux » (à l'époque, c'est un mot mystérieux, qui m'impressionne). Il est calme, pondéré, je le devine pas borné, tolérant, et même bienveillant puisqu'il me donne ma chance malgré le ridicule de mes larmes. Il étudie ma fiche (ça ne lui prend pas longtemps), et s'étonne de voir que, en lieu et place de diplômes scolaires, je déclare simplement un permis de conduire – et encore ! comme il fallait alors avoir au moins dix-huit ans et l'accord de ses parents, il ne me le dit pas mais je vois bien qu'il croit à un mensonge.

Du coup, vexé, je lui raconte tout et en détail – j'en oublie ma timidité. Je lui dis que je conduis depuis l'âge de dix ans, que j'ai eu une dérogation pour passer mon permis de conduire à dix-sept ans, et que, même avant d'avoir le permis, depuis tout môme, j'ai transporté pendant des années plus de personnes derrière un volant que j'en ai vu pour le moment à Casablanca et s'il veut le savoir, c'est moi qui ai conduit le car de Mazagan jusqu'ici !

– Si vous ne me croyez pas, appelez Pépé... enfin, M. Salinas !

Il examine son stylo, puis au bout de quelques secondes me fixe droit dans les yeux. N'ayant rien à cacher, je ne perds pas contenance et j'affronte son regard sans appréhension. Comme je m'attends à être blackboulé, je suis déjà résigné, donc calme. Il n'y a que l'incertitude qui me met dans tous mes états.

Mais – prodige ! – il me demande finalement de patienter à son secrétariat, où Mme Camand me fait signe discrètement que rien n'est perdu. Une demi-heure après il vient me chercher. Il a deux rendez-vous à l'extérieur :

– Eh bien vous allez me conduire, mon ami, puisque vous savez si bien conduire !

Il m'aurait annoncé que j'étais nommé président de la banque que je n'aurais pas été plus heureux.

Et alors, quand je vois sa voiture, un superbe coupé Dodge, j'en reste baba. Il croit que j'hésite, alors je monte vite au volant, je fais une manœuvre impeccable sans avoir jamais conduit une voiture de ce genre, et je me range juste devant lui : il n'a plus qu'à ouvrir la porte et monter (je n'ai pas songé une seconde à l'ouvrir moi-même).

Il monte, s'installe confortablement à côté de moi, et je démarre sans à-coups, en douceur mais – et c'est là que je dis qu'il y a quelque chose d'inexplicable entre les voitures et moi – ce n'est pas pour faire bonne impression, uniquement pour savourer le plaisir de conduire ce bijou !

Évidemment, M. Thrioreau a été conquis, et je suis devenu son chauffeur personnel. Quand il le fallait, j'étais aussi le coursier de la banque. Je ne demandais que ça, du moment que je pouvais conduire la Dodge.

Tout Casa me voyait passer à son volant, et le plus beau c'est que, en ma qualité de coursier (de luxe, je m'en rends compte à présent), j'étais seul dans la voiture : on pouvait croire que c'était la mienne. Je crânais un peu. C'est humain. En tout cas c'est gamin, et en ce qui me concerne, ça revient au même.

Mme Camand me prenait de plus en plus en amitié, et peu à peu elle m'a appris à taper à la machine. Le bon à rien devenait bon à tout faire !

Mon salaire d'embauche mensuel était de 450 francs... et comme j'ai eu la bêtise de le dire à la belle-mère de Jean quand elle m'a interrogé, c'est exactement la somme qu'elle m'a réclamée pour me loger et me nourrir. Enfin, « nourrir », c'est beaucoup dire, il n'y avait pas de quoi calmer la faim d'un gosse de mon âge. Pieuse, elle luttait peut-être contre le péché de gourmandise. Mais me prendre toute ma paie *au franc près* – il faut le faire ! Elle ne me laissait strictement rien comme argent de poche. Sans doute une de ces femmes qui, n'aimant pas parler d'argent, préfèrent les comptes ronds.

Je voulais essayer de rester pour ne pas faire de la peine à Jean, mais j'ai su que ça ne serait pas possible. Les petites mesquineries et l'ambiance que cette bonne femme fait régner dans *sa* maison me décident à m'en aller. Elle le prend mal, naturellement, mais je me montre ferme tout en demeurant poli. Jean sait qu'on reste copains, donc lui et son père, sans me le dire, ont l'air de penser que j'en ai, de la chance, moi, de pouvoir partir... Mais aussi, ils auraient bien dû se rebeller, elle n'était forte que de leur faiblesse – comme souvent dans la vie.

Par chance, j'ai retrouvé deux copains de Mazagan, deux frères, qui m'avaient précédé pour tenter leur chance à Casablanca : Raphaël et Charles Pujol. Ils travaillent et ont un studio près de ma banque. On s'est vite arrangés, parce qu'on est des « pays » et qu'on n'aurait pas échangé Mazagan contre Casablanca même si on nous avait payés, et j'emménage chez eux. Un matelas par terre entre deux lits, et voilà comment on transforme un studio en un deux-pièces sans déranger la propriétaire – une vraie charogne, au dire de mes amis.

Ça dure plusieurs mois et on attrape très vite le coup de main quand la propriétaire fait une descente surprise (par exemple, en leur apportant exprès le petit déjeuner un peu avant l'heure normale). Un vrai numéro de cirque : dès le premier coup frappé à la porte, je pousse mon matelas sous le sommier du lit le plus accessible à l'instant critique, je fonce me cacher dans « la salle de bains » (le coin où il y a un lavabo derrière un paravent), pendant que les deux frères jouent une comédie de bâillements interminables, avec corps cambrés et bras étirés, pour gagner du temps et occuper le plus d'espace possible. Devant leur tenue délibérément sommaire et leur réveil pénible, la propriétaire pose le plateau du petit déjeuner n'importe où, là où elle trouve de la place, et ne s'éternise pas.

On attend d'être certains qu'elle soit bien partie (elle fait parfois le coup de revenir par surprise) et le « deux-pièces » est enrichi maintenant d'une cuisine si on compte le plateau posé sur un tabouret. C'est de ces jours-là que date mon appréciation de ce qui est nécessaire et de ce qui est superflu. Même si avec le temps je trouverai que le superflu est aussi nécessaire, je saurai désormais toujours me débrouiller dès l'instant où j'aurai le minimum vital. Ça m'a bien servi en prison pour tenir le coup.

On était tous les trois du genre un peu réservé, on s'entendait bien, notre cohabitation ne nous a jamais posé de problèmes. On était jeunes et sérieux. On parlait avenir, projets. On ne sortait que le dimanche, on allait parfois le soir dans des « thés dansants ». Enfin, eux, ils dansaient. En ce qui concerne les filles, soit on ne pensait pas à draguer, soit on n'osait pas. Chacun choisissait sa version.

Moi, c'est clair : je n'osais pas. J'ai très peu dansé dans ma vie parce que je suis timide. Si je dansais, c'était avec des amies d'enfance qui étaient à ma table, et elles me faisaient danser presque de force. Je prenais mon mal en patience, mais j'étais bien heureux quand c'était terminé.

Il faut dire que je n'ai jamais eu le goût ni le temps de danser. Dès mes dix-sept ans, j'ai préféré le travail, je ne pensais qu'à ça.

Au travail, justement, tout roulait comme dans un rêve.

Souvent, j'emmène Mme Thrioreau faire des courses. Une fois, en l'attendant, je fais à toute vitesse le tour du pâté de maisons, juste pour voir à combien la Dodge peut monter en seconde, et je reviens à l'instant où elle sort du magasin. Elle s'en aperçoit, mais ne cafte pas.

– Vous aimez conduire tant que ça, André ?

– Ah madame !...

Elle a ri comme une gamine :

– Quel cri du cœur !

Plus tard je suis devenu le parrain de sa petite fille. Je crois que ça dit assez la confiance que cette famille avait en moi, et l'amitié qu'elle me portait.

Au bout d'une dizaine de mois à travailler à la banque, j'y étais comme chez moi, j'étais adopté par tous, et je faisais avec bonne humeur tout ce qu'on me demandait.

En plus des courses, du classement de dossiers, de mille petites tâches, j'avais aussi apprivoisé la machine à écrire, et Mme Camand me donnait à taper des notes et des lettres... mais exactement comme si elle me faisait une dictée !

Pour les documents plus complexes, elle rédigeait un brouillon, et moi je tapais un premier jet « potable ». Puis elle corrigeait toutes mes fautes, en riant :

– C'est bien comme ça, André, non ? Vous faites le gros œuvre, et moi juste la finition !

Elle réussissait à me donner l'impression que je comblais toutes mes lacunes à la vitesse grand V. C'était vraiment un amour de femme.

Je faisais pas mal de fautes, et l'une d'elles m'amuse à présent mais pas sur le coup. C'était à propos d'un client, M. Poiré. Croyant bien faire, j'avais tapé son nom en majuscules, et malheureusement, Poiré, ça donne alors POIRE, comme une poire. Le truc bête. Il se trouve que les petits esprits sont susceptibles sur les petites questions. Je n'oublierai jamais comment il est entré furieux dans la banque en demandant à voir « le responsable de cette somptueuse ânerie ».

L'âne a hérité d'une course urgente, charitablement ordonnée par Mme Camand. Elle m'a raconté ensuite que M. Auguste Grillot lui-même, le PDG, avait été obligé de calmer ce gros client. Pauvre homme, que cette poire... Sans simplicité, sans indulgence, pour moi les hommes sont des nuls.

Attention, maintenant : on arrive à mon conte de fées.

Un jour Mme Camand m'a chargé d'aller classer un très gros dossier dans une des caves du sous-sol de la banque. Je ne savais pas que j'avais rendez-vous avec mon destin, ou ma chance. Je me rappelle encore ma stupéfaction en me retrouvant dans cette salle énorme. Il y avait des coffres immenses, de plusieurs mètres de haut, avec écrit dessus, en grosses lettres lumineuses, ces deux mots, qui allaient changer le cours de ma vie : « CRÉANCES IRRÉCOUVRABLES ».

Créances irrécouvrables ?... Je ne sais pas pourquoi, mais ça clochait.

Sans en connaître le sens exact, je devinais plus ou moins le sens de ces deux mots. Le soir, je regarde dans un dictionnaire et je lis : « *Créance : droit en vertu duquel une personne, le créancier, peut exiger de quelqu'un, le débiteur, une somme d'argent.* » À « *Irrécouvrable* », je vois qu'en gros c'est l'impossibilité de pouvoir rentrer dans son bien. Ça alors ! Une banque qui ne peut pas faire rentrer de l'argent qu'on lui doit ? André, dis-moi que tu rêves !

Quand quelque chose me tarabuste, il faut que j'en aie le cœur net. Je redescends dès le lendemain matin au sous-sol examiner tout ça de plus près. Il y a tout ce qu'il faut pour accéder aux documents : un escabeau, et même une échelle qui permet d'atteindre les casiers les plus hauts. J'y grimpe et je feuillette quelques dossiers : les sommes inscrites dans ces papiers sont colossales.

Dès que je remonte je vais voir Mme Camand et, sans le faire exprès, je la fais sursauter :

– Mais qu'est-ce que ça signifie, au juste, dans une banque des sommes irrécouvrables ? Ça peut exister, ça ?

Elle rit, tout d'abord, en voyant ma tête « presque indignée », puis elle m'explique que « l'objet de ma perplexité », ce sont des dossiers classés, des dettes dues à la banque par des gens qui sont morts, ou disparus, ou ruinés, voire simplement des mauvais payeurs. Le tout figure dans les comptes du CFAT sous la rubrique « Pertes et profits ».

– Et ça représente vraiment autant d'argent que c'est écrit ?

Elle a un geste signifiant : « Oh là là ! c'est énorme ! »

Je reste tout bête, bouche bée. Je ne comprends pas. C'est « énorme », et on laisse ces dettes sans rien faire ?

Je ne la lâche pas jusqu'à ce qu'elle me raconte tout, même si d'après elle il n'y avait rien à raconter : ce sont des affaires jugées classées, irrécupérables.

– Mais tout cet argent dans la salle entière est irrécupérable, alors ? c'est impossible qu'il n'y ait rien à faire !

Il paraît que si.

Cette nuit-là, j'ai dû rêver de dossiers qui s'ouvraient, de billets de banque qui s'en échappaient et venaient tout droit dans mes poches.

Dès l'ouverture de la banque le lendemain, j'en parle à Mme Camand, liquéfiée d'attendrissement devant ma naïveté. Mais je suis si convaincant qu'elle m'arrange un rendez-vous avec M. Thrioreau, en me regardant d'un drôle d'air, à la fois surprise et amusée. Elle me glisse même des conseils pour que je parle correctement.

Dès que je suis introduit chez M. Thrioreau, je l'interroge :

– Qu'est-ce que vous me donnez si je fais rentrer de l'argent que vous estimez perdu ? Est-ce que la banque me permet d'essayer de recouvrir... de recouvrer ses créances irrécouvrables ?

D'abord, il ne comprend même pas de quoi je veux parler. Dans une banque, quand un tas de paperasses n'a pas été jeté à la poubelle, c'est parce qu'on a la manie de tout garder. Le zéro stock, ils ne connaissaient pas, à cette époque.

Il me prend pour un rêveur, un candide, mais ça l'amuse lui aussi :

– « Recouvrer » et « irrécouvrables », André ? il n'y a pas une contradiction dans les termes ?...

– Laissez-moi essayer au moins... Qu'est-ce que vous risquez ?

Il échange un regard intrigué avec Mme Camand qui, sans vouloir être indiscrète, était demeurée sur le seuil du bureau (elle devait être fascinée par ce qui se passait) ; elle a une mimique comme pour dire « qu'est-ce qu'on risque ? ».

– Bon, dit M. Thrioreau, vous voulez que j'en parle au président, c'est ça ?

– Si ça ne vous ennuie pas, monsieur !

Il devait penser : « Puisqu'il est fou, laissons-le aller au bout de sa folie, elle n'a pas l'air dangereuse... »

Comme promis, M. Thrioreau en parle à M. Grillot. Cette nouvelle divertit ce dernier qui donne gaiement son accord pour me laisser tenter ma chance. Il charge M. Thrioreau de rédiger un contrat par lequel la banque s'engage à me verser... à me verser... voyons, voyons...

– Combien voulez-vous, jeune homme ? Cinquante ? Soixante ? Quatre-vingt-dix pour cent ?

Je hausse poliment les épaules, et je lui demande si 15 % c'est exagéré.

– Exagéré ? Mais c'est donné [1] !

Il ordonne qu'on établisse le contrat, mais je ne suis pas dupe, ils acceptent parce que ça les égaie de voir un gamin tenter de réussir là où tous leurs vieux limiers et requins du Contentieux ont échoué. Ils ont la certitude que je vais me casser les dents. Mme Camand m'avoue franchement qu'elle pense comme eux, mais elle juge que cette expérience ne peut que m'être profitable.

Ça tombe bien : je le pense aussi.

Je ne raconte pas l'ambiance qu'il y a eu dans la banque pendant cette entrevue avec M. Grillot ! Surtout qu'à cette époque, les banques employaient un personnel fou, rien à voir avec maintenant où vous avez deux ou trois personnes en tout, flanquées d'ordinateurs et de guichets automatiques. Caissiers, guichetiers aux titres (actions, obligations, coupons), à l'accueil, aux renseignements, employés aux écritures, etc., je ne me souviens plus, mais ça donnait plus l'impression d'une ruche active que d'un parloir funéraire, comme de nos jours.

Je me rappelle d'autant mieux l'atmosphère soudain silencieuse pendant que j'étais dans le bureau du président de la banque. Moi, dix-sept ans, jeune coursier fraîchement embauché, « reçu par le grand patron ! ». C'était une sensation !

Dans les couloirs il y a eu des allées et venues pas vraiment justifiées, des têtes apparaissaient furtivement sur le seuil des bureaux, des regards s'échangeaient, et les commentaires devaient aller bon train.

Une fois mon contrat signé, je ne me lance pas dans cette aventure à l'aveuglette. Je ne peux pas me permettre un échec sinon ils seraient capables de me dire : « Allez, gamin, ça suffit, on ne va pas prendre le risque d'indisposer notre clientèle... »

---

1. Je suis sûr que, si j'avais demandé 50 %, je les aurais eus, tant ils étaient persuadés que mon entreprise était vouée à l'échec, ces sommes faisant partie de dossiers ayant même été déjà jugés en appel au tribunal de commerce. Sur le plan de la logique financière, il n'y avait effectivement pas un franc à récupérer. Mais la logique...

Donc, je commence par prendre mon temps. Je descends une table et une chaise à la cave, et j'examine les dossiers. Je me concentre sur les plus gros et je ne les quitte que quand M. Thrioreau a besoin de moi pour faire des courses. J'adore conduire, mais là, pour une fois, quelque chose dans ce tas d'argent endormi me fascine tellement que je ne m'arrache de cette salle qu'à contrecœur.

Finalement, à l'intuition, je choisis un dossier, la « SUCCESSION MARTINET ». Je vois que Mme Odile Martinet, la veuve, est propriétaire de plusieurs immeubles sur le boulevard de la Gare, qui est un peu à Casablanca ce qu'est l'avenue des Champs-Élysées à Paris. Elle dispose d'une fortune qui ne serait pas dramatiquement réduite si elle payait les dettes de son mari décédé.

Je lui téléphone. D'abord, elle se méfie :

– Mais enfin de quoi s'agit-il ? De quoi me parlez-vous ? Qui *exactement* est à l'appareil ?

« Exactement », ce n'est que moi, c'est-à-dire quelqu'un qui ne peut pas impressionner grand monde, mais je lui réponds d'une voix grave, et que j'essaie de rendre imposante, que j'ai des choses confidentielles à lui dire, de la part de la banque et qu'il vaudrait mieux que ce ne soit pas au téléphone.

Elle se résout à me donner rendez-vous chez elle.

J'étais un peu tendu, en montant l'escalier car je savais que ce jour allait compter pour moi. Elle, de son côté, était sur ses gardes, m'attendant de pied ferme. D'ailleurs, dès qu'elle me fait entrer, elle ne me laisse pas parler et me dit d'emblée qu'elle ne comprend pas ce que j'attends d'elle, les affaires de son mari étant distinctes des siennes.

Je me lance alors dans un discours embrouillé et je me demande encore comment je m'en suis sorti. J'ai parlé, parlé. Je ne me rappelle pas ce que j'ai dit, mais en tout cas c'était plein de conviction. En gros, mon point de vue était qu'il s'agissait de respecter la mémoire de son mari défunt. Elle me regarde comme si j'étais un nouveau-né, et s'apprête à me congédier gentiment.

Mais ça, je l'avais prévu. Et je me lance (je cite de mémoire) : « Madame, j'ai pris des renseignements sur votre mari, c'était un homme exceptionnel, il n'a fait que du bien dans sa vie et je pense que, pour sa mémoire, c'est embêtant qu'il soit mort en laissant des impayés. Il doit se retourner dans sa tombe, car le déshonneur doit lui faire mal. Est-ce que vous pourriez faire quelque chose... pour le repos de son âme... enfin... vous comprenez... pour qu'il soit en paix, quoi... »

C'était une brave dame, genre mémère, pas du tout la grande bourgeoise (une grande bourgeoise ne m'aurait pas reçu). Elle devait probablement sa fortune à la réussite de son mari qu'elle avait certainement dû bien seconder et soutenir – c'était ce genre de femme. Son appartement était agréable, confortable, sans rien de voyant ou de mauvais goût. Ni étalage ni prétention. En un mot, Mme Martinet n'avait ni les défauts ni la vulgarité d'une parvenue.

Le combat était engagé.

Mimiques diverses des deux côtés, raisonnements, objections, trou de mémoire de ma part, réfutations des objections, etc. : le rendez-vous a duré deux heures, et j'ai bien dû perdre autant de kilos. Je ne sais pas où j'ai été chercher tous mes arguments ! Je lui ai expliqué que son mari devait beaucoup d'argent à la banque, *que je savais très bien qu'elle n'était pas obligée de verser un centime* mais que, pour la mémoire du défunt dont tout Casablanca se souvenait comme d'un homme de bien, respectable, d'une correction exemplaire, elle aurait certainement à cœur d'honorer ses dettes (qui étaient énormes), et qu'elle ferait ainsi l'admiration de toute la ville.

– Et puis vous donnerez l'exemple, madame. Vous n'êtes pas n'importe qui, ça marquera les gens. Tous nos débiteurs voudront vous imiter, ne serait-ce que pour le qu'en-dira-t-on.

Je l'ai si bien convaincue qu'elle a fini par dire :

– Bon. Très bien. Combien vous faut-il ?

– Je vais voir ce que je peux faire...

Instinctivement, j'ai pris le ton d'un vieux routier de la finance. Et, devant elle, je fais semblant d'étudier le dossier. En réalité je calcule, avec mes 15 %, combien ça me fera si elle verse ceci, et combien ça me fera si elle verse cela, mais j'avais déjà décidé intérieurement de ne pas la saler.

Toutefois, je ne perds pas de vue que d'abord, moralement, Mme Martinet doit cet argent à la banque dont je suis l'employé. Ensuite, qu'elle est déjà pas mal âgée, et qu'elle peut vivre centenaire en dépensant tous les jours ce que je gagne en un an. Mais surtout je sais qu'elle n'a pas de proches héritiers : ceux qu'elle a sont des membres de la famille éloignés, et d'après mon dossier, ils sont presque aussi riches qu'elle. Un peu plus, un peu moins, ça ne changera rien à leur vie, tandis que moi, j'ai dix-sept ans, je n'ai pas un sou, je commence ma vie et j'ai un immense appétit : cet argent bouleversera la mienne.

Ça a été celle-là, ma première affaire.

C'est là, pendant que je faisais semblant de calculer devant Mme Martinet, que j'ai compris que l'argent ne se gagnait pas forcément en heures de travail, il n'y en a que vingt-quatre par jour, tandis qu'une idée n'occupe pas de place et ne prend pas de temps. Même si elle met des mois à se concrétiser, elle ne vous monopolise pas.

Quant à Mme Martinet, elle m'a trouvé si raisonnable qu'elle m'a engagé quelque temps après comme conseiller – officieux – mais rémunéré !

Je lui ai établi un contrat, elle l'a signé, et je l'ai rapporté à la banque. Ils étaient soufflés. Moi j'étais juste content. J'ai commencé à gagner de l'argent comme s'il en pleuvait. C'est simple : au bout de huit mois je gagnais davantage que le président de la banque lui-même, M. Grillot en personne.

J'ai tout de suite loué un magnifique studio où je me suis installé comme un pacha. Je continuais à faire le chauffeur pour le plaisir, mais la plus grande partie de mon temps se passait en bas, dans ma caverne d'Ali Baba, à étudier mes dossiers de créances « irrécouvrables », avec la bénédiction de la banque.

Je ne peux pas raconter toutes les aventures qui me sont arrivées en récupérant l'argent de toutes ces créances, mais sachez que je n'ai pas toujours gagné. Parfois, on me disait tout simplement « non » et on ne voulait plus entendre parler de moi. Je savais quand il était inutile d'insister...

Mais, à deux ou trois reprises, j'ai eu des histoires terribles, avec engueulades et menaces en tout genre par des héritiers fous furieux. Je les comprends, mais je me comprends mieux encore. Entre 100 % à des inconnus à l'abri du besoin, et 15 % à mon humble personne, mon choix était fait. Mais j'ai frôlé la catastrophe. Par exemple la fois où j'ai été entouré par trois frères, des gros rougeauds menaçants : je ne m'en suis tiré qu'en leur faisant croire qu'il y avait un malentendu, que je venais seulement pour « le franc symbolique » afin de pouvoir clôturer le compte définitivement. Ah bon ? *Un* franc symbolique ? Que ne l'avais-je dit plus tôt ! ça changeait tout ! J'aurais pu en avoir *trois*, si j'avais voulu !

J'aime les gens comme ça, qui ne transigent pas sur l'honneur...

Un vendredi soir alors que je pars le dernier de la banque, je rencontre Mme Camand devant la sortie du personnel en compagnie d'une « chouffia » – ces femmes qui prédisent l'avenir et qui guérissent des mauvais esprits, paraît-il.

C'était une femme étrange, une « chleuh [1] », une montagnarde (les chleuhs occupent l'ouest du Haut-Atlas et de l'Anti-Atlas, dans le Souss, le grand Sud marocain. C'est une vieille peuplade, qui a gardé ses rites et ses traditions).

On aurait dit un fakir, elle était sans âge. Elle avait des « hjebs » (amulettes) à même la peau, autour du cou et des poignets. Impressionnant...

Mme Camand me prie de l'attendre, puis quand je crois qu'elles vont se séparer, elle me suggère de me faire aussi lire les lignes de la main. Je refuse en souriant, je suis sceptique, ou j'ai peur du ridicule. Mme Camand insiste, elle m'assure qu'elle connaît cette femme depuis longtemps, et qu'elle lui a prédit des tas de choses qui se sont réalisées. Finalement j'accepte pour lui faire plaisir – car je n'ai pas si souvent rencontré de gens aussi bons que Mme Camand.

Je me rappelle à peu près les termes employés par cette chleuh au regard étrange qui, sans vous faire peur, vous ôtait vite l'envie de sourire ou de vous moquer dès lors que vous aviez accepté de ne plus fuir son regard.

– Je vois que tu es Taureau...

C'est vrai, je suis né en mai 1919... Et je suis Taureau... comme un douzième de la population mondiale ! On ne peut pas dire que ses premières paroles m'aient beaucoup impressionné.

Elle me serre un peu la main, comme si elle devinait que mes pensées m'éloignent d'elle :

– Tout ce que tu entreprendras sur terre sera une réussite. Seulement attention : ne fais jamais rien sur mer, ni avec ce qui touche à la mer. Tout s'écroulerait.

Là-dessus, elle me lâche la main et s'éloigne, marchant avec noblesse et dignité. Elle avait de l'allure... mais moi j'avais dix-huit ans. Je me suis dit : « Elle est folle, celle-là ! », et je n'y ai plus pensé.

---

1. L'appellation « chleuh », au Maroc, n'a pas la nuance péjorative qu'on pourrait supposer. Ce surnom leur a été donné par les soldats français en raison de leur vaillance au combat, de leur bravoure, ils les comparaient aux soldats allemands, et le nom leur est resté.

Un week-end, je retourne chez mes parents à Mazagan. Mon oncle d'Agadir, Clovis Sambrana, était venu pour profiter de ma visite – il m'aimait beaucoup, et c'était mon oncle préféré.

En parlant, sans se soucier de l'enfant que, malgré mes dix-huit ans, j'étais resté à ses yeux, il se confie à mon père sur ses activités, en discutant « entre hommes » :

– Je suis en train de faire du poisson salé et fumé, c'est terrible... C'est un métier dur, lorsqu'on a trop de poisson, on n'a pas assez de place ; on le jette... C'est un crime, de jeter du poisson... Il faudrait que je trouve des associés pour m'agrandir, me moderniser, construire une station pour sécher et fumer le poisson...

Il avait l'air découragé.

Me souvenant alors de ce que m'avait dit la chleuh, comme j'ai l'esprit de contradiction et n'admets pas qu'on me dicte ma conduite, je dis à mon oncle :

– Moi, ça m'intéresse.

Ils se tournent vers moi, étonnés, me prenant d'abord pour un blanc-bec irrespectueux se mêlant de la conversation des adultes, avant de se mettre à rire :

– André veut investir sa paie !

Je ne me vexe pas, au contraire, je suis déjà content à la pensée de la joie que je vais leur faire. C'est seulement là que je leur parle de mes nouvelles fonctions à la banque, et de l'argent que je gagne. Je voulais commander une belle Chevrolet avec mes économies. J'y renonce. Ce sera pour plus tard. Les affaires d'abord !

– Je marche avec tonton Clovis et on va faire le poisson, hein tonton ?

Ils faisaient de ces têtes !... Je leur avais pourtant bien dit que je voulais devenir riche comme nos voisins à la belle voiture ! Reprenant leurs esprits, ils me demandent des explications, je leur en donne. Stupéfaction générale :

– Toi si gentil ! si timide ! Tu vas chez les gens réclamer leur argent ! ? Toi ! ?

Eh oui, moi, « si gentil, si timide », je suis transformé quand il s'agit d'atteindre mon but. Pourtant, ils avaient raison : dans la vie normale, quotidienne, j'étais et je suis toujours très timide. Par exemple je suis incapable d'aller seul dans un restaurant. Traverser une salle et se croire le point de mire ? Si je n'ai personne avec moi, j'achète un sandwich et je le mange dans ma voiture.

Une fois, entrant seul dans un restaurant parce que je mourais de faim, je pousse un ouf de soulagement en le voyant quasi vide. On m'installe, je commande, je commence mon repas, ça se passe très bien. Patatras ! Au moment de demander la note, heureux de m'en être si bien tiré, voilà que débarque tout un groupe, cent personnes ou pas loin ! qui avait réservé le restaurant pour un repas de mariage ! Eh bien je suis resté comme un con avec mon café et ma petite note jusqu'à la fin du banquet, qui a duré des heures.

Là où je ne suis pas timide, en revanche, c'est quand je travaille, quand je suis dans une réunion. Même avec une flopée de personnes inconnues autour de moi, y compris les gens les plus importants, je m'en moque, je n'y pense même pas, je ne m'occupe de rien d'autre que de ce que je fais et de ce que j'ai en tête.

J'ai pris rendez-vous avec mon oncle Clovis à Agadir dès le week-end suivant, le temps d'étudier son dossier. Il avait raison, l'affaire était saine, il ne lui manquait que des capitaux pour la développer. Je lui ai proposé une grosse somme tout de suite, m'engageant à lui verser le reste sur un an. Avec ce que je gagnais à la banque, c'était faisable.

Mon oncle était un homme actif, sérieux, et je tenais peut-être de lui mon tempérament travailleur. Pourtant, je vois bien qu'il ne se doute pas à quel point je le suis moi-même, d'où ses sourires du début. Il interprète mon offre comme une aide amicale, familiale, sans soupçonner que le métier d'industriel m'attire déjà. Je lui répète que j'y crois, à son affaire, et que je veux y participer. Pour l'en persuader, je lui propose de nous associer. Admettant enfin que ce n'est pas juste un geste généreux de son « foufou » de neveu, ça le rassure, et ça lui plaît.

– Ça marche, mon garçon... Je croyais te connaître, mais...

Il n'en dit pas plus, et ça m'arrange : lui et moi on savait ne pas être trop bavards, parfois.

Et voilà comment, en plus de mon travail à la banque, je me lance avec lui dans cette aventure de salaison et fumaison du poisson. La fortune nous attend peut-être, peut-être pas, mais en tout cas : « Si on n'essaie pas, on ne le saura pas, hein tonton ?... »

Et je fais une croix sur la Chevrolet... Connaissant mon amour de la conduite et des belles voitures, on peut mesurer à ce sacrifice ma détermination à me lancer dans les affaires.

Quand j'ai commencé avec l'oncle Clovis, je ne faisais que lui apporter des capitaux, mais j'avais bien l'intention de travailler vraiment avec lui lorsque je serais dégagé de mes obligations militaires, dont la date approchait. On n'avait pas encore les sardiniers – ni même les sardineries dignes de ce nom qu'on a eues plus tard. Mais enfin, grâce à mon apport en argent frais, il a pu louer des usines de fumaison et de salaison en plus des « fabriques » (à la limite de l'artisanal) qu'il possédait déjà. On l'achetait toujours, la sardine. On l'achetait, et moi ça ne me plaisait pas, je me disais qu'on devrait la pêcher nous-mêmes. Agadir était l'endroit le plus poissonneux en sardines du Maroc. On traitait plusieurs centaines de tonnes par jour comme rien, on aurait pu faire dix fois, cent fois plus. L'or était là, à nos pieds : il fallait seulement savoir s'y prendre.

Mais mon oncle avait de l'expérience, c'est quelque chose que j'ai toujours respecté. A priori. Je ne passe outre que si je suis sûr que c'est une erreur de persévérer. Je me raisonnais, en me disant que je l'entreprendrais sérieusement sur ce sujet dès mon retour du service militaire.

Pour lors, je me bornais à tenir mes engagements financiers avec lui et j'apprenais surtout le métier en observant et en réfléchissant. Mon argent issu de la banque passait dans le poisson... et j'ai su que je ne me trompais pas quand j'ai vu que l'argent du poisson, à son tour, commençait à me revenir plus vite que prévu. C'est d'ailleurs avec un peu de cet argent recyclé que j'ai enfin acheté ma première voiture. J'aurais pu, bien entendu, en acheter une toute neuve, sans regarder au prix, mais je préférais laisser le plus possible d'argent à la disposition de mon oncle. Je me suis quand même offert une belle décapotable, un peu vieillotte mais avec un bon moulin, et dont les lignes me plaisaient – à l'époque les voitures vieillissaient joliment.

Dès que j'avais le temps j'allais surtout me balader dans la zone de Kenitra, et plus au sud : à Essaouira, à Safi, Agadir, Tantan, El Aïoun, pour voir un peu comment on pêchait. Je laissais traîner mes yeux et mes oreilles partout. Une chose était sûre, il y avait du poisson en quantité, et de qualité, mais partout je trouvais les méthodes de pêche dépassées. Quant au traitement du poisson, n'en parlons pas ! j'avais envie d'entrer dans les usines et d'engueuler les gens : « Désolé de vous déranger, juste une suggestion : vous ne croyez pas que ce serait mieux si vous faisiez comme ça ? »

On m'aurait mis dehors à coups de pied aux fesses, et de toute façon je n'avais pas le temps de tout révolutionner pour le moment.

Mais avec mon oncle, c'était plus fort que moi : j'ai tant poussé à la roue, j'ai tant insisté – je n'ai jamais rien pu garder sur le cœur très longtemps – que je lui ai fait promettre qu'il serait d'accord après mon retour de l'armée pour transformer notre affaire de poissons, pour moderniser l'usine de salaison et de fumaison, acheter des sardiniers. Je ne sais pas s'il me croyait ou s'il mettait ma fougue sur le compte de ma jeunesse, mais il me regardait comme s'il n'était pas sûr que je savais de quoi je parlais, et qu'il se demandait si j'allais bien...

Mais oui, Clovis, ça allait très bien, j'enrageais seulement de devoir nous cantonner dans le fumage de la palomette, de mettre le thon et la sardine salés en barils, pour les vendre aux grossistes, au lieu de maîtriser toute la chaîne, tu comprends ?

Quand j'ai reçu ma feuille pour partir à l'armée, je gagnais toujours plus que M. Grillot, le président de ma banque... mais cette fois rien qu'avec les poissons, sans même compter les 15 % de mes fameux recouvrements !

Ça me contrariait de partir, parce que ma place était là, avec mon oncle, et les sardines. J'adorais ces petits poissons d'argent, qui me l'ont si bien rendu...

La veille de mon départ, je fais mes adieux à mes collègues de la banque, en particulier à Mme Camand, qui ne me laisse pas partir sans que j'aille saluer M. Grillot. Il se lève en me voyant, et vient vers moi, avec un bon sourire :

– André, quand vous reviendrez, je vous donnerai la direction d'une agence.

Je lui réponds alors avec une assurance sans morgue car venant du cœur :

– Monsieur, quand je reviendrai, vous m'aurez comme client. Comme M. Poire !

On rit, on se quitte bons copains, ça me donne des regrets : je m'attache vite aux gens attachants. Il me dit que je pourrais l'être déjà, son client, que je suis déjà millionnaire.

– On est millionnaire quand on le reste jusqu'au bout, monsieur Grillot !

Il rit de ma prudence, mais d'un rire épaté, et il me tend franchement la main :

– Je vous regretterai.

J'aurais voulu dire « Moi aussi », je n'ai pas pu. Ces quelques mots m'ont tellement touché que je n'ai rien pu dire. Mais il avait compris ce que je ressentais, il était ému lui aussi (je ne parle même pas de Mme Camand !). On avait quand même passé pas loin de trois ans ensemble. Trois bonnes années. Ça marque.

4.

En 1939 j'avais vingt ans tout ronds, le plus bel âge de la vie, paraît-il, sauf que c'est bien sûr l'âge où on vous appelle sous les drapeaux. En fait, « sous les drapeaux », on y est surtout dessous le matin ou le soir, pour les appels : quand on l'envoie (le hisser) ou qu'on l'amène (le faire redescendre, l'ôter, le plier, et le ranger pour que la Patrie ne prenne pas froid pendant la nuit).

Avant de partir, j'ai laissé ma voiture aux frères Pujol – ceux dont j'avais partagé le studio. J'ai pratiquement vidé mon compte pour envoyer mon pactole à mon oncle, en gardant juste de quoi ne pas manquer d'argent en arrivant au 2e RTM (Régiment de tirailleurs marocains) de Marrakech où j'étais affecté. Très affecté, même, parce qu'entre marcher pour le plaisir ou les marches forcées autour de la Palmeraie ouest en attendant de partir pour l'Algérie, il y a une différence.

Je me suis vite arrangé pour devenir le chauffeur du commandant (un prétentieux, assez cassant), uniquement pour la voiture : un command-car superbe, qui nous conférait le genre américain quand on était dedans, et j'y étais le plus souvent possible. J'ai dû faire à peu près dix fois plus de kilomètres sans le commandant qu'avec lui derrière (l'essence n'était pas un problème : personne ne contrôle la consommation de la voiture d'un commandant).

– Mon commandant, j'ai l'impression que le compteur kilométrique débloque un peu...

– Aucune importance. Regardez la route.

Il y a des ordres que je ne discute jamais.

D'autres, que je transgresse plus facilement. Soyons clairs : il n'y a pas de commune mesure entre un délit commis à l'armée et dans la vie civile. À l'armée, c'est une distraction, c'est rituel, et à la limite on est mal vu si on se tient trop bien.

Je me souviens d'une histoire qui aurait pu me coûter cher. Un soir, vers 20 heures, en déposant le commandant dans un restaurant de la ville, je m'aperçois que j'ai un pneu crevé et pas de roue de secours. Mon commandant n'était pas une flèche, et il savait surtout commander les menus : tous les soirs il allait au restaurant. Si je n'étais pas là, debout devant le command-car, quand il ressortirait, je me ferais punir à tous les coups. Mais si j'avais toujours mon pneu crevé, je serais puni aussi. Pour ceux qui n'ont pas fait l'armée, ne cherchez pas à comprendre.

Je vois, garé un peu plus loin, le même command-car que le nôtre, avec une superbe roue de secours toute neuve à l'arrière. Elle semblait être mise là pour moi.

Aussitôt je prends de quoi la démonter, et au moment où je replace les boulons, je reçois une tape sur l'épaule. Je me retourne, l'air innocent, et me retrouve devant un adjudant qui me demande sèchement ce que je fabrique.

À sa tête, je vois que je n'ai pas intérêt à lui raconter des craques, aussi je lui avoue la vérité. Mais je lui précise que ce n'est pas un larcin personnel, je ne compte pas revendre la roue ni rien, c'est juste pour remplacer la mienne afin d'éviter les fameux « huit jours », tarif habituel du commandant.

À ma surprise, l'autre ne rouspète pas :

– Je suis l'adjudant Marceau Crespin, sous les ordres du général Delaroche. Tu m'as l'air réglo. J'aime les gens francs. Je te laisse faire pour cette fois.

Il me regarde bien en face :

– À charge de revanche.

En Indochine, d'ailleurs, le simple adjudant Marceau est devenu colonel, ce qui prouve que je ne m'étais pas trompé sur son compte : ce n'était pas n'importe qui. Sur le plan humain, il était sanguin, coureur de filles, mais capable. C'était un bon, quoi... Je reparlerai souvent de lui, il deviendra l'un de mes meilleurs amis.

Un mot sur les amis en général. Par commodité, j'écris facilement mon ami Un tel, mon ami Tel autre, etc. Entendons-nous : les vrais amis, je suis comme tout le monde, à part ma femme, je n'en ai pas tant que ça. Deux ou trois, peut-être. Aussi, quand je dis « ami », dans ce livre, sauf si j'insiste sur le mot, ça veut dire ami comme on dit une soirée entre amis, ce n'est pas l'amitié vraie. En ce qui concerne Marceau Crespin, ça l'était.

Pendant cette période de Marrakech, je me souviens d'avoir eu huit jours de prison pour n'être pas rentré un dimanche soir à la caserne, et en prime on m'a mis la boule à zéro. Tondu comme un pouilleux sur ordre de l'adjudant qui m'avait chopé. Je n'ai pas été surpris – c'est toujours le tarif avec ce juteux et là il m'avait pris sur le fait. Mais je n'avais pas apprécié. Tous les « sous-offs » ne peuvent pas devenir des Napoléon, mais ils pourraient faire un effort pour être moins débiles, on dirait qu'ils le font exprès. Ce sont toujours les moins gradés les plus emmerdants. Comme dans la vie.

Après avoir purgé mes huit jours, je décide de me venger et de ridiculiser le colonel de notre régiment qui, de l'avis général de toute la troupe, laisse trop le champ libre à ce taré de juteux. En plus il n'adoucit jamais les punitions, même quand elles sont injustes. Très bien. J'invite huit potes dans le restaurant le plus chic de la ville, où je sais que, chaque samedi soir, le colonel dîne avec une femme – qui se trouve être la sœur aînée de ma « fiancée » du moment.

Ici, je dois apporter une précision : je n'ai commencé à me fiancer que dans les derniers mois avant mon incorporation. On me présentait des filles qui étaient reçues chez mes parents, ou chez des amies de Mme Camand, ou des sœurs de copains, des filles sérieuses, quoi, et moi je baratinais dès que la glace était rompue, mais ce n'est jamais moi qui faisais le premier pas. Une fois qu'on avait commencé à se parler, ça allait.

En plus, à l'époque, j'étais le seul à Casa à rouler en Dodge à dix-sept ans, et à avoir sa propre voiture à dix-huit : ça aide. Et j'avais de l'argent : c'est pas mal non plus.

Pourtant, avec les filles, à cette époque – mais est-ce qu'on ne reste pas toute sa vie le même homme ? – un regard échangé en une seconde à un carrefour me rendait plus heureux que lorsqu'il m'arrivait une bonne fortune.

J'étais et je reste romantique, je le reconnais. Sentimental. Et comme tout le monde, faute de romance, j'avais des filles, je ne vais pas m'éterniser sur le sujet, tout le monde comprend ces choses-là.

Je reviens à mon colonel raseur de crânes – il ne faut pas faire attendre les gradés. Je m'arrange avec le restaurateur, moyennant un bon pourboire, pour réserver la table à côté de la sienne, toujours la même.

Une fois qu'on le voit installé avec son invitée dans le restaurant plein à craquer – à part notre table, qui devait intriguer, puisque c'était la seule tache vide dans ce lieu bondé – on débarque tous les neuf, crâne rasé, irréprochables dans notre tenue, on adresse au colonel un salut réglementaire impeccable. Sauf que l'usage veut que, dans le civil, on ne salue pas son supérieur s'il est en galante compagnie.

Le but recherché est donc atteint, le colonel est drôlement gêné. Un : parce que toute la salle nous regarde, avec nos crânes rasés, et deux : surtout parce que la sœur de ma fiancée veut absolument savoir pourquoi on est dans cet état :

– C'est leurs petits chefs qui leur font ça ?

En plus de devoir s'expliquer et s'en tirer comme il peut pour ne pas être pris pour une vieille vache, son régiment va maintenant avoir la réputation d'être composé de bagnards. Il ne peut même pas nous punir, on a appliqué le règlement à la lettre ! Il était furieux. À qui la faute ?! En tout cas, depuis ce fameux soir, il n'y a plus eu de crâne rasé en guise de punition. Et en plus on a bien dîné. Comme je le dis souvent, en cherchant bien il y a autant de solutions que de problèmes. Très exactement.

Le bruit court un matin qu'on va enfin quitter Marrakech pour aller « un certain temps [1] » dans un camp près de Casablanca, à Mediouna exactement, pour mieux nous préparer à la guerre. En fait, on y est restés quelques mois avant le jour J. Qu'a-t-on fait pendant ces quelques mois ? Bonne question, mais je n'ai pas de réponse. Ça ne devait pas être très intéressant puisque, à part quelques déconnades pour nous défouler un peu, je n'ai aucun autre souvenir ressemblant à un entraînement militaire sérieux. Disons qu'on a dû faire en sorte qu'il ne nous manque pas un bouton de guêtre au moment crucial... Très important, les guêtres : c'est l'image fidèle de l'efficacité de notre glorieuse armée française.

Ah si : quand même, je me souviens de quelque chose. Et voyez comment de tout mal peut naître un bien. De Mediouna, je descendais souvent à Casa voir ma fiancée du moment, et comme il n'y avait plus de moyens de transport pour rentrer le soir à temps à la caserne, et que je ne voulais pas dépenser mon argent en taxi ni arriver trop tard et être puni je faisais les 40 kilomètres en courant. Un marathon deux ou trois fois par semaine, ça fait mal aux pattes, mais au bout du compte ça vous les fait solides, et elles l'étaient déjà pas mal (grâce en partie aux

1. À l'armée, on ne donne jamais d'explications aux soldats, pour leur éviter la tentation de vendre à l'ennemi des informations sur la confection du rata du jour. L'état-major pense à tout.

patins à roulettes qui m'avaient donné des jambes en béton, vous vous souvenez ? Je faisais aussi beaucoup de voilier et d'aviron, enfant. Ça développe d'autres muscles. À partir de dix-sept ans, je pratiquais la culture physique en salle : d'autres muscles encore [1]).

Bien m'en a pris, car il fallait vraiment en avoir, des jambes, et j'ai vu des copains craquer, et pleurer, parce que, indépendamment des marches « de mise en jambes » autour de la Palmeraie ouest, voilà qu'un gradé décide un jour qu'on va faire, en partant de Marrakech, une longue marche appelée « Tournée de police » – de 1 200 kilomètres ! – pour sillonner tout un secteur, à raison de 40 kilomètres par jour. En plus de mon barda c'est moi qui portais le lance-flammes de 40 kilos car j'avais été encore puni. Motif de la punition : « *Lors d'une simulation d'attaque, a utilisé le lance-flammes pour de bon, et a mis le feu à l'objectif.* » Pendant une manœuvre, en effet, l'objectif était un grand hangar dont l'armée avait encore besoin, mais où était censé se cacher l'ennemi. Il fallait simplement *simuler* de le détruire, et j'en avais fait un peu trop...

On a cru me marquer à vie avec cette punition, alors que je marchais au même pas que les autres, m'offrant même le luxe de siffloter pour faire enrager ce crétin de gradé. Qui avait quand même jugé préférable d'ôter le propulseur de mon lance-flammes : crétin... mais pas fou !

Du camp de Mediouna, au Maroc, notre régiment, le 2e RTM, devait aller à Bizerte, en Tunisie, pour prendre le bateau et traverser la Méditerranée à destination de l'Italie.

Ce qui suppose de traverser l'Algérie, mais au lieu de la traverser seulement on y est restés bien plus longtemps que prévu. Sans doute une ruse de guerre...

Miracle : pendant ce séjour qui se prolongeait en Algérie, bien que catalogué « turbulent » je deviens brigadier-chef, chargé du noyau Auto. N'importe qui pouvait voir qu'avec moi les moteurs ronronnaient. Quand je dis qu'entre moi et les voitures il y a quelque chose de mystérieux, au mieux on me prend pour un doux rêveur. En tout cas l'harmonie était là, je ne rêvais pas.

J'avais pour aide un soldat mécanicien qui était originaire de Bône et je ne l'appelais jamais autrement que le « Bônois ». C'était quelqu'un. Il était petit et mat, vif, hilare, avec un visage malin, tou-

1. J'ai découvert ce qu'on appelait alors les sports de « milliardaires » – ski et tennis – à cinquante-cinq ans.

jours à l'affût de n'importe quelle occasion pour améliorer sa qualité de vie ou pour rire un peu.

Ce qui m'intéressait, avec cette responsabilité, c'est surtout que j'avais une voiture quand je voulais. Je me baladais pas mal, et un jour, je ne sais plus où, je rencontre un colon avec lequel je sympathise. Je lui ai fait tous ses labours. Il mettait dix jours pour labourer ses parcelles, moi je liquidais tout en une journée. J'accrochais la charrue derrière la jeep et, avec le crabot, je labourais...

Liant et spontané, je suis devenu son copain. Et aussi le fiancé de sa fille, mais attention, en ce temps-là, ça ne plaisantait pas : on vous surprenait à toucher la main d'une fille, et hop ! on se retrouvait marié ! Il fallait faire attention. On faisait les choses dans les règles, et le plus simple était de se fiancer.

Moi, les fiançailles m'allaient bien, même avec les parents, et tout le tralala. Un, c'était assez officiel pour qu'on vous laisse en paix ensuite. Donc tranquillité d'esprit. Et deux, les fiançailles, ce n'est pas éternel : ou on se marie... ou le régiment se déplace. Ne croyez pas que je sois cynique, je les aimais bien, mes petites fiancées, et même si je ne me serais jamais marié à cet âge n'allez pas croire que je les quittais par lassitude ou parce que j'allais chercher ailleurs, pas du tout ! simplement, je les quittais parce que le régiment changeait de coin. Et je ne me conduisais pas comme un salaud : la première famille où je me suis fiancé en Algérie, celle où ça a duré le plus longtemps, eh bien quand je suis parti j'ai offert une bague à ma fiancée – ça allait de soi – mais aussi un tracteur au papa, un beau tracteur moderne qu'il n'aurait jamais pu se payer. Il n'en est pas revenu. Mais moi non plus je n'allais pas revenir... alors j'essayais d'être le plus correct possible.

Pendant cette période de sous-officier responsable du transport, mon supérieur était un lieutenant, un compatriote (je veux dire : corse). Il me demande de me débrouiller pour « piquer quelques véhicules » aux Américains. Je le cite. Il trouvait qu'ils en avaient trop et nous pas assez.

Il lui a été difficile de nous arrêter ensuite. Une fois lancés, mon Bônois et moi, on a équipé en jeeps ou en command-cars tous les officiers du régiment, et même certains sous-officiers sympathiques quand la récolte était bonne.

À l'armée, se piquer du matériel entre alliés est un jeu, et je n'allais pas me gêner ! À cet âge, et dans ce contexte, il n'y avait que ce qui roulait qui m'était familier, c'était un repère. Alors, parfois, quand je voyais une belle voiture vide dans un endroit un peu désert, elle me donnait l'impression d'être abandonnée. J'arrachais la petiote à sa solitude et je la présentais à ses consœurs de notre Parc autos : elles s'entendaient vite si bien que les nouvelles arrivantes se sentaient chez elles. On est toujours mieux en famille. Elles étaient protégées par notre hiérarchie, qui plus est.

Si le lieutenant m'avait demandé des bazookas, ou des machines à écrire, ou n'importe quoi d'autre, j'aurais inventé quelque chose pour refuser. Mais des voitures ? C'est à moi que ça faisait plaisir ! Imaginez mes allées et venues au volant de voitures toutes plus neuves les unes que les autres, au lieu de passer mon temps dans des corvées idiotes ou des exercices abrutissants : et j'aurais fait le difficile ?

On était bien organisés, le Bônois et moi. On partait en chasse dans mon command-car de dépannage et je diminuais à chaque occasion le stock des Américains. J'étais l'Attila de tout ce qui avait quatre roues et qui n'était pas bien gardé.

Au début, c'était facile, mais ensuite les Américains, qui voyaient fondre leur stock de véhicules, se sont procuré de grosses chaînes qui fixaient le volant à la carrosserie, et pour plus de sûreté ils enlevaient aussi la tête de Delco.

« Ils veulent nous défier ou quoi ? » On s'est équipés d'une énorme tenaille capable de sectionner net la plupart des chaînes, et quand c'était fait, on tractait ou poussait le butin avec mon command-car, selon la disposition des lieux. Puis, quand on s'était assez éloignés, on remettait une tête de Delco sur la jeep (c'étaient surtout des jeeps), et on fonçait aux ateliers du Noyau autos. Là, on préparait la nouvelle venue, on grattait la peinture d'origine, on la repeignait au pistolet, et on lui mettait un joli petit drapeau bleu, blanc, rouge. Et on livrait. Jamais une plainte. Toujours contents. Et tous complices... tant qu'il n'y avait pas de complications, mais on savait qu'au moindre pépin on serait désavoués : l'armée vous donne de l'expérience...

Lorsque le régiment a finalement embarqué pour aller en Italie, il y avait soixante-dix véhicules sur le quai qui étaient hors quota. On a été obligés de les laisser.

Une seule fois, on n'a pas pu sectionner une chaîne antivol spéciale, galvanisée.

– On est eus, s'est résigné le Bônois.

– Tu crois ça ?

Sous les yeux de mon complice épaté, j'ai sectionné l'une des branches du volant, celle qu'entourait la chaîne, et on a quand même pu emporter la voiture.

Voilà qu'un jour Notre Lieutenant a un caprice : Il désire un command-car pour Lui tout seul. Ah, là, on change de catégorie. Il voulait quelque chose à la hauteur de Son Poste : « Responsable du Parc autos », c'est quelque chose. Ce lieutenant, bien que corse, n'était qu'un blanc-bec qui jouait à la guerre.

D'ailleurs tout le monde jouait à la guerre. Tant qu'on n'a pas vu le feu, la guerre, c'est un jeu. On joue avec son ordonnance, son chauffeur, avec un monocle, une cravache quand on en a une, une badine quand on n'en a pas. Comme les baguettes des enfants qui se fouettent les mollets, à la fois cheval et cavalier.

Mon « deux ficelles [1] » veut son petit command-car pour faire joujou ? on va lui trouver ça ! Notez que là encore il sait très bien qu'on va aller le chaparder quelque part, et que cette fois c'est plus dangereux, mais il préfère ne pas être tenu au courant du déroulement des opérations.

Pendant deux-trois jours, on maraude en vain avec mon Bônois, pas décidés à rentrer bredouilles. D'abord, on ne trouve rien d'intéressant, quand tout à coup, je reste en arrêt : qu'est-ce que je vois devant un « établissement de boissons nocturne » (jargon de la police militaire) ? Un camion ! Que dis-je, un « camion » ? une pure merveille ! Un camion-atelier magnifique, avec vraiment tout le matériel nécessaire pour réparer, dépanner, tracter, soulever, en un mot : un *bijou*. Je n'avais encore jamais rien vu d'aussi moderne et puissant :

– La vache, il est trop beau, on se l'offre ! il est pour nous, c'est obligé !

Le Bônois est du genre râleur ou flegmatique, c'est selon. Là il ne râle pas mais il n'est pas flegmatique non plus, il tire plutôt vers le fébrile :

– Non mais tu as vu où on est ? On va se faire gauler !

– T'inquiète pas.

Je me prépare, et je me faufile vers ma proie. Le Bônois me suit à distance (et à contrecœur) et me parle sans oser élever la voix :

– Mais qu'est-ce que tu veux que le lieutenant fasse d'un camion-atelier ! Tu crois qu'il a envie de bricoler ?

---

1. Les galons ; on dit aussi « sardines » quand ils sont argentés – c'est déjà plus sympathique.

– *Bricoler ?* Un peu de respect ! C'est un vrai garage sur roues ! Il peut quand même pas être si nul que ça, le lieutenant !... Allez, remonte au volant, je vais voir si je peux le piquer. Si ça démarre, tu me suis.

Je monte dans le camion. Je mets le contact. Et je démarre. Aussi facilement que je l'écris. Il n'y avait même pas de chaîne. L'un derrière l'autre, on fonce dans nos ateliers. On arrive au cantonnement et on cache notre trouvaille derrière des bâches.

Le lendemain, dès qu'il me voit, genre impatient, le lieutenant s'approche de moi – en jetant quand même un coup d'œil circulaire pour voir si on nous regarde :

– Oh, vous, Guelfi, je vois à vos yeux que vous m'avez trouvé mon command-car !

– Non, mon lieutenant. J'ai trouvé dix fois mieux. Une merveille !

Il a hâte de la voir, bien sûr. J'écarte les bâches comme on présente enfin au public la vedette de la soirée, et alors je le vois changer de tête :

– Mais qu'est-ce que c'est que ça ?

On aurait dit un curé à qui on venait de livrer par erreur une caisse de livres pornos :

– « Ça » ? Mais c'est un camion-atelier de toute beauté, mon lieutenant. Avec « ça », votre Parc autos est paré pour dix ans !

Il en reste sans voix. Sans doute d'admiration. Je vante un peu ma trouvaille, sans forcer, bien conscient de ma chance mais modeste, toujours modeste :

– Vous avez vu ? Avec *poste de soudure...*

Qu'est-ce qui lui prend ? Il hésite. Puis :

– C'est une blague ? Il y a des Américains dans le coin ?

– ... et des *cales de fixation...*

Il me regarde comme si j'étais devenu idiot, et la lumière se fait dans sa tête : il comprend que je ne plaisante pas. Devant cette réaction inattendue, je poursuis (un peu moins sûr de moi, cependant) :

– ... et *grue de levage*, mon lieutenant. Un truc extraordinaire !...

Conscient soudain qu'il y a un problème, j'ai une idée, je lui tends la perche :

– Et si jamais il ne vous plaît pas, vous l'échangez quand vous voulez contre une douzaine de command-cars... !

À dix mètres de là je vois ce salaud de Bônois se tordre d'un rire muet et faire des efforts dingues pour le rester (muet), mais il va exploser, c'est sûr. C'est l'autre qui explose le premier :

– Mais enfin, Guelfi, vous avez bu ? On ne peut pas garder ça ! Remettez-le où vous l'avez pris !

– Mais pourquoi, mon lieutenant ? Je vais le gratter ! on va lui mettre nos couleurs, personne ne le reconnaîtra !

Le lieutenant a soudain un débit de paroles qui justifierait une sténo :

– Faites pas ça, malheureux ! vous l'interdis ! vous l'interdis formellement ! il n'y a pas un seul camion de ce type attribué à l'armée française ! z'êtes dingue ou quoi ! on voit à dix kilomètres qu'il est américain ! on va être repérés ! dénoncés dans les dix minutes !...

Un peu plus, et il allait me parler de cour martiale... Tout à coup il remarque un détail, et il manque de s'étrangler :

– Et en plus, c'est le *dernier modèle* !... Allez ! Dégagez ! Magnez-vous ! Débarrassez-m'en vite fait !

« Débarrassez-m'en vite fait ! » Je ne pouvais quand même pas repartir de jour à cause de ce dégonflé ! Et puis qu'en faire ? Le remettre là où je l'avais pris, en disant : « Oh pardon, je me suis trompé de voiture, un moment de distraction, la mienne n'est que trois fois plus petite et en plus ce n'est pas un camion ! »

En attendant de voir comment m'en débarrasser, je le camoufle à nouveau avec les bâches. Je regarde le Bônois, qui reprend doucement son calme en s'essuyant les yeux, et je concède :

– Bon. S'il n'y en a pas *du tout* dans l'armée française, effectivement, on a peut-être été un peu vite en besogne...

– « On » ?!

– ... on part de nuit. Tu me suis avec le command-car.

Cette dernière phrase atteint le but recherché : lui couper le sifflet.

J'ai conduit mon camion-atelier dans la forêt de Staouéli, à une vingtaine de kilomètres de notre campement, et je l'ai abandonné là-bas. Un crève-cœur. J'avais presque l'impression d'attacher un chien à un arbre et de l'abandonner (si je vois quelqu'un faire ça, je lui flanque une pile, même aujourd'hui)... Huit jours après, en passant dans le coin je reste bouche bée en voyant que le camion-atelier n'a pas bougé. Il est toujours là, impeccable, avec tous ses boulons. Joli comme un sou neuf.

Quel gâchis... Cette histoire me turlupine tellement que je décide d'aller affronter le commandement américain. Je leur signale que « lors d'une promenade en forêt » j'ai repéré un camion paraissant abandonné, que j'avais reconnu un matériel typique de l'US Army et que je viens les en aviser. J'ai débité ma phrase entière sans bouger, dans un garde-à-vous impeccable. Parfois, quand j'ai l'air très sérieux, je suis mort de rire, à l'intérieur, mais il ne faut pas le répéter.

Je conduis les responsables dans la forêt, ils récupèrent leur camion, et moi j'ai droit à des *thank you* reconnaissants. Mais ce n'étaient pas que des mots, et j'ai été vraiment surpris et touché par la gentillesse des Américains : le lendemain, ils s'amènent avec une fourgonnette bourrée de victuailles et de trésors, cigarettes, jambons en boîte (alors qu'on crevait de faim), chocolat et quantité d'autres bonnes choses. On s'est partagé ça entre nous, au Noyau autos, tout le monde en a profité.

Mais je dépensais pas mal. Et je n'allais pas demander à mon oncle de m'envoyer plus d'argent que ce que je lui avais dit de m'envoyer régulièrement. J'ai eu une idée : toujours suivi du Bônois, j'ai fabriqué et installé un alambic dans l'atelier où on était censés s'occuper seulement de l'entretien des véhicules de l'armée.

Le colon, le papa de ma fiancée, avait des vignes, et il me faisait un vrai prix d'ami sur les jerricanes de vin qu'il me remplissait régulièrement et que je transformais en alcool avant de le revendre au mess des officiers aussi régulièrement.

Un jour, pendant qu'on s'escrimait sur l'alambic qui fatiguait, on a la visite-surprise du colonel du régiment, accompagné du fameux lieutenant corse responsable du Parc autos.

Or, dans un garage, un alambic, c'est incongru. Il avait dû y avoir des ragots. Le colonel s'approche de moi, les mains dans le dos, avec son stick, genre officier anglais, l'œil mi-sévère mi-ironique, et me demande des explications.

Des explications ? Mon expression signifie : « rien de plus facile ».

– J'ai cru bien faire, mon colonel (et je m'essuie les mains en réfléchissant à toute vitesse).

– J'écoute.

– Eh bien voilà, c'est tout simple, c'est une question de logique, mon colonel va me comprendre tout de suite... c'est que l'eau est très calcaire par ici...

– Eh bien buvez de l'eau minérale, mon ami... Ah ah...

J'accuse réception de son humour irrésistible en faisant aussi un « ah ah » suivi d'une explication venue de je ne sais quel coin de mon cerveau :

– ... et comme on ne reçoit plus d'eau distillée, et que j'ai plein de problèmes d'usure prématurée de nos batteries... j'ai décidé de distiller de l'eau moi-même. Voilà, mon colonel.

Son œil redevient celui du « maître » :

– Qui vous en a donné l'ordre, brigadier-chef ?

– Personne, mon colonel, je l'ai pris sur moi, il fallait vraiment faire quelque chose, mon colonel, ça urgeait.

– Et vos problèmes de batteries ?

– Résolus, mon colonel ! Vous voulez les voir ?

Je fais un geste vers le fond du garage plein de cambouis et de trucs qui traînent, en pariant ce qu'on veut qu'il ne va pas y aller se salir les bottes... et heureusement pour moi, parce que les batteries ne sont pas par là du tout, et qu'en plus elles sont toutes neuves.

Il se tourne vers le lieutenant, comme pour me montrer en exemple :

– Eh bien mes compliments, brigadier. Heureux de voir qu'au moins quelqu'un ici prend son travail à cœur !

Et il s'en va en disant au lieutenant (plus méfiant que le colonel parce que me connaissant mieux) que si tous ses hommes avaient autant d'esprit d'initiative que moi, tout le monde s'en trouverait bien. Honnêtement, c'était aussi mon avis.

Quelques jours après, le colonel a l'occasion de me féliciter devant tous ses officiers pour avoir protégé les chères petites batteries de ses chers petits véhicules, et tous les officiers, dont la plupart étaient mes clients, commencent à comprendre que l'alcool que je leur vends au mess depuis quelque temps provient de mes ateliers et du fameux alambic : mon « eau distillée » était bien sûr du marc à 60 degrés. Ils se marrent en douce et ne disent rien. Ouf !

Ouf... jusqu'au jour de la catastrophe. C'était « mon » Bônois le responsable de l'entretien de l'alambic et un jour, en pleine opération de distillation, il y a eu une fuite sur le serpentin. Il prend le matériel adéquat et commence à boucher la fuite, en soudant le serpentin. Soudain, explosion : quand tous ceux qui étaient dans le coin sont venus voir ce qui se passait, avec moi au premier rang, on a découvert mon complice, groggy, presque dans les vapes, ainsi que deux autres mécanos – innocents, ceux-là – légèrement brûlés, mais totalement imprégnés d'alcool. En soudant le serpentin, ce crétin de Bônois l'avait obstrué ! Et en plus, dès qu'on se retrouve seuls, il s'en prend à moi : je n'ai jamais entendu quelqu'un jurer autant, ni avant ni depuis.

Dans une explosion, ce qui est ennuyeux, c'est que même si ça ne vous tue pas, ça fait du bruit. Et là, malheureusement, ça en a fait assez pour alerter tout le monde, y compris le colonel qui s'est alors rendu compte que je m'étais payé sa tête.

Et il s'est offert la mienne. Il m'a cassé de mon grade et j'ai eu trente jours de tombeau. C'est un trou creusé par le puni lui-même à la longueur de sa taille et à la largeur de ses épaules, dans lequel il s'allonge ; on fixe une toile de tente au-dessus de lui, et il est là comme dans un cercueil, gardé nuit et jour par une sentinelle.

À part respirer et transpirer, on a le droit de ne rien faire. On nous laisse sortir du tombeau une fois par jour – dix minutes au plus – pour nous nourrir et nous permettre de satisfaire nos besoins naturels.

J'ai toujours été mince, sans graisse, mais au terme de ma peine j'avais quand même fondu. De tous les régimes pour maigrir dont j'ai entendu parler, c'est le meilleur. Quoique dangereux. Il y a eu un gars qui y est resté. Quand on lui a dit qu'il pouvait sortir de son tombeau après quatre jours par 35 degrés à l'ombre, il n'a pas répondu. Mort. Ça a grondé dans les rangs, si bien qu'ayant pris la mesure de notre colère, et craignant peut-être même des réactions violentes, après ce décès les peines ont été moins longues – mais les nouvelles « mesures de clémence » ont été décidées un mois ou deux après ma punition, et je n'en ai pas personnellement bénéficié.

Et on a encore changé de département...

Je ne sais plus combien de fois en tout, mais chaque fois j'avais une fiancée... Et moi j'offrais toujours des bagues... Et puis, on changeait encore de cantonnement. Il fallait encore se quitter. De toute façon, ce qui nous attendait c'était de partir à la guerre. Alors, c'était la séparation, forcée. Certaines fois, c'était plus dur que d'autres, mais dans l'ensemble c'était plutôt tristounet, parce que je trouve qu'en ce temps-là les filles étaient vraiment gentilles... Toujours est-il que, lorsque je quittais la région, elles attendaient que je revienne, et comme je savais qu'on ne reviendrait pas, petit à petit, avec le temps, j'oubliais, ou je faisais comme si.

Je n'écrivais jamais. Ça ne sert à rien. Quand c'est fini, c'est fini. En plus, je n'aime pas écrire de lettres, alors en temps de guerre encore moins. La censure et tout... Même si vous en avez envie, allez écrire des choses personnelles quand vous savez que vous serez lu par un moustachu rigolard ou un nez rougeaud !... Je recevais des lettres, mais je ne répondais pas. Alors, elles cessaient d'arriver. Je n'ai jamais écrit, même pas à mes parents. Lorsque j'ai quitté ma mère, je lui ai dit : « À bientôt. » Elle m'a revu trois ou quatre ans après, à la fin de la guerre.

Puis, ça a été le départ pour la Tunisie. On se rapprochait de la Méditerranée qu'on devait traverser sur des bateaux « transports de troupes ». Mais à l'armée rien ne se fait vite, même si tout s'y fait dans la précipitation.

Pour l'instant on est dans un train... composé de wagons à bestiaux. On traverse l'Algérie. À la vitesse où on se traîne (le train mesure plus d'un kilomètre de long, je ne croyais pas ça possible), le voyage n'en finit pas. J'en ai vite assez, et moi qui suis physiquement mal quand je manque d'exercice, quand je ne peux pas me dépenser, je trouve que les arrêts sont vraiment trop rares pour nous permettre – au moins ! – de nous dégourdir les jambes. Avec l'aide d'un copain plus gonflé que les autres, je décroche du reste du train notre wagon situé vers la fin du convoi.

Notre wagon et les quelques suivants s'arrêtent tout doucement en pleine nature. Silence et paix... Et là, quarante-huit heures de vie paradisiaque, seuls dans la campagne. On allait se ravitailler dans les fermes des environs jusqu'au jour où quelqu'un, dans un train passant en sens inverse, a donné l'alerte.

On nous a fait rejoindre notre régiment avec quelques jours de retard dans un camp installé près d'Aïn Temouchent, en Algérie, où on a attendu le départ pour l'Italie, et on n'a même pas été punis. On a tous juré comme un seul homme que nos wagons s'étaient décrochés tout seuls, et qu'on avait crié comme des fous, et même qu'on était furieux parce que personne nous avait entendus et qu'on avait été abandonnés en pleine nature. L'excuse a fonctionné. Dans l'armée, plus c'est gros, plus ça passe, surtout avec des gradés prétentieux qui ne peuvent pas s'imaginer qu'on puisse oser se moquer d'eux. Et on finit par arriver à Bizerte.

De Bizerte, enfin, embarquement à destination de l'Italie... et la guerre. J'avais envie de voir à quoi ça ressemblait, depuis le temps qu'on m'en parlait. Quand on est jeune, on est comme ça.

On a embarqué sur une véritable flotte de bateaux transports de troupes entourée de navires de guerre. En principe, un mètre carré égale deux hommes, mais je vais vous apprendre quelque chose : il peut aussi bien en contenir quatre, cinq, voire plus. Là, ça fluctuait, c'est le cas de le dire. Parfois j'étais le seul à rester debout, selon le tangage et le roulis, et comme j'avais tout fait pour n'être pas au milieu de la grappe, je pouvais respirer un peu, mais le plus souvent on était si serrés que j'étais complètement pressé contre la paroi, écrasé, étouffé.

Je me souviens d'avoir pensé à mes sardines dans leurs petites boîtes et je me suis juré qu'à mon retour à la vie civile, en souvenir de cette sale journée-là, il y aurait au moins une boîte sortant de mes usines dans laquelle je ne mettrais volontairement qu'une seule sardine, afin qu'elle soit bien à l'aise, tranquille et confortable. Mais je me rappelle, en l'écrivant, que c'est une promesse que je n'ai pas tenue. Il n'y en a pas tant que ça.

Je m'y revois comme si j'y étais. Entassés, comprimés les uns contre les autres, chargés comme des mulets, ballottés, étouffés, c'était à hurler de rage. Les optimistes peuvent se dire qu'ils vont jouer un rôle historique, combattre les ennemis de la France, mais les autres se contentent de grappiller quelques centimètres carrés pour un pied par-ci, pour un coude par-là et surtout, surtout, on tente tous de lutter contre le mal de mer.

Je ne veux même pas parler du mal de mer. Demandez à n'importe quel vrai marin : parfois, quand le mal de mer ne passe pas, on a déjà vu des gens se jeter à l'eau pour en finir. Mais là, dans la cale, on n'avait même pas ce recours.

De l'air, mon Dieu, de l'air !

« Il » a dû m'entendre car, quelques heures après avoir quitté le quai, notre bateau a sauté sur une mine. Ça nous a fait tout de suite plus de place, au point que je me suis retrouvé assez esseulé dans l'eau avec un sergent, plus accroché à moi qu'à l'énorme madrier qui nous servait de planche de salut, au sens propre.

Le bon côté de la chose, c'est que dès qu'on risque de mourir, on oublie aussitôt le mal de mer. Le sergent claquait des dents sans que je sache si c'était de peur ou de froid, tout en marmonnant je ne sais quoi, quand tout à coup il me dit :

– Je... je prie. Il f... il faut prier. Tu pries... ? Tu pries... toi ?

– Non, moi je me les gèle !

– C'est... c'est m... c'est mieux si on prie... à deux...

J'étais sûr de m'en sortir, avec le madrier, j'étais sûr de tenir le coup, mais il y a des moments dans la vie où le temps ne passe pas très vite. Là, c'était le cas, et en plus, même en temps réel, ça a duré des heures. Mon sergent claquait des dents de plus en plus vite, et j'avais peur qu'il claque. Je le secouais régulièrement pour qu'il ne s'endorme pas. La nuit tombait avec notre moral. On se rend compte parfois à quel point on est seul dans la vie, mais là, en voyant au loin les projecteurs balayer la mer dans toutes les directions sauf la nôtre (on devait dériver dans une trajectoire non prévue par nos chefs), on sentait comme le désir *volontaire* de nous ignorer. Après, on se rend compte qu'on s'est fait des idées mais sur le coup ça fait trop mal à l'espoir pour qu'on reste objectif.

Au lever du jour, on a été recueillis... par un bateau de pêche. C'est bien eux les meilleurs, pas de doute. On glaglatait.

– J'ai... j'ai... bien fait... bien fait de... de pri... de prier...

– Tu as bien fait de t'accrocher comme un morbac, oui !

Le destin n'a pas voulu que je meure cette fois-là, et je ne connaîtrai l'Italie que bien plus tard, mais dans d'autres conditions : soit au volant de bolides de course sur les plus fameux circuits automobiles italiens, soit en vivant la grande vie, la belle vie, avec des amis de qualité. Mais la guerre, même si ce n'était pas pour cette fois, j'allais la connaître dans pas trop longtemps quand même.

On m'a déclaré permissionnaire, après ce naufrage. Personne ne saura jamais si c'était parce qu'on ne savait plus quoi faire des survivants, ou pour donner le temps à l'état-major de changer ses plans.

En tout cas, j'avais à peine remis les pieds au Maroc que j'ai failli couler à nouveau, mais je vous ai déjà tout dit de cette affaire Delvoix, de ses maudits bons d'habillement, et de cette condamnation injuste qui m'a dégoûté de la Justice...

Passé ce dernier choc auquel je ne m'attendais pas, j'ai réussi à me remotiver un peu, et en attendant qu'on me rappelle pour que je gagne la Seconde Guerre mondiale, j'ai repris mon travail à Agadir avec des idées nouvelles pour aider mon oncle Clovis à développer notre affaire de poissons – j'avais eu largement le temps d'y penser, avec tous ces mois perdus à l'armée.

Mais j'avais aussi d'autres préoccupations.

Vers ses vingt ans, après le débarquement américain, en 1942, j'ai eu peur que mon frère cadet Pierre tourne mal. Il se laissait facilement entraîner, et il commençait à traficoter avec les soldats. C'étaient des bêtises de jeune que pourtant moi j'ai considérées comme graves, pouvant devenir dangereuses. Je lui ai fait la leçon, mais ça n'a pas raté, il s'est fait prendre en vendant des cartouches de cigarettes. J'ai été dur avec lui. Ne voulant pas qu'il tourne au bon à rien, je l'ai persuadé de s'engager à la Légion, pour cinq ans. Il s'y est très bien conduit, il en est ressorti un homme, j'étais fier de lui mais surtout heureux qu'il se soit repris à temps, car il était à l'âge où on suit plus les mauvaises tentations que les bons conseils.

Malheureusement il est mort assez jeune d'un cancer généralisé et il n'a pas pu profiter longtemps de sa nouvelle vie, qui démarrait bien. Quand la vie veut être chienne, elle l'est, pas de doute. Qu'on ne me dise jamais qu'on naît tous égaux, on naît avec de la chance ou pas. C'est injuste, mais c'est comme ça. Qu'est-ce qu'on peut faire ? Rien. Autant porter plainte contre la marée haute.

Voilà que je tombe amoureux d'une fille, Fernande. On se plaisait bien, et je rageais déjà à l'idée d'être rappelé un jour ou l'autre par l'armée, mais il a fallu en plus que ce soit la fille de Fernand Barutel. Ça ne vous dit rien, à vous, en France, aujourd'hui, mais ce monsieur n'était personne d'autre que le « roi du Souss ». Le Souss, c'est le Sud marocain, un territoire immense, et il avait tous les camions qu'il fallait pour le parcourir en tous sens. Il était richissime et puissant. Pour lui, même si je me croyais fortuné, je n'étais qu'un sympathique et entreprenant foutriquet qui allait probablement réussir dans la vie – mais voilà : entre « probablement » et « réussir », il y a place pour l'impondérable et le doute. Deux mots que n'aiment pas les gens qui aiment l'argent – et Dieu sait s'il a prouvé que c'était son cas !

Pour tout arranger, je le déconcertais un peu. Je n'étais pas comme tout le monde, je ne me soûlais pas avec les copains, je n'allais pas dans les bordels, je travaillais dur, donc je ne *rôdais* pas autour de sa fille comme tant de jeunes gens, non, je lui faisais assidûment la cour... et elle ne s'en plaignait pas. Mettez-vous à sa place, il veut le bonheur de sa fille, cet homme, il sait mieux qu'elle ce qu'il lui faut, et ce n'est pas un garçon qu'elle aime et qui l'aime, c'est un monsieur qui a de l'argent, beaucoup d'argent.

D'après lui, je n'en avais pas suffisamment, alors que tout le monde à Agadir savait que j'étais le jeune industriel (débutant, qui plus est !) le plus riche du Maroc – je veux dire riche par ses propres moyens, je ne veux pas dire riche de père en fils.

Il n'a pas pu empêcher sa fille de se fiancer avec moi, parce qu'elle y tenait aussi, mais il rusait, fuyait les discussions sérieuses, repoussant toujours l'idée du mariage sous un prétexte ou sous un autre.

C'était un peu une course contre la montre... mais personne ne savait l'heure. Au moment où je pensais qu'on allait enfin finir par pouvoir se marier, voilà que je suis rappelé sous les drapeaux, où on m'affecte au 6e RTM à Alger.

Ça m'embête d'y aller, mais que faire d'autre ? Et puis Barutel me prend à part, et me dit que c'est la guerre, qu'un brave jeune homme comme moi ne peut pas songer à fonder une famille juste avant de partir à la guerre. Bien sûr, « il sait que je m'en tirerai »... mais on ne sait jamais. Après la guerre, « ... quand vous en reviendrez, parce que vous en reviendrez, mon petit, vous en reviendrez !... », on se mariera. Et il me fait comprendre que ça nous laissera à tous les deux, elle et moi, le temps de mûrir un peu.

– Comme ça, vous serez sûrs de ne pas faire de bêtise !

– Mais on en est sûrs !

– Eh bien, vous en serez sûrs *et certains* ! deux précautions valent mieux qu'une !

C'était ce genre de bonhomme.

Espoir : à peine arrivé à mon affectation en Algérie, on me renvoie au Maroc – mon pays ! le pays de Fernande ! – muté aux Écoutes radios. Au Maroc, oui : mais à Rabat. C'est un peu loin d'Agadir pour que je puisse faire le mur tous les soirs, ni même tous les mois, ni même d'ailleurs une seule fois : il y a trop de kilomètres entre les deux villes et pas de moyens de transport. Une douzaine d'années après, je ferai un jour Agadir-Casablanca, distants de 517 kilomètres, à la moyenne de 155 km/h, en trois heures et vingt minutes.

Ce parcours salué comme un exploit par tous les journaux du pays et de l'Italie a été réalisé au volant d'une « Alfa-Roméo Super-Sprint 1900 cc de cylindrée ». Je précise que, en plus, Rabat – où j'étais tenu à mon poste aux Écoutes radios – est à plus de 100 kilomètres au *nord* de Casablanca, et qu'à l'époque on n'imaginait même pas qu'un jour existerait un tel véhicule. J'en parlerai plus en détail, parce que c'était un épisode marrant, mais je vous en ai dit quelques mots maintenant pour que vous vous rendiez compte que, même si Fernande et moi on était dans le même pays, on aurait aussi bien pu être sur deux planètes différentes.

Que faire, quand il n'y a rien à faire ? Passer le temps.

Le service était installé dans les remparts de Rabat, aux Oudaïa, au bord de la mer. Un matin où j'étais de repos, je suis descendu avec un pote rejoindre des copains à la plage, pour me baigner. Il y avait un radeau à 300 mètres du rivage sur lequel j'allais souvent souffler et me sécher avant de piquer une tête et de revenir sur la plage, et ça a été encore le cas cette fois-ci.

Alors que je venais de plonger, je reçois en émergeant un ballon en plein sur la face... Crachotant et furieux, prêt à engueuler l'idiot qui m'a fait ça, je me retourne... devant une magnifique blonde qui me prie de l'excuser, en nageant lentement et avec grâce autour de moi, l'air sincèrement désolé de l'incident.

Bien entendu j'accepte ses excuses, je la trouve charmante, et je le lui dis (comme « mon cœur est pris » et que je n'ai pas d'arrière-pensée, je ne suis pas timide). Je l'invite à déjeuner pour lui prouver que je ne lui en veux pas. Ça lui plaît et elle accepte.

On nage de concert vers la plage, en papotant (surtout elle, parce que moi, dans l'eau, je nage et j'essaie de respirer. Pour ce qui est de parler, je me contente le plus possible de mimiques...). Puis là il se passe un phénomène curieux : à un certain moment, pas très loin du bord de mer, elle s'arrête de nager, et on dirait qu'elle se tient debout. Donc elle a pied, ce qui me surprend parce que je connais l'endroit. Je m'arrête aussi, bien sûr... et je prends un bouillon. Elle devait faire du surplace, probablement... Le temps que je remonte à la surface, elle s'était remise à nager lentement, je la rattrape et, à 50 mètres du rivage, je manque d'avaler la tasse parce que je suis bouche bée : j'ai l'air d'un nain à côté d'elle ! La pauvre est immense ! (j'ai appris par la suite qu'elle mesurait 1,95 mètre, que c'était la fille d'un général et que, malgré sa beauté, elle ne trouvait personne qui soit à la fois à son goût et de sa taille).

J'aimerais vous dire que j'ai eu le courage de marcher à côté d'elle et de l'emmener ensuite au restaurant, comme convenu, mais ce serait mentir. Je n'ai pas eu le cran de me retrouver côte à côte avec elle et d'être la risée des copains (toujours idiots dans ces cas-là). La peur du ridicule fait parfois faire des choses plus graves. Je lui ai dit qu'on se retrouverait au restaurant de la plage, je me suis habillé à toute vitesse et je me suis débiné lâchement avant qu'elle ne ressorte de sa cabine. Je sais. Je sais. J'aurais dû me moquer des regards moqueurs plutôt que de la blesser. C'est un de mes remords [1].

1. Si par miracle elle me lit, je la prie de me pardonner.

De Rabat, on m'a envoyé dans les services spéciaux, dans une annexe du BCRA [1], à Alger, sous les ordres du commandant Emmanuelli, dont je suis devenu le chauffeur – ça n'étonnera personne.

Comme, à part conduire, je ne trouvais pas grand-chose d'intéressant à faire, je me suis porté volontaire pour effectuer un stage de parachutiste, à Staouéli, près d'Alger, dans l'espoir de participer à une mission en France – tout plutôt que de rester là à tourner en rond !

C'est là que j'ai fait une chose dont je ne me serais pas cru capable : me faire remplacer pour certaines corvées [2], mais je crois avoir eu des circonstances atténuantes. Jugez plutôt.

Les deux seules fois de toute ma vie militaire où je me suis retrouvé de garde, je ne l'ai pas très bien vécu.

La première fois : je suis planton devant un bâtiment militaire, comme un idiot, l'arme au pied, et ma mission consiste à ne laisser entrer dans le camp que les personnes autorisées, donc à vérifier les identités des inconnus qui se présentent, à pied ou en voiture.

J'arrête une voiture dont le seul occupant est le chauffeur, en civil :

– Identification, s'il vous plaît ?

– Je suis le général X... [3], imbécile !

Moi, dans un cri du cœur :

– Comment je peux le savoir, que vous êtes le général X... ? Je ne vous ai jamais vu !

– Dites donc, vous avez envie de tâter de la prison militaire ?

Alors ça, ça me révolte :

– Parce que je fais mon boulot ? Parce que je vérifie qui entre et qui sort ? Et en plus vous êtes en civil ! Mais vous devriez me punir si je vous laissais passer !

– Ça suffit ! Vous allez entendre parler de moi !

Il a grommelé encore quelque chose, sa voiture est entrée dans la cour (sans qu'il montre ses papiers, mais il avait un air de morgue militaire qui ne trompe pas, et son rictus était bel et bien une identification). Je n'ai plus entendu parler de lui.

La seconde : c'était quand j'ai été muté d'Alger à Paris, boulevard Suchet, toujours sous les ordres du commandant Emmanuelli,

1. Bureau central du renseignement de l'armée.
2. Ce n'est pas sympathique, a priori. Surtout à l'armée.
3. J'ai oublié son nom. Il n'était pas inoubliable.

mais où je suis devenu aussi le chauffeur du colonel Guillaumat [1]. Des officiers généraux tenaient un jour une conférence ultrasecrète, et on m'avait donné la consigne de ne laisser entrer *personne*.

Un lieutenant-colonel se pointe, avec un papier urgentissime à donner à son supérieur qui est à l'intérieur, donc il veut que je le laisse entrer. Non. Comment « non » ? Non, comme le contraire de « oui » : personne n'entre. J'ai des ordres. Il se fâche, me menace de toutes les punitions imaginables, mais je ne bronche pas. Je me mets bien devant la porte et je répète :

– Personne n'entre, mon colonel. *Personne*.

– J'en parlerai au général, je vous préviens !

Plus il se met à être bête, plus ça m'amuse. Je lève le menton, et je réponds, sans le regarder, les yeux au plafond, sans bouger, comme dans les films de guerre.

– Comme vous voudrez mon colonel. À vos ordres, mon colonel.

Il n'a jamais pu entrer.

Il s'est plaint au général, comme il m'en avait menacé. Le général m'a donné raison, et là encore je n'ai plus entendu parler de cet officier et je n'ai pas été puni. Et moi, j'ai décidé que je ne ferais plus le planton et que je ne monterais plus la garde. Il n'y a rien de plus bête et inutile sur terre, même en cherchant bien.

À partir de ce moment-là, j'ai toujours payé des gars qui me remplaçaient pour ces corvées. D'ailleurs, ça arrangeait bien certains, qui n'avaient pas le sou : ils faisaient le planton à la place d'un copain une ou deux fois, et la troisième, ils allaient faire un tour en ville pour se distraire un peu.

Un mot, à propos de M. Guillaumat : quand je l'ai revu plus de cinquante ans après, il a été très surpris mais m'a fait plaisir en me disant qu'il ne m'avait jamais oublié à cause de ma façon de conduire, qu'il jugeait sûre et souple.

Pourquoi on trouve si souvent les mêmes gens aux mêmes endroits ? J'y ai réfléchi. C'est que là où il y avait de la vie, du mouvement, j'y allais. Ceux qui aiment que ça bouge font bouger les choses. J'appartiens à cette catégorie-là. Se retrouver des années après, ou à des milliers de kilomètres de distance, entre gens de mêmes tendances n'a donc rien à voir avec des coïncidences.

---

1. Celui-là même qui devait fonder Elf ! Je l'ai croisé des années après dans un ascenseur, chez Elf, et il m'a reconnu.

Au fond, je n'ai pas fait la guerre, j'arrivais toujours avant ou après la bataille. La seule opération sérieuse que j'aie faite en France, c'était celle-ci, tout près de la fin de la guerre, à Belle-Île, juste à temps pour participer à la destruction d'une poche de résistance allemande.

C'est là que j'ai rencontré des gens charmants qui m'ont recueilli en pleine nuit. C'étaient des « conserveurs »... et quand un conserveur rencontre un autre conserveur, qu'est-ce qu'ils se racontent ? des histoires de conserves !

Au début, voyant ma fougue, ils me croyaient patriote. Je leur explique qu'en fait c'est *La Marseillaise* qui a dû me prendre aux tripes, comme tout le monde. C'est la France, quoi... Enfin, je préférais faire la guerre que de rester dans une caserne à entendre des âneries du genre :

– Vous savez conduire ?

– Oui.

– Très bien, alors prenez la brouette...

Mon langage plaisait au patron, on a bien sympathisé, et je l'ai fait venir à Agadir après la guerre, où il m'a conseillé pour la construction de mes usines de conserve. J'écoute toujours les gens d'expérience, et je m'en suis toujours bien trouvé.

Le temps passait, et je m'embêtais de plus en plus. Mais on ne vous démobilise pas si facilement. La BCRA nous gardait dans ses locaux du boulevard Suchet et j'y suis resté à m'ennuyer je ne sais pas combien de temps, jusqu'au jour où j'ai rencontré un autre sous-lieutenant, Marcel Tardy.

C'était un tout nouveau promu, originaire de Castres, qui allait être à mes côtés pendant de longues années et qui deviendrait l'un de mes vrais amis (là aussi, là surtout, on peut parler d'amitié sans risque d'exagérer). Inséparables, toujours fourrés ensemble, on déconne un peu pour moins s'ennuyer, beaucoup pour le plaisir de faire la nique à certains sous-offs bornés qui nous embêtent.

Un jour Marcel me dit qu'un certain colonel Conus est en train de monter un commando pour l'Indochine et m'incite à y aller. En tout cas, lui il y va. J'ai demandé à réfléchir : je voulais savoir où j'avais des chances d'être démobilisé le plus tôt, en allant en Indochine ou en restant au BCRA ? Le plus court chemin, à l'armée, c'est rarement la ligne droite.

J'ai pris conseil auprès de Marceau Crespin, l'ancien adjudant de Marrakech, devenu entre-temps colonel [1] – celui qui m'avait pris en flagrant délit « d'emprunt » de pneu et qui m'avait fait une fleur en ne me signalant pas. Il a abondé dans le sens de Tardy. Ça commençait à me tenter.

Et un jour Marcel a appris officiellement qu'on ne serait pas démobilisés avant au moins un an en service normal, alors qu'avec le colonel Conus on ne devait faire qu'une mission d'environ quelques mois, huit à dix au plus, puis ce serait la vie civile et la liberté ! Je n'ai plus hésité. Et c'est ainsi, en 1944, que j'ai été volontaire pour faire partie du fameux « commando Conus ».

Pour m'inciter à accepter, Marcel m'avait fait miroiter également le côté « prises de guerre », il avait bien souligné qu'il y avait de l'or à récupérer au Viêt-nam (« Tout le monde le sait, on fait fortune et on revient ! »), il me parlait même de bouddhas en or dans les pagodes : bref, « la totale », comme on dit de nos jours.

Cet argument ne me laissait pas insensible, mais franchement, après le désir de me voir démobilisé au plus vite, c'était surtout le goût de l'aventure qui m'avait décidé à me porter volontaire dans le commando Conus.

Parce que, bouddhas en or ou pas, je n'étais pas idiot, le risque de mourir était bien réel – la guerre c'est la guerre, on tire avec de vraies balles, et en plus Hô Chi Minh et le Viêt-cong avaient une solide et impressionnante réputation. Malgré tout, à cet âge-là, on fonce d'abord, on réfléchit après quand on a la chance d'être vivant pour le faire. Et puis, vraiment, je m'ennuyais trop.

On a embarqué à Marseille sur un gros paquebot, l'*Orontes*. Je ne me doutais pas que j'allais rester deux ans en Indochine, et surtout – même si ça peut paraître dérisoire par rapport à mes blessures plus graves, mes fractures – que j'allais attraper une saleté dans la gorge qui me gêne encore aujourd'hui, et m'a rendu à jamais exagérément fragile de la gorge, moi si robuste par ailleurs, et qui ne me plains jamais. Tout ça pour rappeler que si je dis « j'ai mal », c'est que j'ai mal.

Le voyage jusqu'en Indochine a duré un mois : trois semaines de pleine mer... et une semaine sur le sable. Le capitaine du paquebot

1. Il se trouvait à la Défense nationale sous les ordres du général Lavallée.

était un Écossais, hautain par timidité mais bon au fond, que ses marins appelaient « Boss ». Il était grand amateur de whisky.

On se réveille un matin. Calme plat. Pas de bruit de moteur, ni rien. Le bateau ne bouge même plus !

À la suite d'une assez belle erreur de navigation, on s'est retrouvés échoués sur les hauts-fonds près de Shanghai. Ça râlait dans les rangs, parce qu'on en avait assez, du bateau, on voulait descendre, voir l'Indochine, s'ébrouer en terrain sinon conquis du moins à conquérir – ce qui est encore plus drôle quand on a vingt ans.

Il a fallu attendre une grande marée, et tous les remorqueurs disponibles de la région pour désensabler le paquebot, et on a enfin repris la mer, cap sur Saigon.

Dans les coursives, on disait que le capitaine s'était juré de ne plus toucher une goutte de whisky, et je crois bien qu'il a tenu parole toute la matinée, parce que ce n'est que l'après-midi qu'il a osé nous adresser à tous quelques mots d'excuse. Même ceux qui ne parlent pas un mot d'anglais, comme moi, comprenaient au moins qu'il mâchait ses mots, en bredouillait d'autres, et plus il parlait, plus on riait, et plus il devenait rouge et gêné. À la fin il en a eu marre, a jeté son micro et il est parti en envoyant une bordée de jurons.

Le commando Conus n'était représenté que par un groupe de trente officiers. On avait tous été assimilés au grade de sous-lieutenant avant de signer comme volontaires pour l'Indochine.

Pendant toute la traversée on passait la plupart du temps à jouer aux cartes, au poker, et c'est là que j'ai commencé à bien scruter les yeux du gars en face plutôt que d'écouter ce qu'il disait, à deviner ce qu'il pensait, ce qu'il *voulait* faire et ce qu'il *pouvait* faire. On devine le bonhomme – ensuite, c'est à soi d'être meilleur ou mieux armé. « Dieu a donné la parole à l'homme pour qu'il mente », a dit je ne sais plus qui (probablement un grand menteur lui-même), mais Il lui a surtout donné des yeux pour qu'il se trahisse : Il a mis le remède à côté du mal. J'en ai fait mon profit, et au bout de quelques jours, alors que je n'avais jamais auparavant touché à une carte, je gagnais souvent. Il paraît que c'est toujours comme ça : le novice gagne les premières fois pour mieux perdre les suivantes.

Mais là, je me défendais bien... et ça durait. Je gagnais vraiment pas mal d'argent jusqu'au jour où, alors qu'on était seulement trois copains à taper le carton toujours ensemble, un officier [1] qu'on ne connaissait pas nous a demandé s'il pouvait jouer avec nous. Allez dire non à un officier !

Les premiers jours, ça s'est passé disons normalement, on a perdu un peu, on a gagné un peu, puis on s'est tous les trois mis à perdre d'une façon incompréhensible et régulière.

Chaque fois qu'il y avait des pots importants, c'était lui qui raflait la mise. Au bout de quelques jours notre trésor de guerre, à Tardy et à moi, avait fondu comme le whisky dans la cabine du capitaine.

À trois, on s'est consultés pour mettre au point des tactiques, puis une stratégie : on changeait de cartes en cours de partie, on le déstabilisait, on jouait contre nature : rien à faire. Chaque fois que l'un de nous avait un full ou une quinte, son jeu était toujours meilleur, il nous a même sorti un carré d'as. Une chance dingue.

Si c'était de la chance...

Aujourd'hui, je me demande comment j'ai pu croire que c'en était !

Le troisième larron du trio qu'on formait avec Tardy et moi, a décidé carrément de le faire passer par-dessus bord, convaincu que c'était un tricheur professionnel – bien que jamais pris en flagrant délit.

Mais Tardy et moi on a pu le calmer, non sans mal. On lui disait : « Tu sais qu'il ne faut jamais tuer un supérieur hiérarchique, que c'est très mal vu par l'état-major ? », mais ça ne le faisait pas rire, il voulait vraiment passer aux actes. L'officier en cause n'a jamais su à quel point il a été près de mourir noyé ou bouffé par un requin. Il peut venir nous dire merci quand il veut, s'il est toujours vivant, mais j'en doute, il a dû payer un jour ou l'autre : il y a encore plus de requins sur terre que dans l'eau.

Et on s'en approchait, de la terre.

Quand, partant en avion d'un pays moderne, on pose le pied sur un autre continent, passant d'un coup d'un climat tempéré à celui de l'Afrique, des Caraïbes, de l'Indochine, aux odeurs fauves, ou suaves et lourdes, souvent moites, on *sait* qu'on est loin. On est dépaysé.

---

1. Quand j'ai revu Marcel Tardy, il m'a dit que je me trompais, que c'était un inspecteur de police.

Nous, sur le bateau qui a mis du temps à s'approcher des côtes, on n'a pas senti l'air changer, se charger, ça s'est fait trop progressivement, on n'a pas été pris à la gorge, et voilà pourquoi on n'est pas tombés amoureux du pays en posant le pied sur son sol. En plus, autour de nous, les mêmes têtes qu'avant de partir, les mêmes têtes que pendant la traversée, et donc, en exagérant un peu, on arrive à Saigon comme si c'était normal, sans être autrement bluffés.

Ça explique qu'on ne s'attende pas à tout ce qui va nous tomber dessus, ni la violence, ni nos excès, ni l'indifférence à la mort qui va nous gagner tous ; on va perdre le sens de l'humain avant même d'avoir le temps de se poser des questions. On sera pris par surprise, et dans la même seconde, on se sera déjà habitués à tout.

Les membres du commando sont logés dans un hôtel potable, sans plus : Le Mékong. Quand on sort, on n'est pas le point de mire, les filles ne nous tombent pas dans les bras. Les enseignes des magasins et des bureaux sont en français, on n'entend pratiquement parler que français. Parfois on se demande si on a vraiment fait tous ces milliers de kilomètres. Un ancien se marre, d'un rire pas gai-gai :

– Attendez de voir du vert...

Le vert, c'est la brousse. Le domaine du Viêt-cong.

On prend nos repas au mess des officiers – seule faveur visible par rapport à l'armée régulière – et on réalise aussi, quand on se prépare avec le colonel Conus pour nos opérations de commando, qu'on a vraiment beaucoup de moyens, qu'on dispose des armes les plus modernes. Le colonel Conus est connu pour choisir lui-même toutes celles de ses hommes. C'est un tireur d'élite, le seul homme à pouvoir décimer une compagnie de perdreaux à la *carabine* : une balle par perdreau, comme au ball-trap. Joseph Kessel s'est inspiré de lui dans son récit, *Le fusilier*.

Vous voyez donc l'atmosphère « unité d'élite » qui peut régner dans nos rangs, un mélange de fierté et d'appréhension à la fois : c'est palpable.

Pour nos débuts de commandos, on va dans la nature, un peu plus profond chaque fois. Les gens changent d'aspect, les regards nous évitent, mais non sans nous avoir vivement scrutés avant. Le colonel est sur ses gardes. On commence à avoir à la fois la frousse et l'envie d'en découdre : ça s'appelle la tension.

Petit à petit, je me sens excité par l'odeur du pays, les préparatifs, l'ambiance, je commence à me croire important : on frôle le danger, on sait qu'il se passe des choses à quelques centaines de mètres de Saigon – qu'est-ce que ça doit être quand on s'enfoncera dans le pays !

Le plus dingue, c'est que, si on revient de nos expéditions en plein jour, on arrive comme dans une ville de province paisible. Personne n'a l'air d'imaginer qu'il y a une guerre tout près de là. Tout est normal, la ville vit pleinement. Nous-mêmes, on prend le pousse-pousse avec autant de naturel que si c'était un taxi. Mais nous, sans encore avoir rien connu d'extraordinaire, on est pleins d'une expérience incommunicable avec les autres : on *sait* ce qui se passe, et ce qui va se passer. On se prend pour des vieux de la vieille, aguerris avant même la guerre. Déjà, on ne se mélange plus avec les soldats de l'armée « normale ». Personne ne s'assoit trop près de notre groupe quand on boit l'apéritif au Grand Hôtel – géré par un Corse cordial, venu d'Algérie (il s'appelait Branca, c'était facile à se rappeler, on le taquinait avec ça) :

– Oh ! ne nous dis pas que tu vas fermer, Branca [1] !

– Mes enfants, ce n'est pas d'aujourd'hui qu'elle date, celle-là !

On est devenus copains, Branca et moi. Ça c'est passé comme ça : un soir, alors qu'on prenait l'apéritif à trois potes sur la terrasse, une bagarre s'est déclenchée soudainement, surprenant tout le monde : des militaires du détachement Leclerc étaient en train de le tabasser. Ils étaient à cinq contre lui. Comme un seul homme, on a bondi tous les trois, et on leur a foutu une dégelée si sévère que l'un d'entre eux est passé à travers les vitres, comme dans les films.

En ce qui me concerne, moi aussi j'ai dû aller à l'infirmerie pour me faire enlever une dent... qui s'était incrustée dans mon poing droit. Ma première vraie grosse bagarre. Ça vous change un homme. Je venais d'apprendre que je n'avais pas peur de me battre, un, et que les coups ne font pas mal sur l'instant, deux – et pas tellement après non plus, à dire vrai.

Jour après jour, on allait de plus en plus loin, on se faisait accrocher, on échangeait des tirs, on a vu des gars d'en face tomber. Ça fait bizarre. Puis l'un des vôtres tombe et meurt. Alors, tout de suite, la haine de l'autre s'empare de vous. Vous allez le venger. Vous risquerez votre vie, mais vous ne laisserez pas ça impuni. Le cercle vicieux, le cercle idiot : la guerre, quoi.

Nos opérations de commando consistaient à rechercher et à neutraliser les « Viets » (on les appelait comme ça durant la guerre, et ce

1. Pour « Fernet-Branca ». Comique fatalement troupier.

n'est pas par hasard : l'armée a l'art de donner à l'adversaire un nom qui le diminue) mais ils étaient très difficiles à repérer. Le Viêt-cong est vraiment bon soldat, et je ne suis pas étonné quand je pense que, un peu plus tard, même les Américains devront piteusement replier bagage malgré leur napalm et tout leur arsenal qui surclassait tellement le nôtre en puissance et en quantité.

On savait que les Viets pillaient certaines plantations – mais le délai entre deux attaques n'était jamais le même, pour éviter les pièges. Toujours de nuit, ils rançonnaient les Chinois ou les Européens isolés. Il y avait aussi des Japonais – en principe des prisonniers de l'armée française – qui s'évadaient assez facilement et prenaient le maquis... Mais pas pour rester neutres ! Le Japon avait momentanément intérêt à soutenir le Viêt-nam du Nord, et les Japonais sont très bons tireurs, ils se camouflaient dans les arbres et attendaient le moment opportun pour descendre le premier militaire français passant dans les parages. Des *snipers,* quoi...

Nos opérations les plus spectaculaires, les plus audacieuses, se faisaient la nuit. Une fois, au dernier moment on a réquisitionné deux ou trois camions chinois (là où il y a du commerce, il y a des Chinois), le commando s'est planqué à l'arrière, armé jusqu'à la visière du casque, et on est partis sans but précis sur les routes, comme des pirates, pour tenter de se faire arraisonner par les Viets qui nous prendraient pour des Chinois (les pauvres, ils étaient rançonnés de partout et par tout le monde), et là ils tombaient sur un bec, parce qu'on était fin prêts pour eux.

On avait maintenant une vraie réputation, on était à part. Rien à voir même avec les durs de l'armée régulière, qui roulaient des épaules. Ce commando, c'était plutôt « la force tranquille », il était craint, et ses membres, populaires grâce à leurs actions d'éclat, étaient chouchoutés par la colonie française, qui se sentait rassurée par leur seule présence.

Bien des colons souhaitaient nous héberger pour mieux se sentir protégés, il s'agissait souvent des notables, et comme il fallait savoir se tenir et qu'on ne se sentait pas trop à l'aise, on préférait se retrouver entre nous pour profiter un peu de la vie nocturne de Saigon.

À Saigon, on était en principe installés à l'hôtel, mais presque chacun de nous avait une « résidence secondaire » chez les résidents français pas tranquilles ou patriotes, allez savoir.

Chaque médaille a son revers, et si on nous craignait, on nous traquait aussi.

Tout le monde nous voulait, les Français parce qu'on leur servait de protection, parfois illusoire d'ailleurs, voire dangereuse, et les Vietnamiens parce qu'ils nous considéraient comme des tueurs-nés (même bourrage de crâne de part et d'autre). Et on ne savait plus où donner de la tête, si j'ose dire, parce que pendant ce temps-là, pendant notre duel avec les Viets, les snipers japonais descendaient nos camarades d'une balle entre les yeux.

J'ai sans doute tué, moi aussi, mais jamais de sang-froid et toujours pendant une embuscade. Ce qui m'a valu beaucoup d'histoires avec « les commandos », on nous appelait comme ça (on entendait : « Tiens, voilà un commando », même quand on était tout seul). Car au fond de moi je n'aimais pas l'armée, je n'aimais pas le meurtre. Des tueurs qui redeviennent des moutons dans le civil... ou restent tueurs parce que ce sont des dérangés. Par exemple, j'ai fait libérer des prisonniers. Ils me faisaient de la peine. Dès que les commandos tournaient le dos, j'ouvrais les cages et je les laissais sortir. J'ai libéré sans le savoir un type très important. Les commandos voulaient me tuer, ils ne s'en sont abstenus que dans le doute. Il y en a encore parmi eux qui sont vivants. Je ne veux pas donner trop de précisions sur ces événements – c'était une autre époque, une autre vie.

Nos têtes de « tueurs au béret vert » étaient mises à prix : un million de piastres par tête de pipe. D'ailleurs, dès que ça s'est su, on nous volait les bérets et les Viets allaient tuer n'importe qui, mettaient les bérets sur les têtes et touchaient la prime. Il est plus facile de piquer un béret avec la complicité d'un employé de l'hôtel et d'y mettre une tête de cadavre prise dans la nature (elles ne manquaient pas), et au bout de quelques jours bien malin qui aurait pu dire s'il s'agissait d'un Français ou d'un Vietnamien. Outre la prime, ils récoltaient aussi une réputation de résistant.

Hô Chi Minh (« le lumineux ») a dû s'apercevoir qu'il y avait beaucoup plus de têtes que de commandos, car on était toujours là. On avait beaucoup de pertes, mais pas autant que les bérets rapportés auraient pu le laisser croire. Personnellement, je m'en suis fait voler un chez le coiffeur !

Tout de même, on était une trentaine dans le commando au départ, mais on était loin de ce compte à l'arrivée. Là, c'était la guerre. Et le cycle infernal : plus on avait de tués, plus on voulait tuer. On cherchait les Viets pour les zigouiller, mais c'était une vraie guérilla, puisqu'on n'avait pas affaire à une armée régulière, avec des structures compréhensibles pour nos cerveaux européens. Les gars vous servaient dans la journée et vous tuaient dès la nuit tombée. Avec le recul, personne ne peut les blâmer, c'était de la résistance, mais sur le coup on prenait ça très mal.

Notre spécialité, au « commando Conus », c'était toujours la provocation : il fallait se faire harponner, pour mieux frapper. Ça marchait encore, mais de moins en moins, et il fallait prendre de plus en plus de risques.

Ça commençait à m'agacer. Moi, le commando, j'avais surtout voulu en faire partie parce que Marcel m'avait dit qu'on ferait fortune et qu'on rentrerait au pays le plus vite possible. Or on n'avait pas le temps de penser à autre chose qu'à survivre, il fallait tout le temps se battre !

Mais qui ne connaît la fameuse expression, qui dure de génération en génération dès qu'un civil revêt un uniforme : « Tu as signé, tu vas morfler ! » ?

Au cours de l'une de ces opérations, lors d'une descente de jour dans un village situé près de Cholon, on nous avait signalé la présence active d'une flopée de Viêt-cong (ça ne s'écrit qu'au singulier, comme si tous ne faisaient qu'un, c'était encore plus impressionnant de les savoir si unis contre nous).

On progresse prudemment quand on est soudain la cible de tirs isolés, difficiles à repérer. Je m'engouffre avec Marcel dans une maison d'où il nous semble que des tirs sont partis, et on trouve un Vietnamien caché sous un lit. On le sort en déplaçant le lit, on le fouille, il n'est pas armé, c'est un paysan et pas un Viet camouflé, mais au moment où on va l'emmener, on remarque une tenture suspecte.

Pendant que Marcel surveille le prisonnier qui tremblait, je découvre derrière la tenture un grand coffre. Je me dis : la voilà enfin, cette bonne prise dont on rêve tous !

Marcel et moi on laisse filer le pauvre bougre, et on se demande comment on va bien pouvoir ouvrir ce coffre sans abîmer le contenu.

Ça a été laborieux. On a dû faire sauter tout l'arrière du coffre, encastré dans le mur. Après la petite explosion on regarde ce que ça donne. Ça donne que, de ma vie, je n'ai jamais vu un coffre aussi vide.

Bien entendu, tout ce temps perdu a fait qu'on s'est retrouvés seuls, les commandos ayant regagné notre base. Marcel et moi on s'est débrouillés seuls, c'est-à-dire qu'on a demandé à un Chinois de nous ramener à Saigon. Ce n'est pas qu'il en avait très envie – mais il a vu que nous si, beaucoup, et il n'a pas fait trop de manières. C'est hélas parfois grisant, à vingt ans de faire peur. Après cet âge-là, si on y prend encore du plaisir, à mon avis, il faut consulter d'urgence.

Un autre soir, en partant dans la nature pour surveiller une plantation qui s'appelait les Terres rouges, on a été obligés à un moment de traverser un enchaînement de rizières, de marais, de marécage. Comment l'exprimer ? On s'enfonce à chaque pas, on se dépêtre avec des bruits de succion, on patauge dans le mou, le visqueux, on vasouille dans le poisseux, le gluant : c'est plus que désagréable, c'est angoissant. Une horreur. Et il fallait se tenir sur ses gardes parce qu'il y avait assez souvent des Viets planqués sous l'eau, avec un tube en bambou pour respirer. C'était une guerre affreuse, quand j'y repense.

Une fois sur la terre ferme, je me suis retrouvé avec des dizaines de sangsues sur les jambes (on était en short). La seule façon de faire lâcher prise à ces saloperies, c'est de les brûler avec une cigarette. J'ai demandé aux copains de m'aider à les enlever mais ils ont refusé, disant qu'ils voulaient bien me donner une cigarette à condition que je la fume d'abord (ils fumaient tous... à part Marcel, malheureusement ! qui m'aurait aidé avant même que je le lui demande). En fait, je crois qu'ils me trouvaient un peu chieur : je ne fumais pas, je ne violais pas, je n'aimais pas tuer, « qu'est-ce que je foutais dans le commando ? ». Bonne question.

C'est la première et la dernière fois que j'ai fumé de toute ma vie. Cette cigarette et ces sangsues se sont mêlées en moi pour rester à jamais l'un de mes plus mauvais souvenirs.

L'opération Terres rouges ayant été une réussite, les gens, civils et militaires, parlaient de plus en plus de nous. J'avais remarqué que la femme d'un colon avait très peur – son mari essayait en vain de la tranquilliser. Elle était plus consciente du danger que la majorité des colons et des Vietnamiens pro-français. Notre présence la rassurait. Je passais donc de temps en temps les voir, comme pour me faire offrir un verre, et tout le temps que j'étais là, elle respirait, elle souriait, et disait toujours que je repartais trop tôt. Elle et son mari ne savaient plus comment me faire plaisir.

Ce n'était pas facile, pour les civils lucides. On les fait venir dans le pays à coloniser, on traite les indigènes comme des chiens, et quand ils se rebiffent et nous foutent dehors, ce sont les colons qui trinquent le plus. Ils ne sont pas venus là par idéologie, ou intérêt géostratégique, eux, ils sont venus pour vivre, tout simplement.

Ce couple a eu la gentillesse de mettre une Ford décapotable à ma disposition, par reconnaissance, mais aussi, je suppose, pour que je puisse passer les voir plus souvent et plus facilement. Ça a créé quelques jalousies dans le commando, alors j'ai inventé une histoire pour ne plus prendre la voiture. C'était bien dommage. Me séparer d'une belle voiture a toujours été difficile pour moi, mais l'unité du groupe était à ce prix.

Pourtant, je n'avais toujours pas digéré qu'ils m'aient obligé à fumer pour éliminer les sangsues. Oui, d'accord, c'était un jeu, comme un bizutage (parce qu'ils ne me trouvaient pas assez dur – je ne parle pas du physique, je les semais tous quand je voulais), mais quand un mec a une vraie allergie à quelque chose, on lui fout la paix. Des vrais copains n'auraient pas fait ça.

Une certaine opération du commando tout entier m'a flanqué une trouille bleue. C'était une sortie de nuit, comme presque toujours, et à un moment notre commando devait traverser un fleuve, le Sông Cai, je crois.

On devait utiliser des sampans pour le traverser, et mine de rien, pour cacher ma peur, je me débrouille pour monter en dernier afin de moins courir le risque d'être touché dès les premiers tirs d'en face, au cas où il y aurait des snipers.

Dès que notre « sampanier » plante sa perche pour dégager le sampan des ronces de la rive et le faire avancer, voilà que le sampan fait un impeccable 180 degrés sur l'eau, et du coup j'offre mon dos en première cible au lieu d'être le dernier dans la ligne de mire.

« Les derniers seront les premiers », je sais, c'est dans l'Évangile, mais enfin il y a un temps pour tout, c'est dans la Bible aussi, et parfois la vie manque de tact et d'à-propos. Enfin, tout s'est bien passé, heureusement, mais ça m'a servi de leçon et depuis ce jour j'ai décidé de ne plus rien prévoir : le hasard seul décide, inutile de faire des plans.

Il y a eu un point d'orgue, dans nos opérations, et ç'a été sur la montagne de « la Vierge noire ». Dans ce raid, le général Leclerc avait dit qu'il fallait l'appui de l'aviation et des blindés afin de libérer un otage très important pour la France. Le colonel Conus nous réunit juste à l'heure du dîner et nous annonce que cette nuit même nous partons vers 2 heures du matin pour aller libérer l'otage, un médecin autochtone pro-français et apparemment assez cher à l'image de la France pour qu'on déploie autant de forces pour lui. On sait où il est détenu, en montagne, au-dessus de Taïnin.

Durant le briefing, il nous précise que la pagode est bien gardée, mille cinq cents types armés, avec cinquante Viets d'élite dans un poste de garde 300 mètres avant la pagode.

– Un truc dans nos cordes, non ?

Tous de s'écrier en chœur :

– Oui, mon colonel ! Facile ! On va les bouffer !

Moi je pense que ce sera nécessaire, mouvementé, mais « facile », pardon, là je n'en crois pas un mot. Mais, d'un côté, qui dit pagode dit butin à rapporter, et ni Marcel ni moi on ne l'avait complètement oublié. D'un autre côté, je tenais surtout à ramener ma personne et celle de Marcel, et en entier si possible.

Mais je savais que je n'avais pas intérêt à jouer le rabat-joie. Dans un commando, on sent, on devine la décision qui sera majoritaire, parfois on la précède, souvent on la suit, toujours on s'y soumet. C'est ce qu'on appelle un groupe uni. C'est comme ça qu'on fait les héros et les morts (ce sont souvent les mêmes).

Le colonel nous explique qu'on dispose d'un indic qui va nous conduire à la pagode par des chemins sûrs et discrets, et il organise l'opération, distribuant les rôles. À ce moment précis, j'ai le souvenir de m'être pris un peu au sérieux, ou au jeu, je ne sais plus, mais j'étais excité, j'avais l'impression d'être un crack, prêt à participer à une opération casse-cou comme on en voit au cinéma.

Le colonel désigne ceux qui se muniront de fusils-mitrailleurs, accompagnés de deux aides pour les alimenter et pourvoir aux munitions, puis il nous dessine sur le tableau noir (quand je vous dis que ça faisait vraiment réel !) un plan du poste de garde et de la pagode, et enfin met au point la stratégie, fixant même la position des fusils-mitrailleurs juste avant le poste de garde et le flanquant de chaque côté. Le reste du commando devra le suivre, lui et son panache vert, pour contourner le poste de garde.

On avait presque envie de s'écrier : « OK, boss ! » Mais j'étais passé lieutenant, je devais donner l'exemple, et je me suis contenté d'opiner gravement.

– Les fusils-mitrailleurs ne devront entrer en action que quand on balancera une grenade, ce sera le signal pour anéantir le poste de garde et nous rejoindre à temps pour être en force lors de l'attaque de la pagode. C'est important. Est-ce que c'est enregistré ?

On fait tous signe que oui. La mission est bien enregistrée dans les têtes, même la mienne, toujours encline à imaginer plein de choses, à visualiser les prochaines heures. Difficile de dormir dans ces moments-là... même pour moi qui avais pourtant à cette époque le sommeil facile (tous mes os et vertèbres étaient alors à leurs places, là où ils auraient dû rester). Le réveil est fixé à 1 heure du matin. Dès cette heure-là, ça ne « fait » plus sérieux, ça l'est. L'ambiance a changé. On parle peu, on s'agite en silence.

Dès le réveil, le commandant Lhoret, l'adjoint du colonel, vient me voir :

– Coup dur, Guelfi : le colonel Conus est alité, il a 40 de fièvre.

Comme il était hors de question d'annuler l'opération, c'est le commandant Lhoret qui prend le commandement (oh que je n'aime pas ça !...). On se prépare pour le départ dans une ambiance soudain alourdie, on se passe du noir sur le visage, puis dernier briefing, un peu tendu, et en avant.

Ce qui est très démoralisant c'est que, dès qu'on quitte le campement, on se sent épiés. Éprouvant pour les nerfs. On était camouflés, mais nos adversaires le savaient. Et dès qu'on sortait, on entendait le tam-tam qui les mobilisait.

Notre marche dans la nuit est silencieuse, et à un moment on entend un bruit de chariot, quelque part devant nous. Les sens en éveil, pressant silencieusement le pas, on se rend vite compte qu'il est bien sur notre route. On se crispe, tout de suite. Précéder, c'est la meilleure manière de suivre, tous les détectives vous le diront, et les Viets sont assez bien organisés pour avoir posté des hommes sur toutes les routes praticables et couvrir tous nos itinéraires possibles.

On s'est rapprochés très prudemment et, arrivés près du chariot, voyant que les deux conducteurs sont inoffensifs, on bifurque par la brousse car l'objectif se situe dans cette direction, à 15 kilomètres environ.

Après une longue marche, on est presque arrivés à la hauteur du poste de garde quand notre guide-indic disparaît soudain juste après qu'on a laissé les responsables des fusils-mitrailleurs en position. On est tombés dans une embuscade.

On se met à courir et, dès qu'on pénètre dans l'enceinte de la pagode, des rafales nous arrosent. Le commandant Lhoret lance immédiatement la grenade pour mettre en action les fusils-mitrailleurs, et la bataille commence. Ce genre de bagarre ne se raconte pas, c'est comme la prison, on connaît, ou pas. Et tant mieux pour vous si vous ne connaissez pas.

Nos camarades réussissent à neutraliser le poste de garde et viennent nous rejoindre presque au moment où on pénètre dans la splendide pagode.

Là, on a rapidement « nettoyé » les gars armés et fait prisonnières une vingtaine de femmes au crâne rasé, que le commandant a fait s'asseoir sur une table basse d'au moins 15 mètres de long sur 5 ou 6 de large – peut-être un genre d'autel destiné aux offrandes – et tout à coup, en relevant la tête, j'aperçois ce à quoi je ne croyais plus : un magnifique bouddha perché à 2 mètres du sol, sur un socle noir; il paraissait surveiller la table basse. Bizarrement, la première seconde, j'ai été impressionné au point d'hésiter à le toucher.

Jusque-là, les « on-dit » affirmaient que tous les bouddhas trouvés étaient en carton doré, et je me dis que ça va être encore la même chose. Histoire de vérifier, je monte sur la table et, avec le canon de ma mitraillette, je tape légèrement dessus. Stupéfaction : ça ne sonne pas creux ! c'est du métal ! Enfin la fortune, comme dans les histoires de trésors cachés ?

– Marcel ! Le jackpot !

Il se dépêche de m'aider à descendre le bouddha, qui pèse dans les 40 kilos en faisant l'acrobate pour ne pas le laisser tomber.

Pendant ce temps-là les autres libèrent l'otage après avoir tué les gardes, en bas, dans le sous-sol, dans une cave bien camouflée.

D'autres membres du commando (les vrais tueurs) interrogent les femmes (avec l'aide de l'officier interprète qui nous accompagne dans pratiquement toutes nos missions), pour savoir où sont les défenseurs de la pagode, combien ils sont, comment ils sont armés, bref, toutes les questions de rigueur quand le danger est présent et qu'il y a des otages disponibles.

Pendant que Marcel me hisse le bouddha sur le dos, le jour commence à se lever. Il faut faire vite. Le commandant fait partir la plus grosse partie du commando, et reste derrière avec ses tueurs.

– Allez lentement, on vous rattrape.

Pas difficile de comprendre pourquoi ils s'attardent.

Malgré mon bouddha je fonce aussi vite que les autres, sinon plus, car je viens d'avoir peur pour la première fois. Dans l'action, on ne se rend pas toujours compte, mais là, j'ai vu une vingtaine de femmes bien vivantes, et maintenant elles risquent de mourir si elles ne parlent pas. Et avec elles, tous leurs souvenirs, les sentiments qu'elles portent à leur époux, leurs enfants. Ça, c'est de la violence. Je souhaite de tout mon cœur qu'elles parlent, et je m'enfuis parce que j'ai honte.

Marcel, sans ralentir l'allure, essaie de me remonter le moral avec des banalités du genre « on ne fait pas d'omelettes sans casser les œufs ».

– Et puis dis-toi qu'on est riches !

C'est pourtant vrai, qu'on est riches... On va aller vendre ce bouddha et se tirer proprement de ce commando de mes deux ; pas déserter, non, mais dire au colonel qu'on ne sera plus sûrs en combat, par exemple, parce qu'on vient d'avoir peur, mieux : parce qu'on se pose des questions, voilà, c'est ça la bonne idée : « On se pose des questions », donc on n'est plus bons à rien !

C'est là que le grotesque et le tragique se mêlent : les autres commandos nous rejoignent au grand galop et sans qu'ils nous disent exactement ce qu'il s'est passé, on apprend seulement que dans la précipitation de leur mouvement de retrait... ils ont oublié le malheureux prisonnier dans sa cache ! Les « autres » sont subitement revenus en force, il y a eu un redoublement de rafales et l'ordre de repli a été donné. Avoir risqué nos vies pour libérer l'otage, et l'oublier derrière !

Le commandant n'en mène pas large, il sait qu'il va entendre quelque chose de la part du colonel, 40 de fièvre ou pas. On ne s'improvise pas chef. Ça me fera un argument de plus pour quitter le commando si le colonel est vraiment malade, je dirai que je ne me sens pas en sécurité avec un autre que lui. Même pas besoin de mentir !

Le retour est piteux, personne ne parle, tout le monde se presse, on se sent tous un peu coupables. Comme pour nous ôter l'envie de gamberger, on entend soudain des crépitements et je sens des balles me frôler la nuque et les oreilles. Ils nous pourchassent ! À deux reprises, j'entends un son métallique dans le dos, je me dis que j'ai de la chance, que les balles ont dû riper sur ma mitraillette que je porte exceptionnellement en bandoulière : puis je me rends compte que j'ai complètement oublié mon bouddha, que pourtant je ne lâche pas, je fais corps avec lui, il est à nous, il est à moi, et pour le moment il est même *moi*, car c'était ça, les deux bruits métalliques : les deux balles que mon bouddha a prises à ma place !

Le lendemain, on se rend avec Marcel chez un bijoutier de Taïnin, pour avoir une idée exacte de la valeur du bouddha. Une prise de guerre à partager entre une trentaine de gars, normalement ça ne laisse pas grand-chose, mais là, avec 40 kilos d'or, il y a de quoi partager et ne faire que des heureux.

Le bijoutier vietnamien sursaute en voyant deux « bérets verts » faire irruption dans sa boutique ; on le rassure, on lui dit l'objet de notre visite, qu'on dépose d'ailleurs sur son comptoir.

Mal à l'aise, il pèse notre bouddha. Longuement.

– Eh bien quoi ? Il fait 41 kilos ! On le voit sur la balance !

Il fait : « Oui, oui ! 41 kilos ! même un peu plus... » (*Même un peu plus !* : certains mots sont doux à entendre...) Le bijoutier, bien que frêle, réussit à reposer le bouddha tout seul sur son comptoir, et entame une série de petits examens dont le but nous paraît être une vérification de la qualité de l'or.

– 40 kilos ! exulte Marcel. Vous avez déjà vu ça ? !

Le bijoutier, sans cesser de travailler, fait « non », il n'a jamais vu ça. C'est pour ça qu'il transpire malgré le ventilateur au plafond ? à cause de l'enjeu, de la valeur de l'objet, du marchandage serré prévisible ?...

Il gratte le bouddha avec une lame fine, verse dessus une goutte d'un liquide mystérieux... et recommence l'opération.

– Moyenne qualité ? C'est ça ? Pauvre en carats ?

Sans nous regarder, il fait signe que « doucement, doucement... » il ne veut pas se prononcer à la légère !

À la fin, on en a marre, et on le dit. Alors, il nous fait des courbettes, mains jointes dans une attitude de prière, il implore notre pardon ou il nous dit merci. Marcel et moi on se regarde, on doit avoir des têtes d'ahuris :

– Qu'est-ce qui lui prend ? Il croit qu'on lui en fait cadeau ?

On a fini par lui arracher la vérité : notre bouddha était en cuivre. « En cuivre de bonne qualité », s'empresse de préciser le bijoutier, mais en cuivre, et il veut même nous en offrir un bon prix, afin qu'on ne se soit pas déplacés pour rien.

Marcel et moi on fait une drôle de tête. Je dis doucement :

– Les copains vont être déçus...

– Et nous, on l'est pas ? répond Marcel.

Si, mais ce qui est fait est fait, je me console en pensant que le bouddha m'a sauvé la vie : je me fous d'être le plus riche du cimetière !

On rentre lentement au camp, en silence : la fortune facile et notre adieu au commando ce sera pour une autre fois.

Notre retour au camp est lugubre, mais pas autant que les visages des camarades qui nous attendent. En même temps, on sent un peu de méfiance de leur part. Je crois bien que pour en avoir le cœur net tout le commando a défilé chez le bijoutier, qui a dû sursauter pas mal de fois en très peu de temps.

En fait, mon butin consistait le plus souvent en vélos, que j'offrais aux autochtones que je trouvais sympathiques. Il y a une jeune Vietnamienne qui a voulu me baiser la main pour me remercier, je l'ai retirée vivement :

– Mais c'est rien ! C'est un vélo volé !

J'aurais pu profiter de sa « reconnaissance » (les autres le faisaient bien) mais je n'avais ni le goût de ce genre de troc, ni la tête à ça. J'étais fiancé.

Puis un soir – le soir de Noël pour être précis – lors d'un arrivage de militaires alors qu'on prenait l'apéro tous ensemble, j'ai rencontré un gars de l'aviation qui venait d'Agadir. On a parlé de choses et d'autres. J'étais intarissable, je lui posais des questions sans arrêt et lui, à un moment, il m'a parlé du grand mariage d'un de ses copains aviateurs auquel il avait assisté, « un grand mariage, grande classe, des centaines d'invités ! tu aurais dû voir ça ! ».

La mariée, c'était la fille aînée du « roi du Souss ». Fernande. Ma fiancée. Celle qui « m'aimait » et qui devait m'attendre...

Je n'ai pas quitté le commando. J'étais même volontaire pour les missions les plus dangereuses.

Un jour, à la suite d'un parachutage où dès réception de mon saut je devais entrer en liaison radio avec le commando qui était déjà en position dans la région de Phnom Penh, mon parachute s'ouvre mal : sans se mettre en torche vraiment, il vrillait, et impossible de le manœuvrer. C'est marrant : la terre se rapproche très vite et je m'en fous totalement, je regarde ça comme au spectacle, je me dis « cette fois, tu es bon », et je me reçois à terre comme un sac de ciment, sur le dos.

Souffle coupé, impossibilité de bouger, et en terrain ennemi, il doit y avoir des situations plus confortables. C'est là qu'on s'aperçoit qu'un groupe uni ça a du bon : toutes affaires cessantes, le commando m'a cherché pendant des heures, m'a recueilli avant que l'ennemi ne me découvre, et m'a transporté à l'hôpital de Saigon.

– Ne t'en fais pas, mon pote, tu es tiré d'affaire !

Pendant qu'on me trimbalait en me secouant le moins possible, il paraît que je souriais : c'est que j'avais toujours eu un petit coup de cœur pour ces mots maintenant périmés comme fraternité, amitié, solidarité...

Je reste un moment à l'hôpital, sans m'intéresser beaucoup à mon dossier médical, mais apparemment, d'après les toubibs, j'avais eu à la fois la chance de ne pas être paralysé, et la malchance d'avoir à me coltiner le reste de ma vie un mal de dos chronique. Moi je trouve que, tout bien pesé, j'ai eu de la chance.

À la sortie de l'hôpital, le commando était sur le point d'être démobilisé, et comme – malgré les promesses – il n'y avait pas moyen d'être rapatrié avant longtemps, on a pensé, Marcel et moi, à monter un garage. C'était un créneau prometteur, avec tous ces véhicules endommagés à tous les coins de rue, sans parler des véhicules militaires pour lesquels les chantiers de mécanique de l'armée ne pouvaient suffire.

Dans une de ces familles reconnaissantes de recevoir de temps en temps notre visite, j'avais sympathisé avec un type qui me plaisait bien, très riche mais pas avare, M. Palanque, un grand et bel homme, aux cheveux blancs, il ressemblait physiquement à un « parrain » de la mafia qui aurait de la classe, alors qu'il était l'honnêteté même. Il parlait peu, mais il suffisait qu'il murmure un ordre pour être obéi.

Il dégageait une impression de force et de pouvoir maîtrisés et « se mourait d'amour », disait-il lui-même en esquissant un petit sourire, pour Renée Saint-Cyr, actrice alors très connue et populaire, dont il finançait les films. Il devait même bientôt partir pour Paris afin de monter le prochain.

Il était en outre le patron des Brasseries et Glacières d'Indochine. Et comme tous ceux qui travaillent beaucoup, il n'avait jamais l'air débordé. L'expérience m'a appris que seuls ceux qui ne font rien ou presque n'ont jamais une minute à eux.

Un jour il me demande d'accompagner à Cholon son directeur général, M. Goyet, pour assurer sa sécurité. Le rendez-vous est à 13 heures, avec M. Luong Lap, le patron du Grand Monde, une boîte grandiose, avec une piste de danse d'environ 50 mètres de diamètre entièrement montée sur ressorts ! Le luxe, quoi.

En arrivant, M. Goyet me dit :

– Il n'est pas encore là. En attendant, on va jouer...

Je repense à la vitesse avec laquelle j'ai été ratissé sur l'*Orontes*.

– Ce serait avec plaisir, mais je n'ai pas d'argent.

– Ça ne fait rien, en voilà.

Il avait pris des jetons à la caisse : il m'en donne. Et en avant la musique, on joue chacun de son côté. Je ne savais pas jouer aux jeux que je voyais. Des tables à tapis vert avec des numéros, une roulette, j'entends des mots inconnus, « pair, impair, passe, banco, 21 : vous êtes mort », etc. Je mets tout mon paquet de jetons d'un coup au hasard.

M. Goyet en reste bouche bée :

– Sur un seul coup ?

C'était au black jack. Le croupier montre son jeu. Je ne comprends même pas qui gagne ou qui perd, je vois seulement qu'il me redonne le double de ma mise. Goyet respire. Jusqu'à ce que je remette tout le paquet dès la donne suivante. M. Goyet me regarde comme si j'étais fou, et retient de nouveau sa respiration – et notez que ce que je misais n'était rien à côté de la masse de jetons qu'il avait dans les mains. On me redonne encore le double. Je viens donc de quadrupler ma mise coup sur coup. Je me dis, on ne change pas un idiot du village qui gagne : je rembourse d'abord M. Goyet, et je continue à jouer comme j'ai commencé, mais en gardant désormais chaque fois la moitié de mes gains (« Ce sera toujours ça pour le garage »), et ne misant que l'autre moitié.

Pendant que je joue, je m'aperçois que M. Goyet, lui, est un vrai flambeur, il a le virus. Et alors qu'il perd tout ce qu'il veut, avec une régularité qui ne semble pas l'émouvoir (au début ! parce qu'ensuite il devient de plus en plus nerveux) moi je gagne, je gagne, je gagne.

Un attroupement se forme derrière moi. D'habitude, je n'aime pas sentir quelqu'un dans mon dos – petite manie qui m'est restée durant toute ma vie – mais là, j'oublie tout, je vois les jetons s'accumuler. D'après les commentaires, personne n'a jamais gagné ici autant que moi.

Pour m'amuser, je mets de temps en temps plus que la moitié de mes gains en jeu (j'entends des petits cris de femmes, surpris, ravis, ou inquiets, derrière moi)... et je continue à gagner pendant que M. Goyet continue à perdre, bien que depuis un moment je l'alimente en jetons. C'est idiot, c'est un jeu, il y a une boule et des numéros, je n'y suis pour rien, et pourtant je sens comme de l'admiration autour de moi. Au bout d'une heure j'ai gagné une fortune, 2,5 millions de piastres. À la déception générale des supporters qui m'entourent, j'arrête soudain de jouer et je me lève.

– C'est bon, pour moi.

Dans un silence total, suivi des yeux par tout le monde, un employé s'approche avec un grand sac pour que j'y mette mes jetons. On me tapote l'épaule. Je me retourne : c'est M. Luong Lap, le patron, il est souriant, fume un grand cigare, il est bien habillé sans exagération, on sent que c'est quelqu'un de fort et de posé, mais il se dit impressionné et me félicite :

– C'est bien, vous allez revenir chez nous...

– Oh non, monsieur, c'est un coup de chance, ça ne reviendra pas.

– Réfléchissez... Quand la chance vous aime...

Et il entraîne M. Goyet vers son bureau, en s'excusant de son retard. Moi, je les attends dans le fumoir, pressé qu'ils en finissent avec leur réunion pour que j'aille vite mettre mon argent à la première banque ouverte.

Leur réunion terminée, M. Luong Lap s'avance vers moi avec un grand sourire, et m'assure cordialement que je peux revenir chez lui quand je veux, même si je ne joue pas, que le casino sera toujours heureux de me voir car, contrairement à ce qu'on croit généralement, on y aime bien les gagnants – c'est bon pour la publicité, donc pour le business. Ça, il ne me l'a pas dit, mais je l'ai compris. Je lui réponds que je vais aller mettre l'argent à la première banque venue, il m'en dissuade, et me conseille une banque sûre, une grande banque d'Indochine, qu'il connaît bien.

– Votre argent travaillera, et vous, vous vous reposerez. N'est-ce pas que le monde est bien fait, certains jours ?

J'aurais eu mauvaise grâce à dire le contraire, mais je pouvais lui citer aussi quelques jours où le monde ne m'a pas paru si bien fait que ça.

Je dépose dès le lendemain matin l'argent dans la banque qu'il m'a indiquée. En voyant mes billets, le caissier me sourit.

– Me permettez-vous de vous féliciter, monsieur, on ne gagne pas souvent si gros au Grand Monde...

Je me demande comment il le sait déjà. Lorsque plus tard je revois M. Palanque, je lui fais part de mon étonnement. Il m'explique :

– Il a reconnu la provenance de l'argent, M. Luong Lap est connu pour plier ses billets *d'abord* en deux dans le sens de la longueur avant de les replier dans le sens de la largeur. Il prétend que ça lui porte bonheur... et en ce qui le concerne, ça fonctionne.

Si ça lui porte bonheur à lui, ça n'a pas l'air de me porter la poisse à moi, et j'ai adopté cette manie à tel point que je ne me souviens pas, à dater de ce jour, d'avoir glissé un seul billet dans mon portefeuille ou dans ma poche en les pliant d'une autre manière.

M. Luong Lap et moi sommes devenus bons amis, tout le temps que je suis resté au Viêt-nam (et il m'a diablement bien aidé quand Marcel et moi avons monté notre garage). C'était un de ces hommes qui parlent bas, et qu'on a intérêt à bien écouter, car il ne disait jamais rien en l'air.

Je l'ai revu longtemps après à Paris, où il avait ouvert pour ses enfants un restaurant vietnamien que tout le monde connaît, rue Jean-Mermoz, où sa fille Thérèse me reçoit toujours comme si j'étais chez moi. Son père, qui fumait de son vivant des cigares infects [1], savait que j'étais allergique à la fumée et, quand je venais le voir, il s'abstenait de les allumer.

Malgré mes gains, on n'avait pas encore assez pour monter notre garage, mais au moins on n'était plus ridicules avec notre investissement personnel. On pouvait chercher des prêteurs (les banques, non, elles voyaient que la guerre ne tournait pas à l'avantage de la France, elles n'investissaient plus). Mais alors qui ? Et M. Palanque était à Paris, on ne pouvait même pas lui demander conseil...

C'est alors que M. Luong Lap, en plus d'un prêt personnel, m'a fait connaître un homme avec lequel j'ai eu un vrai coup de foudre d'amitié, M. Poulet. On s'aimait bien, il me traitait un peu comme le fils qu'il n'avait pas eu. Il m'a prêté les fonds qui me manquaient encore pour monter mon garage – rien n'était donné, à Saigon, et sans lui, j'aurais dû attendre ou me rabattre sur une affaire de moindre envergure.

Il m'a fait ce prêt facilement, mais dans les règles, avec des documents légalement établis et m'a engagé à ne jamais oublier de l'imiter. Il déplorait « ma légèreté », d'autant plus que je lui avais parlé de mon goût pour les affaires. Il me regardait souvent en hochant la tête, comme si un grand malheur allait s'abattre sur moi d'une minute à l'autre. Il soupirait parfois, avec le même ton que mes maîtres d'école quand ils se désolaient de voir que je ne retenais rien :

– André... André...

– Quoi donc, monsieur Poulet ? Je suis allé au Trésor, j'ai les papiers...

– Et le timbre fiscal ?

– On m'a dit que ce n'était pas la peine, que ça ne se faisait plus...

---

1. Je n'y connaissais rien, me disait-il, m'assurant qu'ils étaient excellents – je veux bien, mais pour moi ils puaient tout de même.

– Tu vas me faire le plaisir d'y retourner tout de suite, et de revenir avec tes papiers timbrés. Et tu diras à l'employé qui t'a dit ça que M. Poulet n'est pas content, et qu'il le lui fera savoir en personne.

– Bien monsieur Poulet.

Je le considérais comme vieux jeu, et trop prudent. Mais c'étaient des critiques d'ordre général, dans la réalité je n'avais qu'à me féliciter de lui, ce n'est que grâce à lui qu'on a vraiment eu les moyens de monter notre garage à Saigon.

Quand on l'a monté, notre garage, avec Marcel on a cherché un nom, et c'est moi qui l'ai trouvé, de la manière la plus bête qui soit. On l'a baptisé Le Garage Toulousain, G et T, comme Guelfi et Tardy, vu qu'il était de Castres, à côté de Toulouse, et que je tenais à ce qu'il y ait nos initiales.

Très vite, on a gagné de l'argent. On remettait les camions à neuf. Ça marchait bien, mais ce n'était pas fabuleux. Le coup de génie, ç'a été les pneus. Il n'y avait pas du tout de pneus neufs sur le marché, c'était le seul point qui nous empêchait de faire la culbute sur nos prix de vente.

Alors un jour je suis allé voir le colonel Pagès, du Génie, responsable du Parc autos de l'armée française en Indochine, et j'ai conclu un accord avec lui selon les termes suivants : je lui entretenais ses véhicules en priorité et avec un soin spécial, et lui me payait en pneus neufs.

Cet accord conclu, Marcel et moi on a vraiment gagné beaucoup. J'y pensais depuis un moment, mais j'ai préféré attendre que le colonel, qui tournait autour de la sœur de ma fiancée de l'époque, sorte quasi officiellement avec elle. Bien m'en a pris : nos discussions se sont déroulées dans la plus parfaite cordialité. Et surtout, deux-trois jours après, j'ai appris qu'il avait éconduit un type lui faisant une proposition semblable à la mienne. Sa fiancée ne devait pas avoir de sœur. On ne peut pas penser à tout, bien sûr... mais quand on le peut c'est mieux.

Pour rembourser nos prêts sans entamer nos gains, on a fait la guerre à notre compte. La demande était tellement importante qu'on n'avait jamais assez de camions. De toute façon, on avait un vieux compte à régler avec les Japonais qui dégommaient les nôtres avec leurs tireurs d'élite. Alors quand on avait du temps libre, Marcel et moi on allait sur les routes.

On faisait coup double : récupérer des camions, et venger les copains tués par leurs snipers. Mais avec le recul, je crois que c'était plus pour les camions que pour régler nos comptes. Je n'aime pas tâcher d'oublier les questions inconfortables, je préfère examiner ma conscience, sinon il y a le risque de finir salaud. Ça commence insidieusement, on s'en aperçoit à peine si on ne se remet pas en cause régulièrement. D'ailleurs, nombre de grands salauds d'aujourd'hui ont commencé tout petit, si j'ose dire.

Cela dit, il faut quand même savoir que les Japonais étaient pires que le choléra ! D'abord ils étaient prisonniers, alors qu'est-ce qu'ils faisaient dehors ? Avec quelle complicité ou grâce à quelle négligence ? Ils auraient dû rester dans les camps de prisonniers, or ils sortaient la nuit en douce pour tuer des Français : avec quelles armes ? Fournies par qui, sinon par les Viets ? Alors on allait dans les coins où on savait qu'ils passaient pour aller au ravitaillement... on les arrêtait, et on les faisait s'enfuir dans la brousse pour leur prendre leurs camions. Un coup de mitraillette tiré en l'air, et vous avez d'un coup d'un seul vingt gaillards qui détalent à toutes jambes [1]. Les méthodes commerciales sont souvent simplifiées, en temps de guerre.

On réparait les camions, on les repeignait, on leur mettait nos pneus neufs qu'on avait maintenant à volonté, et on revendait le tout. Ça constituait une source d'approvisionnement supplémentaire énorme, et on les vendait comme des petits pains, on n'en gardait même plus le compte exact, et le garage a gagné beaucoup d'argent.

J'ai une jolie anecdote, à ce propos. On a tout déclaré au Trésor public, mais la première année, coup de chance pour nous, était exemptée d'impôts. Puis il s'est trouvé que l'année d'après on a quitté l'Indochine et on a vendu le garage pour rentrer au Maroc.

Un jour, quelques années plus tard, alors que j'étais en train de me préparer pour une compétition automobile, je suis abordé par un homme, qui me dit :

– Mon vieux, Dieu sait si je vous ai maudits, vous et votre associé...

Comme j'avais mis mon casque, j'ai cru qu'il se trompait de bonhomme :

– Pourquoi ? Qui êtes-vous ? De quoi vous parlez ?

– C'est moi qui ai racheté votre garage, à Saigon.

– Eh bien ? Vous n'allez pas me dire que vous avez regretté, quand même ! Ce n'était pas une bonne affaire ?

1. La fameuse « impassibilité japonaise », je veux bien y croire, mais alors c'était *avant* ou ça leur est venu *après*, parce que là, sous nos yeux, pour courir, ils couraient.

– Si ! Oh si, j'ai bien travaillé, j'ai gagné de l'argent... Le problème n'est pas là. Il est que, quand j'ai déclaré aux impôts ce que je gagnais, malgré tous les bénéfices que j'ai déclarés... ils m'ont traité d'escroc ! Parce que, figurez-vous, j'ai déclaré dix fois moins que vous et sans tricher ! Comment vous faisiez pour déclarer autant ? !

Je suis parti d'un grand rire, je l'ai consolé comme je l'ai pu et il a admis qu'il n'avait pas été lésé. Les types des impôts lui ont montré nos déclarations, à Marcel et à moi, et ils ne s'expliquaient pas comment le nouveau chiffre d'affaires du repreneur avait pu baisser autant ! Évidemment, nous, avec notre marché de l'entretien des véhicules de l'armée contre des stocks de pneus neufs du Génie, on travaillait tout ce qu'il y avait de légalement mais hors normes... Il n'y a que Marcel et moi qui pouvions faire des trucs comme ça !

Je reviens à cette époque. On ne pensait qu'à faire fortune pour s'en aller de Saigon, les poches pleines le plus vite possible. Le mal du pays... Et moi, je commençais vaguement à entrevoir ce que je voulais faire de mon argent : en dehors de ce que j'allais pouvoir apporter à la modernisation des pêcheries de Clovis, à Agadir, cet argent devrait pouvoir m'aider à régler... comment dire... un petit compte personnel qui me tenait vraiment à cœur – l'expression est juste.

Mais plus on gagnait d'argent, plus on en voulait. On achetait des voitures et des camions aux ventes aux enchères des Domaines, certains sur photo car parfois les véhicules étaient intransportables.

Un jour j'ai pu avoir pour trois fois rien la voiture du général Leclerc elle-même, qui était tombée dans le Mékong lors de son débarquement. On s'est arrangés avec les Chinois (hommes d'affaires redoutables et organisés) pour qu'ils ne renchérissent pas. On l'a sortie du Mékong nous-mêmes, c'était une Lincoln 12 cylindres, une splendeur me rappelant, en mieux, l'Avion-Voisin de mes rêves, de mes voisins de Mazagan (je ne peux pas écrire le nom de cette ville sans un pincement au cœur... et je trouve toujours le moyen de la citer !). Après la révision complète et la peinture de la carrosserie, c'était incontestablement la plus belle voiture de Saigon.

J'avais été tenté de la garder pour moi, mais je l'ai revendue à un riche Chinois qui en était tombé si amoureux qu'il renchérissait de lui-même chaque fois qu'il me croisait ; c'était son truc, dès qu'il me voyait, au lieu de dire bonjour, il me lançait un chiffre plus gros que celui de la veille.

Un jour, j'ai dit stop, oui, arrêtez, c'est d'accord, elle est à vous ! Il était heureux comme un gosse alors que je la lui ai vendue un très bon prix.

C'est là que mes soucis ont commencé. Le *seul* défaut de cette voiture, par ailleurs splendide, c'est qu'elle tombait souvent en panne, non à cause du moteur – impeccable – mais à cause d'une misérable petite pièce de rechange insignifiante, une simple bobine du Delco !

J'allais arranger ça vite fait, pas de problème !

Eh bien si : problème ! Et de taille – dans les deux sens du terme, d'ailleurs ! La bobine adaptée sur le Delco était d'un modèle spécial, un calibre précis, et ma commande n'en finissait pas d'être annoncée « livrable sous 24 heures ». En fait, elle n'arrivait pas. Et chaque fois que je croisais mon Chinois, et qu'il était en panne, je passais sans m'arrêter en lui criant que je m'occupais de lui, et c'était vrai, en plus ! je m'en occupais, je culpabilisais, je cherchais partout sa foutue bobine de Delco, je la demandais même par téléphone à ceux qui allaient quitter Paris pour Saigon, qu'ils m'en trouvent une à prix d'or et qu'ils me l'envoient « par avion en première classe, s'il le faut ! ». J'étais persécuté par le regard de mon Chinois, il ne me reprochait rien, il savait que je n'avais rien fait de malhonnête, mais enfin, il me regardait, il me regardait beaucoup, chaque fois qu'il le pouvait !

Tant que je n'ai pas eu cette pièce, ça a été l'enfer pour moi. Je n'osais plus affronter le regard de mon Chinois, je l'évitais, j'inventais des excuses pour me sauver quand il était sur le point de me coincer, j'étais furieux et vexé qu'il me croie sinon indifférent du moins trop indolent à son goût pour résoudre son problème alors que je faisais tout ce que je pouvais pour le satisfaire, le possible et l'impossible !...

Il avait fait installer une galerie sur le toit de la Lincoln... pour y fixer un vélo, et ne pas être bloqué dans la nature en cas de pannes (fréquentes, hélas). Lorsque la bobine était chaude, il fallait la laisser refroidir avant de pouvoir redémarrer. Comme il habitait Cholon, et que j'y allais souvent pour nos affaires, dès que je voyais la voiture devant chez lui sans le vélo sur la galerie – ce qui voulait dire deux choses : *a*) que la voiture était encore en panne, et *b*) que son propriétaire était absent – je fonçais chez lui pour que ses domestiques lui disent bien que j'étais passé, que je m'occupais de son cas, et ceux-ci souriaient finement, pensant que j'avais fait une entourloupe à leur maître.

J'en étais malade. Je ne supporte pas de passer pour quelqu'un qui n'a pas de parole. Je n'ai eu de cesse de m'évertuer à trouver cette foutue bobine, j'ai eu un mal fou à l'obtenir, et je ne l'ai eue que grâce à un mécanicien corse qui recevait de temps en temps des pièces détachées apportées par un Dakota et qui avait accepté de me faire venir deux bobines de Paris. Deux, oui, parce que si par hasard j'étais tombé sur une bobine défectueuse, j'aurais fait un malheur !

Sitôt que je l'ai eue, cette bobine, j'ai laissé Marcel s'occuper seul d'une affaire pourtant importante et compliquée que j'aurais bien aimé surveiller, pour foncer chez le Chinois, lui réparer son Delco moi-même, et le soupir que j'ai poussé a dû accélérer ou freiner son ventilateur !

Voici peut-être l'aventure qui, sans être dangereuse au départ, m'a causé la plus grande peur de ma vie, au point qu'elle m'a servi de leçon pour le restant de mes jours. Si vous ne devez lire attentivement qu'un passage de ce bouquin, que ce soit celui-ci. Je ne sais pas, au fond, s'il est pessimiste ou optimiste sur le genre humain, mais je vous le livre tel quel.

Je m'étais fait beaucoup d'amis à Saigon, mais le seul qui mérite vraiment ce nom-là, c'est M. Poulet, dont je vous ai déjà parlé, celui qui me considérait comme un fils, et sans lequel je n'aurais jamais pu monter notre garage. Celui que j'avais cru « vieux jeu ». Vous allez voir s'il l'était.

Célibataire, il avait une dame de compagnie charmante avec laquelle il s'entendait à merveille. Il l'appelait tout bonnement « Zaza » – et elle m'avait permis de l'appeler ainsi également.

Je faisais beaucoup d'affaires avec les Chinois grâce à M. Luong Lap, du Grand Monde, qui m'avait pris en sympathie et donné sa caution morale (il était très respecté).

Un jour je reçois la visite d'un Chinois venu à Saigon pour traiter une très grosse affaire. C'était un vendredi soir, et comme il devait rester trois jours et que les banques n'ouvriraient pas avant lundi matin, il m'a prié de garder pour lui, dans mon coffre, une somme « véritablement importante ». Je lui ai dit que je ne disposais pas d'un coffre, mais que pour le tirer d'embarras, et en tant qu'ami de M. Luong Lap (absent de Saigon, il lui avait écrit un mot de recommandation pour moi), on pourrait mettre l'argent en sécurité dans le coffre de M. Poulet.

Je l'appelle au téléphone, et bien sûr il accepte de me garder cette somme jusqu'à l'ouverture des banques le lundi. L'argent sera en sécurité chez lui durant le week-end, mon Chinois sera tranquille, M. Luong Lap satisfait de voir qu'il peut compter sur moi, M. Poulet content de me rendre service... et moi, ravi de l'ensemble.

Je me rends donc chez M. Poulet avec l'argent du Chinois, à l'heure de l'apéritif, et devant moi il met l'argent dans un sac de riz, puis le sac de riz dans son coffre.

– Tu ne me demandes pas un reçu, André ?

– Monsieur Poulet ! J'ai confiance !

Il fait une drôle de petite mimique :

– Très bien, très bien...

Je le quitte en le remerciant, et lui me dit qu'il est heureux de me rendre service, très heureux, que ça lui fait vraiment plaisir. Il insiste tellement que je ris, croyant qu'il se moque de moi – parce que pour lui, franchement, ce petit service ne pouvait pas lui coûter beaucoup, sa villa étant bien gardée, avec une nombreuse domesticité, et en plus il était le seul à avoir la combinaison du coffre.

Il faut savoir qu'il avait son propre bureau dans sa villa, qu'il était respecté de tous en raison de sa vie exemplaire et de son grand âge (je dis « grand âge » alors qu'à l'époque il en avait huit ou dix de moins que moi aujourd'hui !).

Bon. En sortant de chez lui, je me sens libéré de ne plus trimbaler cet argent avec moi.

Le lundi matin, mon Chinois vient me voir au garage pour récupérer son argent, comme convenu, et vers 11 heures on part ensemble chez M. Poulet.

Dès que j'arrive chez lui, Zaza me dit que M. Poulet n'est pas visible, il est alité, le médecin est avec lui. Je m'inquiète de savoir si c'est grave, si je peux faire quelque chose, etc. Elle me répond que non, et me prie de repasser plus tard dans la soirée, ou, mieux, le lendemain matin. Et là, même si M. Poulet est encore souffrant il me recevra pour qu'on puisse tirer un trait sur cette histoire... qui commence quand même à m'embêter : je n'aime pas trop qu'on me confie quoi que ce soit de valeur, on ne sait jamais ce qui peut arriver.

J'explique la situation à mon Chinois, qui prend ça très bien, il était là, il a tout entendu, il connaît M. Poulet de réputation, il a toute confiance lui aussi. Et il ne doit commencer que le lendemain matin ses négociations pour emporter le marché qui lui tient à cœur. Il pourra ainsi se servir de son argent directement le jour même, sans avoir à passer à la banque le lundi matin. Ça lui va ? Ça lui va. On se quitte jusqu'au lendemain, en bons termes...

Le soir même, au cas où, je repasse chez M. Poulet pour voir s'il va mieux et reprendre possession de l'argent du Chinois, mais, en m'ouvrant la porte, Zaza me fait « chut », et m'invite à la suivre en silence à l'intérieur de la villa.

D'emblée, je me sens mal à l'aise. Il y a un truc qui ne tourne pas rond. Je distingue des bruits bizarres, qui se révèlent être des cris au fur et à mesure qu'on s'approche de la chambre de M. Poulet. Il est furieux :

– Mais enfin laissez-le entrer, Zaza ! Viens, André, viens !

Il a l'air surexcité. Je m'excuse de le déranger, je lui dis que je suis vraiment désolé, que s'il s'était agi de mon argent, j'aurais attendu le temps qu'il aurait fallu pour qu'il soit totalement remis, avant de venir l'embêter avec mes histoires...

Il me regarde, comme si je déraillais :

– Quel argent ? De quoi tu parles ?

Je manque de tomber raide. Je m'efforce de rester calme et souriant, et je lui explique, lentement, comme à un demeuré :

– Vous vous rappelez vendredi, monsieur Poulet ? Je suis venu vous donner de l'argent, que vous avez mis dans un sac de riz, et puis...

– Zaza ! ZAZA !

Zaza arrive, pas affolée, elle. Il se dresse sur son séant :

– Raccompagnez-le ! Il délire ! Il ne sait pas ce qu'il dit ! Il croit que je lui ai volé du riz !

– Mais non, monsieur Poulet, je vous dis juste que vous avez mon argent dans votre coffre, dans un sac de riz, et que ce n'est pas mon argent, d'ailleurs, mais celui du Chinois, vous...

– Sortez-le ! sortez-le ! Je ne comprends rien à ses histoires de fou !

Là-dessus, il tire la couverture à lui, se cache la tête dessous, seule sa main dépasse et s'agite comme pour dire « allez, allez, sortez ! ».

Complètement abasourdi, je suis Zaza dans le couloir. Je lui explique la situation, je lui demande d'ouvrir le coffre, elle verra bien que je dis vrai, l'argent du Chinois est dedans, dans un sac de riz, comme je l'ai dit. Elle me répond qu'elle est désolée, qu'elle aimerait m'aider, qu'elle me croit – « bien qu'elle ne m'ait pas personnellement vu donner l'argent à M. Poulet » – mais de toute façon elle ne se permettrait jamais d'ouvrir le coffre même si elle avait la clé, ce qui n'est pas le cas. Elle me prie de la comprendre et de la croire.

Je la comprends et je la crois, mais ce que je ne crois pas et ne comprends pas, c'est ce qui m'arrive et c'est cette situation. Zaza a pitié de moi :

– Il a de la fièvre, mais ça va passer, il retrouvera la mémoire, ça lui est déjà arrivé...

– Vous me rassurez ! ça dure longtemps, ses crises ?

– Parfois non, parfois oui, personne ne peut le dire, pas même le médecin.

– Mais il finit par se souvenir de tout ?

– Heu... Oui et non... Parfois il oublie complètement certains événements, mais ne vous inquiétez pas, André, il vous aime vraiment beaucoup, je suis sûre qu'il se rappellera tout ce qui vous concerne... Repassez demain.

Le mardi matin, le Chinois est chez moi. Je ne veux pas le paniquer, et je lui dis qu'il y a un petit contretemps, mais rien de grave, M. Poulet est toujours souffrant, et sa gouvernante n'a pas la clé du coffre, mais je me rends chez lui tout à l'heure, il n'a qu'à venir avec moi. Qu'en dit-il ? Il n'en dit pas grand-chose, sauf qu'il va venir avec moi. Ce qu'il ne m'avoue pas c'est que, même s'il me croit, il s'inquiète davantage encore, c'est visible.

Il m'accompagne donc chez M. Poulet, et moi ça m'arrange, je veux au moins lui prouver ma bonne foi.

Je me demande si j'ai bien fait de l'emmener avec moi, parce que cette fois Zaza ne me laisse même pas entrer ! Elle me dit que M. Poulet va mieux, mais qu'il refuse de me voir.

– « Il refuse » ? Zaza, vous plaisantez ? vous voulez me faire peur ?

– Eh non, mon pauvre André... Je vous répète ses ordres... Ne m'en veuillez pas, je n'y suis pour rien.

Le Chinois veut savoir ce qui se passe.

– Rien, rien... ça va s'arranger...

Il n'est pas bête, mon Chinois, même s'il ne parle pas très bien français :

– Quand quelque chose doit s'arranger, c'est qu'il y a problème : quel est problème qui doit s'arranger ?

Il a l'air de plus en plus inquiet et, honnêtement, non seulement je le comprends mais je suis aussi inquiet que lui. Je transpire. Cette histoire fait partie des pires moments de mon existence...

– Mais pourquoi il refuse de me voir ? Enfin, voyons, Zaza !...

– Il dit que vous êtes fou, qu'il n'a jamais mis du riz dans son coffre...

J'essaie de répéter dans l'ordre, à la fois pour Zaza et pour le Chinois, la séquence des événements : l'argent, l'argent dans un sac de riz, le sac de riz dans le coffre, le coffre fermé...

Le Chinois me prend le bras :

– Pas du riz : *argent* !

– Je sais ! Attendez une minute !

Je supplie Zaza :

– Vous ne voulez pas me laisser entrer *juste* cinq secondes ? *S'il vous plaît !*

Elle soupire, comme une femme déchirée :

– Attendez, je vais aller lui parler.

Elle nous ferme doucement la porte au nez. Pour rassurer mon Chinois, je lui fais un pauvre petit sourire, qu'il ne me rend d'ailleurs pas – c'est normal, je ne lui ai pas rendu son argent.

Zaza revient au bout de dix longues minutes, et me dit de repasser en fin de matinée ou, mieux, juste avant le déjeuner : « Quand il a faim il est plus perméable [1] à ce qu'on lui dit. » Parce que là, elle est navrée, mais elle a essayé de lui répéter exactement mes paroles et il a fait pareil que la dernière fois : il s'est caché la tête sous la couverture.

– Tête *sous couverture* ? Qui ? *Monsieur Poulet* ?

C'est mon Chinois qui vient de parler. Je le rassure, je lui explique que M. Poulet a un peu de fièvre et qu'il a un peu perdu la mémoire, et...

– *Perdu un peu mémoire* ?

S'il continue à répéter tout ce que je dis, il va finir par se prendre une baffe, tellement je suis énervé ! Mais je me raisonne, il doit penser qu'on se moque de lui ou pire, qu'on essaie de l'escroquer. Mon Chinois me regarde bien en face, en me tenant par les épaules, et m'explique qu'il *doit* régler sa commande avant midi, sinon il y aura des répercussions très graves pour sa boîte, et si je le comprends bien il y aura des retombées dangereuses pour sa personne même.

Il me corrige, en soulignant :

– « Pour ma personne même » *d'abord* !

C'est une menace. On se quitte mécontents l'un de l'autre après que je lui ai répété que je vais encore essayer en fin de matinée, après l'avoir assuré que si je tarde encore à régler son problème je prendrai

---

1. Vous me voyez expliquer « perméable » à mon Chinois, qui ne pratiquait que le français de base !

contact avec mon ami du Grand Monde, pour l'informer des événements et voir ce qu'on peut faire (M. Luong Lap faisait office de juge de paix entre les communautés). Je demande à mon Chinois s'il veut que je lui fasse un chèque d'acompte en attendant (un acompte seulement, parce que la somme était énorme), et il me répond sèchement que s'il a pris des espèces ce n'est pas par hasard, c'est la seule manière de mener son affaire à bien.

Rendez service, après ça... Je n'avais jamais été aussi mal de ma vie.

À deux ou trois reprises, dans la journée, le Chinois passe au garage et Marcel lui répond que je ne suis pas là. Je n'y suis pas, effectivement, parce que je fais la tournée des vieux amis de M. Poulet, pour tirer d'eux des renseignements. À leur connaissance, jamais une telle chose ne s'est produite. Personne n'imaginait qu'il pouvait être sujet à de telles crises. « Première nouvelle... »

Mais Zaza m'a affirmé que ça lui arrive de temps en temps ! Qui est en train de se moquer de moi ? Elle ou eux ? Et qu'on ne me dise pas que M. Poulet, qui a une réelle affection pour moi, qui me traite comme un fils, peut se faire passer pour malade ou fou à seule fin de me voler un argent qui, en plus, et il le sait bien, ne m'appartient pas, et qui ne représente pas grand-chose pour lui, et en prime avec tous les dangers que ça comporte pour moi !

Je réfléchis, je me concentre : voyons, voyons, M. Poulet est un personnage d'exception, qui aime faire le bien, qui est d'une humeur toujours égale, très conviviale, il est aimé de toute la colonie française et adoré de tous les pilotes d'Air France. C'était un ancien pilote lui-même, mais il avait dû décrocher à cause de problèmes respiratoires. Un détail, pour le situer : quand, en tant que passager, il faisait le voyage Saigon-Paris avec le DC4 régulier qui venait d'ouvrir la ligne, les passagers à bord étaient presque tous malades, car comme M. Poulet était asthmatique, le commandant de bord ne grimpait jamais au-dessus de 2 000 mètres pendant tout le voyage – en dépit des ordres de la compagnie – à seule fin de lui être agréable ! C'est vous dire la considération qu'on avait pour lui !

En désespoir de cause, aux abois, je finis par aller au Grand Monde me confier à M. Luong Lap qui était de retour. Ce serait perçu comme un signe que ça allait vraiment mal – mais je n'avais plus le choix – et je lui demande conseil : que dois-je faire en attendant que M. Poulet recouvre la mémoire ?

M. Luong Lap me prend à part dans son bureau, et me dit que la seule solution, si je ne veux pas me retrouver pieds et poings liés dans un sac jeté au fond du Mékong, c'est de faire ouvrir de force le coffre de M. Poulet et de récupérer l'argent du Chinois. Voilà la situation.

Or il n'était pas question pour moi, même si je l'avais pu, de faire une chose pareille à M. Poulet, que je considère comme mon bienfaiteur. Ou « considérais » ?... Je suis largué... Je ne sais plus quoi faire ni quoi penser... Tant pis, je vais brader le garage, emprunter à droite et à gauche si ça ne suffit pas, avoir recours aux pires des usuriers... Mais non, c'est impossible, même cette solution prendrait trop de temps !

Je retourne le soir à la villa, parler de nouveau avec Zaza et tenter de la convaincre de me laisser voir M. Poulet. Cette fois je lui dis que je vais me faire tuer si je ne rends pas l'argent le soir même, et que je resterai là sur son perron jusqu'à ce que je voie M. Poulet, parce que je ne peux même pas rentrer chez moi, on m'y attend probablement...

Zaza m'interrompt, me dit de me calmer : justement M. Poulet a l'air d'aller mieux, il ne refuse plus les visites.

– Même les miennes ?

– Surtout la vôtre !

Je la suis dans la villa, et je pénètre enfin dans la chambre du maître de maison. M. Poulet n'est pas alité du tout, il est debout, fringant, en costume cravate, et il est tout sourire :

– Tu m'as l'air bien pâle, mon cher André ?

Je ne pouvais plus parler. Je ne comprenais plus rien à rien.

Il a à peine besoin de pousser sur mes épaules pour me faire asseoir, et une fois que c'est fait, il me prie de bien l'écouter :

– André, j'espère que le petit tour que je t'ai joué te servira de leçon pour toujours. J'espère qu'à l'avenir tu ne confieras jamais une telle somme d'argent ou un objet de même valeur à *quiconque* sans exiger un reçu en bonne et due forme – comme je te l'ai proposé, tu te souviens, j'espère ?

J'étais comme abruti, bouche bée, encore sous le choc. Il éclate de rire, et je souris faiblement.

– Monsieur Poulet, vous m'avez fait la plus grande peur que j'aie jamais eue !

– C'était fait pour, André. Un simple conseil ne t'aurait pas marqué pour la vie. Je te trouve trop confiant, il fallait donc que je fasse fort.

– D'accord, monsieur Poulet, mais avec vous, ce n'était pas la même chose...

Il se fige, comme pour ne pas se mettre en colère, et insiste :

– Tu ne m'as pas compris. Même quelqu'un en qui tu as toute confiance peut se trouver dans une situation inédite et imprévue. On peut tomber malade. On peut perdre la mémoire. On peut mourir. On peut tellement de choses, personne ne sait ce que la vie nous réserve !...

Là, je commence à comprendre.

– Et n'en veux pas à Zaza, elle n'était pas d'accord pour cette petite leçon, mais elle a fini par comprendre que je faisais ça pour ton bien.

– Mais vous savez qu'ils m'auraient descendu, si vous aviez continué votre jeu ? je lui dis, tout pâle.

– Non. Je connais les Chinois. Ils n'auraient pris aucune mesure de ce genre avant demain matin, ils donnent toujours « une chance à la nuit », c'est leur tradition, et en plus il y avait dans la balance ta bonne réputation, celle de M. Luong Lap, et la mienne. Ça fait beaucoup. Mais demain matin... ça... (geste qu'il n'aurait plus répondu de rien).

Il ouvre son coffre, et me tend le sac de riz.

– Tu ne l'ouvres pas ?

– Voyons, j'ai confiance... (voyant son visage changer :) Si, si ! Je l'ouvre ! je l'ouvre !

– Tu es incorrigible !... Suppose que je me trompe de sac ? Tu es mort. Ça ne vaut pas la peine de vérifier, toute question de confiance mise à part ?

Je lui aurais embrassé les mains.

– Je ne fais que des promesses que je peux tenir, monsieur Poulet, et je peux vous dire que votre leçon ne sera jamais oubliée.

On s'est serré les mains. Il avait été dur, mais c'était pour mon bien, de même qu'il savait parfaitement par quelles angoisses j'avais dû passer mais que j'avais besoin de cette leçon. C'était une belle preuve d'amitié.

Quand, après mon retour au Maroc, je lui ai rendu visite au Vésinet, en France, il m'a proposé de rester à ses côtés et de le seconder dans ses nombreuses et importantes affaires. Il me l'a dit sérieusement :

– Si tu restes avec moi, tu seras mon héritier.

J'ai dû refuser, car j'avais déjà bien lancé toutes mes affaires de poissonneries, et je tenais à devenir le « roi de la sardine » – en attendant mieux : je voulais être le premier exportateur de conserves du Maroc – et de toute façon je me sentais mieux au Maroc qu'en France.

Quand on s'est quittés, il avait les larmes aux yeux, et j'avais moi-même la gorge nouée. Je lui ai promis de revenir souvent le voir, et je l'ai fait jusqu'à sa mort – je suis allé quelquefois en France sous le faux prétexte d'affaires à régler, juste pour lui, en fait.

Mais, lors de ces premières retrouvailles après l'Indochine, avant de me laisser partir, il m'a tendu un superbe coffret, dans lequel il y avait, comme une perle dans une huître, une merveilleuse montre en or. Il m'a confié que cette montre avait été fabriquée spécialement pour l'un de ses proches (mort depuis) qui était devenu aveugle et qui ne pouvait se passer de savoir l'heure. Cette montre sonne tout bas les minutes, les quarts d'heure, les demi-heures et bien sûr chaque heure aussi, grâce à un chef-d'œuvre de carillon miniature : il suffit d'appuyer sur un autre bouton et la montre sonne l'heure exacte, à la minute près, avec des petits tons musicaux délicats.

J'ai perdu pas mal de choses dans ma vie, mais j'ai toujours cette montre.

Je n'ai qu'un véritable grief contre la vie : c'est que la mort des êtres aimés soit si cruellement définitive. On devrait avoir le droit de les revoir une fois par an, ou même tous les deux-trois ans, voire seulement tous les dix ans si vous voulez, mais « plus jamais !... plus *jamais* !... », trop inhumain !...

Je viens de regarder où j'en étais.

À part cet épisode éprouvant avec M. Poulet, une fois ma période commando terminée, la vie en Indochine était un véritable paradis. J'y menais une vie qui serait insultée d'être qualifiée « d'agréable » – c'était tellement mieux que ça. J'avais des amis, une superbe villa avec trois domestiques adorables, dont un couple si attentionné, et si sensible que le moindre compliment le faisait rougir de confusion... mais qui était intraitable quand je jouais avec eux aux dames. J'avais aussi à mon service un Vietnamien, c'était un Viet à qui j'avais laissé la vie sauve en le prenant sur le fait au moment où il allait me balancer une grenade. Surpris que je l'épargne, et que je lui fasse assez confiance pour lui tourner le dos, il était devenu un exemple de dévouement et de fidélité.

Je l'ai remarqué depuis longtemps, si vous mettez un voleur [1] à votre caisse pour lui marquer votre confiance, il ne vous volera jamais. Il aura à cœur de préserver sa dignité retrouvée, et mettra plutôt de l'argent de sa poche si ses comptes ne sont pas justes plutôt que de vous léser d'un centime, je vous le garantis.

En écrivant ces lignes, je me souviens de l'Indochine, et j'ai le cœur serré. On sait qu'avec le temps les mauvais souvenirs deviennent

1. Je ne parle pas de quelqu'un de trop gangrené, qui vole par habitude ou par vice, mais de quelqu'un qui a volé par nécessité.

les bons (on sourit de ce qui nous a fait pleurer), mais qu'en revanche les bons souvenirs nous rendent mélancoliques. On le sait, oui ; après.

Mais il allait bien falloir que je rentre au pays un jour ou l'autre. J'étais tout le temps resté en contact avec Clovis, mon oncle d'Agadir, m'intéressant à la fois à nos pêcheries et l'informant de ce que je faisais ici, on décidait ensemble de ce qui était le mieux pour nous deux, de ce qu'il faudrait faire pour développer nos affaires de poissons. Plus ça allait, plus il lui tardait de me voir revenir, il ne suffisait plus à la tâche, notre affaire prenait de plus en plus d'importance.

Je l'aimais beaucoup, l'oncle Clovis, et si j'ai commencé ma première affaire avec lui, c'était quand même un peu par sentiment – mais je l'aurais dissuadé de continuer si j'avais jugé son affaire malsaine.

Moi aussi, j'avais hâte de le revoir... mais revenir au Maroc, le pays de celle qui m'avait trahi, loin de la vie si douce de Saigon... c'était un déchirement...

Pendant ce qui allait être la fin de mon séjour à Saigon, j'étais en fait tiraillé entre *deux fois* une double contradiction. La première, c'est qu'en plus de cette vie facile, douce, où l'argent coulait comme une fontaine fraîche par grand soleil, une autre chose m'y retenait, une nouvelle passion qui s'était emparée de moi : les avions. Ce n'était pas une passade, puisque je pilote encore aujourd'hui, et avec quel bonheur. Déjà j'aimais la vitesse en voiture (sans me douter que j'allais devenir pilote de course), mais alors en avion, ç'a été un coup de foudre.

Chaque fois que je le pouvais, je ne ratais jamais une occasion de voler avec des copains, d'abord sur un Junker trimoteur, et ensuite sur un Dakota. Ça n'avait rien à voir avec mon commando, je m'embarquais pour mon plaisir personnel.

Chaque fois, je me mettais à côté du pilote et je sympathisais avec lui. Parfois, s'il était brave, il me laissait piloter : en l'air, on ne risquait rien. Un jour, le pilote a été grièvement blessé en vol, et il est mort quelques minutes après. Le autres gars à l'arrière étaient tétanisés. Plus de pilote ! Moi je réfléchissais déjà à ce que j'allais faire. J'étais le seul à avoir des notions de vol, mais je n'avais encore jamais atterri, même sous leur contrôle. C'était un Junker avec trois moteurs. On se dirigeait vers Saigon. Pas de radio, rien. On était seuls au monde, en l'air, sans pilote. Les gars ont mis le pilote mort dans le couloir, pour que j'aie mes aises, et j'ai pris sa place aux commandes. J'allais faire de mon mieux. Des autres, à l'arrière, je n'en parle plus, ils étaient morts de trouille.

– Ça va aller ?

– Ça va. Je me demande juste à quoi sert cette manette rouge, je n'ai jamais vu personne s'en servir...

– Alors n'y touche pas ! n'y touche pas !

Je me suis posé sur le terrain de Ton Sô Nut. J'ai fait trois petits boums, mais l'avion est arrivé entier. Personne ne se serait aperçu de rien, à l'aéroport militaire, si on n'avait pas signalé la mort du pilote, et si les gars ne m'avaient pas porté sur leurs épaules avec des « hourras ! » pour les avoir ramenés vivants.

Depuis que j'avais posé cet avion, j'en avais gardé une telle sensation, un vrai chamboulement de toute ma personne, que je souhaitais presque que le pilote qui me permettait de me mettre à côté de lui soit chaque fois dans l'incapacité de continuer à piloter pour pouvoir prendre les commandes à sa place ! Carrément ! Quand la passion parle, les autres sentiments se font tout petits...

Je n'ai jamais cassé du bois [1], tout s'est toujours bien terminé. J'étais devenu copain avec des pilotes qui me laissaient les commandes de plus en plus souvent, j'apprenais anormalement vite, paraît-il : moi je trouvais que c'était normal, puisque j'adorais ça. J'en oubliais la guerre, le commando, et même mon garage à un point tel que vous ne me croiriez pas si je vous le disais !

Mais, d'un autre côté, je *devais* fuir l'Indochine parce que mes dernières fiançailles en date commençaient à me donner presque aussi chaud que l'épisode du sac de riz dans le coffre de M. Poulet. Si je ne réagissais pas vite, j'allais me retrouver la corde au cou. De toutes les bagues que j'ai offertes, la seule fiancée que j'ai eue à Saigon avait reçu la plus belle, parce que j'étais grisé, que j'avais plein d'argent... et que – malheureusement pour moi, mais je ne m'en suis rendu compte qu'après – mes fiançailles avaient eu lieu en grande pompe. L'amiral Thierry d'Argenlieu, en tant qu'ami de la mère de ma promise, avait mis le paquet et, pour la cérémonie, il y avait une haie de fusiliers marins présentant les armes.

Je me suis fiancé une seule fois en Indochine. Là-bas, il est impossible de se fiancer deux fois au su et au vu de toute la ville. Des fiançailles tacites, bourgeoises, en famille, gardées discrètes, c'est différent. Si vous faites l'idiot et vous vous fiancez à répétition, c'est plus dangereux qu'une compagnie de Viets.

D'abord, avec cette fiancée de Saigon, je m'étais senti heureux, jusqu'à ce que je commence à remarquer un peu trop de pression pour

1. Enfin, si : mais plus tard, dans la vie civile, quand j'ai eu mon brevet de pilote.

hâter la publication des bans. Me fiancer, d'accord, c'était mon habitude, et ma fiancée était très jolie, mais de là à passer ma vie avec elle... La bague, bien sûr, ça allait même de soi, mais la bague au doigt, je n'y tenais pas du tout. Ce n'était pas dans mon programme, et c'est ce qui me poussait à rentrer au Maroc. J'ai fini par vivre dans une sensation de fin de vacances. Pas gai.

Une première fois, je suis retourné au Maroc pour voir mon oncle et vérifier moi-même où en étaient au juste nos affaires de sardines. J'ai confirmé à mon oncle que je gagnais de mon côté beaucoup d'argent avec un garage que j'avais monté à Saigon avec mon ami Tardy (« Tu sais, le Marcel dont je n'arrête pas de te parler... »). Donc on aurait de quoi moderniser nos usines de sardines. J'ai constaté aussi qu'il y avait *vraiment* besoin de les moderniser, donc vraiment besoin de moi. Nos affaires d'Agadir tournaient bien, mais ne rendaient pas le quart de ce qu'elles devraient rapporter si on s'en occupait mieux, plus rationnellement, plus ambitieusement surtout.

Lorsque je suis rentré à Saigon, l'amiral Thierry d'Argenlieu m'a fait savoir qu'il serait peut-être temps que je fixe la date du mariage. « On » était bien mignonne, mais « on » commençait à me piquer mon oxygène – encore que je soupçonnais plus la famille que la fiancée elle-même de vouloir hâter les choses. Pour une fille aussi, j'imagine, être fiancée est plus agréable qu'être mariée, ça n'a pas ce côté officiel, irrémédiable, qui refroidit tant les gens sensés.

Mais un amiral, ça se ménage : j'ai prétexté des problèmes urgents, à la fois d'affaires et familiaux à régler d'abord au Maroc.

Et j'ai dit à Marcel : « Tu continues le garage tout seul ; tu prends le temps que tu veux, tu te débrouilles comme tu peux, tu le vends au mieux, et tu me rejoins à Agadir, c'est simple. Moi, je me fais la valise ! »

Et je l'ai chargé de dire à la famille et à l'amiral, quand je serais parti, que j'avais eu peur du mariage, que je n'étais pas digne de ma fiancée, etc., qu'il invente ! il trouverait bien ! il mentait beaucoup mieux que moi...

Ça faisait mal au cœur, parce que le garage tournait à fond : on venait d'obtenir, malgré la concurrence chinoise, un marché colossal avec l'armée : l'exclusivité de la remise en état de tous les jerricanes du corps expéditionnaire français en Extrême-Orient. Et on avait embauché une cinquantaine d'ouvriers supplémentaires.

Mais quand il faut, il faut. Je me suis mis d'accord avec Tardy pour qu'il le termine ce marché, qui allait durer deux ans. Il n'était pas chaud pour me laisser partir, mon Marcel, mais il savait qu'ensemble on allait monter à Agadir un garage encore plus beau que notre Garage Toulousain de Saigon. Je m'occuperais de mon entreprise de poissons avec mon oncle, et lui du garage.

Il avait confiance en moi, en fait c'est juste que ça l'embêtait de rester seul, même provisoirement. Heureusement, il y avait tellement de travail qu'il n'aurait pas le temps de s'embêter.

Il a été convenu entre nous que la version officielle, pour brouiller les pistes, serait que je partais pour Paris afin de régler mes fameux « problèmes personnels », et que j'en profiterais pour commander du nouveau matériel. Lui, restant sagement à Saigon, donnerait le change, mais chercherait déjà en réalité, sans hâte, un acheteur pour notre garage avant de me rejoindre au Maroc.

Et je me suis fait la belle pour de bon.

Plus tard, comme je ne revenais toujours pas, au moment où Marcel a vendu le garage tout le monde a compris que je ne reviendrais plus jamais. Marcel a été brave, il s'est débrouillé, il a prétendu que j'avais subitement changé, qu'il ne savait pas ce qui s'était passé en moi au juste. J'ai donc échappé à ce mariage, mais pas aux foudres de l'amiral qui m'en a voulu longtemps, et heureusement qu'on n'a pas fréquenté ensuite les mêmes mers ni le même genre de bateaux.

Cet épisode a aussi été la plus grande honte de ma vie. Voici pourquoi : un jour Marcel m'a appris tranquillement que, avant de quitter Saigon, il avait reçu la visite de ma fiancée, une chic fille, venue lui demander entre quatre yeux, en amis, ce qui m'avait pris. Il lui avait avoué que je ne reviendrais plus, que je restais au Maroc et qu'il fallait m'excuser parce que je ne me sentais pas encore assez mûr. Avec dignité, elle a voulu lui rendre ma bague... et ce crétin, au lieu de refuser avec force, et d'insister fermement pour qu'elle la garde, l'a non seulement reprise mais en plus il l'a vendue et comptabilisée en soldant notre compte commun du garage ! J'ai failli l'étrangler ! Ce Marcel ! Chaque fois que je le revois, je remets ça sur le tapis...

En arrivant à Paris, j'ai d'abord été me faire soigner. Vers la fin de ma période commando, un taré du commando, au volant d'une jeep, m'était rentré dans le dos, me blessant sérieusement et me coinçant le pied dans les tôles. Au lieu de chercher à m'extirper de là, voire de me désincarcérer, il prenait de mes nouvelles :

– Ça va, pas trop de bobo ?

– Mais recule ta caisse, imbécile, tu ne vois pas qu'elle fait pression, que je ne peux pas dégager mon pied ?

À Saigon, personne n'avait su me guérir de mon mal de gorge, personne ne réussissait à l'expliquer ni à le guérir. J'allais de médecin en médecin et de galère en galère, et à la fin j'en ai eu assez de la médecine officielle (en tout cas pour tout ce qui dépasse la fracture ou certaines maladies, même graves, sur lesquelles des progrès indéniables ont été faits). Et pour mon dos, c'était pire.

C'est là que je suis allé voir ce radiesthésiste réputé qui a trouvé que j'avais plus de fluide qu'il n'en avait. Mais je l'ai déjà raconté, en vous parlant de mon pendule.

Ensuite, je me suis offert un peu de bon temps, soulagé du poids de ce mariage qui pesait sur mon esprit au point de m'empêcher de dormir.

Quand je dis « du bon temps », ça ne veut pas dire faire la tournée des grands ducs. J'avais une idée bien en tête en passant d'abord par Paris, et c'était d'aller chez Morane Aviations, à Villacoublay, parce que je voulais apprendre à piloter selon les règles pour passer le brevet puis m'acheter un avion.

J'ai été pris en main par un certain « Monsieur Guillaume », qui avait été chef de l'escadrille d'Étampes et qui était amoureux de Jacqueline Auriol, la célèbre aviatrice. C'est lui qui lui avait appris à piloter. Il m'a pris en sympathie, et c'était réciproque, comme c'est souvent le cas quand il s'agit de deux personnes qui ont la même passion. Lui aussi vivait pour voler, comme ça allait être mon cas, mais plus tard que prévu : on fait des plans, et la vie vous ramène sur terre. Je ne savais pas encore à quel point mon métier d'industriel allait être prenant. J'ai bien dû attendre une dizaine d'années avant d'avoir enfin mon premier avion.

Monsieur Guillaume – c'était un Monsieur – m'a appris à piloter sur Morane 315... et j'ai été lâché après deux heures et demie de vol seulement. Après quinze heures, je faisais toutes les figures de vol acrobatique. Sans sa permission, je suis passé sous tous les ponts de la Seine accessibles. Je me suis posé sur le terrain de foot près de la tour Eiffel, là où il y a aujourd'hui un grand hôtel. C'était un pari qui m'a coûté cher, en amende et en engueulades.

Là encore, comme au temps de mon permis de conduire, tous ces examens et brevets étaient plus faciles à décrocher que de nos jours où il faut pratiquement connaître la racine carrée de 789 574 avant de poser ses fesses sur le siège du pilote.

Je suis sûr d'une chose, dans cette vie où rien n'est certain : c'est d'être né à la bonne époque ! Aujourd'hui, un homme comme moi, sans bagages, aurait tout juste le droit de conduire les engins qui ravitaillent les avions !

Comment en vouloir aux anciens qui parlent du « bon vieux temps » ? Ils n'y peuvent rien ! Ce temps-là est vieux, et il était bon : c'est juste un constat !

5.

Dès mon retour définitif au Maroc, j'ai regardé de très près où en était mon oncle. Nos affaires avaient prospéré, mais il travaillait à l'ancienne. L'usine de salaison me paraissait encore plus archaïque qu'avant mon départ pour l'armée. Il séchait les poissons dehors, les fours étaient rudimentaires : c'était toujours aussi pittoresque, aussi peu productif.

Il va y avoir du travail ! Tant mieux, parce que je déborde vraiment d'énergie, et ce ne sont pas les idées qui me manquent, j'y pensais même à des milliers de kilomètres de là, certains soirs, quand le sommeil tardait à venir.

D'abord, je modernise l'usine de salaison et de fumaison, je la transforme en conserverie et je passe commande de nos deux premiers sardiniers (avec l'apport financier de Marcel). Mon oncle les baptise le *Inch Allah* et le *Bismillah* – allez savoir pourquoi, alors qu'il est catholique ! Mais, après tout, moi, plus tard, j'allais bien appeler certains de mes chalutiers du nom de champions de rugby alors que c'est l'un des rares sports que je n'ai jamais pratiqués.

Et puis... et puis je me marie. Pas avec n'importe qui. D'abord, pour faire taire les mauvaises langues, une précision : contrairement à ce qui a été dit, ce n'est pas la fille d'un riche « colon » du Maroc que j'ai épousée le 2 février 1948, mais la fille cadette de Fernand Barutel [1], celui-là même qui m'avait conseillé de partir à la guerre avant d'épouser Fernande, sa fille aînée, pour que je « mûrisse ».

---

1. Fernand Barutel – ce fameux roi du Souss, vous savez ? – n'avait rien d'un colon ! C'était le plus gros industriel du Sud marocain ! Il avait, comme je l'ai dit, des centaines de camions qui sillonnaient le grand Sud tous les jours, qui allaient jusqu'en Mauritanie.

Je savais qu'il l'avait harcelée pour la dissuader de m'attendre, en lui disant que j'étais « un va-nu-pieds », que je n'aurais jamais de quoi la faire vivre comme elle le méritait. Or elle avait été la seule fiancée que j'avais rêvé d'épouser, j'en avais été très amoureux. Je l'étais encore.

Désirant montrer à ce « roi » qu'il était peut-être celui « du Souss » mais certainement pas le mien, c'est à lui plutôt qu'à un autre que j'ai acheté un grand terrain à Talbordj, dans les hauteurs d'Agadir. Je l'ai acheté sans marchander – c'était presque une impolitesse au Maroc, pour lui prouver une bonne fois que je ne profiterais pas de mon mariage sur le plan financier.

Sur ce terrain, j'ai fait construire un immeuble avec un garage flambant neuf (la « Mécanique générale de Souss »), comme je l'avais promis à Marcel, avec trois étages d'appartements au-dessus. J'ai gardé pour moi les deux derniers étages, et réservé le premier à mon vieux Tardy, qui n'est venu me rejoindre à Agadir que vers la fin 48, car il avait mis plus d'un an à terminer le gros contrat avec l'armée à Saigon

Il est arrivé (c'est seulement là que j'ai appris l'histoire de la bague rendue par ma fiancée !)... mais pas seul. Il s'était marié, lui aussi, prétendant qu'il se sentait trop seul depuis mon départ. J'ai eu peur qu'il se soit fait mettre le grappin dessus, mais heureusement sa femme s'est révélée gentille, agréable : une fille bien.

Marcel, en tant qu'associé, a vérifié le prix d'achat du terrain, et m'a déclaré que mon beau père avait fait une sacrée bonne affaire ; je lui ai expliqué que je le savais pertinemment, mais que je tenais à ce que Barutel comprenne que, au contraire de lui, je faisais passer l'argent après les sentiments.

Dans mes affaires, je ne lui ai jamais demandé une faveur, mais la raison de ce mariage n'en est pas plus jolie pour autant, je l'avoue. Il n'avait pas voulu me donner sa fille aînée parce qu'il me trouvait pauvre, eh bien, huit ans après, revenu d'Indochine les poches pleines, j'ai épousé la cadette. C'est exactement comme ça que je me suis marié avec ma première femme.

C'était une mauvaise action, mais j'étais terriblement orgueilleux – et je suis toujours rancunier quand il s'agit de trahison.

Ce n'était pas tellement plus beau de la part de Barutel : connaissant mes sentiments pour sa première fille, il n'a pas hésité à me donner la deuxième quand il m'a vu riche. Et je trouve qu'il a été encore plus sale que moi, surtout que j'ai toujours respecté ma femme, je ne lui ai jamais fait croire que je l'aimais, je lui ai offert tout ce qu'elle voulait, je l'aimais bien, elle était brave, bonne (et surtout patiente, Dieu le sait !)... Elle m'a donné deux beaux enfants, Luc et Michèle, que je ne voyais pas assez, mais il faut dire que je travaillais tout le temps.

Marcel a désapprouvé ce mariage, il prétendait que pour moi aussi c'était un châtiment... mais il se trompait, je m'en moquais, je ne me suis marié que pour fonder une famille, je ne pensais alors qu'au travail.

Sur le plan professionnel tout allait pour le mieux. Le garage gagnait tellement d'argent que Marcel, en y ajoutant sa part de la vente de notre garage de Saigon, s'est acheté deux sardiniers pour être davantage encore soudé avec nous. Ça commençait à être une belle flottille, et on n'avait plus à acheter de sardine, on la pêchait nous-mêmes.

On faisait un beau trio, mon oncle Clovis, Marcel, et moi. Bien entendu Marcel s'occupait seul du garage car j'étais trop pris par mes affaires de conserves, que j'ai transformées année après année, durant quatre ou cinq ans.

Il ne manquait que ça, à notre affaire, un peu d'esprit d'entreprise, et très vite l'argent est rentré comme s'il n'avait demandé que ça !

L'usine que j'avais fait construire avec Clovis à 30 kilomètres d'Agadir pour faire du poisson séché, fumé, ainsi que de la farine de poisson, s'est alors augmentée, à Anza, d'une deuxième usine dont j'étais le seul actionnaire, pour la mise en conserve de mes poissons sous la marque Neptune – ma première marque : on voyait sur la boîte le dieu Neptune, avec son trident sur une sirène !

Dans cette nouvelle usine, je faisais tout, de A à Z. Je surveillais nos pêches, en qualité de patron ; j'en achetais au port en tant que responsable des produits quand parfois nos pêches étaient insuffisantes (la demande allait sans cesse en augmentant – les conserves étant une notion relativement neuve pour le consommateur) ; puis je me précipitais à l'usine sous la casquette de chef de fabrication ; et j'arrivais dans les bureaux en tant que chef comptable, pour calculer qu'on vendait un total respectable de quatre cent cinquante à cinq cents caisses par jour. Enfin, je devenais VRP pour aller les placer au plus offrant.

Je vous épargne les étapes intermédiaires.

Mon usine de conserves était considérée comme celle produisant la meilleure qualité. À force de les satisfaire avec mes produits, j'avais sympathisé avec les deux responsables de l'OCE (l'Office central pour l'exportation), deux messieurs sympathiques et compétents qui venaient souvent me voir et me donner leur avis. J'ai ainsi obtenu le plus gros quota à l'exportation sur le marché anglais. J'avais, au bout de quelque temps, trois modèles de boîtes de conserve : l'une avec ma signature reproduite sur le couvercle, l'autre ornée de la photo d'une Gordini, sans oublier Neptune, celle de mes débuts.

J'étais moderne sans le savoir puisqu'on prenait le temps de soigner les petits détails, alors qu'en ce temps-là la plupart des concurrents mettaient du poisson dans des boîtes et les vendaient, un point c'est tout, sans se soucier des « détails inutiles » de présentation.

Ils oubliaient que non seulement mes boîtes étaient plus attirantes à l'œil, mais qu'en plus les clients satisfaits retrouvaient facilement « leur » marque au lieu d'avoir à dire à la caissière : « Vous savez, là, c'était écrit *sardines à l'huile* sur la boîte... Il y avait des petites tranches d'olives vertes dedans... Oh, enfin, vous ne voyez pas ? Mon mari n'aime que celles-là... »

Tandis que là, on demande « Neptune », « Gordini », ou « André Guelfi », sans perdre de temps. Tout ce qui facilite la vie du client est un bonus pour le fournisseur car – et c'est bien naturel puisqu'ils s'y retrouvent – les magasins vous savent gré de l'augmentation de leurs ventes.

Il y avait beaucoup à faire, dans ce métier, et mes usines tournaient à plein rendement. Je dis « mes », parce que Marcel se consacrait à son garage à temps complet, et que Clovis était parti en France, pour une histoire de femme ; il en était tombé amoureux, mais elle ne voulait pas vivre au Maroc, alors il l'a suivie à Bordeaux. J'étais donc le seul patron de mon affaire... et ça m'allait très bien.

C'est durant cette période où je devais me déplacer souvent et rapidement – toujours à la recherche d'un marché, d'une opportunité – que je me suis rendu compte que je ne conduisais vraiment pas mal, certains copains, pourtant peu flatteurs, prétendaient même que j'étais doué. Je n'avais pas renoncé à ma passion pour l'aviation, mais je savais que, si je me lançais dans cette voie maintenant, on ne pourrait plus me retenir, or je voulais d'abord me construire une assise solide – je craignais que l'avion dévore mon temps.

J'ai dû attendre quelques années avant de pouvoir me le permettre, et j'ai découvert que je m'étais bien trompé : l'avion m'a fait gagner du temps. Je dirigeais même parfois mes pêches de la radio de mon avion ; de haut, les bancs étaient bien visibles, et j'indiquais à mes bateaux la direction à prendre, alors qu'au sol mes concurrents arrachaient les cheveux de leurs assistants et m'accusaient de « coup bas ». Des concurrents, j'en ai eu de moins en moins... Ça va paraître orgueilleux, mais j'ai été le précurseur dans presque tous les domaines concernant les méthodes de pêche, dans la mise en conserve de poissons et dans les méthodes de vente. Mais pourquoi « orgueilleux » ? Quand on fait un métier, on le fait à fond, le mieux possible, à sa manière, sans suivre la routine existante, et donc en innovant. Voilà, disons que j'ai innové.

Lors d'un de mes séjours à Paris, peu de temps après mon retour au Maroc, j'ai été invité sur le circuit de Montlhéry par un de mes amis, Fernand Lacour, celui à qui j'avais acheté une Delahaye à mon retour de Saigon. C'était une voiture qui faisait Paris-Nice comme aujourd'hui Paris-Versailles. Il l'avait mise en vente dans un salon, et je l'ai soufflée de justesse à l'Aga Khan qui en rêvait. Bref, Fernand m'avait invité le jour des essais du « Grand Prix de Paris » qui devait avoir lieu deux jours plus tard, un dimanche. Ma mémoire est intacte pour tout ce qui concerne la compétition automobile.

Fernand était responsable de l'entretien des Talbot de compétition, une voiture qui a fait rêver des générations de jeunes, toute rouge, autant que les Bugatti, non moins belles, mais bleues ; on m'a dit que ce sont les deux modèles réduits qui ont été le plus vendus dans le monde.

Après les essais, pendant que Rosier, le premier pilote, et toute son équipe étaient en train de déjeuner au restaurant du circuit de Montlhéry, j'ai harcelé mon copain Fernand jusqu'à ce qu'il me laisse faire quelques tours de circuit.

Et j'ai pu réaliser un rêve, en filant au volant de la voiture de Rosier. Moi, en Talbot, sur ce circuit ! Le paradis ! Après quelques tours, durant lesquels je ne pensais plus à rentrer au stand, je vois mon Fernand sur le bord de la piste, affolé, me faire de grands signes pour que je m'arrête. Je m'arrête à regret, me demandant ce qui se passe.

Ce qui se passait, c'est que le père Lago, le propriétaire de l'écurie, était arrivé sans crier gare, et mon Fernand avait été obligé de mentir, en lui affirmant que c'était Rosier, son premier pilote, qui tournait. M. Lago s'écrie : « Il a bouffé du cheval ou quoi ! »

Du coup, il reste quelques instants à chronométrer celui qu'il croit être Rosier, et Fernand l'entend grommeler :

– Cela dit, s'il répète en course, on gagne...

Malheureusement pour mon copain Fernand – mais heureusement pour moi – M. Lago lui donne l'ordre de faire rentrer la voiture au stand, puis il va au restaurant rejoindre son équipe, et attendre « Rosier » pour le féliciter ou le calmer, personne ne le saura jamais. Là, stupéfait, il découvre son premier pilote en train de déjeuner tranquillement. D'abord il l'engueule, à tout hasard [1], puis il revient à toute vitesse au stand où il exige de Fernand la vérité : qui s'est permis de monter dans la voiture de Rosier, avec tous les risques que cette imprudence inouïe fait courir à son team ? Fernand risque gros, mais il doit répondre.

Alors il dit la vérité. Il parle de moi, mais assure que je suis prudent, que j'ai le truc avec les voitures, sinon il ne m'aurait jamais laissé conduire la Talbot... « Vous me connaissez, monsieur Lago, s'il y avait eu un risque... »

Fernand m'a raconté que Lago est d'abord resté tout hébété en apprenant que c'était un illustre inconnu qui se permettait de tourner plus vite que son champion. Mais les personnages qu'on trouve sur les circuits ne sont pas des gens communs. Pour Lago, seul le résultat comptait et comme j'étais déjà reparti, il ordonne à Fernand de me joindre de toute urgence et de me convaincre de prendre le départ de la course.

– Mais il est reparti, monsieur Lago !

– M'en fous ! Retrouve-le, sinon c'est toi qui t'en vas...

Fernand saute sur l'occasion de se racheter, car sa place est en jeu, c'est connu dans le milieu : Lago dit ce qu'il pense et fait ce qu'il dit. Il me cherche partout, et finalement, grâce au portier de l'hôtel où j'étais descendu, il apprend que je passe la soirée dans une boîte à Pigalle, le Caprice viennois, avec deux grands amis, Marcel Cerdan – que je ne vais quand même pas vous présenter ! – et Jo Assaban, un grand footballeur, gardien de but à l'époque de Zamora et meilleur ami de Cerdan (on sait que le football était la vraie passion de Marcel, et il était très doué, c'est son père qui l'a poussé à se lancer dans la boxe).

Je me souviens bien de cette soirée, parce que c'est l'unique fois où j'ai accepté d'aller dans une boîte de ce genre. Je ne me rappelle plus ce que Marcel Cerdan et Jo fêtaient, mais on a surtout passé notre temps à parler de nos enfances respectives, avant d'être rejoints par

1. Il ne peut pas se tromper. Un, ce n'est pas Rosier qui conduit si vite sa propre voiture, et deux : il la laisse à quelqu'un d'autre. Dans les deux cas, il mérite l'engueulade.

Édith Piaf, que j'adorais, on avait sympathisé, on se tutoyait, bref, on s'aimait bien. Chaque fois que je venais à Paris, j'allais dormir chez elle où j'avais ma chambre, rue de Berry. Avec Piaf, personne ne l'ignore même de nos jours, Marcel formait un couple légendaire, plein de grâce et de poésie, de tendresse... mais aussi d'engueulades ou de longs silences peinés de Marcel, qui n'aimait pas dire non. Piaf voulait à toute force qu'il s'instruise, qu'il se cultive, qu'il lise, et Marcel n'aimait pas lire, ou alors des illustrés, ou des journaux de foot. Il prenait la vie comme elle venait, et elle c'était une femme qui modelait la sienne. Mais, que ce soit pendant leurs hauts ou leurs bas, dans leurs moments de gloire ou dans les coups durs, ils s'adoraient toujours. Leur couple était illégitime, Marcel était marié, tout le monde le savait [1], mais allez lutter contre une passion !

Au Maroc, Marcel était adoré. Il avait débarqué tout enfant dans le quartier des immigrés, appelé « Cuba », de là il était passé au Maarif, qui était déjà mieux, et ensuite, avec la gloire, il s'est acheté une ferme à Sidi-Maarouf, à 10 kilomètres de Casa, et s'est fait construire une villa sur la colline d'Anfa, qui est le quartier le plus chic de Casa.

Quand il est mort dans cet accident d'avion, en 1949, autour de la *kebira serba* (« la grande bleue ») ça a été jour de deuil spontané, personne n'a eu à le décréter. Le petit brun toujours gai qui devenait un battant sur un ring, et qui avait commencé sa vie comme modeste employé des Cycles Bargasse, place Mers-Sultan, a fait pleurer tout le pays. Au cimetière de Ben M'sik, prévu pour contenir quelques centaines de personnes, on était des milliers à l'accompagner.

Marcel était simple, franc, son sourire était irrésistible (il n'avait pas besoin de se fiancer pour avoir les filles à ses pieds, lui) : tout ce qu'on aime. Et en plus il était le meilleur. Comment ne serait-il pas devenu une légende ?

Marcel et moi on se ressemblait par certains côtés, mais on aurait pu carrément être jumeaux en ce qui concernait nos rapports avec l'école. Il faisait « la bleue », c'est-à-dire qu'il séchait les cours de son école communale de la Ferme blanche, quand moi j'en faisais autant à mon école de Mazagan. Pour le ciné, même chose, moi je me contentais de celui de Mazagan, lui à Casa, il avait plus de choix (mais pas plus d'argent, même beaucoup moins).

---

1. On les comprenait. Dans leurs deux milieux, les journalistes les protégeaient toujours, au lieu de les harceler comme c'est la mode aujourd'hui. Il y a bien un journaliste qui s'est pris une droite pour une question manquant de tact, mais bon, une droite, pour une conduite qui ne l'était pas, ce n'est pas trop injuste ni trop cher payé.

S'il y a une personne avec laquelle je serais devenu vraiment ami si la vie n'en avait décidé autrement, c'est bien Marcel...

Je reviens au présent... d'alors.

Quand Fernand arrive enfin à me retrouver, il est tout essoufflé et me supplie de prendre le départ de la course dimanche. Me supplier ? Je quitte la boîte aussitôt pour que Fernand m'affranchisse un peu sur la course. Je n'y connaissais rien !

Dès l'aube du samedi, chaperonné par Fernand qui ne me lâche plus, je m'achète une combinaison et un casque, bleus tous les deux. J'ai gagné la course détaché et, sans en avoir conscience, j'ai complètement humilié Rosier qui avait pourtant la voiture numéro 1.

Une précision : les usines, les fabriques, les poissons, j'ai su tout de suite que ce travail me plairait, mais que, si prenant qu'il soit, il ne me suffirait pas. Courir à droite, à gauche, réfléchir à toute vitesse, décider, convaincre ou conquérir, mettre la main à la pâte et stimuler : là oui, je vivais à fond. Sinon, dès que la pression retombait, je trouvais que la vie allait trop lentement pour moi. Aussi, plutôt que de me consacrer uniquement à mon métier, j'ai fait passer mon plaisir, sinon avant, du moins en même temps. Dès que je sentais que je saturais. Et j'ai bien fait. La course automobile, les avions, mes deux passions, m'ont donné plus de bonheur que je ne l'aurais cru possible. C'était avoir le droit de rester enfant aussi longtemps que je m'amuserais !

Pour l'instant, je n'en étais qu'aux voitures, mais c'était déjà beau, car j'ai eu l'occasion de courir les Vingt-Quatre Heures du Mans avec la Talbot que mon équipier avait pourtant déréglée accidentellement, et c'est ainsi que j'ai été remarqué par Amédée Gordini en personne. Il a tout de suite voulu me faire courir pour lui à plein temps. À plein temps, non : mais quand il en aurait besoin, il pouvait compter sur moi, et avec joie. J'ai ainsi participé à plusieurs grands prix. Dès qu'Amédée me faisait signe, je lâchais tout, je donnais mes consignes à mes collaborateurs et je partais avec ma voiture en roulant nuit et jour afin d'arriver pour les essais, parfois de justesse. Une seule fois, j'ai demandé à Gordini de me remplacer aux Vingt-Quatre Heures du Mans : un de mes chalutiers s'était échoué au sud d'Agadir et j'ai dû moi-même organiser et diriger le sauvetage, qui a été réussi mais qui m'a donc privé d'un de mes rares bonheurs. C'était l'année où Levègue est rentré dans la foule et où il y a eu pas mal de morts et des dizaines de blessés graves. Celui qui m'a remplacé a eu un accident, et a cassé le bolide. Apparemment, en course et plus généralement en voiture, j'avais la grâce.

En plus de la griserie, de l'euphorie, de l'épanouissement que les courses m'apportaient, cette époque-là s'est révélée extrêmement importante pour moi. Car c'est dans ce milieu que je me suis fait les relations qui m'ont servi tout au long de ma vie et qui en ont amené tant d'autres : des gens à part, des originaux, des forces de la nature, morales ou physiques, en tout cas gens de parole, sûrs, fiables.

Bien sûr, c'était tentant d'abandonner les affaires et de courir en professionnel, mais j'avais tellement à faire dans mon métier, qui n'avait pas évolué depuis si longtemps, que j'ai décidé sans vrais regrets de le continuer. Je n'ai jamais eu honte de mon travail. Je me suis défoncé pour mes sardines, pour mes usines, pour mon personnel, autant que si j'étais au volant d'une voiture de course, avec la même sensation de danger : une faillite évitée, un marché arraché à un concurrent, ça valait bien une sortie de route rattrapée de justesse ou un dépassement en plein virage.

À force d'efforts, de travail, de recherche, j'ai réussi à obtenir pour mes poissons un prix de revient à la caisse qu'aucun de mes concurrents n'obtenait. Là aussi j'innovais sans m'en douter : j'avais eu l'idée d'intéresser mon personnel. J'ai toujours cru à la motivation comme principal moteur pour faire avancer les choses et donner le meilleur de soi. En fin de journée, en plus du salaire quotidien normal, je donnais une prime à la caisse à mes employées et ouvrières – je n'avais pratiquement que des femmes – mais à chacune selon son mérite.

Presque chaque visage de mon équipe de base m'était connu – je dis presque, parce qu'il y avait toujours un renouvellement parmi mon personnel, pour divers motifs, certaines personnes partaient, d'autres arrivaient, je ne vais pas vous raconter d'histoires.

Quand on entrait dans mon usine (une attraction, tout le monde venait la visiter), c'était un véritable spectacle de voir toutes ces femmes rieuses qui faisaient la mise en boîte, chacune essayant d'aller plus vite que sa voisine. Devant elles des piles de boîtes de sardines qui arrivaient jusqu'à 1 mètre, 1,15 mètre de hauteur, et dès qu'il y avait *un cent* tout juste, elles mettaient des dirhams qui représentaient symboliquement la prime devant être payée à la caisse. Ça les stimulait, entre elles, c'était à qui ferait le plus gros tas. Tous les soirs, je leur payais cash la prime qu'elles avaient gagnée. Elles ne se jalousaient pas, elles étaient contentes de ce système, si l'une d'elles avait la flemme tel jour, eh bien elle gagnerait moins ce jour-là, elle le savait, et ne trouvait pas ça injuste pour la bonne raison que ça ne l'était pas.

La bonne ambiance était générale. C'était un plaisir de les voir essayer d'attirer mon regard pour me montrer à quel point elles travaillaient vite et bien. Même les plus malicieuses avaient une naïveté et une innocence d'enfant, et comme je suis aussi resté spontané, on s'entendait bien. On s'aimait bien, en fait, voilà. Pourquoi j'ai hésité devant ce mot-là, je ne sais pas.

Parfois, j'en voyais une qui truquait un peu, et je lui montrais du doigt que je l'avais repérée, elle partait alors d'un éclat de rire, arrêtait ses bêtises, et tout était dit. Je ne faisais pas pire qu'elles en tirant au flanc à l'école !

Je dirigeais mon usine comme dans le sport, avec la même fougue et la même exigence. Je les faisais travailler dur, il le fallait pour avoir ce fameux meilleur prix de revient à la caisse, mais, chaque fin d'année, je distribuais en fonction de mes bénéfices une part à chacune, restant seul juge du montant que je fixais selon l'effort et le mérite. J'avais pour devoir d'être juste, et bien m'en a pris, car elles se sont montrées avec moi d'une incroyable et touchante fidélité, qui s'est manifestée autrement que par des mots lorsque plus tard j'ai eu des ennuis.

Parfois, quand je trouvais qu'il y en avait une qui travaillait mal, si elle coupait les queues de sardine trop court par exemple, je ne pouvais pas m'empêcher d'aller derrière elle, d'empoigner ses mains dans les miennes par-dessus ses épaules, et de lui montrer comment elle devait faire. Je ne la lâchais que lorsqu'elle me prouvait qu'elle avait saisi le coup de main. C'étaient pourtant des femmes rétives au moindre contact, mais elles me connaissaient, elles savaient qu'il n'y avait aucune arrière-pensée salace.

Mon collaborateur Guy Azalbert s'est permis un jour de faire la même chose que moi, et ça a manqué tourner au drame. Il y avait cinq cents femmes déchaînées qui criaient contre lui, je suis arrivé à temps (il aurait passé un sale quart d'heure) et, tout en poussant Guy dehors, j'ai dit à « mes femmes », comme je les appelais, que ça ne se reproduirait plus. Une fois hors de danger – une foule peut devenir incontrôlable à n'importe quel moment – je lui ai passé le savon de sa vie, le prévenant même que je le foutrais à la porte s'il recommençait et s'il n'allait pas tout de suite leur présenter ses excuses. Il s'est rebiffé, il refusait. Je marchais déjà vers nos bureaux pour lui préparer sa lettre de licenciement, quand il a pris sur lui et, dans un immense effort en raison de son caractère fier, il est retourné dans l'usine et a fait ses excuses.

J'étais leur chef, et elles n'en voulaient pas d'autre. À part le coq. Il faut que je vous raconte ça. Parfois, certaines quittaient leur poste pour aller fumer dans les toilettes ou se reposer un petit moment. Or un coq, venu d'on ne sait où, avait élu domicile dans une caisse, près des toilettes. On aurait dit qu'il les gardait, ces toilettes... Dès qu'on s'en approchait, il sautait, les éperons en avant, la crête enflammée, les yeux furieux et le bec menaçant. Elles en avaient peur, et il fallait qu'elles aient réellement besoin d'aller aux toilettes pour trouver le courage de l'affronter. Le duel était trop cher payé pour aller griller une cigarette en douce. Quand il était un peu trop intransigeant, elles appelaient l'un des rares hommes qui travaillaient au fond de l'usine, dans la partie machinerie, pour qu'il vienne tenir le coq. Elles en avaient une trouille bleue.

C'était un coq vraiment spécial, un peu dingue. Il ne les prenait pas pour ses poules, pourtant, car il ne leur faisait pas d'avances ; non, il avait trouvé sa voie, c'était un coq qui se foutait complètement de saluer le soleil, il était né pour être contremaître. Quand il est mort, il n'a pas été remplacé – mais je l'ai regretté, et je n'ai pas voulu qu'il finisse en coq au vin. J'ai demandé à un copain de l'empailler, et je l'ai laissé près des toilettes. Quand elles passaient devant lui, des mois après encore, elles lui jetaient un sort ou lui tiraient la langue. Même mort, elles le craignaient !

Coq ou pas coq, les caisses s'entassaient, l'argent rentrait, et je n'ai pas tardé à reprendre une usine qui s'appelait la Coman, pour pouvoir satisfaire mes clients, de plus en plus nombreux. La qualité finit toujours par payer.

Je me suis fait plaisir, et sans esprit de gloriole, je suis allé ouvrir un compte personnel au CFAT chez M. Grillot, la banque qui m'avait donné mon premier job – et mon premier million.

Il m'a accueilli en prenant tout son monde à témoin :

– Regardez bien, mesdames, messieurs : voici le jeune homme pour qui le mot *irrécouvrable* n'est pas plus français que le mot impossible !

Il ne m'a jamais fallu grand-chose pour être heureux, un sourire m'a souvent fait plus chaud au cœur que des compliments officiels ou des cadeaux royaux pour services rendus.

C'est pareil avec les gens : je suis reconnaissant à quelqu'un qui me veut du bien, même si ça ne tourne pas exactement comme lui et moi on voudrait.

Un exemple. Un jour que j'étais venu disputer un grand prix à Pau, je rencontre un gars qui se montre très aimable avec moi, M. Sarraillé, et qui m'offre une caisse de foie gras provenant de ses établissements, parce que j'avais battu le record du tour.

Je lui explique un peu ce qu'est le travail du poisson, les risques considérables qu'on prend, et qu'en résumé la pêche c'est une loterie. Il me fait entrer dans son bureau et me montre la photo d'un magnifique pur-sang en me disant que, sa loterie à lui, la voilà. Il espérait gagner je ne sais plus quel prochain prix hippique, et comptait ramasser gros.

Devant ma mine dubitative, il me rassure en me disant que ses chevaux sont entraînés par un crack, un certain M. Pelat, à son avis le meilleur entraîneur de chevaux de course, et qu'il lui a confirmé le bien qu'il pensait de son pur-sang.

Voici ce qu'il me propose : éprouvant une réelle sympathie pour moi, il voudrait s'associer avec moi, pour acheter un autre oiseau rare, un pur-sang qui n'avait encore rien gagné mais qui finissait toujours deuxième. Le cheval raflait ainsi chaque fois une allocation deux fois moindre que s'il avait vaincu, mais c'était une rentrée sûre et régulière, alors qu'une victoire vaut pour un cheval une surcharge de poids qui briserait sa série de rentrées en bel et bon argent. Or, dès qu'on le voudrait, ce cheval gagnerait. Un coup sûr. Il paraît que ça existe.

J'ai décliné son offre parce que... il n'y a pas de « parce que », d'ailleurs, ou bien je sens une affaire ou je ne la sens pas. En général, je n'aime pas trop les gens qui me sautent au cou et qui me proposent d'investir mon argent dès qu'on a fait connaissance, mais là, c'était différent, je le sentais sincère, il n'y avait pas d'arnaque délibérée en vue. Il accepte ma décision avec un réel regret, car il aurait été content « de me faire gagner de l'argent facile ».

On reste en bons termes, on se quitte, je l'oublie. Ainsi va la vie.

Quelques mois après, j'apprends que les Établissements de M. Sarraillé viennent de faire faillite. Je lui téléphone, et je vais le voir à Pau.

Il m'explique qu'il n'a pas eu de chance, etc., tout le tintouin prévisible, et qu'il a tout perdu à cause de ses chevaux, sur lesquels il misait des sommes folles qui ont ratissé toute sa réserve financière !

Il me dit qu'il a pu me juger, et me demande si, oui ou non, j'accepterais de rencontrer le liquidateur de sa boîte. Je le rencontre... et me voilà devenu patron des Établissements Sarraillé.

Grâce à mes relations dans le monde des courses automobiles où se côtoient des gens de tous les milieux, j'ai pu à la fois obtenir des prix exceptionnels sur des lots importants de porcs que je faisais venir de l'étranger et de nouveaux marchés ; c'est ainsi que l'affaire est vite devenue rentable.

J'ai gardé M. Sarraillé comme directeur commercial – mais sans la signature : je connais trop les méfaits du jeu pour les avoir observés autour du moi – et placé au-dessus de lui un ami du Maroc, sérieux, afin d'assurer la marche de la nouvelle société.

Amédée Gordini me téléphone à Agadir un mardi soir :

– Tu viens prendre le départ au Grand Prix de Pescara dimanche ?

Je passe mes consignes à mon bras droit et j'informe mes ouvrières que je vais aller défendre leurs couleurs – j'avais d'ailleurs sur mon casque l'étoile marocaine. Puis je fais Agadir-Pescara sans arrêts (à part les pleins d'essence indispensables et la traversée par mer du détroit de Gibraltar), arrivant juste à temps pour les essais sur les bords de l'Adriatique.

Ça ne me coûtait pas, au contraire, j'étais heureux de rouler pour... rouler encore en compétition une fois arrivé sur place. Infatigable au volant, j'ai d'ailleurs été le seul pilote à être resté au volant d'une 3 litres Gordini pendant cinq nuits et six jours pour le Tour de France Auto. J'ai gagné toutes les épreuves de vitesse, et alors que j'étais premier au classement général, mon équipier et navigateur, Julio Quinlin, complètement dans le cirage, me fait soudain signe d'arrêter : il avait oublié le carnet de route à Grenoble, et il m'annonce ça presque à l'arrivée de l'étape finale ! On était automatiquement disqualifiés !

Furieux sur le coup, je le fais descendre et le laisse en pleine nature, et je fonce vers Nice où, le soir, je dors dans un petit hôtel sans prévenir quiconque. Ce en quoi j'ai eu tort. La gendarmerie a effectué des recherches toute la nuit, sondé un lac longeant la route sur une partie de l'itinéraire, et a fini par retrouver Julio dormant à poings fermés, couché dans le fossé où je l'avais laissé.

Je sais par expérience comme c'est bon de dormir à fond, d'un sommeil de plomb, quand on n'en peut plus, et je suis sûr qu'il a dû maudire ses sauveteurs : il aurait été tellement reposé, il se serait senti tellement bien, s'il avait pu dormir tout son soûl. Lui ne m'en a pas voulu... mais sa femme ! elle m'aurait tué ! *L'Équipe* a fait un gros titre disant à peu près : « Guelfi abandonne son équipier sur la route ! »

Pour en revenir à Pescara, je fais la course, je bats le record du tour, mais la voiture ne tient pas jusqu'au bout, et c'est dommage : non pour moi qui avais eu le plaisir de courir, mais pour Amédée Gordini. Il est navrant de penser que le gouvernement n'a pas aidé ce sorcier de la mécanique, au lieu de financer des tocards bien en cour qui coûtent de l'argent sans avoir rien gagné – ni même sans s'être bien battus.

Je rentre donc au Maroc continuer ma vie d'industriel avec pour seul loisir et vacances les courses de voitures. Mes affaires me mangeaient mon temps, et elles en avaient le droit, elles avaient priorité. Et il fallait que je m'occupe d'elles, parce qu'elles me causaient quelques soucis.

Comme je l'ai dit, je n'avais jamais voulu de l'aide de mon beau-père, et j'avais même poussé le scrupule jusqu'à travailler à Agadir avec la seule banque que le Groupe Barutel n'utilisait pas, la BCI, Banque pour le commerce et l'industrie. Je suis excessif en tout. Manque de chance, la BCI était très montée contre mon beau-père, pour des raisons politiques ou irrationnelles, je ne sais plus, Barutel était franc-maçon et le patron de la BCI était un pilier de bénitier. Il n'a rien pu faire contre Barutel, mais ils m'ont roulé, moi, pensant l'atteindre lui. Un jour, le directeur de ma banque me propose une grosse opération de livraison sur l'Allemagne, un marché de centaines de milliers de caisses de sardines avec un premier quota de cinquante mille caisses. Je me mets au travail avec empressement, j'embauche du personnel supplémentaire, et je fabrique en priorité ces cinquante mille caisses, la livraison ne pouvant être fractionnée – cette clause était clairement stipulée.

Le jour de l'embarquement arrive. Je devais être payé contre la présentation du document qui le certifiait, mais les semaines passent et... rien. Ma banque me dit qu'elle attend des nouvelles. Que je patiente. Je patiente. Mal. Et un jour on finit par m'annoncer au téléphone, d'un air dégagé, que la société acheteuse a fait faillite et que les caisses ne seront donc jamais payées. J'ai pris ma voiture et j'ai foncé en Allemagne. Sur place j'ai pu, grâce à des amis du circuit automobile, avoir la certitude que cette société était bidon et que les renseignements donnés par la BCI étaient archifaux.

Je retourne en fonçant sur Agadir, et dès que j'y arrive je vais à la Banque : fermée. Je sonne à la petite porte réservée au personnel et je dis au bonhomme qui m'ouvre d'un air réticent que j'ai rendez-vous avec le directeur (« Puisque je vous dis que c'est une affaire privée ! Vous tenez à vous faire virer ? »). Je monte au bureau du directeur, j'entre sans frapper et je trouve ce salopard... dans les bras de sa secrétaire qui, en plus, était mariée avec un brave type que je connaissais !

Je me jette sur lui et je lui flanque la correction de sa vie, faisant d'une pierre deux coups.

Je me suis senti mieux après, mais je l'avais quand même dans le baba. Comment allais-je m'en sortir, avec tout ce personnel embauché en extra, ces dépenses énormes toutes investies sur ce coup ?

Grâce à « mes » femmes.

Quand je dis que j'avais un personnel qui m'était très dévoué, vous allez voir que je n'exagère pas. Ces salopards de la BCI exigeaient le remboursement des avances qu'ils m'avaient « consenties » – on ne s'y prend pas autrement pour couler une boîte – et j'ai passé environ six mois affreux sans même pouvoir assurer la paie de mes ouvrières. Eh bien, mes femmes ont travaillé gratuitement (gracieusement, disons, le mot est aussi juste mais plus joli, elles le méritent bien) et on ne rentrait que 50 % de nos pêches à l'usine afin qu'elles puissent travailler à mi-temps dans d'autres usines pour gagner leur vie.

Je ne les ai jamais oubliées, et même après avoir quitté Agadir en ayant tout perdu, j'ai continué à les payer pendant une dizaine d'années. Aujourd'hui encore j'aide les enfants de mes anciens chauffeurs, et je suis là pour tous ceux qui m'appellent au secours parmi les enfants de mon personnel d'alors. Et personne n'en a jamais abusé. Je sens ces choses-là.

Après cet incident avec la BCI, j'ai pu au bout de six mois commencer à redresser la situation. Quand je m'étais retrouvé acculé, j'avais réussi à convaincre M. Vezzoso, le directeur de la Banca Commerciale Italiana (mêmes initiales, mais bien différente mentalité) de m'accorder un prêt. Mais cet accord lui avait coûté sa place. La hiérarchie de cette banque italienne l'a sanctionné en le mutant en Italie.

De mon côté, pendant toute la durée de mon découvert dans cette banque, j'ai refusé de faire la balance entre mon débit et les crédits dont j'alimentais mon compte au fur et à mesure de mes rentrées. Ce compte débiteur me coûtait cher en agios alors que mon compte créditeur ne me rapportait rien, mais je tenais à agir ainsi, quitte à me faire traiter de fou, pour montrer à la direction générale de la banque que M. Vezzoso avait eu raison de me faire confiance. J'ai mis presque deux ans à rembourser la totalité du prêt et la banque a été largement gagnante, grâce aux agios. M. Vezzoso n'était donc pas un mauvais directeur : c'est tout ce que je voulais leur prouver.

Plus tard, quand j'ai fait l'opération du rachat du Grand Hôtel, du Prince de Galles, du Meurice ainsi que de la Rente foncière, je suis carrément allé voir le patron de cette banque au siège social en Italie et je lui ai dit que, si j'avais affaire à M. Vezzoso, je passerais par eux pour toute l'opération, sinon, eh bien j'irais ailleurs. Les patrons ont vivement accepté et, à sa retraite, j'ai eu le plaisir de voir que M. Vezzoso était devenu directeur général. On ne me fait pas impunément du mal, on ne me fait jamais de bien en vain non plus.

C'étaient là des moments pénibles ? Eh bien jamais je n'ai demandé un centime ou une intervention à mon beau-père. Il aurait pourtant aimé le faire, car il avait fini par m'estimer et reconnaissait qu'il m'avait mal jugé.

La compétition automobile, qui m'arrachait de temps en temps à mon travail, me servait par ricochet pour obtenir des marchés dans le monde entier, tout le monde trouvant sympathique ce pilote gagneur qui travaillait dans la sardine. C'est Harry Shell qui le premier m'a appelé « Dédé la Sardine ». Et c'est resté, mais ça ne me gênait pas, c'était amical, et puis j'étais Dédé pour eux, ma réussite venait de la sardine, donc Dédé la Sardine, pourquoi pas ? Plus tard, quand je me suis diversifié, que je me suis battu dans le monde des affaires, j'ai commencé à être moins indifférent, ça devenait ridicule de continuer à m'appeler ainsi. Ce n'est pas innocent. Quand on ne connaît pas quelqu'un, on ne l'imagine pas de la même façon si on vous parle d'un certain André Guelfi, industriel, reconverti dans les affaires, ou de Dédé la Sardine. Comment un « Dédé la Sardine » pourrait-il être insoupçonnable ?... Si on veut donner de moi une image déformée, un surnom pareil c'est la cerise sur le gâteau. Un Corse, ni énarque ni polytechnicien, qui ne lit aucun journal, même pas *L'Équipe,* mais qui signe de grosses affaires, c'est facile de lui faire une réputation de financier primaire ou véreux.

Depuis des années, je lis sur mon compte les mêmes bêtises, les mêmes erreurs, sans que jamais les journalistes vérifient leurs dires. Ils ont écrit tel article ? eh bien ils le resserviront tel quel ! Que ce soit des mensonges délibérés, de l'incompétence, des inventions parce que ça fait bien dans le tableau, peu importe : c'était imprimé il y a dix ans, ça resservira sans vérification encore aujourd'hui. Et dix ans après s'il le faut, même si je ne suis plus là, ce sera de nouveau imprimé et lu sans qu'on en change un mot, et cela, aussi souvent qu'ils le voudront ou qu'ils auront à parler de moi.

J'ai toujours laissé dire, je pensais que le silence était la meilleure attitude, mais là on passe les bornes. Quand j'entends raconter que j'ai volé Oufkir, alors que le malheureux n'avait pas laissé de fortune à Fatima, sa veuve, que je suis la première personne qu'elle soit venue voir à sa libération, de qui elle a obtenu de l'aide sans même avoir à le demander... Pourquoi les journalistes ne vont-ils pas lui poser des questions, à elle ? Elle est libre de dire ce qu'elle pense, elle leur dira qui je suis, un ami ou un profiteur.

Après tout, un peu de bon sens ! Tous ces gens dont tout le monde parle sans les connaître, ce ne devrait pas être trop difficile d'aller les voir et se renseigner à la source ! Je ne connais rien au métier de journaliste, mais bon, c'est un métier comme un autre : il y a ceux qui le font bien et ceux qui le font mal. Je n'ai jamais été OAS, je n'ai jamais trimbalé Foccart ou d'autres, je n'ai jamais été RPR, etc., tout ce qu'on affirme à mon sujet est non seulement faux – mais même pas vraisemblable ! Je suis un homme d'affaires, peut-être atypique aux yeux de certains, mais il faudra quand même stopper la machine à ragots.

Désolé pour la légende mais je n'ai rien à voir dans tout ça et je n'ai connu ni Foccart ni Roger Frey ni Jacques Soustelle.

Jacques Reitzer est quelqu'un avec lequel je n'avais eu que des rapports cordiaux. Un jour, il a été victime d'un attentat, et a cru aux articles de journaux, que je n'avais même pas lus, disant que je faisais partie de l'OAS, que j'étais responsable de cet attentat contre lui, que j'avais monté le coup avec MM. Foccart, Soustelle, Frey, et des barbouzes, des espions, etc., est-ce que je sais, moi ! Malheureusement, il ne m'en a jamais parlé [1], et comme je n'étais absolument pas responsable, je ne me doutais naturellement de rien non plus, c'est logique. Un jour, cependant, il s'est confié à Barutel qui malheureusement ne m'en a rien dit. C'est à la suite d'une escroquerie que j'ai subie quelques années plus tard que M. Reitzer, étant intervenu, m'a fait savoir ce qu'il pensait de moi. J'en suis tombé des nues ! Toutes affaires cessantes, je suis allé le voir pour tirer cette histoire invraisemblable au clair :

– Qu'est-ce que c'est que cette salade, Jacques ? Comment peux-tu croire que j'y sois pour quelque chose ? Explique-moi ! Qui t'a mis cette connerie dans la tête ?

C'est là qu'il m'a parlé de ses soupçons. Je n'en revenais pas :

---

1. Ce qui prouve bien qu'il ne faut jamais rien garder sur le cœur.

Après avoir été industriel (dans la pêche), homme d'affaires, pilote de course automobile, pilote d'avion…, je suis devenu à 72 ans intermédiaire entre des grandes entreprises et des États. Ici, le jour de la confirmation de l'accord signé grâce à mon intervention entre le président ouzbek Islam Karimov et Loïk Le Floch-Prigent, le PDG d'Elf à l'époque. Tout allait bien, alors…

… et tout va bien de nouveau. Dès ma libération, après des ennuis causés par l'« affaire Elf », je me suis expliqué avec mes amis (ici, avec Juan Antonio Samaranch, président du Comité olympique international et Boris Eltsine). Personne n'a accordé crédit aux rumeurs mensongères me traitant d'intermédiaire escroc ou autre en France. Ils savent bien comment je travaille.

L'actuel roi du Maroc, Hassan II, avec le fils d'un de mes amis. J'ai pris cette photo au palais, du temps où je vivais encore au Maroc et où j'étais ami de son père Mohamed V. Longtemps, je me suis très bien entendu avec Hassan II.

Je faisais visiter mes entrepôts frigorifiques de Mauritanie aux présidents du Mali, du Sénégal et de la Mauritanie. En passant dans la dernière chambre froide à -35°, je ne sais pas ce qui me prend, j'ai envie de leur faire une blague : je ferme la porte derrière moi, leur disant que j'ai reçu instruction de les « congeler ». Quand je leur rouvre deux minutes plus tard, le président du Mali est fou furieux et quitte la délégation. Les présidents Léopold Sédar Senghor (Sénégal) et Moktar Ould Daddah (Mauritanie), eux, ne m'en ont pas voulu et ont accepté de poser pour la photo.

Escale à La Rochelle pour la présentation de mon *Clupéa* à M. Morin, le ministre de la Marine (à ma gauche). Ce bateau-usine, le premier au monde, destiné à être ancré à Port-Étienne, en Mauritanie, était capable de congeler mille tonnes de poissons par jour : une merveille de technique.

L'*Adrien Pla*, le premier chalutier « pêche par l'arrière », que j'ai fait construire en France et qui a rendu obsolète le système de pêche par les côtés. J'ai presque toujours commandé mes bateaux en France, même si je pouvais trouver beaucoup moins cher ailleurs.

30 GORDINI T30S
6 cylindres en ligne, 2473 cm³
Concurrent : Equipe Gordini

André GUELFI -
Jacques POLLET
3544,610 km à 147,691 km/h
1er - Classe 2001 à 3000 cm

Une fois, aux 24 Heures du Mans, j'ai fait le meilleur temps aux essais, et au moment du départ, je suis resté en plan, démarreur cassé. La glorieuse incertitude du sport n'est parfois qu'un tout petit bout de métal qui flanche ! Mais, cette fois-ci, je me classe premier de ma catégorie.

Grand Prix d'Agadir. Je l'ai gagné. Là, je suis en deuxième position et sur le point de doubler la Ferrari dès la sortie du virage. J'ai toujours pris les virages plus vite qu'il n'est conseillé.

Avant le départ d'un autre Grand Prix d'Agadir, que j'ai gagné aussi. À ma droite, Amédée Gordini, et à ma gauche, mon père qui était venu assister à la course. Je défendais les couleurs marocaines – et j'ai continué, même après l'indépendance du Maroc.

Mon Cessna, que le roi Hassan II revendiquait comme sien : je l'ai d'abord fait consigner par un huissier, puis je l'ai fait exploser. Cette photo a prouvé au roi que je faisais ce que je voulais de *mon* avion.

Aux commandes du Falcon 900. En quarante ans de pilotage, je ne me suis jamais assis dans le fauteuil de droite, celui du copilote, souffrant ou pas. Je préfère reporter un voyage que de ne pas piloter.

Un de mes crashs. Avec les avions d'aujourd'hui, si j'atterrissais dans un tel état, je ne serais plus là pour prendre une photo !

Jean-Paul Belmondo ne sait pas dire « non », mais de toute façon à moi il ne me l'aurait pas dit, on est des vieux amis. Ici, il vient inaugurer mes clubs New Sporting Tennis Forest Hill.

Signature d'un contrat avec un responsable du football belge : j'étais accompagné d'Arthur Ashe et de Bernard Hinault, tous les deux sous contrat avec moi pour la marque « Le Coq Sportif » dont j'étais le PDG et l'actionnaire à 51%. C'était les tout débuts du sponsoring de vedettes du sport, que mon associé et moi avons en quelque sorte inventé.

Déjeuner d'affaires chez M. Serge Dassault (à ma gauche) pour la signature d'un contrat sur la fourniture d'avions Dassault et l'étude de leur fabrication sous licence en Russie. Le métier d'intermédiaire ne se borne pas à passer des coups de fil : avant d'en arriver à un tel déjeuner, il y a des dizaines de voyages, de rencontres, d'explications…

Sur cette photo, mon père, ma mère, ma sœur aînée Jeannette, et moi tout petit.

Détente dans ma résidence en Corse, avec ma fille Laetitia, ma femme Christine… et ma chienne Flassi (avec un « i », on est en Corse !).

Luc, mon fils, et mon autre fille Michèle. Michèle vit très heureuse à Rome et grâce à elle je suis grand-père depuis vingt-deux ans… Toute petite, elle a préféré se laisser punir plutôt que de dénoncer son frère...

Luc vit depuis une vingtaine d'années aux États-Unis, où je lui ai conseillé de s'installer et où il réussit parfaitement, tout en profitant d'une vie très agréable dans l'Arizona.

Photos : collection de l'auteur

Le farniente... La mer étant mauvaise, j'ai fait monter mon kayak dans la piscine, fixé au bord par un gros élastique. Et j'ai pu quand même faire mes 12 kilomètres quotidiens dans l'heure (je ne le referai plus, c'était plus dur qu'en mer !).

... Et les affaires. Une photo avec mon ami le général Beliakov, patron des avions Mig. Sur la photo le Mig-AT, qui a pu être réalisé grâce à mon intervention. Il est équipé de réacteurs *français* SNECMA et par l'électronique *française* Sextan. Vous voyez qu'à mon âge, je sais encore réaliser de belles choses !

– Je t'assure que c'est faux, je suis prêt à faire ce que tu veux pour te le prouver, je veux bien aller voir qui tu veux avec toi !

Il est ébranlé par ma réaction et me dit qu'il y a un commissaire – un certain Pédoussau – qui passe pour être bien informé. Heureux que quelqu'un puisse me disculper, je le presse :

– Très bien, allons-y ensemble !

Manque de chance, il était mort entre-temps. J'en suis le premier désolé, et j'affirme à Reitzer que je vais déjà lui prouver que je ne connais pas ces hommes-là, que je vais leur écrire et leur dire que c'est une question d'honneur pour moi, qu'ils veuillent bien reconnaître noir sur blanc qu'ils ne me connaissent pas, et j'ajoute que s'ils ne me répondent pas je ferai moi-même un démenti dans les journaux.

Et heureusement, comme vous pouvez le voir à la fin du bouquin [1], ils m'ont répondu tous les trois, et ont confirmé qu'ils ne me connaissaient pas. Là, Reitzer m'a enfin cru, mais moins en voyant ces lettres que devant mon exaspération à l'égard de ces racontars qui commençaient sérieusement à me faire du tort – et ce n'était qu'un début, je vous donnerai plus loin des exemples du mal que font des journalistes sans conscience professionnelle, qui vous mettent tranquillement en danger de mort – car ce sera le cas, sans exagération.

Avant toutes ces histoires, c'était le bon temps, pour moi. Mais avec ces ragots de journalistes, je me retrouvais de plus en plus obligé de penser à des choses qui m'énervent, qui me mettent en colère, et même qui m'attristent, parce que j'ai beaucoup d'amis qui peuvent tomber sur ce genre d'articles, et je suis à la fois blessé et furieux de penser qu'à force l'un ou l'autre peut se dire : « Il n'y a pas de fumée sans feu... » ou : « Cet André, quand même, pourquoi on lui en veut tant ? Il a fait quelque chose de mal, peut-être... » C'est en grande partie pour ces amis que j'écris ce livre.

Ça suffit sur ce sujet, je ne vous claque pas la page au nez, mais j'en ai assez pour aujourd'hui, surtout que j'étais parti pour vous parler voitures.

Avec Fangio, par exemple, j'ai beaucoup appris. En plus, comme je parlais espagnol, c'est souvent moi qui lui servais d'interprète. C'est Gordini, qui avait découvert Fangio, qui me l'a présenté.

On avait des rapports amicaux, Fangio et moi. Un jour, la veille du Grand Prix de Reims, Nano da Silva Ramos, deux autres copains pilotes et moi, on a eu l'idée de s'amuser un peu. On a *porté* en pleine

1. Voir Annexes et Notes, n° 2, p. 362.

nuit une 4 CV dans le grand hôtel où logeaient tous les coureurs, jusqu'à l'étage où était Fangio, par les escaliers et les couloirs spacieux et on l'a déposée sans un bruit juste devant sa porte. Le lendemain, quand Fangio veut sortir de sa chambre, il se retrouve bloqué par la voiture. Il appelle la réception, tout le monde court voir ce qui se passe. On l'a peut-être d'abord cru fou au téléphone, mais quand le personnel s'est rendu à l'évidence, c'est le directeur qui est devenu fou, il n'en croyait pas ses yeux, il tournait dans tous les sens, dépassé par les événements, en répétant :

– Mais comment c'est possible ? C'est impossible ! C'est impossible que ce soit possible !

Nous quatre, les farceurs, sortis de nos chambres, on désapprouvait, on disait que l'hôtel en faisait trop :

– Que vous ciriez les chaussures, bon, mais les voitures des clients sur leur paillasson, là c'est exagéré ! Fangio ou pas Fangio, il peut marcher jusqu'au parking, quand même !

– Mais, messieurs, je vous assure...

On est partis en haussant les épaules, et en leur tournant le dos parce qu'on était morts de rire. Quand on s'est revus, comme on ne pouvait pas garder notre sérieux, Fangio nous a juste dit en espagnol, à la fois amusé et grand prince : « Une 4 CV ! À moi ! Même à pied je vais plus vite ! »

D'ailleurs, sans que je l'aie voulu, cette petite plaisanterie l'a convaincu que je ne cherchais pas à « faire copain » pour vampiriser sa science et faire carrière [1], mais que j'aimais la compétition *passionnément* – puisque j'avais osé prendre le risque de provoquer la colère du roi du volant (qu'il était). Il ne me prenait pas non plus pour un dilettante, un amateur qui vient se donner des frissons, il voyait à quel point j'étais sérieux et concentré en course, essayant toujours de tirer le maximum de ma voiture.

Cela dit, sans m'en cacher, et apparemment avec sa bénédiction tacite parce que rien ne lui échappait, je me servais de lui. Pendant les quelques courses qu'on a faites ensemble, quand j'étais dans son sillage et que les aléas de la course le permettaient, je le suivais pour apprendre où et quand freiner.

Je ne pouvais pas rêver meilleur prof. Comme je n'avais pas la possibilité de venir faire des temps lors des essais avant la course (puisque je ne quittais mes usines et mes sardines qu'à la dernière minute) il me fallait beaucoup de tours de circuit pour être dans le

1. J'étais le seul pilote de course dont ce n'était pas la seule profession.

coup, car je partais pratiquement toujours loin de la pole position, et même souvent le dernier.

Et petit à petit, j'ai appris, j'ai bien appris. La preuve : j'ai quand même fait trente et un records de tour en grand tourisme – dont un que l'on n'a fait tomber que huit ans après, et celui qui me l'a pris, excusez du peu, c'était Jim Clark – parce que j'arrivais à aller très vite, trop vite même. Les pilotes professionnels savent exactement quand il faut ralentir, moi je levais le pied une fois à 500 mètres du virage, une fois à 300, une fois à 200, au pif, quoi ! Et je rentrais dangereusement vite dans les courbes, parce que je n'avais pas de métier.

Je ne mens pas en disant qu'en voiture, personne ne pouvait me suivre. À la régulière, j'ai pris une heure à Fangio, de Modène à la frontière française quand on est partis ensemble pour aller faire les Douze Heures de Reims, une compétition qui avait lieu après les Vingt-Quatre Heures du Mans... Je ne veux pas dire pas que j'étais meilleur pilote que lui, bien sûr, mais sans doute plus culotté, l'explication est compatible avec mon tempérament. Marcel Tardy croit que toute ma vie j'ai cherché à me faire peur, alors que les seules peurs que j'ai eues ont toutes été rétrospectives. Non, Marcel se trompe, ce n'était pas la peur que je recherchais, c'était le plaisir pur de la vitesse. Ça me procure des sensations comme rien d'autre.

Quand Fangio courait sur Gordini, je ne courais pas encore, et quand j'ai couru sur Gordini, Fangio était déjà passé d'abord chez Ferrari puis chez Mercedes. Je n'ai couru avec lui que cinq ou six fois, aux Vingt-Quatre Heures du Mans, par exemple, et à Reims en grand tourisme. Aux Vingt-Quatre Heures du Mans, j'avais fini premier de ma catégorie et quatrième au classement général. À un moment de la course, j'étais premier quand Charles Farroux a voulu m'arrêter parce que je n'avais plus de lumière. La foule a hurlé, elle l'en a empêché – le public est bon juge. Mais quand je me suis arrêté pour ravitailler, le stand ne m'a plus laissé repartir avant le lever du jour, une heure et demie plus tard. Je gardais toujours le volant et cette année-là, mon équipier n'a pas pris une seule fois le relais car j'allais beaucoup plus vite que lui : aujourd'hui, ce ne serait plus possible, le changement est obligatoire. Les deux équipiers que j'ai eus sont morts aux Vingt-Quatre Heures du Mans et tout le monde disait : « Attention, jamais deux sans trois ! »

Parmi ceux qui sont morts, il y avait mon beau-frère, Larivière, sur Ferrari, la numéro 30. Il a été décapité au « Tertre rouge ». C'est depuis son accident qu'on appelle ainsi ce virage.

Larivière faisait tout ce que je faisais. Je courais : il courait. Je pilotais un avion, il pilotait un avion. Quand il m'a vu faire du rase-mottes, il a voulu en faire autant. J'ai tenté de l'en dissuader, il a insisté (emmenant même deux personnes avec lui). Avec Tardy, on l'a guidé, pour limiter les risques. Tant qu'il suivait nos indications, du sol, ça allait bien (il avait au moins 50 mètres sous les ailes) mais il a sans doute voulu se prouver quelque chose à lui-même, car soudain il est descendu... et a heurté une petite butte. Ça a fait un bruit terrible, l'avion a éclaté en deux : la carlingue et deux passagers d'un côté, le moteur de l'autre. Et sous le moteur, son fils, toujours vivant, coincé sur une partie détruite, et sa femme Fernande également indemne. Larivière n'avait pas une égratignure !

Ce jour-là j'ai compris qu'il n'avait pas le compas dans l'œil, et en course je ne voulais plus qu'il essaie de me suivre de peur qu'il se tue, ce qui est arrivé quand même. J'avais interdit qu'on lui communique mes temps de passage, parce qu'il voulait à tout prix faire aussi bien, et il n'y arrivait pas. Il s'est obstiné, a été trop vite, et il est arrivé à fond au « Tertre rouge ». Il a été tout droit et, malheureusement, il y avait un fil de fer barbelé attaché entre deux arbres : quand il a sauté le talus, sa tête s'est levée, il a pris le fil de fer barbelé sous le menton, et sa tête a basculé derrière la voiture. La voiture est retombée sur les quatre roues, la Ferrari avec son pilote sans tête est partie comme une bombe, a traversé une haie, et s'est encastrée dans une maison.

Puis un grand et long silence. À vous donner la chair de poule. Rares étaient ceux qui avaient vu un accident aussi spectaculaire et traumatisant. Même les plus grands ont été choqués.

Quinze jours après je courais à Pescara pour voir si ce terrible accident ne m'avait pas trop perturbé. Comme ça ne s'est pas trop mal passé, j'ai pu surmonter cette vision d'horreur, au fil des courses.

En essayant de me rappeler les choses, je crois que n'ai pas couru très souvent en formule 1 avec Gordini, peut-être cinq ou six courses en tout. C'est surtout en grand tourisme que j'ai couru pour lui, mais attention, que le mot « tourisme » ne vous trompe pas, on marchait aussi vite qu'avec les « F1 » et sur des circuits plus dangereux.

Aux Vingt-Quatre Heures du Mans, en 1955, j'avais une Ferrari de 5 litres 9, que Luigi Chinetti, importateur de la marque aux États-Unis, m'avait demandé de piloter pour son écurie, et j'étais le seul à faire du 300 à l'heure dans la ligne droite du Mans et à ne lever le pied qu'à 300 mètres du virage, je rétrogradais à toute vitesse (4 – 3 – 2 – 1 !) pour passer à 90 ou 100 km/h ce virage très dangereux. Je m'éclatais, comme on dit aujourd'hui.

Dans l'équipe Gordini, il y avait un « plus » : on était une vraie famille. Les pros m'en voulaient bien un peu, au début : comme je savais que Gordini n'était pas riche, je refusais qu'il me paie – j'aurais été prêt à le payer moi, pour courir ! Mais les autres râlaient parce qu'ils étaient payés et que moi qui ne l'étais pas j'allais plus vite ! Ça la fichait mal, je « gâchais le métier ». Je ne pouvais pas leur en vouloir de penser ça, mais je ne pouvais pas me changer non plus.

On a fini par s'accepter et devenir copains quand ils ont compris que je ne cherchais pas à me faire un nom, à frimer ou à intriguer, que je venais pour courir, et uniquement pour courir, assouvir ma passion. Je voulais gagner, mais dès que pour moi la course était terminée, suite à un incident mécanique ou à une sortie de route, je partais, je ne paradais pas dans les stands quel que soit le grand prix et les personnalités invitées. Courir, oui, regarder courir, non : ça ne m'intéressait pas et j'avais à faire ailleurs !...

D'ailleurs chaque fois que j'étais de retour dans mes usines à Agadir, il y avait quelque chose qui n'allait pas exactement comme je l'aurais voulu, j'étais très exigeant, il fallait que tout soit parfait, qu'on ne perde pas de temps ni de matériel, il fallait que ça roule, en piste ou en dehors !

On était quand même une sacrée équipe, chez Gordini. Il y avait Behra, Pétoulé (Trintignant, qui est toujours là), Simon, Monzon, Harry Shell, et Nano da Silva Ramos. Avec ceux qui sont encore vivants, de temps en temps on se voit. Trintignant, il y a longtemps que je ne l'ai pas vu, lui, je l'aimais bien, il était gentil Maurice. C'est une qualité que j'aime. Aujourd'hui, c'est une insulte. Gentil, pour les gens, ça veut dire être con. Pauvres... gens !

Et puis il y a eu mon accident. Le plus grave, en tout cas.

Je courais sur une Talbot, j'avais fait le record du tour aux essais en laissant assez loin derrière moi les autres concurrents et je pensais que c'était dans la poche.

Pour une fois, je pars en première ligne et, après le départ, il y a une ligne droite assez longue qui nous fait arriver à près de 180 km/h avant un double virage en S qui se prend à 150 km/h. Au moment où j'entre dans le virage à gauche, je vois tout de suite qu'il y avait un problème. La voiture part en glissade vers la droite, j'essaie de braquer en me servant de la courbe droite qui arrive, mais trop tard, je pars dans le décor.

J'ai percuté un petit palmier qui a dû se coucher et faire tremplin, puisque ma voiture est partie à la verticale et, quand elle a basculé sur le nez, j'ai eu la sensation d'être en piqué dans un avion !

Manque de chance, en retombant la voiture a rebondi sur le dos et m'a projeté à plus de 30 mètres de l'endroit où elle s'est écrasée. J'étais sonné, je ne pouvais pas appeler et j'entendais les gens demander de l'aide pour retourner la voiture, croyant que j'étais dessous.

La voiture retournée, pas de pilote ! Ils cherchent partout et finissent par me trouver. On me transporte aussitôt à l'hôpital de Marrakech où, après des tas d'examens et de radio, on décide que je n'ai rien de cassé.

La cause de cet accident ? Au stand, le mécano a cru bien faire en changeant les pneus juste avant le départ et je suis parti avec des pneus neufs, froids, pas du tout ceux que je croyais avoir.

Je suis rentré à Agadir reprendre mon travail et j'ai souffert comme un damné pendant un peu plus d'un mois, et pendant deux ou trois ans aussi, mais à un degré moindre. Je me demandais ce que ça pouvait être, et je ne l'ai su... qu'après un autre accident !

C'était sur le circuit de Reims où, en pleine vitesse dans la ligne droite, au moment où j'allais doubler un concurrent, un Anglais, il se rabat soudain sur la gauche pour aller s'arrêter dans l'herbe et je le percute sans rien pouvoir tenter tellement ça se passe vite.

Je n'ai pas oublié ce jour-là car, alors que j'étais censé être endormi à l'hôpital américain, j'entendais le professeur Merle d'Aubigny et son assistante qui, tout en me piquant la plante des pieds, disaient que j'allais sûrement rester paralysé de tout le bas ; ils ont été estomaqués quand je leur ai dit que j'avais tout entendu. J'ai dû le leur répéter pour qu'ils me croient.

À ce moment, M. Merle d'Aubigny m'a annoncé que j'avais une double fracture de la colonne vertébrale et une petite fracture du crâne – sans conséquences graves, sauf peut-être pour ma mémoire, notamment en ce qui concerne les dates. Je ne dis pas ça comme alibi, je le dis parce que ça a commencé là. Quand j'ai parlé de ce traumatisme à Mme Joly, je ne suis pas sûr qu'elle m'ait cru.

Ce qui a surpris le plus le professeur Merle d'Aubigny (et moi donc !), c'est quand il m'a demandé quand j'avais eu ma première fracture de la colonne vertébrale.

– Moi ? Je n'ai jamais eu de fracture de la colonne !

Il m'assure du contraire. Je le regarde, incrédule, et déjà inquiet. Je m'informe. De tous, partout, la même opinion, le même avis : c'est un crack. S'il affirme quelque chose, c'est que c'est vrai, il ne parle pas en l'air. Alors j'ai réfléchi un peu et je me suis souvenu de mon accident de Marrakech. Je lui ai raconté qu'effectivement j'avais terriblement souffert pendant plus d'un mois bien que les toubibs n'aient rien décelé de grave. Jamais je n'aurais pensé que c'était une fracture. Eh bien c'en était une, et une belle !

– Et vous êtes resté tout ce temps-là sans vous faire soigner ?

Cri du cœur :

– Mais je travaillais !

Il a été tellement époustouflé – ou inquiet de mon inconscience – que dès lors il est resté chaque jour longtemps avec moi, alors qu'il était réputé pour ne passer que quelques secondes avec ses malades. Ses assistants disaient que je l'avais envoûté, ils le tiraient vraiment par la manche pour le faire sortir de ma chambre.

Dès qu'il se repointait, il insistait pour que je me laisse opérer, en m'expliquant avec des petits dessins qu'il gribouillait sur un bloc-notes que la vertèbre s'était soudée et qu'il était préférable de remettre tout en place. J'ai refusé. Il a hoché la tête :

– Vous allez avoir des vieux jours difficiles... et beaucoup souffrir.

Il avait raison là aussi.

Pendant mon séjour à l'Hôpital américain, je recevais un peu trop d'amis et le champagne coulait à flots, tant avec eux qu'avec le personnel : j'avais gagné des bouteilles de champagne parce que j'avais fait le meilleur temps aux essais des Douze Heures de Reims, et j'avais demandé qu'on me les livre à l'Hôpital américain. Le professeur fronçait les sourcils, il n'était pas trop content de moi, ne me trouvant pas très sage. À deux reprises, on a dû me refaire le plâtre... en découvrant que j'avais le dos en sang. La première fois, tout le monde est venu voir ce qui m'arrivait.

– Eh bien monsieur Guelfi, qu'avez-vous inventé, encore ? Vous n'avez pas une troisième fracture que vous me cacheriez, par hasard ?

Voici l'explication : on était en juillet, il faisait une chaleur terrible, et j'étais plâtré du haut jusqu'en bas du bassin. Ça me démangeait terriblement, et en voulant me gratter j'avais déjà perdu une fourchette et un couteau entre mon dos et le plâtre... et je n'avais pas osé le signaler.

Le professeur hoche la tête, comme avec un élève incorrigible. Il trouvait que je donnais le mauvais exemple. Alors il prend une décision qui, à titre personnel, le navre, mais c'est pour mon bien : l'alibi étant que je monopolise trop le personnel « ... *et le standard téléphonique, monsieur Guelfi, vous êtes ici pour vous reposer, pas pour travailler !* ». Il m'a examiné une dernière fois, et m'a organisé un séjour dans une auberge qui appartenait à un de ses parents. C'était à Oustau de Baumanière, en Provence, et j'y étais comme un coq en pâte, en tout cas au début parce que, très vite, mon travail s'est mis à me manquer. « Incorrigible », aurait répété M. Merle d'Aubigny, d'autant que je le rendais perplexe. Une chose parmi d'autres qui l'avait surpris, c'était la vitesse à laquelle mes os se ressoudaient. Il disait que mon corps fonctionnait d'une drôle de manière, et je lui ai dévoilé mon truc : j'utilisais un secret appris auprès d'un grand médecin chinois à Shanghai, pendant mon équipée en Indochine. Ce Chinois, alors que je venais d'avoir une fracture de la cheville, m'avait conseillé de manger du gruyère et m'en avait fait porter un morceau énorme. Vous savez, la grande roue de gruyère classique, avec des trous ? J'ai eu dans ma vie trois fractures de la colonne vertébrale et, à part celle de Marrakech que j'ignorais, pour les deux autres je me suis forcé à avaler *chaque jour* près de 500 grammes de gruyère, avec du raisin pour le faire passer. Je peux vous assurer que ce régime monotone est très efficace. Le professeur chinois m'avait expliqué que c'était la meilleure manière de faire pénétrer du calcium dans les os. J'ai depuis repassé le tuyau à Alain Prost, pour son pilote accidenté Olivier Panis.

Je vais en finir avec cet accident sur une note qui est devenue l'un de mes meilleurs souvenirs. Dès mes premiers jours à l'Hôpital américain, je reçois la visite de mon assureur qui, soi-disant pour me faire plaisir, vient me proposer une indemnité forfaitaire. Je vois bien qu'il est persuadé que je vais rester paralysé (je n'étais pas sûr du contraire, remarquez) et ce qu'il veut, le brave homme, vu mon jeune âge et donc mon espérance de vie, c'est faire une bonne affaire pour sa compagnie en se débarrassant de mon dossier une fois pour toutes. Après quelques discussions, j'accepte son offre, et le revoilà le lendemain avec un chèque de 35 millions (anciens), me laissant sa carte de faux jeton que, je ne sais pas pourquoi, j'ai conservée. Vous verrez que c'était une bonne intuition et vous comprendrez pourquoi c'est un si bon souvenir – outre le fait que je ne suis pas resté paralysé.

D'ailleurs, dès ma convalescence terminée, la rééducation achevée, je trottais comme un cabri. Mais il m'a fallu du temps, beaucoup d'efforts, et pas mal de volonté.

Pendant toute mon immobilisation, je monopolisais le téléphone, qui était le seul moyen pour moi de continuer à travailler. Un point me tracassait depuis longtemps : je voulais trouver un moyen pour que mes sardines soient plus fraîches au goût que les sardines dites « fraîches », qui meurent rapidement quand elles sont piégées en grand nombre dans les filets. Elles n'ont que le mérite d'arriver rapidement au port et, dès l'accostage, chez le mareyeur ou le grossiste – alors que tout connaisseur sait que le poisson pêché le matin, mais mort, n'a déjà plus le même goût que celui qui a été pêché juste avant de rentrer au port.

Le seul moyen, ce serait de les congeler vivantes. Ça ne s'était encore jamais fait. Était-ce faisable ? Si on ne l'essayait pas, on ne le saurait jamais.

J'étais sous pression, parce qu'on avait dans nos usines un stock très important d'emballages, d'huile, de poissons fraîchement arrivés qu'il urgeait de faire partir, sinon il ne nous resterait qu'à les transformer en farine de poisson – ce qui me mettait toujours en rage. Un vrai gâchis, ce beau poisson reconverti en nourriture pour cheptel !... Mon oncle Clovis disait même que c'était pire que du gâchis, que c'était un crime !

Sur le plan humain, c'était compliqué aussi, je devais gérer un personnel qui, je l'ai déjà dit, variait de cinq cents à mille cinq cents femmes (parfois plus, mais jamais très longtemps) selon les pêches plus ou moins abondantes. Il y avait surtout le problème permanent des bonnes saisons, où le poisson rend bien : alors l'offre dépasse la demande, et que faire de mon poisson frais ?... Dans les mauvaises saisons, où il se fait plus rare, la seule solution aurait consisté à mettre une partie de mes femmes au chômage, et je m'y refusais [1]. Les concurrents, dont je raflais régulièrement les parts de marché, me traitaient de fou mais ça les arrangeait bien. Pourvu que je me noie en salaires, ma « folie » leur était douce !

Car c'est le sort de mon personnel qui me gâchait le plus la vie. Il fallait que je trouve un moyen pour que mes usines tournent *tout le*

1. C'est une constante, avec moi. En tant qu'industriel, j'ai toujours eu une aversion pour les licenciements.

temps et sur du *poisson à vendre*, la solution « engrais » ne devant être qu'un pis-aller, quand il n'y a *vraiment* rien d'autre à faire [1].

J'ai commencé à y réfléchir sérieusement avec un ami ingénieur électricien, spécialiste du froid, M. Blay. On a planché sur la possibilité de congeler la sardine pendant la période de plein rendement et de la traiter pendant la période creuse, ce qui arrangerait tout le monde : le goût de mes sardines, les clients, mon chiffre d'affaires et bien sûr mon personnel.

Sur le plan logique, disaient les grands cerveaux du métier, il était impossible d'avoir une saumure qui supporterait une température si basse. Je n'étais pas sûr qu'ils aient tort, mais il fallait essayer, et M. Blay était partant. C'était un homme grand et fort, calme, compétent, sérieux et loyal. Ce projet lui a plu et on s'est associés.

C'était un as. Après de longues et coûteuses recherches il a trouvé le système. On peut dire que tous les deux, lui par ce que je me permets d'appeler son génie, et moi par mon instinct et mon obstination, on est les précurseurs mondiaux de la sardine congelée vivante.

J'ai alors passé commande du *Géo André* aux chantiers Dubigeon, à Nantes, mon premier sardinier congélateur révolutionnaire de 54 mètres, qui permettait de congeler à bord 100 tonnes de sardines vivantes par jour, et qui m'a permis de prendre 85 % du marché presque d'un coup.

Ce sardinier avait un très grand filet d'environ 3 kilomètres de long. Quand la boucle se refermait sur le banc, on resserrait le cercle et, du bateau, avec un filet plus petit, de 300 mètres environ, on rabattait les tonnes de sardines qui étaient alors cueillies avec un grand salabre – ça ressemble en gros à une immense épuisette. De là, on laissait tomber la sardine dans une grande goulotte, laquelle les faisait glisser dans notre saumure (oscillant entre – 35 et – 38 degrés), et les sardines était congelées vives, instantanément. Elles devenaient alors plus légères que la saumure, remontaient en surface où un courant d'aspiration continu les faisaient passer à travers des grilles, d'où elles tombaient sur un tapis roulant et rentraient en caisses stockées à – 40 degrés dans la cale.

Une pure merveille.

Sur toutes mes publicités, et sur tous les étals, mes sardines à moi avaient la bouche ouverte, signe de fraîcheur, et avec le jeu du soleil sur leurs écailles et leurs reflets d'argent, elles semblaient encore fré-

1. Il restait toujours des tonnes, même après en avoir distribué à volonté à mon personnel, à leurs familles, aux amis de leurs familles, et même à tous les nécessiteux des environs.

tiller. Ceux qui achetaient mon poisson vendaient plus que leurs concurrents. J'avais gagné.

Mais pour pouvoir la vendre à la pièce, comme des belles de Royan – les plus réputées –, les mareyeurs de Saint-Jean-de-Luz, qui recevaient mes sardines congelées dans des cageots de 20 kilos, devaient attendre qu'elles décongèlent et les répartir dans des caissettes plus petites, d'environ 2 kilos, plus adaptées aux possibilités de vente de leurs détaillants. Et ça me chiffonnait, je voulais trouver une solution plus pratique.

J'ai fait, par hasard, d'une pierre deux coups.

Lors d'un de mes nombreux voyages à Saint-Jean-de-Luz, j'ai dîné un soir avec mes amis basques chez le patron d'une usine de fabrication de caisses de bois, à Castel des Landes. J'ai tout de suite sympathisé avec lui. Pendant ce merveilleux gueuleton – c'est là que j'ai mangé pour la première fois de ma vie des ortolans – il soupire, comme s'il songeait à voix haute, que « le temps des ortolans est passé pour lui, et même celui des grives, et qu'il va lui falloir se contenter de merles... ». Il nous confie alors, la mort dans l'âme, qu'il sera bientôt obligé de cesser les activités de son usine, par manque de commandes. Ses clients, principalement des producteurs de fruits et légumes, n'utilisaient plus l'emballage bois. L'époque des cageots en plastique, moins chers, moins fragiles, avait commencé, surtout pour ceux d'une contenance d'une vingtaine de kilos – les plus utilisés – et quand il y a « progrès », on ne revient jamais en arrière. Chaque jour des industries meurent parce que naissent des produits plus adaptés.

Aussitôt, pensant à mes mareyeurs de Saint-Jean-de-Luz, je lui annonce dans la conversation, sans en faire tout un plat, que je vais lui commander des centaines de milliers de caissettes de 2 kilos, plus petites que ses modèles existants mais dont la fabrication aux nouvelles dimensions ne pose aucun problème technique.

Qu'est-ce que je n'avais pas dit là ! Rarement quelqu'un m'aura témoigné une telle reconnaissance. C'est moi qui luttais contre l'émotion ! On peut m'engueuler, me dire des vacheries, je m'en moque, mais un mot délicat, un remerciement sincère, et je craque, je fonds : bref, je ne suis « pas sortable », dans ces cas-là.

Ensuite, toujours autour de cette bonne table, j'ai demandé à mes amis basques de me chiffrer l'économie que je leur faisais faire en leur livrant les sardines en caissettes de 2 kilos – leur évitant le transbordement des cageots aux caissettes – et j'ai majoré mes prix en conséquence, pour récupérer mes frais. J'ai fait mes comptes : on était tous gagnants. C'était donc *la* solution.

Ces petites caissettes étaient remplies directement dans mes usines au Maroc, et je livrais la sardine congelée vivante dedans. Mes clients mareyeurs n'avaient plus qu'à déclouer le couvercle, mettre un peu de gros sel sur les ouïes, étaler un papier sur le tout, le couvercle par-dessus, et hop ! dans le train de nuit. La sardine se décongelait tranquillement pendant le transport, et elle arrivait tôt le matin sur les marchés dans sa caissette (une jolie bourriche, en fait) – à la fois pratique pour le détaillant, engageante à l'œil pour le client, et plus fraîche que fraîche.

C'est ça aussi, les affaires : une idée subite, une trouvaille, voire du simple bon sens qui s'impose au bon moment, et on améliore à la fois la qualité du travail, le rendement, et les rapports humains – que je n'ai pour ma part jamais sous-estimés. Il doit y avoir des métiers plus ennuyeux que faire des affaires, quand on les fait à fond...

Un jour, rue Cadet, à Paris, j'entends en passant dans un marché une poissonnière faire son boniment : « Voyez mes belles Royan toutes fraîches ! » Je m'approche, je les regarde, puis je lui souffle, en souriant, complice :

– Elles arrivent du Maroc, vos Royan, et elles ont été congelées vivantes...

J'ai cru qu'elle allait m'envoyer un poisson à la tête, tellement elle était furieuse. Je l'ai calmée, et je lui ai chuchoté, en lui montrant une caissette :

– Soulevez-la, et vous verrez dans un coin mes initiales, A.G.

Elle vérifie machinalement, et en reste sans voix (pourtant elle en avait). Ensuite, on a papoté comme deux camarades, d'accord pour constater qu'elles étaient meilleures que les fraîches. Ses clientes, n'en voulant pas d'autres, faisaient la moue quand elle leur proposait des « vraies fraîches ».

– Parce qu'elles sont bêtes, vous savez !

Un curieux nous montre alors les fausses Royan :

– Ce sont celles-ci, les fraîches. Vous voyez, elles ont la bouche ouverte. Les autres, là, c'est des congelées.

La poissonnière et moi on se regarde et on se met à rire, en pleine rue.

– J'espère qu'on ne l'a pas vexé ? Je m'inquiète soudain.

– Je m'en fous, il ne vient jamais chez moi.

Et on repart à rire. Dix minutes avant, dans la rue, j'avais l'air grave et soucieux comme si le sort du monde reposait sur mes épaules, et là je riais comme un gosse. Ça fait du bien.

Une de mes fiertés c'est, par la suite, d'avoir permis à la maison Bader, en Allemagne, de mettre au point une machine à étêter les sardines pour qu'elles soient prêtes à la mise en conserve. Pendant de longs mois, les ingénieurs de Bader sont restés dans mon usine, sacrifiant avec mon accord des centaines de tonnes de sardines avant d'arriver à un résultat satisfaisant. Au début, on a eu du mal, la machine coupait la tête ou la queue ou la moitié de la sardine, il a fallu des mois avant d'améliorer notre technique et de réussir à n'ôter que la tête, la queue et les viscères.

Tous ces déchets de sardines, je les envoyais dans mon usine de farine : rien ne se perd, tout se crée, puisque tout se transforme. Je l'avais appris sur le terrain, à l'école on vous l'explique aussi, mais autrement : là, je le vois, je le comprends, et je le fais.

La machine Bader une fois au point, j'ai pu absorber d'immenses quantités de ma pêche quotidienne ; la partie des sardines étêtées qui ne pouvait être mise en conserve était envoyée dans mes usines de congélation – me permettant de fournir en sardines toutes les conserveries du Portugal, d'Espagne, d'Italie et de France. Là j'ai carrément inondé tout le monde, je suis devenu le premier exportateur du Maroc, et j'ai gagné des sommes folles, qui ont été la base de ma fortune.

Comprenez bien que tout ça était *en plus* de mes ventes habituelles aux mareyeurs de Saint-Jean-de-Luz et d'ailleurs, qui marchaient si bien que j'ai dû faire construire un deuxième sardinier-congélateur, le *Guy Boniface* [1], pour satisfaire la demande. Je me trouvais donc à Agadir avec l'ensemble suivant : une flottille de bateaux de pêche, deux usines de conserves, une usine de farine de poissons et un frigo (usine de congélation) ultramoderne.

Le succès de ces deux navires a été tel que, pour satisfaire la demande qui débordait des pays déjà cités, pour venir même de Grèce et de plus loin encore, j'ai organisé le transbordement de la pêche de ces deux sardiniers tout près des lieux de pêche, à Lanzarote (îles Canaries) et à Las Palmas, au sud d'Agadir. J'y avais à disposition des frigos pour stocker la pêche quand la rotation ne permettait pas le transfert de bord à bord de mes sardines sur des cargos frigos appartenant à un de mes amis, propriétaire de la société Cobrecaf.

1. En association avec un ami, R. Ostrowsky.

On était les seuls au monde à utiliser ce procédé, et on a commencé à voir des bateaux japonais rôder autour de nous, pour nous imiter. Mais pas tout de suite, on avait une trop belle avance.

J'étais devenu le numéro un dans le métier.

Pendant toute cette époque où, avec toutes mes femmes (jusqu'à parfois trois mille ouvrières, car j'avais pris d'autres usines en gestion), j'ai pu exporter des millions de caisses de conserve et autant de sardines congelées entières ou étêtées, j'ai eu la sagesse de ne pas mettre tous mes œufs dans le même panier, et je me suis forcé à être raisonnable.

Avant ou après l'un de mes déplacements pour une compétition automobile, je ne sais plus, je suis allé à Genève ouvrir un compte numéroté. J'ai décidé d'y virer régulièrement la plus grosse partie de mes bénéfices. Ce n'est que cinq ans après l'ouverture de ce compte que je suis passé un jour voir où j'en étais, et je dois avouer que ça m'a fait plaisir de voir que j'étais reçu par la Direction comme un gros client.

C'est alors que j'ai eu une idée en or. J'ai décidé de bloquer la totalité de mon pactole pendant dix années, avec un système qui m'empêchait de retirer même *un centime*, ou de présenter ces fonds en garantie : c'était comme si ce compte n'existait plus. En contrepartie, j'ai obtenu des conditions d'intérêt... intéressantes. Cette disposition m'a sauvé la mise, avec toutes les catastrophes que j'ai subies, y compris le tremblement de terre d'Agadir qui m'a presque ruiné une première fois... Si je n'avais pas eu cette idée, j'aurais bien entendu puisé dans ces fonds, qui n'étaient rien d'autre que des économies, mais à une échelle astronomique, et au pépin suivant, j'aurais été lessivé.

Je me suis rappelé la parole de M. Grillot, de la banque de mes débuts : « Il faut être fourmi pour vivre comme une cigale... » Je comprenais ce qu'il avait voulu dire, même si être fourmi pendant des années et des années avant de pouvoir vivre à ma guise, ce n'était pas mes idées. Disons que j'ai eu de la chance de ne pas avoir été fourmi trop longtemps. Mais je me tais, je ne veux pas me porter la poisse...

À propos de poisse, retournons un moment à Agadir, je veux vous raconter une histoire qui n'a fait que me conforter dans ma méfiance envers la Justice.

Un jour, à propos d'élections locales, mon beau-père, qui voyait d'un bon œil ma réussite (et qui m'affirmait donc qu'il me l'avait toujours prédite – classique !), veut savoir pour qui je vais voter. Je lui dis pour personne. Je n'ai pas l'intention de voter. Il en reste baba. Pas voter ? Comment ça ? C'est impossible ! Son gendre, ne pas voter ! ? Peut-on savoir pourquoi ?

On peut... et on ne peut pas. Mettons : pour des raisons personnelles.

Ce n'est pas une réponse pour un homme comme lui, qui se croit déclinant s'il ne sait pas tout sur tous ceux qui l'entourent. Il veut absolument que je vote, ou bien que je lui explique *pourquoi* je ne vote pas.

Plutôt que de lui raconter ma vie, et pour ne pas faire d'éclats, je me résigne à voter. Je me présente à la mairie et demande ma carte d'électeur. Et là, je n'en crois pas mes oreilles. À ma grande honte, le chef des services municipaux m'entraîne dans son bureau pour me dire que, eu égard à ma position de gendre du « roi du Souss », il préfère me recevoir discrètement (merci d'avoir le tact de le souligner), et là, il m'apprend que j'ai été condamné à Lyon pour escroquerie, et que je suis déchu de mes droits civiques.

Fou furieux, j'ai failli me mettre à hurler, mais je me suis repris et je suis allé immédiatement voir mon beau-père – c'est la seule et unique fois où je lui ai demandé son aide, mais l'honneur de sa fille était en jeu aussi. Alors je lui ai dit la vérité, à savoir que je ne comprenais rien à cette condamnation, et qu'il ne pouvait s'agir que d'une méprise avec un homonyme.

Il s'est occupé de l'affaire, non sans m'avoir demandé si c'était le motif pour lequel je ne voulais pas voter. Je n'avais aucune raison de mentir, je lui raconte l'histoire des bons d'habillement de cet imbécile de Delvoix, et je lui affirme que je ne suis pas près d'oublier cette injustice qui m'a fait honte si longtemps et qui a tellement peiné mes parents. Et je le préviens : à présent, éclats ou non, qu'il sache que je ne voterai pas, ni cette fois, ni jamais. S'il veut m'aider à m'innocenter, c'est bien, sinon je me débrouillerai seul. Après tout, il ne peut pas être bien difficile d'établir que je n'ai jamais mis les pieds à Lyon !

Il décide de faire ce qu'il faut et m'obtient un rendez-vous avec un de ses amis député, M. Gozard. Il est réputé efficace, mais il lui faudra tout de même deux ans pour effacer cette condamnation de mon casier judiciaire, condamnation qui avait si peu à faire avec moi que même les hommes de loi se désolaient des gaffes de la machine judiciaire.

J'avais accepté deux fois plutôt qu'une d'être confronté avec toutes les personnes lésées par l'escroc (donc, officiellement, *moi* !) et toutes, sans exception, m'ont innocenté. En dépit de toutes ces déclarations, circonstanciées, la *seule raison* qui a permis l'annulation de ma condamnation, c'est quand je me suis aperçu qu'à l'époque des faits incriminés... j'étais en Indochine ! J'ai poussé un immense ouf de soulagement ! Je ne manquais donc pas de témoins, et quelque part dans la sacro-sainte paperasserie de l'administration militaire, où c'est tout juste s'il ne faut pas trois formulaires pour obtenir une cartouche, on a retrouvé toutes les preuves que l'escroc ne pouvait en aucun cas être moi.

Pour une fois, j'ai pensé que l'armée avait du bon !

Un mot : j'espère que vous ne m'en voulez pas du désordre dans lequel je raconte les différentes phases de ma vie, mais j'écris comme ça me vient, et plus j'écris plus je me souviens... de choses que je croyais oubliées depuis longtemps (et qui ne le sont pas, l'affaire Delvoix [1], par exemple, me fait crisper les mâchoires aujourd'hui encore). Quand je les crois importantes, je les note et je vous les livre telles quelles. Voyez-vous, je suis à un moment de ma vie où j'en ai assez de passer pour ce que je ne suis pas. Et puis c'est ridicule ! Vous-même, arrivez en retard à votre travail deux ou trois fois sans que ce soit votre faute, et vous verrez à quelle vitesse vous serez catalogués. Alors, moi, si j'étais l'infâme qu'on décrit si complaisamment, vous pensez qu'on me ferait encore confiance, qu'on me confierait des affaires si importantes ? (et il y en a certaines que je ne mentionne même pas parce qu'elles ne sont pas encore entièrement réalisées).

Je change de sujet, celui-là a le don de me mettre hors de moi. Revenons un peu à mes courses pour Gordini, le climat y est plus pur et en plus, c'est un souvenir amusant, celui-là.

Chaque fois que je courais pour Gordini, Harry Shell, un autre pilote de l'écurie, venait me trouver et me saper le moral avant le départ en me « prévenant » que j'avais intérêt à savoir piloter sur trois roues et sans freins, ce qui ne me mettait pas dans l'état de confiance et de concentration nécessaire pour bien courir.

1. En ce qui concerne mes ennuis avec la Justice, c'est la seule et unique faute – légalement parlant, car en fait j'étais innocent – qu'on puisse me reprocher dans ma vie. Tout le reste n'est qu'erreurs, ignorance, malveillance, ou calomnies : au choix. Et souvent tout à la fois, la bêtise et la méchanceté vont bien ensemble.

Un jour, alors qu'on se préparait pour le Grand Prix d'Agadir, et qu'on attendait en fin de matinée l'arrivée des autres pilotes, Jean Behra, Jean Lucas, et ce fameux Harry Shell, je jubilais parce que j'allais lui donner une leçon. J'avais placé aux endroits stratégiques des guetteurs pour qu'ils me signalent l'arrivée de la voiture qui les amenait. Dès qu'elle est apparue à la sortie d'un virage, quatre cavaliers et quelques Touaregs enrubannés de leur chèche bleu leur ont coupé la route, et les ont obligés à descendre.

J'avais donné des instructions pour qu'on sépare Behra et Lucas d'avec Harry Shell, afin que les deux premiers puissent me rejoindre à mon usine, où je les attendais, et que Harry se retrouve seul, ce qui est déjà une punition en soi quand on a des ennuis.

Mes sbires lui attachent les poignets, le ligotent en ne serrant pas trop les nœuds, et le jettent sur un cheval, en travers de la selle. Ils parcourent ainsi quelques kilomètres, puis quand Harry crie grâce, ils lui font finir à pied les quatre kilomètres les séparant d'Agadir.

Je n'ai jamais autant ri que lorsque Lucas et Behra, que je venais de mettre dans la confidence, m'ont raconté que Shell pleurait et suppliait mes hommes de prendre en compte le fait qu'il n'était pas français. « *Me American !* » Il exhibait son passeport comme un laissez-passer magique : en vain ! La toute-puissance américaine n'avait aucun effet sur mes acolytes : il n'en revenait pas !

On a eu pitié, au bout d'un moment, et on est allés avec Behra et Lucas à sa rencontre, morts de rire. Harry est devenu fou de rage quand je lui ai demandé comment il se débrouillait pour monter à cheval avec les poignets liés :

– Ça ne ressemble pas un peu à conduire une voiture avec trois roues et sans freins ?

Il a compris la leçon. Depuis ce jour il n'a plus essayé de me casser le moral avant chaque course. Mais, quinze jours après, lors du Grand Prix de Dakar, alors que j'étais en tête, au moment de lever le pied en bout de ligne droite où j'arrivais à fond, un, je perds la roue arrière gauche, et deux, je me retrouve sans freins !

Au dernier moment, pour éviter la foule qui se trouvait là où elle ne devait surtout pas être, dans ce qu'on appelle l'échappatoire, je donne un coup de volant à gauche, je plonge dans un fossé, je rebondis sur une butte et je termine plus loin dans le sable avec juste une épaule démise.

Il y a une photo, où on voit la roue juste au-dessus de ma tête, à un mètre ou deux à peine. Sur le cliché, ça me fait comme un halo de saint, mais dans la réalité c'est une masse de 100 kilos qui me frôle et qui aurait pu me tuer.

J'engueule Harry comme du poisson pourri (et j'avais le vocabulaire) :

– ... et puis tu aurais pu me dire que c'était vrai, ton coup des trois pneus et du manque de freins !

– Mais je te l'ai dit ! Tu n'as pas voulu me croire, mais je te l'ai dit !

Ainsi, c'est moi qui avais été injuste envers lui... Ce sont des choses qui arrivent... Pauvre vieux ! Quand je repense à lui, malgré tout, bien que je l'aie fait souffrir à tort, je ne peux pas m'empêcher de rire doucement.

Après cet accident, Farina, un pilote de Ferrari, est venu m'engueuler. Il était juste derrière moi en course et m'a dit que j'étais un danger public, que j'aurais dû aller tout droit ! Les organisateurs n'avaient pas à laisser le public envahir l'échappatoire en nous privant ainsi d'un de nos rares espaces de sécurité. Il râlait aussi parce que les pilotes risquaient leur vie tous les dimanches et – mais là ça ne partait pas d'une mauvaise intention – parce que ma décision aurait pu me coûter la vie. Il m'annonce froidement que lui aussi a eu un jour une rupture de freins, mais qu'il avait continué droit dans la foule, tuant je ne sais plus combien de personnes. « C'étaient eux ou moi, ils n'avaient pas à être là. » On ne peut pas discuter, dans certains cas ; je m'en suis tiré en disant que j'avais manqué de réflexe.

Au Nürburgring (circuit sur lequel on court encore aujourd'hui, en général vers la fin septembre), il y a eu un autre accident, autrement plus dramatique, et c'est le même photographe qui m'avait pris « en saint » qui a eu l'automatisme de prendre la photo de Jean Behra au moment où celui-ci percute le haut d'un poteau. Ça l'a lancé, ce photographe, car malheureusement Behra est mort un peu plus tard des suites de ses blessures, et bien entendu, cette photo a pris une valeur morbide ; une certaine presse ne s'y est pas trompée et a renchéri pour l'avoir en exclusivité.

Une autre histoire de compétition, mais drôle, celle-là, m'est arrivée après le Grand Prix d'Anfa qui se courait à Casablanca.

« Mes femmes » étaient toutes là quand je courais à Agadir : « vas-y Dédé ! ». Au Maroc, on ne m'appelait que comme ça, en course, surtout que j'avais l'étoile marocaine sur mon casque, j'étais le chouchou de la foule – rôle que j'ai adoré, je ne le cache pas !

C'était impressionnant de foncer sur ce circuit, porté par toute cette foule, vous sentez qu'on vous aime, vous sentez qu'on vous pousse, comment ne pas donner le maximum ?

Dans la ligne droite où je roulais à plus de 200 à l'heure, j'entends soudain tous leurs youyous, vous savez ces cris aigus longuement modulés, poussés en certaines circonstances par les femmes arabes et qui n'ont pas la même intonation selon qu'il s'agit d'exprimer de la joie ou de la tristesse. Là, on aurait eu du mal à se tromper... ça m'a fait chaud au cœur. Le lendemain, à l'usine, je m'approche sur la pointe des pieds juste dans le dos de l'une d'elles (une petite dissipée, toujours à rire mais très brave) et je crie « youyou » très fort : elle sursaute en criant de saisissement, puis quand elle voit que c'est moi, elle éclate de rire en se cachant la bouche. J'en rajoute :

– Ah ! Alors ? Tu vois l'effet que ça fait quand on ne s'y attend pas ? Et vous étiez des centaines à crier, j'ai failli aller dans le décor à cause de vous !

C'était un mensonge et d'ailleurs personne ne s'y est trompé... On s'est tous vite trouvés pliés d'un fou rire qui devenait de plus en plus incontrôlable au fur et à mesure qu'apparaissaient les têtes ahuries des quelques hommes de l'usine. Je demandais grâce en me tenant les reins tant j'en avais mal au dos. C'était un bon moment. Un de mes meilleurs souvenirs...

J'en ai eu d'autres. Entre mon métier et mes courses j'ai toujours été partant pour une bonne affaire, une belle affaire, ou mieux encore, une affaire amusante. Je l'ai dit, j'avais des contacts un peu partout.

Pendant une réunion amicale avec un haut responsable de la Défense nationale, tout en parlant, j'ai eu le malheur de dire qu'il était scandaleux de voir les sommes énormes dépensées en Algérie par l'incompétence des intendants. À l'époque, j'allais souvent du Maroc en Algérie avec mon avion pour rendre visite à mon ami Marceau Crespin. Donc, suite à mes déclarations, le directeur de cabinet de M. Bourgès-Maunoury, alors ministre de la Défense, me provoque en répondant en gros qu'il est plus facile de critiquer que de prouver et d'agir. Je pars au quart de tour :

– Vous voulez des preuves ? Demandez à monsieur le ministre de me faire un ordre de mission pour Alger, afin que je sois reçu par l'intendant général, et vous verrez.

Il me prend au mot et m'invite à passer le lendemain matin prendre mon ordre de mission. Le tout, d'un air sceptique et amusé (j'adore quand ça commence comme ça !).

J'arrive à Alger avec mon avion, et je suis immédiatement reçu avec courtoisie et attention par le général Pomirol, l'intendant en question. Son gros registre des achats sous les yeux, je fais tilt dès que je me rends compte des quantités phénoménales de bière qu'ils achètent.

Je repère aussitôt le prix d'achat de la bière – marque Kronenbourg – et j'annonce au général-intendant que je peux lui fournir une bière de très bonne qualité à un prix inférieur de 2 francs par bouteille à celui qu'il paie.

Soucieux d'économiser les deniers de l'État, il me répond que ça l'intéresse beaucoup. Mais 2 *francs* de moins par bouteille ? Est-ce que je ne m'avance pas un peu ? Je persiste et je signe (enfin, *j'espère* que je vais signer !). Bien : il me fait un contrat pour une livraison de 600 millions d'unités sur un an.

Dès le contrat régularisé, j'oublie tout du vrai but de ma visite (à savoir vendre à l'armée des conserves de sardine et de thon), je remercie le général Pomirol, et ajoute que je ne manquerai pas de parler à son ministre de tutelle de son accueil chaleureux. J'apprécie la correction en affaires, c'est un petit plus qui parfois m'a fait me surpasser pour tenir mes engagements.

Je n'avais que trois mois devant moi avant de commencer mes livraisons de bière, et de ma vie je n'avais encore jamais vu une brasserie.

Pendant cette période, j'allais souvent à la Défense nationale où j'étais très ami avec le colonel Levallée. Lors d'une de ces visites, j'ai repéré une jeune secrétaire très efficace que je lui ai enlevée, avec son accord (à l'arraché !) et qui est devenue ma secrétaire particulière pendant trente ans. Il s'agit de Mme André Irène qui a toujours été impeccable, loyale, et d'une rare efficacité, et que j'ai aussitôt installée dans mes bureaux, alors au 65, avenue d'Iéna [1] (j'aurai l'occasion de reparler d'elle quand j'en serai à mes péripéties rocambolesques mauritaniennes, à partir des années 60).

À mon arrivée à Agadir je téléphone à ma nouvelle collaboratrice, et je lui demande de m'organiser pour la semaine suivante des rendez-vous avec les responsables de grandes fabriques de bière en France. Je laisse des consignes à mon second, Guy Azalbert, et à mon fondé de pouvoir, Jean-Roch Vittori, et je repars à Paris.

Dès mes premiers rendez-vous, j'ai des sueurs froides : les trois premiers gros brasseurs que je rencontre ne peuvent me proposer que :

1. Avant de les installer, quelques années plus tard, au 30, avenue des Champs-Élysées.

– ou bien des quantités ridicules par rapport à mon engagement de livraisons qui devaient commencer au 1er juillet,

– ou bien les quantités souhaitées, mais seulement à partir de septembre, voire octobre.

Me voilà bien ! Toujours stimulé par les affaires qualifiées d'impossibles, je démarche toutes les brasseries françaises, sans succès, et c'est à ce moment que je rencontre un copain (mécanicien de course) que j'ai connu chez Gordini et qui me dit : « Tu cherches de la bière, j'ai un vague parent qui est très sympa et qui a une affaire de famille importante dans la bière, en Sarre. »

Je fonce avec lui en Sarre et je rencontre une famille, de fait extrêmement sympathique, avec laquelle j'accroche tout de suite, la famille Kleinknech, propriétaire de la marque La Perle, de la brasserie Neufang.

Ils me gardent chez eux à dîner et à coucher – car on était immédiatement devenus des amis – et je discute les prix sur des quantités qu'ils n'avaient pas l'habitude de traiter. Je signe avec eux un contrat pour le liquide cru et je me charge de tout le reste, fourniture des bouteilles et des emballages.

C'est le genre de famille père mère fille que tout le monde aurait rêvé d'avoir, unie, solidaire, vivant en harmonie : c'était une joie d'être avec eux.

Je reprends mon avion, un Nord-Écrin [1], Irène m'ayant déjà organisé des rendez-vous avec des fabricants de bouteilles et de cartons et même scénario : une fois que j'ai choisi le fournisseur, je discute, puis je commence à négocier le prix pour un million de bouteilles, puis pour deux millions (ce qui fait baisser le prix), et ensuite, comme si je me décidais d'un coup, allez hop, je me lance, ne mégotons plus : « Quel prix on me fait pour *six millions* de bouteilles ? »... Dès que j'ai mon prix – à la fois prévu et inespéré – je demande, en plus, de combien ce prix baisserait si je payais comptant – ce dont j'avais toujours eu l'intention – et me voilà signant deux contrats *exceptionnels* avec le fabricant de verre et le fabricant de carton !

Une fois mes contrats signés, régularisés, j'adresse une lettre au général Pomirol lui annonçant ma visite afin qu'il goûte ma bière... Après les dégustations, les « spécialistes de l'armée », c'est-à-dire tout le monde, reconnaissent que la qualité de la bière est exceptionnelle.

---

1. Depuis quelque temps je ne me déplaçais plus qu'en avion.

L'affaire conclue, je retourne voir M. Bourgès-Maunoury, et je l'asticote : sur une seule affaire et dans une partie où je ne connaissais strictement rien, j'ai pu faire économiser de l'argent à l'État (2 francs par bouteille, c'est énorme comme économie ! plus du quart !) et, en même temps, je gagne moi aussi des centaines de millions de francs, de l'époque, certes, mais quand même. Je lui fais comprendre que ce sera la même chose pour tous les produits dont ils ont besoin « là-haut » ; en résumé mon message est qu'ils jettent l'argent par les fenêtres, alors que je suis là, bras tendus pour recevoir des commandes qui seront *toutes* meilleur marché. Un bon ministre aime entendre ce langage.

Il m'a remercié en me disant qu'il allait prendre des mesures, mais malheureusement il n'en a pas eu le temps : le gouvernement a été renversé peu après. C'était une époque où le personnel politique changeait plus souvent que la météo, avec un résultat calamiteux pour moi, puisque j'ai fait l'objet d'une véritable déclaration de guerre de la part des intendants que j'avais ridiculisés. Total : mes usines ont été écartées de tout marché avec l'armée française.

Mais il était trop tard pour empêcher les livraisons de mes bières qui s'effectuaient normalement jusqu'au jour où il y a eu un incident : les bouteilles de bière, stockées dans un dépôt à Alger, explosaient à tout va. Je m'y rends pour constater les dégâts et, à peine arrivé au dépôt, j'entends à intervalles variables – mais hélas rapprochés – des explosions qui confirment la catastrophe. Le colonel responsable avait dit à son collègue Marceau Crespin : « Ton ami Guelfi, ce n'est pas de la bière qu'il livre, mais des grenades !... »

C'est peut-être à la suite de la plaisanterie de ce colonel que les RG ont mis sur ma fiche que j'avais fait du trafic d'armes, allez savoir, ils ont commis des erreurs plus grossières, volontairement ou non ! Dans mon cas, ils ont ajouté la drogue pour faire bonne mesure, en précisant que, malheureusement, ils n'avaient jamais pu avoir de preuves... Mais moi, André Guelfi, preuve ou pas, je vous le dis : ces gens-là sont des salauds, ils savaient ce qu'ils faisaient : « Calomniez, calomniez, il en restera toujours quelque chose... »

Le technicien de la brasserie La Perle a compris tout de suite d'où venait l'erreur : une panne de courant avait dû provoquer un problème dans la stérilisation de ce lot. Hélas pour La Perle, cette catastrophe est arrivée au moment où les beaux jours étaient passés et, l'hiver approchant, la bière devenait plus difficile à vendre. Kronenbourg, appuyé par le ministre originaire du coin, M. Pflimlin, a fait une campagne de presse, avec gros titres dans les journaux du genre « Scandale ! l'armée française d'Algérie boit de la bière allemande » (à cette époque, la Sarre venait d'être rattachée à l'Allemagne) !

Une véritable attaque en règle. Pour un peu je devenais un traître à la patrie. Ça a fait un tel raffut que le chargé des marchés de l'armée m'a imploré, littéralement supplié, de résilier mon contrat avec La Perle car il ne pouvait plus supporter les responsabilités qu'on lui mettait sans scrupule sur le dos. Tout ce branle-bas de combat mené par M. Pflimlin n'avait qu'un but : faire attribuer à Kronenbourg cet important contrat pourtant inattaquable.

Je savais que ce lot correspondait à une livraison défectueuse, mais ne concernait pas l'immense majorité de la commande. Néanmoins, j'ai dû céder, et je me suis arrangé avec la famille Kleinknech qui a été formidable de bon sens et d'honnêteté. Ils m'étaient tellement sympathiques, tous, que j'ai pris un peu de temps pour rester avec eux, pour leur remonter le moral. J'ai donc résilié notre contrat, la mort dans l'âme, en insistant pour qu'ils acceptent un très large dédit (il représentait plus de bénéfice que ce qu'ils pouvaient réaliser en trois ans). Je leur ai dit de ne surtout pas s'inquiéter : j'avais un moyen pour faire payer quelqu'un !

Car, avant d'aller discuter la résiliation du contrat, j'avais obtenu deux accords importants : premièrement, j'avais seul le choix de la nouvelle fabrique de bière, sous réserve qu'elle soit française, et, deuxièmement, un supplément de cent millions de bouteilles me serait accordé pour me permettre de combler le dédit que j'allais être obligé de payer. Je n'allais tout de même pas me laisser voler par Kronenbourg : j'avais déjà tout calculé pour ne pas signer avec eux.

Je peux simplement dire sans donner tous les détails ni décrire toutes les pressions, que j'ai décidé de signer avec une marque de bière *strictement* française, la brasserie Phénix, installée dans la région de Marseille, qui a crié au miracle quand je lui ai proposé ce gros contrat. Cette affaire m'a permis de faire moralement un bras d'honneur à Kronenbourg, de compenser ce que j'avais donné de ma poche à cette adorable famille Kleinknech, et de gagner moi-même une véritable petite fortune, nette d'impôt.

J'avais beau aimer ces affaires qui étaient étrangères à mon métier principal, elles ne me procuraient pas le centième du dépaysement et du plaisir que j'éprouvais quand je pilotais mes bolides. Je croyais alors que c'était du plaisir : c'était du bonheur, je le sais aujourd'hui.

L'équipe Gordini s'embarquait parfois dans ce qu'on appelle au rugby des « troisièmes mi-temps ». Je n'y participais jamais, mais un soir il ne m'a pas été possible de refuser – c'était à Casa – et, après la course, je me suis laissé entraîner avec toute l'équipe à aller dîner et danser à la Guinguette fleurie, au nom charmant, qui sent bon le passé, et fait regretter les temps plus humains du Maroc...

On était tranquillement installés, à discuter, à boire, quand tout à coup entre un couple de bourgeois sans signes particuliers mais accompagné d'une jeune femme d'une beauté exceptionnelle.

Jean Behra, Harry Shell et Jean Lucas, déjà amoureux, ne cessent de jeter des coups d'œil à la dérobée vers l'endroit où les nouveaux arrivants se sont installés, à deux ou trois tables de nous, autour de la piste de danse.

Ils ne se rappellent plus de quoi ils parlaient, ils ne pensent même plus à manger ou à boire. On a tous reçu un choc qui nous rend bien humbles. Qui peut être à la hauteur d'une telle beauté ? En ce qui me concerne, non seulement je ne me suis fait aucune illusion mais elle aurait aussi bien pu être martienne, tant je la jugeais hors de ma portée. Ce n'était pas le cas de mes trois lascars qui commençaient à calculer leurs chances respectives :

– Je ne veux pas m'avancer, mais je crois que j'ai une touche...

– Pour t'avancer, tu t'avances : c'est moi qui ai le ticket !

– Ils sont drôles, tous les deux... Alors vous voyez pas que c'est moi, qu'elle regarde ?

Effectivement elle ne quittait pas notre table du regard. J'étais détaché, parce que je n'ai jamais déclenché de coups de foudre. Je ne sais donc plus si c'est Harry ou l'un des deux Jean qui déclare que « c'est bien simple » : ils n'ont qu'à tirer au sort pour savoir lequel des trois ira le premier inviter la fille à danser ! ainsi, tout le monde sera fixé, « sans contestation possible ».

Aussitôt dit, aussitôt fait.

Et comme ils savent que je suis hors compétition, ils me nomment arbitre « au cas où ». Ils font bien, parce que leur « sans contestation possible », je n'y croyais pas beaucoup. J'avais trop vu de fâcheries entre copains dans le même cas de figure (alors, dans le cas de cette *figure-là* !...).

Je surveille donc attentivement les opérations.

Jean Behra est le premier à se lever, à aller à la table de la mystérieuse beauté, à s'incliner devant elle pour l'inviter. Pas fou, il a attendu un tango pour se lancer, spécialité dans laquelle « il brille » –

il le dit lui-même. Elle décline son invitation sans même lui jeter un regard. Le Jeannot revient tout penaud :

– Elle ne sait pas ce qu'elle veut...

Harry sourit finement : il était sûr que Jeannot allait droit au casse-pipe, parce que « s'il y a quelqu'un qui connaît les femmes, c'est lui ». Même jeu, même échec :

– Une allumeuse. Je l'ai vu tout de suite.

Jean Lucas y va à son tour, plus calmement, avec plus d'assurance, puisqu'il est le dernier en lice et que c'est fatalement lui le gagnant... et, à la surprise générale, il récolte le même refus, avec même, cette fois, un geste d'agacement.

Lui, à son retour, il ne fait pas de commentaire. Il vide son verre, le remplit de nouveau, et renouvelle l'opération. Il n'en revient pas. Et pourtant elle regarde toujours vers nous !

Alors une idée germe dans la tête de Lucas, qui me pousse du coude.

– Vas-y, toi ! On ne sait jamais !

Je repousse l'offre, mais tous les trois s'y mettent et, de guerre lasse, me voilà forcé de me lever. Les copains sont parfois très lourds, car je ne me sens vraiment pas le courage de traverser l'espace entre nos tables sous tous ces regards (parce que tout le monde la regardait, des clients au personnel, et donc ils vont tous me voir prendre un bide) et d'aller faire ce cinéma, m'incliner, l'inviter à danser, etc., toutes choses que je n'ai encore jamais faites et que je ne ferai d'ailleurs plus jamais.

J'attends moi aussi un tango pour y aller... Ce n'est pas que j'y brille, mais au moins je connais les pas (et surtout, j'ai gagné quelques minutes !)... J'arrive devant elle. À peine j'esquisse le geste de l'inviter qu'elle se lève ! Inutile de vous dire que j'étais encore plus estomaqué que les copains... mais fier quand même de les avoir épatés !

Dès que j'attaque ce que j'appelle, faute de mieux, « mon baratin », elle me coupe la parole et me dit :

– Vous ne me reconnaissez pas ?

Je commence à avoir la trouille, me disant : « Ce n'est tout de même pas une de tes anciennes fiancées ! C'est impossible, elle est inoubliable, celle-là ! » Logiquement, donc, mais assez bêtement, je lui dis :

– Comment aurais-je pu oublier un si beau visage ?

Alors elle m'ordonne d'arrêter mon numéro, et me déclare que je suis le roi des salauds et qu'elle tenait simplement à me le dire en face :

c'était la meilleure amie de ma fiancée de Saigon – celle avec qui je devais me marier – et elle voulait me plaquer là, en plein milieu de la piste de danse !

J'ai dû laborieusement ramer à la fois pour m'expliquer sincèrement et gagner du temps jusqu'à la fin du tango, tout en prenant soin d'éviter de m'approcher de la table où les regards de mes copains étaient collés sur nous. J'ai été sauvé par le gong car, au moment où, excédée de mes explications emberlificotées, elle m'envoyait promener, la musique a cessé, tous les partenaires se sont séparés.

J'ai respiré et j'ai pu regagner ma table d'un air dégagé, puis j'ai offert le champagne à mes copains, sans commentaire. Ça me faisait penser à la chanson des Compagnons de la chanson, ils n'arrêtaient pas : *« Alors ? raconte ! comment ça s'est passé ? ce qui est arrivé ! pendant qu'on t'attendait, etc. »* Mais ça m'arrangeait de jouer au mystérieux pour pouvoir récupérer : je venais de comprendre l'expression : « Avoir eu chaud... » Du coup, j'ai fait croire à mes lascars que j'avais décroché un rendez-vous le lendemain, pour leur apprendre à me laisser tranquille !

C'est à la même époque que j'ai parié (je vous en ai déjà dit quelques mots) avec la maison Alfa-Roméo que je pouvais facilement faire Agadir-Casa en moins de trois heures trente avec une Alfa Super Sprint qui montait à 200 km/h maximum. Je le savais, j'avais ma banque à Casablanca et je faisais deux fois par semaine l'aller-retour sur Casa. Le patron de la firme a dit que c'était impossible, que personne ne pouvait aller aussi vite, que ce serait du jamais vu depuis qu'il était au Maroc. Il était tellement sûr de lui qu'il a parié la voiture contre le paiement de celle-ci de ma part, en cas d'échec. Je précise, pour que vous ayez toutes les données, que c'est un parcours de 517 kilomètres dont 178 en montagne – et sur des routes ! mais des routes !...

Le départ m'a été donné par un petit avion à la sortie de la ville d'Agadir et trois heures vingt après j'arrivais à Casablanca malgré un obstacle imprévu – un nuage de sauterelles ! – après Mogador. À l'escale organisée pour ravitailler la voiture rapidement, un Marocain trop zélé a débouché le réservoir du radiateur, ce qui a provoqué une giclée de vapeur et même d'eau bouillante qui a mouillé les bougies. Pour que je puisse redémarrer, des Marocains m'ont poussé pendant près de 500 mètres, et c'est reparti. J'ai perdu exactement treize minutes ce qui m'a fait un temps réel de trois heures sept, mais j'ai tout de même gagné mon pari et la voiture. Ce record a paru à la une de tous les journaux du Maroc, et des journaux de sport de France et d'Italie.

Je me souviens que les dirigeants de Fiat avaient protesté en prétendant que c'était une publicité mensongère et une tricherie (comment j'aurais pu tricher, ça, ils ne le disaient pas) et j'ai proposé de refaire le pari sous leur contrôle. Ils ont flanché au dernier moment à cause d'un de nos amis communs, Luigi Chinetti, qui m'avait fait courir au Vingt-Quatre Heures du Mans pour Ferrari et qui avait roulé quelques milliers de kilomètres avec moi. Je ne sais pas ce qu'il leur a raconté à mon sujet, mais ils ont annulé le pari. Dommage.

Il faut dire que dans une voiture, j'ai l'impression que le bolide que je dirige est un prolongement de moi-même. Je fais le geste qu'il faut au moment où il faut sans même en avoir conscience. Avant que les copains ne m'aient fait remarquer que je conduisais vite et bien, je croyais conduire normalement, « naturellement » est le vrai mot. Et en avion, même chose. En l'air ou sur la route, c'est pareil, l'engin m'obéit au doigt et à l'œil. Je suis chez moi, je suis la voiture, je suis l'avion. C'est aussi simple que ça.

Je vais vous raconter une anecdote, qui me fait sourire aujourd'hui, mais qui m'a navré quand elle m'est arrivée, durant un de mes voyages d'Agadir à Saint-Jean-de-Luz.

Comme d'habitude, quand j'allais rejoindre mes amis basques, je téléphonais avant mon départ et on pariait que je serais ou pas à l'heure prévue à un très bon restaurant – le Relais franco-espagnol, il existe toujours. J'étais donc tout le temps sur les routes avec des voitures américaines, traversant l'Espagne en moins de onze heures à une moyenne de plus de 150 km/h.

Un jour, à la sortie d'un village, alors que je fonçais, je vois, encadrant un curé, deux gendarmes espagnols qui me font signe d'arrêter. Je bloque à leurs pieds en faisant hurler les pneus. Ils ont un instinctif mouvement de recul, puis se consultent du regard avant de se décider à me demander si ça ne me dérange pas de prendre avec moi « Monsieur le Curé » qui doit aller dans un village, situé beaucoup plus loin, mais sur ma route.

– D'accord, montez vite, mon père, parce que je suis pressé !

– Mon fils, il y a un temps pour aller vite, et un temps pour...

Vroum, j'ai déjà démarré, en m'excusant d'un sourire. Je fonce, comme toujours, sans penser que, pour quelqu'un qui n'a pas l'habitude, ça doit être impressionnant. À un certain moment, le curé me touche le bras, délicatement, comme s'il avait peur de me toucher, et je lui demande ce qu'il veut en criant, le faisant involontairement sursauter. Il me répond, en essayant de parler plus fort que le bruit du moteur et de la radio conjugués :

– Mon fils, ne roule pas si vite, c'est très dangereux...

– Mais, mon père, ce n'est pas dangereux du tout, il y a des années que je roule sans le moindre accident, vous ne risquez rien, et je dois être ce soir à 20 heures au Relais franco-espagnol à Hendaye, vous comprenez ? Ne vous en faites pas, j'ai l'habitude !

Et une épingle à cheveux très serrée à 90, une !

Je ne m'occupe plus de mon curé que je croyais tranquillisé, mais il avait quand même sorti son chapelet et il priait – en tout cas il remuait les lèvres et il avait les yeux fermés. Je l'ai cru très pieux. Au moment où je m'arrête pour faire le plein, mon curé retrouve toute sa vivacité, s'éloigne au plus vite et me dit, sans se retourner qu'il priera pour moi. Distraitement, je le remercie, le regardant entrer dans la station-service. Je croyais qu'il était arrivé. Pas du tout. Pendant que je surveillais mon plein, j'ai eu le chagrin d'apprendre que le pauvre curé cherchait avec le chef de la station un moyen de retourner en arrière pour aller au village où il devait se rendre. On l'avait dépassé de 200 kilomètres environ et il n'avait rien osé dire, m'ayant pris pour un fou !

En dépit de mes affaires, qui dévoraient tout mon temps, je ne pouvais m'empêcher de remarquer, en m'en inquiétant, que la France filait un mauvais coton, et qu'elle allait nous gâcher la vie. Et nous faire perdre notre pays, car nous qui étions nés au Maroc, on se considérait comme marocains, pas français. En exilant à Madagascar le roi Mohamed V, en 1953, la France s'est mis la population à dos et, dès lors, je savais qu'un jour ou l'autre ce serait la débandade générale.

C'était inévitable, étant donné l'aveuglement – et la cupidité – des autorités françaises au Maroc : jamais, elles n'intéressaient les Marocains à leurs propres affaires, on ne voyait jamais un Marocain dans le gouvernement. C'était une grosse, grosse faute humaine et politique.

J'ai eu alors une idée... énorme. Par un compatriote corse, j'ai fait passer un message au roi Mohamed V pour savoir s'il souhaitait que je l'aide à s'évader et que je le ramène au Maroc. Lui seul, en coopérant avec la France sur une base d'égalité, pourrait nous sauver du désastre.

Je ne l'avais jamais vu, je savais seulement que c'était le roi du Maroc, de mon pays, je n'étais pas allé chercher plus loin. Il m'a fait répondre qu'il me remerciait, mais que c'était inutile. Dans quelques mois, deux ans au plus, il serait rétabli sur le trône, et alors il ne partagerait pas le pouvoir, il avait été trop déçu par les Français, à côté desquels il avait choisi de se battre pendant la dernière guerre, ne l'oublions tout de même pas.

C'est ce qui s'est passé. Quand le roi est revenu au Maroc, de nouveau sur son trône, il m'a reçu et c'est là qu'il m'a présenté le capitaine Oufkir (c'était son grade, alors) en lui disant : « Tu vois ce Français ? C'est le seul qui m'a proposé de m'aider, de me libérer. »

Oufkir, qui vénérait le roi et qui était d'une loyauté totale, dont on a bien eu tort de douter, s'est alors intéressé à moi, et m'a demandé si je m'étais vraiment senti capable de réussir cette évasion. Sans tartarinade, je réponds que oui, que ça m'aurait même amusé et que je ne regrettais qu'une chose, c'est que le roi n'ait pas accepté. Oufkir, agacé, ou amusé (il se laissait difficilement deviner) me demande comment je comptais m'y prendre. Je lui dis que ce n'aurait pas été difficile, quand on veut, on peut, etc., et d'ailleurs le roi n'était pas enfermé, il était en résidence surveillée : en mettant le paquet, ça aurait été facile ! Surtout avec des compatriotes corses qui donnent un coup de main. Un petit voyage en avion pour finir, avec moi au manche à balai, et je le ramenais tranquillement. Le peuple ne l'aurait plus laissé repartir « ... et la France aurait été obligée de composer avec lui, alors que là elle a tout perdu, et que vous serez indépendants d'ici quelques mois ».

Je le regarde et j'ajoute :

– Et que vous nous foutrez dehors.

Il a souri, et il a dit :

– Pas tout le monde, pas tout le monde...

Il veut tout savoir de moi. Il n'en revient pas quand je lui confirme que je n'ai jamais vu le roi, que c'était une décision personnelle, pour essayer de sauver une situation insensée, parce que je trouvais que les Français faisaient une énorme connerie.

En tout cas, ni à la déclaration de l'indépendance, en 1956, ni après, on ne m'a embêté, personnellement. J'ai même souvent eu l'impression qu'on veillait à ce qu'il ne m'arrive rien de fâcheux – et j'ai travaillé comme auparavant, j'ai même continué à courir avec l'étoile marocaine sur mon casque, j'avais toujours la cote d'amour avec le peuple marocain... Mais, à la suite d'exactions ou de vengeances commises contre des Français, en particulier des attentats dans la région de Meknès et de Fès, mon beau-père, qui se sentait visé, a décidé de quitter le Maroc avec toute sa famille et j'ai aussi pris la difficile décision de conduire ma femme et mes enfants en France. Je les ai installés dans une propriété à La Celle-Saint-Cloud, que j'ai achetée par la suite.

Marcel Tardy a quitté le Maroc, lui aussi, et a emménagé dans le même coin, à Saint-Cucufa.

C'est au moment de ce bouleversement dans nos vies que j'ai découvert la déconfiture de mon beau-père. Tant qu'il était au Maroc, rien n'avait filtré, c'est souvent comme ça dans les grosses affaires, le roulement fait qu'on ne voit rien, de l'extérieur, mais c'est comme le vélo : c'est quand on s'arrête qu'on se casse la figure. Je le croyais plus réfléchi, or il avait eu l'imprudence de mettre tous ses œufs dans le même panier. Il a dû quitter le pays sans un sou.

J'aurais pu me venger en le laissant comme le « va-nu-pieds » qu'il était pratiquement devenu à son tour. Ajoutez-y son âge comparé à celui que j'avais quand il me traitait ainsi, vous comprendrez sa détresse – mais le temps adoucit les choses et je ne suis rancunier que lorsqu'on me trahit. Ce n'était pas le cas, donc j'avais pardonné, sinon oublié.

Comme il s'agissait quand même de mon beau-père, je lui ai offert les Établissements Sarraillé (j'avais gardé le nom, car la marque était réputée) mais non sans lui adjoindre l'un de mes plus fidèles collaborateurs, Guy Azalbert – celui qui avait failli déclencher une émeute avec mes femmes lorsqu'il avait osé en toucher une. Il est aujourd'hui retraité à Pau. Je le salue ici, ils sont rares les gens sur lesquels on peut véritablement s'appuyer en toute confiance. Quant à l'affaire donnée à Barutel, elle tournait gentiment mais elle ne m'amusait plus, et avec moi c'est une raison suffisante pour m'en lasser et m'en dégager – mais toujours quand elle est en bonne santé.

Une fois ma famille à l'abri, je retourne travailler au Maroc. Oufkir s'est un peu froissé de me voir prendre ces précautions, mais je lui ai dit que ma femme voulait être près de ses parents, et il a accepté cette version des faits.

On a commencé à se voir de temps en temps, lui et moi. Ça lui plaisait, que je coure avec les couleurs marocaines, et il entendait la *vox populi* dire « le Marocain Guelfi » a gagné telle ou telle course, jamais « le Français Guelfi ». À juste titre, d'ailleurs : je ne me suis jamais senti français, bien sûr d'abord pour des raisons sentimentales, mais aussi parce que j'ai toujours été contre le système fiscal en France qui, à mon avis, oblige les grands patrons à tricher (quand on compare avec ce que gagnent les grands patrons des pays étrangers – c'en est risible. Car ils doivent rivaliser avec eux sur la scène internationale, où pour beaucoup un patron mal payé est un patron qui ne rapporte pas assez à sa boîte).

En dehors du sport, je n'ai jamais aimé prendre de risques – surtout avec le fisc ! On appréciait tous au Maroc le système fiscal mis en place par la France avec des forfaits d'impôt qui nous permettaient de ne rien dissimuler. Je ne sais pas pourquoi la France n'a pas adopté ce système dans son propre pays. Ou plutôt, je ne le sais que trop, mais ce serait un peu long à développer.

Quand je me rendais à Rabat, Oufkir tenait à ce que je loge chez lui. Sa femme Fatima m'aimait bien, ses enfants aussi, mon fils Luc était très ami avec Malika, sa fille aînée – d'ailleurs ils ont eu un accident de voiture tous les deux ! J'en ai été embêté, mais notre camaraderie n'en a pas souffert. Jamais non plus cette camaraderie ne nous a amenés à parler de politique, ni de rien d'approchant, on n'y pensait même pas. Maintenant que Fatima Oufkir a été libérée après cette interminable « mise en résidence surveillée », elle est en mesure de le confirmer elle-même [1] : à l'époque, Oufkir et moi on était copains, on se voyait au palais à l'occasion de l'anniversaire du roi, de certaines cérémonies, rien d'autre. Dans la vie de tous les jours, on ne se voyait pas – chacun étant occupé de son côté, et nos occupations ne se ressemblaient vraiment pas.

Il m'est arrivé de lui demander des services – faciles à rendre dans la position de plus en plus importante qu'il occupait – mais c'était toujours trois fois rien. Ça a été, au maximum, quand j'ai eu mon avion, une autorisation de décoller d'un aéroport militaire, par exemple. Et aussi – et surtout ! – quand j'ai dû quitter Agadir après le tremblement de terre pour aller m'installer en Mauritanie (l'endroit le plus poissonneux du monde, à l'époque), de mettre mon avion à son nom car je ne voulais pas être ennuyé avec les douaniers lors de mes escales au Maroc en revenant de Port-Étienne – le Maroc étant en guerre avec la Mauritanie.

1. D'ailleurs, elle a tenu d'elle-même à m'écrire cette lettre quand je lui ai dit deux mots des calomnies qu'on colportait sur moi. Voir Annexes et Notes, n° 3, p. 366.

C'est tout, je crois bien, mais si j'en oublie, c'est de cet ordre-là – ou moindre encore – et rien de plus, jamais, surtout pas d'ordre politique.

Bien que, pendant près de vingt-cinq ans, j'aie été industriel spécialisé dans la pêche, ça ne m'empêchait pas parfois, au cours de mes nombreux déplacements, de faire des opérations avec des copains dans les secteurs les plus variés, en fonction des propositions que je trouvais tentantes ou non, amusantes ou pas.

Un jour, mon grand ami Jo Assaban, après avoir évoqué le souvenir de Marcel Cerdan, m'entretient des demandes énormes qu'il y avait pour des chaussures, et il veut savoir si je ne peux pas le mettre en relation avec une usine fabriquant des chaussures de qualité. Je ne me souviens plus comment l'affaire s'est faite exactement, mais en pensant aux taxes d'importation très élevées, une idée de génie nous est venue pour éviter dans la légalité les droits de douane ainsi que les taxes.

La combine a parfaitement réussi, la commande était très importante, la mise au point du paiement facile (par la Suisse) et le total représentant une très grande quantité arrive au port de Casa. Le jour du dédouanement, l'importateur refuse la marchandise... car il n'y avait que des chaussures pour pieds gauches ! L'administration a donc procédé à une vente aux enchères qui a été réalisée pour un prix ridicule. Jo et moi on rachète. Quelque temps après, même opération sur le port de Tanger avec cette fois uniquement des pieds droits : même jeu. Et voilà comment les plus belles chaussures qui pouvaient se vendre au Maroc sont rentrées en franchise.

Quand je vous dis qu'il y a du jeu, dans les affaires... Vous nous auriez vus rire de notre petit tour, vous auriez dit : « Regardez-les, ceux-là, ils ne s'en font pas, la vie est belle... Le travail ? ils ne connaissent pas ! »

Eh si, eh si, je connais. Je n'ai même connu que ça toute ma vie. Mais si en plus il est amusant, je ne vais quand même pas m'en plaindre !

Avant la catastrophe qui va nous tomber sur le dos et clore cette époque, voici une anecdote qui devrait vous faire sourire. Elle date donc bien sûr d'avant le tremblement de terre.

Pendant que j'étais armateur à La Rochelle et à Agadir, j'avais eu l'occasion de rencontrer un ancien pilote très attachant, M. Chevalier.

Crack en maths, il a voulu me démontrer qu'il pouvait gagner quand il voulait à la roulette. D'après lui, c'était ma-thé-ma-tique... et donc gagné d'avance. Il m'a demandé si je pouvais lui avancer de l'argent. En contrepartie il me confierait un gros chalutier qui lui appartenait, que je pourrais gérer pendant le temps nécessaire pour garantir l'avance que j'accepterais de lui faire. J'ai dit oui, pour lui faire plaisir, ce n'était pas un bateau de plus ou de moins qui allait bouleverser ma vie.

Six mois après notre accord, alors que j'étais en plein travail dans mes usines à Agadir, il vient me voir avec son Nord-Alpha (un bel avion pour l'époque) et il me déclare qu'il a gagné « un gros paquet » et qu'il vient d'avoir une idée extraordinaire pour décupler ses gains : encore ma-thé-ma-tique. Ah. Voyons voir. Que va-t-il encore me demander ? Ce qu'il me demande, et j'ai été très surpris, c'était simplement la permission de reprendre son bateau dont j'avais la gérance « pour trois mois au maximum ! » et il me garantissait le double de ce que je percevais. S'il n'y a que ça pour lui faire plaisir ! J'accepte, naturellement, et je l'interroge sur ce qu'il compte faire. Il me répond que c'est confidentiel et que dès son retour il m'expliquera en me payant.

Banco, c'est parti.

Le bateau part aussi, et effectivement, deux mois après... il faisait les titres des journaux ! On y révélait pourquoi et comment il avait été saisi avec une pleine cargaison de caisses de whisky, et on y informait les lecteurs que le propriétaire du bateau, M. Chevalier, était sous les verrous.

Je ne l'ai revu qu'environ un an après, quand il est venu me rendre visite pour s'excuser et me raconter le manque de chance qu'il avait eu. Je ne me rappelle plus dans quel pays ça se passait (Argentine ou Brésil), toujours est-il qu'au départ d'Agadir il était allé investir la totalité de ses bénéfices à la roulette dans l'achat d'une importante cargaison de caisses de whisky à Gibraltar, bénéfices qu'il aurait multipliés par dix sans cette poisse. Mais quelle poisse ? Il s'explique par petits morceaux, comme s'il avait honte : dès l'arrivée dans le pays en question, il mouille son bateau en dehors des eaux territoriales, il descend à terre avec juste six caisses de whisky pour se faire un peu d'argent local. Il avait tout organisé pour la rencontre avec ses acheteurs et il avait loué une belle villa en bordure de mer. Le soir de son arrivée vers 22 heures, il y a une panne d'électricité et, voyant que ça dure, il va se coucher.

Le lendemain matin il part très tôt pour organiser la transaction avec ses différents acheteurs et il revient dans sa villa avec les deux intéressés, pour qu'ils vérifient sur place la quantité et la qualité de la « marchandise ». Par radio, depuis sa vedette, il demande à son bateau de se rapprocher du point de rencontre prévu et il avait à peine accosté qu'une vedette de la douane fait irruption et coffre tout le monde.

Mais qui l'a dénoncé ? qui l'a trahi ?

Lui tout seul, comme un grand.

Voici ce qui s'est passé : à la fin de la panne d'électricité, toutes les lumières de la villa intérieures et extérieures se sont rallumées dans la matinée, sont restées allumées toute la journée, le sont restées aussi toute la nuit, et un voisin, croyant qu'il était arrivé malheur à son propriétaire, a alerté la police, qui a pu constater sur place qu'il y avait des caisses de whisky de contrebande bien éclairées, et a organisé une planque pour attendre le retour du contrebandier. Et voilà comment mon pauvre Chevalier a perdu son beau bateau, sa cargaison, ses gains de casino et surtout sa liberté pendant quelques mois. Devant sa mine déconfite, je n'ai pu lui refuser un prêt contre une traite qu'il a acceptée, qu'il n'a pas pu honorer, et que j'ai toujours. Comme beaucoup d'autres, de gens moins anonymes que mon M. Chevalier, ils me servent de souvenirs.

À propos de souvenirs... Ma femme disait souvent que j'étais un sauvage. Un jour je vois devant moi une jeune femme qui allait entrer comme moi à l'hôtel Marhaba, à Casablanca. Vu ma vitesse de marche, j'arrive avant elle et, toujours pressé, comme d'habitude, je pousse fort (peut-être un peu trop fort) la grande porte à tambour en verre. Juste après avoir poussé le tourniquet, je vois que la jeune femme n'est plus très loin, et je me dis « allez, sois galant, montre un peu ce que tu sais faire ! ». Je fais un pas en arrière, l'air très civilisé, en lui disant « après vous madame », et elle s'engouffre dans la porte à tambour, sans doute surprise un peu tard de la rapidité de la rotation. Et malheureusement son sac reste coincé par le volet suivant : toute la porte en verre éclate et s'écroule sur elle. J'étais catastrophé. Il fera chaud quand je laisserai de nouveau passer une femme avant moi dans une de ces portes, ou alors je ferai d'abord un tour complet dans le tourniquet pour être sûr qu'il n'y a pas de danger. Mais, là, elle risque de me prendre pour un fou...

Le plus sage est que je continue d'être un sauvage !

Je mentirais en affirmant que tout ce que je vous ai dit jusque-là s'est passé exactement dans cet ordre. Et ça va aller en empirant. La pêche, les courses, les affaires autres que celles concernant le poisson, tout ça est tellement entremêlé, je prenais et faisais tant de choses en même temps...

Ce que je sais, c'est que le 29 février 1960 il y eu le terrible tremblement de terre d'Agadir, et j'ai tout perdu. Toutes mes usines détruites, mon hangar, avec un stock important sous warrantage, disparu sous terre, et je me suis retrouvé en « caleçons rayés » comparé à ma position d'avant la catastrophe.

J'ai d'abord été complètement abasourdi, puis j'ai compris que, encore une fois, j'avais eu beaucoup de chance, car la veille, ayant une réunion avec mon banquier, j'avais quitté Agadir vers 18 heures pour aller à Casablanca.

J'ai donc survécu. Mais le tremblement de terre – qu'a suivi un raz de marée – a non seulement détruit et englouti toutes mes usines, mais aussi l'immeuble de trois étages que j'habitais au-dessus de notre garage. Il a été complètement rasé – mais alors ce qui s'appelle complètement – sans même laisser des traces de gravats ou de pierres : rien. C'est comme si on prenait votre vie, sous forme d'un cahier, d'un journal intime, qu'on en déchirait d'un coup deux ou trois dizaines dans les derniers chapitres, et qu'on vous le rendait. Il vous reste les pages des souvenirs anciens, les pages blanches du futur, et au milieu, rien.

J'ai survolé Agadir l'après-midi même du sinistre, presque avant que les secours s'organisent, et je pleurais dans mon avion, craignant d'apprendre combien j'avais perdu d'amis – et j'essayais de me consoler en pensant que ma famille et mes parents étaient à l'abri en France. J'essayais. Mais devant ce spectacle de désolation, je pensais à toutes « mes femmes » et à leurs familles, à tous mes amis d'Agadir, à tous ceux que j'aimais tant, tous ceux qui comptaient dans ma vie, et ils étaient nombreux. Je pleurais pour le pays, aussi. Ce pays qui venait de connaître deux tremblements de suite, le premier politique, le second pour souligner la fin d'une époque.

Après, il y a eu les comptes, sinistres. On a parlé de quinze mille morts, en fait je crois qu'il y en a eu beaucoup plus, personne n'avait fait de recensement de la population avant. Des morts, des blessés innombrables, des parents sans enfants, des enfants orphelins, des vieillards égarés, comme des somnambules, et tous, tous sans toit, démunis, dévastés dedans comme tout l'était dehors.

J'ai fait ce que j'ai pu, mais quand j'ai vu Marcel, revenu immédiatement de ses vacances en famille à Castres, plier bagage et rentrer en France pour toujours, c'est comme si on me soulignait qu'une partie de ma vie se terminait brutalement.

Je me suis rappelé la prédiction de la « chleuh » diseuse de bonne aventure, mais l'ampleur de la catastrophe dépassant infiniment ma personne, je ne me suis pas attardé sur ce souvenir et, pendant quelques mois, j'ai erré entre France et Maroc, sans trop savoir quoi faire : tout bazarder ou aller tenter ma chance ailleurs.

En tout cas, je ne voulais plus rester au Maroc. Mon cœur y était, quelque part dans les décombres, et pour toujours, c'était suffisant.

6.

Pendant quelques mois, qui m'ont paru des années, « je ne savais plus où j'habitais » comme on dit aujourd'hui pour exprimer son désarroi. Mais c'était vrai aussi au sens littéral du terme. Si je n'étais pas en famille, à La Celle-Saint-Cloud, mais de passage au Maroc, par exemple, je vivais à l'hôtel quand je ne voulais pas rester trop longtemps chez Oufkir – je n'allais pas chez d'autres amis : je préférais être seul et ne pas avoir de contraintes.

Et puis je me démenais sans cesse, je ne m'inquiétais même pas de savoir où j'allais dormir le soir venu – car je n'arrêtais de me remuer que pour dormir, je ne voulais pas gâcher une minute. J'avais perdu des masses d'argent, mais il me restait mes chalutiers, dont certains étaient à La Rochelle au moment du désastre, mon compte en Suisse (bloqué, hélas – même si je vous ai dit que plus tard ce serait « tant mieux ») et des avoirs encore « debout » au Maroc. J'allais avoir du mal à en reprendre possession, mais sur le papier, je les avais, c'était à moi de trouver la solution pour les récupérer.

L'un dans l'autre, j'étais à mi-chemin entre le sinistré et le miraculé.

Je ne suis pas un lettré, mais un jour dans un dîner où je m'ennuyais mortellement en écoutant des phraseurs, quelqu'un a eu l'heureuse idée de citer une maxime d'un écrivain. C'était, à peu près : « On n'est jamais si heureux ni si malheureux qu'on croit. »

Jusque-là j'étais perdu dans mes songes, je n'avais pratiquement pas ouvert la bouche, mais là je m'exclame soudain :

– Comme c'est vrai !

Toute la tablée sursaute, on me regarde. Ce qui me force à m'expliquer. Je dis que cette maxime est non seulement terriblement vraie mais, de plus, qu'elle est valable dans toutes les variantes possibles – situations matérielles ou morales. Je ne sais pas ce que cet écrivain aurait fait « dans le poisson » – il se serait probablement bouché le nez – mais il est certain que, rien qu'avec cette grande vérité, il n'a perdu ni son temps ni le nôtre.

Je me suis repris, peu à peu. C'était une sorte de convalescence. Il fallait d'abord retrouver le goût de la vie, pour guérir. Heureusement, je ne sais pas si c'est parce que j'ai failli mourir très jeune, mais j'ai une vitalité « anormale ».

Là, il me fallait procéder par étapes. Avant tout, au Maroc, j'ai décroché un prêt auprès d'un banquier qui ne me connaissait que de nom (je ne pouvais guère aller voir le mien, il me croyait encore plus lessivé que je l'étais). Je ne sais pas comment j'ai fait, mais je suis ressorti avec un crédit irrévocable de 5 millions de francs. Au moment où il me serre la main, le banquier la garde un moment, pour ne pas me laisser partir avant d'être fixé sur un point. Perplexe, il me dit, comme s'il pensait à voix haute :

– Mais comment vous vous y êtes pris pour que je vous accorde ce crédit ?

Il n'en revenait pas. Je ne l'avais pourtant pas hypnotisé, je ne sais pas faire ça, je l'ai convaincu... parce qu'il le fallait. Si on devait expliquer certaines des choses qu'on fait, on ne pourrait pas les faire.

Mais s'il n'a rien perdu (puisque je lui ai tout remboursé) moi j'avais gagné, car ce prêt obtenu signifiait que j'avais encore toute ma force de persuasion, ce qui est ma seule grande force – avec la motivation. J'avais les deux, intactes. Ça m'a redonné courage.

N'envisageant même pas mon avenir autrement que dans la pêche, je suis resté jusqu'à fin 61, je crois, à La Rochelle, où j'avais mon armement de chalutiers, et j'en ai profité pour essayer de tisser, ou de renforcer, des liens avec les mareyeurs les plus importants.

En même temps, je décide de lancer en Norvège la construction du premier bateau-usine à voir le jour à l'époque, ultramoderne – carrément novateur, vous le verrez. Je l'avais commandé sans trop savoir encore comment finir de le payer, malgré le crédit obtenu de la Caisse Centrale de la Coopération Économique (ce que ces gens de finance aiment les majuscules !). J'étais sur les dents pendant les quinze mois qu'ont duré les travaux des chantiers norvégiens – qui m'ont donné entière satisfaction.

Pendant que je consacrais la plus grosse partie de mon temps à la construction de ce bateau-usine en Norvège, Marcel Tardy qui travaillait avec moi dans mes bureaux du 65, avenue d'Iéna [1], s'occupait des affaires courantes, de mon armement à La Rochelle, et de tout le reste.

C'était l'époque où on était pratiquement voisins, moi à La Celle-Saint-Cloud avec ma famille, lui à Saint-Cucufa avec la sienne. J'étais débordé, mais ça ne m'empêchait pas de sacrifier à un rituel immuable. Chaque 1er avril, je lui faisais une farce somptueuse, qui, chaque année, le rendait furieux de s'être fait encore avoir. Il jurait qu'il ne se laisserait plus jamais prendre... jusqu'à la fois d'après. Il faut savoir que parfois Marcel n'est pas commode, et lors de certains 1ers avril particulièrement réussis, je me mettais hors de portée de ses colères pendant les quelques heures nécessaires pour qu'il reprenne son calme et reconnaisse sa défaite. Car ça finissait toujours comme ça.

Chaque matin, Marcel arrivait de bonne heure avenue d'Iéna et se garait le plus près possible des bureaux. Le soir il rentrait à La Celle-Saint-Cloud avec sa voiture, mais quand il partait dans Paris ou dans la nature pour son boulot, il ne l'utilisait jamais, il en prenait une autre, moins belle, donc craignant moins les froissements de tôle.

Dès qu'il s'en allait, je descendais et, avec un double de sa clé que j'avais fait faire, je déplaçais sa voiture, parfois je changeais de trottoir, parfois je la garais du même côté mais dix ou douze places plus loin, tout dépendait... Ce manège a duré plusieurs jours et, bizarrement, Marcel ne me disait rien.

Un jour, quand même, il me prend à part, l'air préoccupé, et me demande si je ne connais pas un spécialiste. Un spécialiste ? Un spécialiste de quoi ? Eh bien voilà, il ne se sent pas bien (effectivement je lui trouvais mauvaise mine), alors je lui conseille un copain, un professeur, un généraliste exceptionnel, qui pourrait certainement le conseiller. Il obtient rendez-vous et, après avoir rencontré cet éminent médecin, il m'annonce qu'il doit aller se reposer quinze jours et cesser toute activité, car il souffre vraisemblablement d'une maladie (dont le nom est tellement long et compliqué que je ne m'en souviens même pas).

À ce moment, je veux savoir comment ça lui est arrivé et il me dit tout :

---

1. C'était au-dessus du journal *Sport-Auto*, et le bar qui se trouvait en dessous m'appartenant, on se retrouvait là presque chaque jour, les pilotes, les anciens pilotes, les futurs pilotes, et bien sûr toute l'équipe Gordini ou presque.

– Figure-toi que tous les jours, comme tu le sais, je viens avec ma voiture, je me gare... (il hésite) et à chaque fois que je la reprends, elle a changé de place ! Je me dis : Marcel, tu débloques, alors la dernière fois je me gare devant un numéro de la rue à côté, et je note ce numéro sur un bout de papier. Tu me croiras si tu veux, mais le soir elle avait encore changé de place !

Et là il me regarde, l'air estomaqué, genre « Tu n'en reviens pas, hein ? ».

– Je te donne ma parole que c'est vrai. C'est pour ça que j'ai vu ton toubib. Je dois avoir quelque chose qui ne tourne pas rond dans la tête.

Et moi, je comprends que c'est en écoutant ce récit de Marcel déboussolé par mes farces quotidiennes, que ce « grand professeur » a déniché à mon pote une maladie si compliquée...

Je n'ai pas osé lui révéler la vérité tout de suite car j'ai eu peur de sa réaction : je lui ai conseillé de rentrer se reposer en lui disant que j'allais voir un grand patron de mes amis et que je le lui amènerais chez lui le lendemain matin, car il valait mieux avoir un deuxième avis sur sa maladie.

Dès le lendemain matin, première heure, je lui fais porter une enveloppe « Marcel Tardy, personnelle » et sur l'enveloppe j'ai écrit : « Voici la clé du médicament qui devrait te guérir, dès que tu auras pris connaissance de ce qui se trouve à l'intérieur. » Et dedans, j'avais mis un mot pour lui expliquer l'histoire de la clé.

Sa seule réaction (à part naturellement de nous traiter de débiles, moi pour lui faire ces blagues et lui parce qu'il continuait à se faire avoir) n'a heureusement été que le soulagement : on a toujours été incapables de nous en vouloir, lui et moi (et d'ailleurs, il n'y a jamais eu vraiment motif à quoi que ce soit ressemblant à de la rancune, jamais).

Mais ce 1er avril a été le dernier que je lui ai fait, car quelques mois plus tard il a reçu un grand coup, un drame familial très cruel dont je ne veux pas parler, qui m'a ôté à jamais le goût de lui faire des farces.

On s'est donc revus depuis, récemment, et on a parlé de choses et d'autres, de nos rires, de nos aventures, de nos jeunes années, mais quand tu liras ces lignes, Marcel, ne rêve pas trop à ce passé... pense plutôt à nous dénicher un autre restaurant, celui où on s'est retrouvés il y a quelques mois n'était pas digne de nous !

Cela dit, après tout, si tu veux rêver, rêve... Moi qui ai toujours pensé que l'homme heureux n'avait pas de souvenirs, qu'il n'avait que des projets, eh bien je t'avoue que je ne suis plus très sûr d'avoir raison...

Puisque j'ai parlé de l'immeuble du 65, avenue d'Iéna, où j'avais mes bureaux, je ne voudrais pas que vous pensiez que je passais mon temps à faire des farces. Je travaillais beaucoup, aussi (car faire construire un bateau-usine de conception entièrement nouvelle est très absorbant) et de temps en temps, pour que je ne perde pas la forme, sans doute, on essayait de me tuer. J'ai failli sauter (avec tout cet immeuble, d'ailleurs), et aussi exploser en vol, vous voyez que je n'avais pas de quoi m'ennuyer.

Un jour, le mari de la concierge trouve une bombe avec la mèche allumée dans un coin de la porte cochère. Il ne coupe pas la mèche, et prend plutôt la décision de paniquer, de foncer se protéger à l'intérieur, d'où il appelle la police, les pompiers, l'infirmière de garde, bref, il ne savait plus quoi faire.

Le temps que la police arrive, la bombe aurait pu exploser dix fois, mais heureusement la mèche s'est cassée toute seule – sinon l'immeuble entier sautait. Celui qui l'avait posée l'avait placée dans un coin, la partie de la mèche collée aux murs faisant angle droit a cassé, et quand la mèche a brûlé jusqu'à la cassure, elle s'est éteinte. Alors les journaux ont parlé de « l'homme à la baraka ».

On peut voir les choses sous cet angle, oui, si on ne les vit pas soi-même. On essaie de vous tuer, et parce que ça rate, vous devenez un chanceux. Imaginez qu'on vous colle une casserole vous faisant risquer votre vie à cause d'imbéciles qui croient ce qu'ils lisent, car c'était bien sûr dû à tous ces maudits articles où on écrivait que j'avais fait partie de l'OAS, et autres balivernes. Je perdais des amis, d'autres me regardaient avec un rien de méfiance, ça devenait irritant. Dangereux, je n'en parle même pas.

Un jour je devais aller en Corse, c'était en 62, début mai, et j'étais dans mon Cessna 310 (immatriculé F-OBSJ Cessna, j'ai retrouvé des coupures de journaux).

Alors que j'attends l'autorisation de la tour de contrôle pour décoller, un avion se crashe sur la piste. Flammes, kérosène partout, pompiers, secours, sirènes, tout le tintouin. Je demande à la tour de contrôle si j'ai une chance de décoller dans l'heure qui vient, on me répond que non, que la piste ne sera pas libre avant plusieurs heures.

Je remise mon avion au hangar, et je rentre chez moi. Peu de temps après, à l'heure où j'aurais dû survoler la Méditerranée, mon avion explose tout seul dans son hangar.

Cette fois, les journaux ont titré : « L'homme plastiqué parle ! » Alors que je n'ai jamais parlé. Mais peut-être que j'aurais dû, ne serait-ce que pour apprendre aux gens qu'on peut faire tuer quelqu'un rien qu'en colportant des bruits sur lui. J'aurais peut-être dû ajouter qu'il se pouvait très bien que j'aie voulu voyager ce jour-là avec mes enfants, par exemple. Et que, en admettant même que je sois celui décrit par les journaux, mes gosses, ma femme, ou mes amis, auraient été victimes de quoi ? De terroristes. Ce qu'on m'accusait d'être.

Voilà pourquoi je ne lis jamais les journaux. Parce que la rage me prend, et que je ne sais pas comment persuader les gens que je n'ai jamais été celui qu'ils finissent par croire que je suis. Mes amis comédiens se plaignent qu'on leur colle trop vite des étiquettes. Qu'est-ce que je devrais dire ! La mienne risquait de me faire tuer, et maintenant que ce côté-là s'est un peu tassé, on m'en colle d'autres, pas mortelles, mais qui rendent parfois la vie invivable.

Ça ne revient pas un peu au même ?...

Retour à mon bateau-usine. Avant de décider de le faire construire, j'avais bien entendu pris mes précautions. J'étais allé voir le président de la république de Mauritanie, M. Moktar Ould Daddah, pour lui dire que j'avais l'intention de venir travailler dans son pays et que je pourrais, s'il le désirait, organiser et développer son industrie de pêche nationale.

Sans lui cacher que j'avais presque tout perdu à Agadir, je lui ai demandé d'abord l'autorisation de mouiller dans la baie de Port-Étienne un bateau-usine que je concevais comme première étape, en m'engageant à faire travailler des marins mauritaniens. Puis, s'il me donnait son accord, je comptais construire un immense entrepôt frigorifique permettant de congeler et de stocker de 600 à 800 tonnes de poisson. Dans un troisième temps, je pensais monter une usine de farine de poisson. Et, enfin, je pouvais créer pour son pays une flotte de pêche véritablement compétitive et moderne. Il n'y avait là rien de déraisonnable, les côtes de Mauritanie étaient les plus riches du monde en poissons divers.

Et j'ai tout de suite accroché avec Moktar Ould Daddah, on tombait d'accord à peu près sur tout. Son seul « défaut » : il était marié à une Française, communiste fanatique, qui plus tard a fait venir les bateaux chinois (et japonais, ce qui se comprend moins) pour me concurrencer. On se demande pourquoi : moi je faisais travailler ses nationaux !

Il y avait pour moi, dans ces moments financièrement difficiles, ce problème frustrant de sortir mon argent du Maroc, tâche quasi impossible à cause d'un contrôle des changes déraisonnable.

Comme je n'avais pas arrêté la compétition automobile, je fais un jour sur un circuit la connaissance de deux gars inséparables et qui me demandent si je veux gagner de l'argent. Je réponds à ces messieurs, Lecas et Trintignac étaient leurs noms, que je suis d'accord si c'est blanc bleu, sans embrouilles. Ils m'assurent que tout est parfaitement légal, qu'ils sont au courant de mon problème, et que leur spécialité est la rénovation et la vente de matériel de travaux publics. Je suis très content pour eux, mais je ne vois pas en quoi ça me concerne, et je le leur dis.

« Attendez ! attendez ! » : ils m'expliquent qu'au Maroc il reste du matériel américain aux surplus et que, placé comme je le suis, avec les gens que je connais, on peut faire un malheur. Ils m'apprennent ensuite que la législation française considère que la licence d'exportation marocaine équivaut à la licence d'importation française. Je me renseigne et c'est exact : j'entrevois enfin la possibilité de sortir mon argent du Maroc.

J'y constitue une société, la société « Nelson », comme bureau général, et je rachète une société existante à Paris, la société « Ramell », 30, avenue des Champs-Élysées, où je comptais déménager mes bureaux parisiens de l'avenue d'Iéna. J'en ai pris la présidence après l'avoir dissoute et fait racheter par les Établissements Rivermont, société que je représentais.

On est donc prêts à attaquer mais, comme j'ai toujours été très prudent et que j'avais une idée derrière la tête pour sortir tous mes fonds d'un coup, je vais d'abord voir le directeur général des Douanes, M. de Montrémy, que j'avais connu au Maroc – il m'appelait Dédé.

Je lui explique que je vais importer du matériel provenant des surplus du Maroc, et que je ne veux pas avoir de problèmes à l'entrée en France. Que dois-je faire pour que la déclaration de valeur à l'entrée soit acceptée par la douane ?

– En ce qui concerne la valeur, me dit-il, si vous ne voulez pas avoir d'ennuis, le mieux c'est de faire expertiser sous le contrôle du receveur chaque lot de matériel à l'arrivée et établir ensuite les factures sur la valeur donnée par l'expert.

C'est textuel. J'ai des bonnes raisons de me le rappeler.

Je le remercie, et je pars, content de moi, pensant avoir réglé le problème du transfert du Maroc de mon argent d'une façon légale.

Je mets au courant mes deux « associés » des conseils que je viens de prendre, les prévenant que je vais profiter de cette affaire pour récupérer mon argent – ils n'y voient aucun inconvénient – et on commence à acheter un maximum de surplus, sous le contrôle de Trintignac, qui est le spécialiste, et qui ne choisit que le matériel quasiment vendu d'avance en France.

Ça me permettait évidemment de justifier une sortie plus importante d'argent car mon mandataire se contentait d'une commission raisonnable et, à l'époque, il n'avait aucun problème avec le fisc marocain. Je me servais de sa facture pour effectuer mes retraits à ma banque (où j'avais crédité mon compte avec les 5 millions du prêt obtenu) et, une fois le matériel payé, je faisais transiter la différence à Tanger, par un « spécialiste ». Si ça vous paraît compliqué, ne vous inquiétez pas, ça l'est. Mais c'est seulement comme ça que je pouvais faire rentrer en France et en Suisse la totalité de mes fonds, jusque-là bloqués au Maroc, et pratiquement irrécouvrables.

Irrécouvrables ? Ce mot ne vous rappelle rien ?...

Plus tard, après avoir quitté la Mauritanie, j'ai peu à peu cessé cette activité mais j'ai continué à percevoir ma part sur les achats que faisaient Lecas et Trintignac, rendus possibles uniquement grâce à mes relations au Maroc.

C'est d'ailleurs avec Tintin (Trintignac) et deux autres personnes que j'ai eu mon premier accident d'avion. On partait au Maroc de Paris avec mon avion, un Nibbio. On se pose à Montpellier pour faire le plein et on redécolle aussitôt vers Casablanca. Pendant la montée, je constate que le voyant rouge du train d'atterrissage est allumé, comme s'il était sorti, alors qu'il affiche la position verrouillée. C'était l'époque où je roulais en compétition pour Ferrari et je dis à mes amis, sans trop m'en faire que « ... décidément, le point faible des Italiens, c'est l'électronique ». Ça ne détend pas vraiment l'atmosphère, je sens leurs yeux braqués sur moi.

Voyant que je ne réussis toujours pas à prendre du badin (de la vitesse), je procède à l'opération de sortie du train d'atterrissage : aucune réaction. La manette de sortie ou de rentrée du train ne donne rien.

J'avise mes passagers qu'on fait demi-tour et, arrivé à la verticale de Montpellier, je préviens l'aéroport que j'ai un problème de train ;

en accord avec la tour de contrôle, je fais un passage bas, assez près de la tour pour être bien visible, et le contrôleur m'annonce que le train est à moitié sorti.

À *moitié* sorti, ça ne fait pas *du tout* mon affaire.

À ce moment je remarque sur la manette de secours de sortie de train qu'il y avait une flèche vers la droite avec l'inscription *per uscire* (ce qui veut dire « sortie » en italien). Je me dis que si *per uscire* c'est sortir le train d'atterrissage, je vais essayer à gauche, ça devrait le rentrer et me permettre de continuer ma route. J'exécute la manœuvre – j'ai toujours eu beaucoup de force dans les bras – et je vois mon badin augmenter au fur et à mesure que je rentrais le train... et, tout d'un coup, la manivelle me reste dans les mains, crémaillère cassée. J'informe la tour de l'incident, nouveau passage et j'apprends que je n'ai plus que la roue droite dehors, je n'ai pas cherché à comprendre, je n'en avais pas le temps.

Je préviens la tour que je vais me poser mais elle me demande d'abord de tourner pour vider mon carburant. Je lui réponds « ça va pas la tête ? ». C'était impossible avec l'autonomie que j'avais, ça m'aurait obligé à me poser de nuit !... Ils mettent alors en place le dispositif habituel en cas d'urgence (pompiers, ambulance, etc., tout ce qu'il faut pour faire mourir de peur les passagers) et je refais deux passages en basculant sur l'aile du côté opposé, montrant le ventre de l'avion pour ainsi dire, afin de permettre au contrôleur de me dire si la roue avait au moins l'air verrouillée, ou si au contraire elle semblait pendante, totalement inutile.

Il ne peut pas me fixer.

– Elle a l'air verrouillée, mais...

– ... mais elle peut ne pas l'être, OK, j'ai compris.

Je l'informe que je vais faire un passage rapide sur la piste en dur pour essayer de toucher la piste avec la roue et voir ce que ça donne. On me répond, après ce passage, que la roue semble fixe : j'annonce alors que je vais atterrir sur l'herbe. Toutes ces manœuvres ayant tout de même duré près d'une heure, mes passagers faisaient « de l'huile », comme on dit, c'est-à-dire qu'ils suaient d'angoisse. Je tente de les rassurer :

– Ne vous inquiétez pas. Ça va aller ! Toi, le gros (c'est ainsi que j'appelais Trintignac quand je ne l'appelais pas Tintin), dès que je touche le sol, tu te mets complètement sur la droite et vous deux, derrière, vous vous mettez à droite aussi de façon à ce que tout votre poids soit à droite (et là j'articule bien) : sinon l'avion fera la culbute !

Je fais mon approche et je réussis même un contact au petit poil. Manque de chance, avant même que j'aie pu donner l'ordre à mes passagers arrière de se jeter à droite, ce gros balourd de Trintignac, qui était à l'avant à côté de moi et qui mourait de peur, ouvre la porte de la cabine et plonge dehors. Appel d'air. L'avion s'incline. L'aile gauche touche terre et se brise net. Je coupe en vitesse le moteur et on s'arrête sans dommage physique sur l'herbe.

Pendant que mes passagers se remettent de leurs émotions, trop choqués pour penser à descendre de l'avion, sauf Trintignac, dehors, qui évite mon regard, je vais téléphoner à Milan au patron d'Aviamilano (j'étais un bon client chez lui). Il est d'accord pour m'envoyer le lendemain son chef pilote, M. Vingi, et pour mettre à ma disposition le Nibbio de démonstration qu'il a en réserve.

Quand je reviens, je dis à mes deux passagers, restés figés à leur place, à l'arrière :

– Vous pouvez descendre, on est arrivés.

Ils m'obéissent comme des somnambules. Je leur demande de retarder nos rendez-vous de Casablanca, puis on passe la soirée à Montpellier pour attendre Vingi. J'en profite pour téléphoner à mon assureur, un ami :

– J'ai eu un accident avec un avion de l'Aviamilano.

Il s'inquiète pour moi :

– Rien de cassé ?

– À part l'avion, non.

– Ah-ah-ah, il fait, sans rire.

J'étais à l'aéroport à l'arrivée de Vingi ; quand il a vu ce qui restait du Nibbio, il a mis ses mains sur ses hanches et, avec son accent italien, il me dit :

– Monsieur Guelfi, j'ai fait la guerre d'Italie, j'ai descendu des avions. Mais c'est la première fois que je vois un avion dans cet état, avec le pilote et ses passagers indemnes. C'est un miracle.

Il appelle ça miracle – mais si Trintignac n'avait pas ouvert la porte avant l'arrêt de l'avion, il n'y aurait eu besoin ni de miracle ni de baraka, je m'en serais très bien tiré. Passons.

On va à Milan où, effectivement, l'avion de démonstration était prêt. Là, embrouille. Le contrôleur italien refuse de me laisser piloter un avion immatriculé en Italie avec ma licence française. Je conviens donc avec Vingi qu'il m'accompagne jusqu'à Cannes : après, je n'aurai pas de problème, les contrôleurs français et marocains me connaissant bien. Je décolle et, alors qu'on est à 2 500 mètres environ, le moteur s'arrête net.

Décidément ! Vite, je change automatiquement de réservoir en prenant un angle de descente pour maintenir une vitesse de sustentation et à ce moment Vingi m'arrache les commandes des mains.

Comme il était chef pilote de la maison, je le laisse faire ses virages très serrés en mettant la pompe de secours en route. Mais, toujours rien, et je vois arriver à une vitesse grand V le haut de la montagne surplombée d'une longue antenne qu'on a percutée de plein fouet en plein virage. Je peux vous dire que la chute a duré un siècle et à travers des arbres, des branches, on s'est retrouvés tous les deux attachés sur nos sièges, sans avion, à plus de 1 500 mètres de l'endroit où on avait percuté. On avait juste à côté de nous l'avant du cockpit et nos deux sièges, c'est tout, et pour toutes blessures des contusions légères. Et là, on se regarde : on a l'air fin sur nos sièges sans avion ! Et on attrape un fou rire.

Le soir, on passe à la TV italienne, présentés comme des miraculés. Les journaux, toujours malins, avaient titré : « Ils se posent sans avion ! »

On nous a forcés à rester en observation à l'hôpital, d'où j'ai pu rassurer au téléphone mes amis qui me croyaient mort. En dernier j'ai mon ami assureur au bout du fil pour lui annoncer que l'avion que j'avais assuré avant le décollage de Milan avait été complètement détruit, mais il m'interrompt :

– Mais je suis au courant, tu me l'as déjà dit... Tu es sûr que tu vas bien ?

– Mais non, pas celui d'avant-hier, un autre !

Il croit que je plaisante :

– Ah bon ? Encore un autre ? Eh bien rappelle-moi demain pour le troisième !... (En colère :) On ne plaisante pas avec des choses pareilles ! tu seras vraiment toujours aussi con !

Et il me raccroche au nez.

À la suite de ce second accident, j'ai commandé un autre Nibbio chez Aviamilano. Malheureusement, ça s'est très mal terminé, cette fois.

J'arrive chez eux, où j'étais un peu considéré comme le démonstrateur de la marque, tant j'avais d'heures de vol sur leurs avions, et au moment de redécoller après un vol d'essai avec Vingi, le contrôleur me demande ma licence. Je l'avais oubliée dans mon coffre à Paris.

Encore plus têtu que son collègue, il ne veut rien savoir et il ne me reste plus qu'à prendre un avion de ligne pour aller chercher ma licence et revenir. J'enrageais : être passager au lieu de piloter !

On part avec Vingi jusqu'à l'aéroport « grandes lignes » sur un Falco. Juste après l'atterrissage, je mets sur réservoir supplémentaire car on n'avait pas eu le temps de faire le plein et il ne me restait plus beaucoup de pétrole.

Tout se passe bien jusqu'à Paris. Mais dès que j'arrive à mes bureaux, Irène, ma fidèle secrétaire, me dit d'un drôle de ton qu'il y a eu un accident, et qu'il faut que je rappelle Aviamilano d'urgence.

Je me demande ce qui a bien pu se produire et là, catastrophe, j'apprends avec énormément de tristesse que Vingi s'est tué en redécollant après m'avoir laissé. C'était un pilote extraordinaire, un as. J'ai eu l'explication de l'accident : il a décollé sur le réservoir supplémentaire et, alors qu'il n'était pas assez haut, le moteur s'est arrêté. Il a fait automatiquement 180 degrés pour revenir se poser mais en même temps qu'il prenait un angle de descente accentué, il a remis sur réservoir principal et, comme les gaz étaient à fond, le moteur s'est remis en route avant qu'il ne touche le sol, l'avion s'est retourné, s'est écrasé et a explosé.

Comme quoi, lorsque l'on est marqué « présent » là-haut au bureau des entrées, il faut y aller...

Vingi a eu des funérailles nationales car il avait fait une guerre exceptionnelle dans la chasse italienne.

J'ai eu en tout trois gros accidents d'avion dans ma vie, sans que jamais mes passagers aient été blessés. Les trois fois, c'était dû à des défaillances mécaniques ou à des erreurs des mécanos qui avaient préparé l'avion. Si on considère que je suis probablement l'un des hommes au monde ayant à son actif le plus d'heures de vol sans que piloter soit sa profession, on ne peut pas se plaindre.

Depuis le jour où j'avais entrepris mes affaires de surplus (avec Trintignac et Lecas), d'argent à faire rentrer du Maroc, d'affaires de douane, le temps avait passé, tout ça avait pris sa vitesse de croisière. J'avais mille autres occupations, et je n'y pensais plus du tout quand, quelques mois après, alors que mon bateau était sur le point d'être prêt en Norvège, M. de Montrémy me prie de passer le voir à son bureau, à la douane. Il voudrait que je lui rende un service, sur le plan statistique. Pas de problème. Une fois dans son bureau, il fait venir un type que je ne suis pas près d'oublier, il s'appelait M. Gyssinger, chef du

Contentieux de la douane, et avec son air sournois il me demande si, pour ses statistiques, je peux lui donner la totalité des importations de matériel de travaux publics que j'ai fait rentrer en France, avec leurs documents d'exportation.

Sans réfléchir, je lui dis que, lors d'un de mes passages à Casablanca, je demanderai un double de toutes les factures à mon correspondant marocain et que je les lui remettrai. C'est ce que j'ai eu la bêtise de faire. Ma société française qui a importé le matériel reçoit alors une lettre de la douane lui réclamant plus d'un milliard de redressement de droits d'entrée.

Fou furieux, je déboule chez Montrémy : s'agit-il d'une plaisanterie ? Gardant son calme, il fait venir Gyssinger qui me dit :

– C'est que nous nous sommes aperçus que les factures que vous nous avez remises ne correspondent pas du tout à la valeur déclarée.

Je lui explique que je n'ai fait strictement que ce que m'avait dit son directeur général, « ici présent », et que pour toutes les importations j'avais payé et déclaré la valeur après l'expertise faite par la douane. M. de Montrémy, à ma stupéfaction, prétend, mal à l'aise, le regard fuyant, ne pas se souvenir de cette « péripétie » :

– Vous savez, Dédé, je vois tellement de gens...

– Si vous m'appelez encore une fois comme ça, vous savez ce qu'il va vous faire voir comme péripéties, le Dédé !

Et je pars en claquant la porte, et en les traitant de salopards.

Heureusement pour moi, un adjoint de M. de Montrémy avait assisté à la discussion : M. Oberkampf de Dabrun, et c'est lui qui m'avait demandé de choisir le bureau de dédouanement pour y donner des instructions au receveur, afin de faire les estimations.

J'ai donc refusé de payer ce que me réclamait la douane, et on est allés jusqu'au tribunal. Mon avocat a fait citer M. Oberkampf de Dabrun. Il ne s'est pas laissé intimider par Montrémy qui a essayé de lui interdire de témoigner. C'était quelqu'un d'exceptionnel, digne, loyal, homme de parole, le sens du devoir passant avant les risques. Il avait une jambe de bois, ayant été blessé à la guerre, mais personne ne songeait même à remarquer ce détail tant le regard, clair mais d'acier, vous monopolisait. C'est un des hommes que j'estime le plus parmi les bons que j'ai connus.

Malgré l'interdiction de son supérieur, malgré toutes les conséquences que ça pouvait entraîner pour sa carrière, M. Oberkampf de Dabrun, qui est toujours à Paris, est venu à la barre pour témoigner, et a déclaré que c'étaient eux, à la douane, qui avaient fixé les prix, situant ainsi les vraies responsabilités de chacun. Il a dit toute la vérité sur la façon dont la douane nous avait donné son accord pour expertiser lot par lot, mes avocats ont produit des factures de matériel américain neuf qui coûtait moins cher que le prix de mes factures et ont démontré à la Cour que le matériel de surplus n'était tout de même pas considéré comme du bon vin qui s'améliore avec le temps. Rien à faire.

Gyssinger a soutenu, pour m'enfoncer, que si les expertises avaient été effectuées c'est parce que je n'avais pas produit les factures alors qu'une saleté d'article, dont je ne me rappelle pas le numéro, l'exigeait. À ce moment, je me suis souvenu d'une phrase que m'avait dite M. Oberkampf de Dabrun : « Monsieur Guelfi, si un jour Gyssinger vous accuse d'avoir volé la tour Eiffel, vous avez intérêt à faire attention. »

Mais je m'en voulais plus encore qu'à eux, j'avais fait confiance et négligé de me faire écrire noir sur blanc les termes de l'accord. J'ai été obligé de payer une grosse somme qui a fait l'objet d'une transaction, mais, là encore, j'aurais pu m'en tirer plus mal, or mon but premier était atteint, mon argent avait pu rentrer – largement entamé à cause de cette affaire, mais il m'en restait assez pour terminer de payer mon bateau-usine en Norvège.

Maintenant, je vous raconte quelque chose tout de suite, de peur de l'oublier. Ça concerne les deux sales types de la douane.

Bien plus tard, après que j'ai choisi de quitter la Mauritanie, et après la mort du général Oufkir au Maroc, un jour où j'étais tranquillement dans mon bureau du 30, Champs-Élysées, à peine installé, coup de sonnette. Je n'attendais personne et ma fidèle secrétaire Irène vient m'annoncer que des inspecteurs de la douane accompagnés d'un commissaire de police désirent me voir. « Ah bon. Faites-les entrer. » Ils m'annoncent qu'ils viennent pour une perquisition, je me force à rester calme. Ils commencent à fouiner, puis :

– Vous avez un coffre ?

– Oui j'ai un coffre.

– Vous pourriez l'ouvrir ?

– Oui, je pourrais l'ouvrir.

Fou furieux d'être obligé de subir ce viol de ma vie privée car ils allaient pouvoir lire toutes mes correspondances – et je ne pensais pas que c'était possible dans un pays civilisé –, je téléphone à mon avocat, et j'apprends de lui que je dois me résigner à les laisser faire.

C'était une vengeance, une suite de l'histoire de douane. C'est Gyssinger qui avait dû voir passer mon nom quelque part, et se dire que la vengeance est un plat qui se mange froid. Il n'avait pas digéré que je le traite de salopard et que je sois parti en claquant la porte. Car je vous l'apprends si vous ne le savez pas, ce sont ceux qui vous font des crasses qui vous en veulent, jamais le contraire. Ceux qui vous ont fait du bien gardent un bon souvenir de vous, vous leur rappelez leur bonne action. Tandis qu'à ceux qui vous ont nui, vous ravivez leur mauvaise conscience. C'est un classique de la vie. Autant le savoir.

Je reviens à mes policiers : je leur ouvre mon coffre, et je sors du bureau, écœuré, par précaution, de crainte de me laisser aller à une grosse colère. Du bureau de ma secrétaire, où je vais, j'entends l'inspecteur qui farfouille partout, et je comprends à un moment qu'il bute sur le tiroir principal de mon bureau, qui est fermé. Il me demande de l'ouvrir : je m'exécute et je sors, de plus en plus près de l'explosion de colère :

– Faites ce que vous voulez, faites comme chez vous, moi je m'en fous !

Ils cherchent, ils fouillent, ils prennent ce qu'ils veulent, ils regardent partout, ils vont partout, ils ouvrent tout ce qui s'ouvre, et, soudain, ils m'appellent :

– Qu'est-ce que c'est, ça ?

J'étais tellement furieux que je n'ai même pas regardé ce qu'ils avaient ouvert.

– Quoi « qu'est-ce que c'est ça ? »... Vous ouvrez ce que vous voulez, vous n'avez qu'à regarder, voyez par vous-mêmes !

Ils me demandent alors ce que signifie cette enveloppe cachetée qu'ils viennent d'ouvrir où il n'y avait qu'un petit paquet attaché à des cheveux et un tricotage en laine, une toute petite poupée genre grigri africain. Je sursaute, catastrophé :

– Oh là là ! Vous l'avez ouvert ?

– Mais... oui ! Regardez ce qu'il y a dedans, des paquets, une poupée, des machins...

Je lui réponds aussitôt :

– Mais, malheureux, vous savez ce que vous venez de faire ? vous venez de condamner à mort le colonel Dlimi !

Il croit que je me moque de lui et je lui explique qu'à un certain moment le colonel Dlimi me créait sans cesse des ennuis et me menaçait : j'en ai parlé au maire d'Attar, resté mon ami, qui m'a fait faire par un sorcier cette enveloppe (que j'avais complètement oubliée) en m'affirmant que, si Dlimi continuait à me compliquer la vie, je n'avais qu'à ouvrir cette enveloppe et la mort le frapperait dans les trois mois suivants, ça s'appelle « mettre béribéri » sur quelqu'un.

– Eh bien on verra si ça marche !

L'inspecteur est tout sourire, il est persuadé que je me moque de lui, et il me quitte en emportant ses prises qui ne lui serviront strictement à rien.

Un mois plus tard, le colonel Dlimi était mort, prétendument écrasé par un camion !

Peu après, l'inspecteur des douanes qui avait ouvert l'enveloppe vient me voir, troublé par la nouvelle. Je lui ai d'abord rappelé son incrédulité, voire son ironie, puis je l'ai rassuré (en me payant le luxe de lui flanquer un peu la trouille) : « Je ne dirai à personne que c'est vous le responsable de cette mort. » Il était beaucoup moins arrogant quand il est reparti.

J'en reviens au concret. Mon bateau-usine allait m'être livré. Il était cher, mais d'une avance incroyable sur tous les armements existants. C'était une vraie usine flottante, le premier bateau au monde qui pouvait traiter 100 tonnes par jour en congelé, prêtes à la vente, et 1 000 tonnes par jour transformées en farine de poisson [1].

Maintenant que j'allais travailler en Mauritanie, il aurait commencé à être pénible – sinon impossible – de traverser fréquemment des milliers de kilomètres. Regardez la carte : entre Nouakchott, situé en dessous du tropique du Cancer, le Maroc où je me rendais encore de temps en temps, la France où j'avais à la fois ma famille et des intérêts, et la Norvège... Il fallait que je décuple la vitesse de mes transports. J'ai donc franchi un palier en passant mon brevet de pilote professionnel au Maroc en 1963. Ainsi je pourrais transporter autant de passagers que je le voudrais, aussi souvent que je le voudrais. J'ai eu de la chance : j'ai obtenu ce brevet avec des instructeurs français.

Mais en arrivant en Mauritanie, j'ai été obligé de prendre une licence mauritanienne, et j'ai dû passer un examen pratique à Nouakchott. Les examens sur le plan pratique étaient très durs : atterrissages par vent de travers, approche avec un seul radio compas. Heureusement, il n'y avait pas de théorie. Il faut aujourd'hui sortir de Maths sup' pour y arriver. Alors vous pensez, le pauvre André, sans même le certificat d'études...

1. Là encore, les Japonais n'ont été que deuxièmes. Les Français ne se doutent même pas dans combien de domaines ils ont été en avance... à un moment donné, parce qu'après, en général, ils se font voler l'idée. Dommage que la France soit si routinière, si complexée, si lente et si lourde. Elle a le potentiel, pourtant...

D'avion en avion et de progrès technique en progrès technique, je me suis fait qualifier sur tous les types d'avion ou presque.

Dans un avion, je suis comme chez moi. L'instructeur m'a tout fait : il m'a coupé les réacteurs. Je n'ai pas tressailli ; l'avion non plus. Il m'a même coupé les deux réacteurs d'un coup. Pas cillé. Il les a remis avant que je m'en inquiète, je pouvais encore planer un petit moment. Il était écœuré. Il a tout essayé, rien n'y faisait. Avec un réacteur seulement, je me suis posé comme une fleur, un *kiss-landing* (un des rares mots anglais que je connaisse, qui veut dire « atterrissage en douceur », comme un baiser des pneus sur la piste). Ensuite, il m'a sorti les aérofreins. J'ai quand même fait un *kiss-landing*.

Je me foutais de ses pièges. Je pilote avec les fesses, avec le bout des doigts, avec les coudes, n'importe comment, je fais ce que je veux de l'avion. J'adore le pilotage, et je me sens encore plus à l'aise dans un avion qu'en voiture, c'est dire !... J'ai horreur des gens qui font ce qu'on appelle des *kick-landings*, des atterrissages heurtés. Je veux qu'on ne ressente rien au décollage ni à l'atterrissage. J'ai fait un jour un voyage avec Juan Antonio Samaranch, il était en train de s'habiller dans le couloir, il ne s'est pas aperçu qu'on s'était posés.

Quand je vole, je me rends compte qu'il n'y a qu'en avion que je suis vraiment bien, vraiment libre, je suis fait pour être là-haut. Quand j'ai été libéré de la Santé, ce n'est qu'en piquant vers le ciel que je me suis senti libre.

Pendant que mon bateau-usine en était aux dernières vérifications, j'étais devenu le conseiller personnel du président Moktar Ould Daddah pour la pêche. Ce domaine était inexploité en Mauritanie, et je voulais faire de Port-Étienne encore mieux que ce que j'avais fait d'Agadir, mais cette fois en association avec la Mauritanie et non pas à mon seul compte. Travailler avec Moktar Ould Daddah me plaisait bien. J'avais confiance. Mais j'avais aussi pris mes précautions : cette fois, tout était écrit, prévu, garanti (merci, monsieur Poulet, je n'ai pas oublié votre leçon).

Et puis est venu le grand jour, le symbole de mon nouveau départ. Le bateau était prêt. Ça allait donc repartir pour une autre aventure. Avec moi, ce n'est pas de la caricature, ça veut dire quelque chose : quand je me lance, je me lance à fond, avec toutes mes forces.

Je pars de Norvège sur mon bateau jusqu'à La Rochelle où j'arrive le 15 février 1961 pour baptiser le navire. Il s'appelle le *Clupéa*, et je l'inaugure sous la présidence du secrétaire d'État à la Marine marchande, M. Morin [1]. Pendant qu'on finissait de l'armer, je suis allé l'attendre en Mauritanie, où j'avais des tas de choses à faire, à prévoir, à décider. Je me rendais compte des immenses possibilités de ce pays, et je n'ai pas cessé une minute d'avoir des idées, on ne pouvait pas me retenir, je n'osais même plus prendre ma tension.

Pour gagner du temps, j'avais commencé simultanément les négociations pour construire des frigos sur un magnifique terrain que m'avait attribué le président Moktar et les négociations avec la CCFO (Caisse centrale de la France d'outremer) afin de constituer, non sans mal, deux sociétés : la Somap, pour l'usine de farine de poisson, et la Somip, pour la mise en place de la flotte de pêche. J'ai accepté, à la demande du président Moktar, de participer au capital de ces deux sociétés en laissant la majorité au gouvernement mauritanien et la présidence à quelqu'un de très bien, M. Haïba Ould Hamady

Pour la création de cette affaire j'ai constitué la société A. Guelfi et la compagnie Survif, afin de pouvoir m'associer avec la Somap et la Somip, mais aussi pour traiter d'autres affaires en mon nom, si elles se présentaient.

Mon navire usine, mon *Clupéa*, arrive enfin à Port-Étienne et se met à quai... pour débarquer un hôtel complet que j'avais acheté en Norvège et que j'ai installé sur un terrain que m'avait offert le président – il ne restait plus qu'à assembler les pièces détachées, si j'ose dire ! Cet hôtel avait trente-cinq chambres et tout le monde en est resté baba le jour de l'inauguration. Vous ne pouvez pas savoir ce que ça représente de voir un hôtel complet de A à Z pousser presque du jour au lendemain, aussi bien les murs, les chambres, les salles de bains, le restaurant, les cuisines, la vaisselle, la literie, enfin tout, sans oublier un stock énorme de whisky pour alimenter la boîte de nuit qui faisait partie de l'hôtel. Bien m'en a pris, parce qu'on en débitait tous les samedis et dimanches un minimum de quarante caisses avec les ouvriers de la Miferma, qui étaient en train de construire la voie ferrée pour le plus grand terminal minéralier du monde.

Il faut croire que la construction de l'hôtel était bonne, puisqu'il existe encore. On ne peut pas toujours tout prouver, mais là, si les

1. Il est toujours à Paris, et pourra confirmer – si les nombreuses coupures de presse dont je dispose ne suffisaient pas – tout ce que j'ai fait pour les chantiers navals français, en leur passant de nombreuses commandes alors que j'avais moins cher ailleurs, et tout ce que j'ai fait en général pour le développement de la pêche moderne française.

incrédules qui me prennent pour un jongleur financier veulent aller le toucher du doigt, ils peuvent y aller – mais ils s'en garderont bien : être sceptique et cynique est bien plus confortable que de vouloir savoir la vérité.

Après l'hôtel, débarquement d'un hangar également préfabriqué prévu pour abriter mon avion, un bimoteur Cessna 421.

Pour le *Clupéa* j'ai organisé une inauguration qui faisait pâlir celle déjà faite à La Rochelle. Je voulais frapper les esprits. J'ai invité le président Moktar, les ministres, tout le gouvernement, les personnalités, mais aussi tout le personnel de Miferma [1] et, j'insiste, pas seulement ses dirigeants, tout le personnel au complet – les employés, les miniers, etc., ils étaient au moins une centaine de personnes. On a tué aussi je ne sais combien de caisses de champagne, et le buffet a été dévasté dans les mêmes proportions. C'était très réussi.

Un mois ou deux après, il devait y avoir l'inauguration du train de Miferma. Et MM. Audibert et Montagne, les responsables (deux grosses têtes genre grandes écoles), m'envoient une invitation personnelle. Personnelle. Voyez-vous ça ? Je décide tout de suite que je n'irai pas, et je n'y pense plus.

Quelque temps plus tard, Moktar Ould Daddah me dit, au moment où on se quitte après je ne sais plus quelle réunion de travail :

– Monsieur Guelfi, je vous verrai à l'inauguration.

– Non, monsieur le président, je n'irai pas

– Comment ça ?

– Moi j'ai invité tout le monde de chez eux, et eux ils m'invitent moi seulement ? Je n'admets pas ça pour mon équipe, donc je n'y vais pas. Je me ferai représenter par mon chef mécanicien !

Il a ri. Il croyait peut-être que je plaisantais. Le jour venu, Audibert et Montagne s'étonnent de mon absence. En pays étranger, surtout en Afrique, à cette époque-là les Blancs ne se voyaient qu'entre eux, c'était bien pire qu'au Maghreb.

Audibert interroge mon chef mécanicien :

– M. Guelfi a eu un empêchement ?

---

1. Une très grosse boîte, qui existe encore. Ouvrez un dico ou le *Quid* à la page « Mauritanie », et vous verrez que c'est l'une des premières sociétés citées, sinon la première, elle a été nationalisée en 1975 – devenue la Snim, « Société nationale industrielle et minière ». La Mauritanie est très grosse exportatrice de fer.

– Non, il n'a pas eu un empêchement, mais comme vous l'avez invité tout seul, il ne viendra pas. Il est comme ça : son staff et lui, c'est la même chose.

Moktar était ravi de ce soufflet à Miferma, il était content que je leur montre qu'ils avaient mal agi.

Tout était prêt et on a démarré dans les meilleures conditions. Je n'arrêtais pas de m'extasier sur la qualité des poissons qu'on pêchait ! Il y avait une diversité encore jamais vue sur mes chalutiers, et surtout une telle quantité de ce que sur la Côte d'Azur on appelle le « loup », et le « bar » à Paris, que j'ai donné des instructions pour donner en priorité à la congélation la totalité des « loups » et faire passer le reste avec la sardine sur l'usine de farine.

L'affaire marchait merveilleusement bien et j'avais conclu un accord avec un gros importateur de poisson à Marseille à qui je livrais la totalité de ces prises. Il m'est arrivé souvent, devant tant de belles pêches et dans l'impossibilité de congeler au-delà de mes possibilités, d'organiser des vols par avion de poissons en caisses avec un peu de glace carbonique et par-dessus un papier sulfurisé. Rien qu'avec les loups méditerranéens, on gagnait environ 50 000 francs par jour, tous les jours de la semaine. Joignant l'utile à l'agréable, c'est presque toujours moi qui allais les livrer en avion : en survolant la mer, je regardais en bas et j'avais l'impression d'être propriétaire d'un immense domaine, infini et inépuisable. La mer m'appartenait – ou m'avait adopté, ça revenait au même. C'était une sensation qui me gonflait le cœur.

Mais le travail était dur à Port-Étienne car il y avait des vents de sable, de jour comme de nuit. Enfin, pour moi, ça allait, j'étais bien organisé, entre ma belle cabine à bord du *Clupéa* (navire) et une belle suite au Clupéa (hôtel). Avec mon avion je faisais souvent la navette pour aller voir le président Moktar afin de régler des problèmes sur l'avancement des projets d'entrepôts frigorifiques. Je voulais les terminer le plus vite possible, pour profiter de cette manne de poissons et ne plus me contenter de congeler seulement 100 tonnes par jour mais 150. Les frigos que j'étais en train de faire construire à cet effet allaient me permettre un stockage de 600 tonnes à – 35°.

Là encore, c'est souvent moi qui repérais les bancs de pêche, du haut de mon avion : je dirigeais le bateau droit sur eux. On les voit très bien, c'est comme un nuage sombre. On discerne même les gros poissons qui viennent attaquer les petits, les petits qui fuient dans telle ou telle direction, et en plus on admire les oiseaux qui plongent dans la masse et qui prélèvent leur dîme. Et nous, les plus gros prédateurs, on puise là-dedans à notre tour.

Je peux dire que ça baignait, jusqu'au jour où, trois mois après notre exploitation, un pétrolier italien vient ravitailler en gas-oil mon bateau-usine, et en pétrole brut l'usine de farine. Le commandant du pétrolier se met d'accord avec celui du *Clupéa*, et un douanier qui a l'air trop sûr de lui vient à bord pour constater ce qui reste dans les cuves, car on paie une taxe sur le fuel destiné à l'usine, alors que le gas-oil pour les bateaux est détaxé (exactement comme un produit hors taxe que vous achetez sur un bateau hors zone territoriale).

D'habitude, il y a pour jauger une espèce de tube qui descend jusqu'au fond de la cale et une petite éprouvette pour prélever et remonter de quoi vérifier la qualité du produit.

Le douanier estime que ce petit truc est ridicule et il demande au commandant de faire ouvrir un ou deux trous d'homme (ce qui ne se fait jamais) mais j'avais dit au commandant d'être arrangeant avec le douanier pour que tout se passe bien – et voilà que cet ordre stupide représente une trentaine de gros boulons à dévisser !

Cette opération enfin terminée, le pétrolier vient se mettre à couple de mon bateau-usine. J'étais absent de Port-Étienne pour la matinée, j'avais rendez-vous avec M. Audibert, le patron de la Miferma.

Mon rendez-vous terminé, je pars avec mon Riva rejoindre le navire et, dès mon arrivée, le commandant italien du pétrolier m'annonce que c'est terminé et m'invite à déjeuner après avoir dégazé ses cuves. Il me dit :

– Ça fait dix ans que je ravitaille des bateaux, c'est la première fois que cela se passe aussi vite du début jusqu'à la fin. Toutes mes félicitations.

Je le remercie (je ne sais pas de quoi au juste, parce que je n'ai rien fait de spécial, et que je n'étais même pas là) et j'accepte son invitation à son bord.

On était là, tranquilles, à trinquer déjà, quand, tout à coup, une terrible explosion nous secoue. D'abord interdits, on pense tous qu'une bombe vient d'exploser quelque part et on se précipite sur le pont... pour voir le *Clupéa* en flammes ! Catastrophe ! Je file à bord et j'aide au maximum mais, au fur et à mesure, l'incendie prenait des proportions gigantesques et avec le vent qui soufflait fort on risquait d'y rester tous.

Les hommes d'abord, aussi déchirant que puisse être l'abandon d'un navire. Le commandant envoie un message de détresse et on quitte le *Clupéa* sous les yeux médusés de l'équipage du pétrolier.

Dès mon débarquement à Port-Étienne, je téléphone pour savoir si un secours est possible et j'apprends que le *Jeanne d'Arc*, bateau école de la marine militaire française en route vers Dakar, fait demi-tour et sera sur les lieux dans quelques heures. Quelques heures ! Je ne sais pas si vous pouvez comprendre ce qu'on ressent en voyant son bateau brûler et entendre « qu'on sera là dans *quelques heures* » !

Je retourne en vedette avec le commandant et deux collaborateurs sur le *Clupéa* où, forcément passifs mais fébriles, sur des charbons ardents, c'est hélas le cas de le dire, on attend le *Jeanne d'Arc* en spectateurs désarmés.

Je prenais machinalement des photos de mon bateau en train de brûler doucement, le vent ayant faibli. Le *Jeanne d'Arc* est enfin arrivé et a lutté toute la nuit et tout le lendemain pour maîtriser le feu. Le bateau, tout fumant, faisait peine à voir. Tout était détruit et il restait sur l'eau avec une gîte impressionnante, on avait l'impression qu'il allait se retourner d'une minute à l'autre, mais en fait il était stable. Le commandant du *Jeanne d'Arc* que j'ai remercié m'a dit qu'il était obligé de retourner à Toulon pour refaire le plein de produits anti-incendie : il ne pouvait plus poursuivre son voyage, ayant utilisé la *totalité* de son stock pour éteindre l'incendie de mon bateau, c'est dire son importance...

Le lendemain matin à la première heure, le Groupe Drouot qui assurait le navire a envoyé deux experts de Paris. Je charge le commandant du *Clupéa* de les accompagner pendant leur enquête. Ils restent à bord de 9 h 30 jusqu'au début de l'après-midi, moment où je monte à bord : j'ai besoin qu'ils autorisent mes sardiniers à étendre leurs filets sur le pont pour éviter qu'ils ne pourrissent, car nous n'avions pas d'espace au sol qui nous permette de le faire. Ils sont d'accord.

Ils terminent leur expertise vers 18 heures, le commandant du *Clupéa* et les deux experts décident de laisser deux gardiens à bord en attendant de voir comment vider le bateau pour le redresser puis le faire remorquer à Dakar afin d'examiner ce qui peut être fait. Tout n'était pas perdu, c'était toujours ça. J'avais reçu un coup, j'étais choqué mais pas KO.

On dîne tous ensemble à l'hôtel Clupéa, les deux experts nous expliquant avec cet air d'infaillibilité qui m'exaspérera toujours, ce qu'ils ont constaté : le pétrole qui était pompé sous pression dans nos cuves a débordé par les trous d'homme que cet imbécile de douanier avait exigé d'ouvrir dans les cales. Or dans ces cales, juste sous les cuves de gasoil, on stockait des quantités impressionnantes de sacs en papier destinés à recevoir la farine produite à bord.

Le commandant du *Clupéa* a expliqué que, une fois terminés le pompage et les formalités obligatoires, il a donné l'ordre de rebrancher le courant général (coupé par sécurité). C'est à ce moment que l'explosion a eu lieu.

D'après les experts, une simple étincelle a suffi à faire tout sauter, mais ils m'assurent (c'est chez eux une seconde nature) que j'ai de la chance dans mon malheur car le *Jeanne d'Arc* était dans les parages. La « chance » ? Il y en a qui trouvent toujours les mots pour vous réconforter...

On était encore au restaurant, moi j'avais le cœur lourd et je ne mangeais rien, j'écoutais à peine ce qui se disait.

Tout à coup une fenêtre de la salle de réception est arrachée par un souffle violent, et au même moment un de mes collaborateurs, le pauvre Lucien Abadie, un Basque, un bon garçon, se précipite sur moi :

– André ! le *Clupéa* est en feu !

On se lève de table, sans paniquer :

– Où ça ? En bas ? On ne sent rien !

– Ce n'est pas l'hôtel, c'est encore le bateau !

Complètement affolé, cette fois, je fonce sur le port avec le commandant et les deux experts, à présent déconfits, pour sauver les deux gars que nous avions laissés sur le bateau sans moyen de le quitter.

On arrive juste à temps pour les récupérer par la proue, avec une corde à nœuds. Les flammes balaient le pont comme avec haine et je regarde, le cœur dévasté, les filets étendus sur les bastingages qui crament en crépitant, j'imagine le matériel électronique, ainsi que le stock (non assuré) – c'est une véritable fortune qui brûle là, en plus du bateau.

Les flammes montaient si haut que la fumée de l'incendie se voyait à des dizaines de kilomètres à la ronde – et cette fois il n'y avait plus de *Jeanne d'Arc* pour nous porter assistance.

Le *Clupéa* a brûlé exactement pendant dix-sept jours avant de couler [1]. Dix-sept jours sans que vous puissiez faire quoi que ce soit. Ça fait long.

Les experts ont bouclé leur rapport par une conclusion d'incendie accidentel, en m'octroyant généreusement une somme bien insuffisante de 8 050 000 francs *exactement* (ces 50 000 francs, ajoutés là sur cette somme de 8 millions avaient sans doute comme but de donner à penser que le calcul de l'indemnité avait été sérieusement fait, au franc près) et en me laissant la propriété de l'épave – c'est gentil, merci, comme ça tous les frais seraient à ma charge.

Ayant appris qu'un malade mental du gouvernement mauritanien comptait « exiger l'évacuation de l'épave... », j'avais heureusement pris la précaution de vendre l'épave pour un franc symbolique à une société amie italienne. J'ai effectivement reçu une lettre du ministère mauritanien de la Marine marchande qui, royalement, me donnait *dix jours* pour retirer l'épave qui gênait le trafic. Encore un réaliste... Le *Clupéa* est toujours là, naturellement, sur le fond, et il y restera toute sa vie. Une partie de moi aussi.

J'ai commencé à me poser vraiment des questions sur la mer... Et sur le bien-fondé des prédictions de la chleuh qui m'avait mis en garde, et je me suis demandé s'il était judicieux que je persiste dans la construction de mes frigos et le montage de la Somip et de la Somap... J'ai beaucoup hésité, puis j'ai pris une décision : je me suis dit que, si j'avais encore le moindre pépin avec quoi que ce soit touchant à la mer, je la laisserais tomber définitivement.

J'aurais gagné du temps et beaucoup d'argent en prenant cette décision tout de suite. Chaque homme a un capital de souffrance à épuiser avant de flancher, il faut croire que je n'avais pas épuisé le mien.

Comme toujours avec moi, le coup de cafard a duré peu de temps, d'autant que le président Moktar Ould Daddah a accepté – pour m'inciter à rester et à persister – que j'installe un frigo ultramoderne dans l'enceinte du port de Port-Étienne (avec une nouvelle capacité journalière de congélation de 100 tonnes de poisson à – 40° et un stockage de 5 000 tonnes conservé à – 30°).

J'ai installé également une fabrique de glace d'une capacité de 75 tonnes par jour en eau salée et 100 tonnes par jour en eau douce.

---

1. Les experts ont constaté que, du fait de la force du vent, la gîte du bateau avait augmenté, et le stock de sacs en papier sulfurisé s'étant découvert, le feu avait repris.

Ces chiffres ne vous disent peut-être rien, mais à l'époque c'était du jamais vu.

J'ai pris comme associé un copain qui, spécialisé dans le pain d'épice, voulait se diversifier. Il s'agissait au départ de Gaston Vandamme [1], mais ensuite son fils Jacques devait prendre la relève et rester avec moi.

J'avais obtenu l'autorisation de pêcher dans les eaux territoriales pour les bateaux français. En conséquence, j'avais constitué une société à La Rochelle, L'Armement A. Guelfi (c'est là que des naïfs et des ignorants ont peut-être pu penser que « armement » voulait dire vente d'armes ? Incroyable ? J'ai entendu dire sur mon compte des choses bien plus incroyables que ça !), et j'ai lancé le premier chalutier moderne existant à La Rochelle, l'*Yves du Manoir*, en 1962.

En 1964 j'avais terminé, comme promis, un entrepôt frigorifique à Port-Étienne d'une capacité de stockage de 1 000 tonnes (2 chambres de 500 tonnes) sous le nom de la société A.G. Survif.

Encore à la demande de M. Morin, le secrétaire d'État à la Marine marchande, pour aider à sauver la construction navale française, j'ai fait à mes frais des démonstrations de pêche au Mexique où je suis resté assez longtemps avec l'*Adrien Pla* et le *Louis Coubière*.

Les Américains ne voyaient pas d'un bon œil l'arrivée de cette flottille. Moi je les considérais comme des concurrents, presque des adversaires, et je voulais démontrer que les Français étaient plus forts qu'eux sur le plan de la pêche, alors je les ai traités de *gringos* auprès des Mexicains – ce qui leur plaisait bien.

Je parlais espagnol avec eux et j'ai réussi à les convaincre, ils ont commandé douze bateaux de pêche aux chantiers Amiot, les sauvant ainsi de la faillite. C'est la seule fois où j'ai parlé dans la langue du pays où j'étais. En général quand je fais des affaires dans un pays où on parle arabe ou espagnol [2], je ne dis jamais que je connais la langue, je prends un interprète, ça me permet de mieux observer les yeux des gens avec qui je suis en transaction : c'est à leurs yeux que je vois ce qu'ils pensent vraiment, et quand on s'apprête à me traduire ce qu'ils ont dit, j'ai compris ce qu'ils me disent... et aussi ce qu'ils ne me disent pas.

J'ai réalisé des affaires importantes grâce à ça, parce que mes partenaires parlaient librement entre eux, c'est d'ailleurs grâce à ce système que j'ai fait une affaire extraordinaire avec des Espagnols ;

1. Qui n'a jamais mangé du pain d'épice Vandamme ?
2. Ma grand-mère, qui m'a élevé, était espagnole et ça m'a beaucoup aidé dans les affaires.

quand on a tous signé, je leur ai dit : « *Buenas tardes senores, adios !* » en les quittant : ils étaient morts !

En 1966, j'ai commandé six chalutiers à pêche arrière à une autre société française acculée à une cessation d'activité, et quatre chalutiers de pêche arrière à la société Socami, de Camaret, vraiment pour faire une opération de sauvetage, toujours réclamée par M. Morin. J'ai aussi passé commande en Hollande de deux chalutiers à pêche arrière, le *Hodd* et le *Tiris*, ainsi que de deux cargos frigos, le *Tagant* et le *Gorgol*, à un prix inférieur qui m'a permis d'imposer la commande des autres navires en France aux Chantiers Dubigeon, à Nantes.

Tout ça pour dire que, bien sûr, je ne me suis jamais pris pour le père Noël, mais que j'aide toujours quand je le peux, et ça a été le cas durant toute ma vie, et partout, et dans des domaines bien concrets, où des emplois et des métiers étaient menacés. Je le dis pour qu'on voie que l'image qu'on donne souvent de moi et la vraie, ce sont vraiment deux choses différentes. La première n'a même pas l'excuse d'être crédible et j'espère de tout mon cœur qu'on comprendra enfin que je suis un homme qui a fait et fait encore des choses plutôt qu'un magouilleur qui tire toujours parti de tout.

Dès que les frigos et l'usine de farine ont été opérationnels, les poissons affluaient de nouveau, ça redémarrait.

Du coup, j'ai passé commande d'autres chalutiers destinés à la Somap. Je dois dire ici que, à la demande de M. Morin, j'avais accepté de m'occuper d'autres chantiers navals français qui étaient en état de cessation de paiement. J'ai pu en sauver trois.

L'un des patrons des chantiers navals s'appelait M. Perrin, et dès notre premier rendez-vous j'avais sympathisé avec lui. Il m'apprend que, s'il n'a pas une commande d'un bateau dans les trois mois, il sera obligé de fermer. C'est donc à lui que j'ai commandé des chalutiers et il m'en a été très reconnaissant : le monde est petit car dernièrement j'ai eu une demande de rendez-vous d'un M. Perrin, et il se trouvait être l'un des fils de celui que j'avais sauvé : on a organisé une bonne soirée autour d'une bonne table, avec son frère qui est le patron de Cartier, et on a parlé du « bon vieux temps ».

J'avais peu à peu convaincu le président Moktar de laisser pêcher les bateaux portugais contre une redevance qui servirait à améliorer la situation des pêcheurs locaux et permettrait d'alimenter mes insatiables frigos et mon usine de farine. J'ai dû m'arranger pour que la flotte portugaise ait le droit de battre pavillon panaméen, car le président Moktar ne pouvait pas laisser officiellement des Portugais pêcher dans ses eaux territoriales (encore la politiquc qui passe avant l'économie). L'accord a été obtenu à l'arraché, et faisant d'une pierre deux coups on a sauvé de la misère la flotte de pêche portugaise.

De même, contre l'avis défavorable de la France, j'ai pu convaincre Moktar Ould Daddah de signer un décret portant les eaux territoriales à 12 milles nautiques au lieu de 6. Naturellement, on amplifiait le risque de voir augmenter la contrebande et les fraudeurs, mais avec l'accord du président et aussi l'appui de M. Haïba Ould Hamady, PDG de la Somap et de la Somip, j'ai financé un garde-côtes chez Amiot à Cherbourg, étant entendu que je me rembourserais en priorité avec les prises des contrebandiers arrêtés en flagrant délit.

En quinze jours d'activité, le garde-côtes et son équipage de nationaux n'avaient pas pu surprendre *un seul* navire dans leurs eaux, tandis qu'avec mon Riva ultrarapide, je faisais des rondes et je constatais des délits en pagaille mais le temps que le garde-côtes arrive, les bateaux avaient remonté leur chalut et quitté les eaux territoriales.

C'est alors que j'ai eu une idée. M'étant aperçu que les gros chalutiers japonais (d'autres aussi, mais en nombre moindre) relevaient leurs filets dès qu'ils voyaient sur leur écran radar un bateau rapide arriver, j'ai installé une fréquence radio spéciale sur mon avion en accord avec le capitaine des garde-côtes. C'est ainsi que j'ai fait des prises magnifiques. Dès que je repérais un navire en infraction, je donnais sa position exacte au garde-côtes. Celui-ci se dirigeait sur le trafiquant à 4-5 nœuds, allure normale d'un chalutier en pêche, et quand il était assez rapproché pour le prendre en flagrant délit, il fonçait et le surprenait. De cette manière, j'ai pu récupérer mon argent rapidement, et surtout dissuader les fraudeurs de persévérer.

Toujours à la demande de M. Morin, qui décidément comptait beaucoup sur moi, et que j'ai eu plaisir à aider, j'ai veillé à former et à structurer pour l'avenir la pêche au large des côtes mauritaniennes avec mon dernier chalutier l'*Adrien Pla*, un chalutier de pêche arrière, qui a été à l'origine du développement de ce genre de pêche sur la côte Atlantique.

Mais en attendant, l'esprit étroit, les mareyeurs de La Rochelle s'arrangeaient pour ne pas surenchérir sur mon poisson, alors que j'avais démontré qu'il était bien plus frais que celui pêché par les chalutiers rochelais.

J'ai même obtenu l'autoristion du président Moktar de laisser pêcher les bateaux de La Rochelle, une expédition de douze navires de la flotte est venue sur place avec l'*Adrien Pla* et... surprise ! au retour au pays des navires, l'attitude des mareyeurs n'avait pas varié. Pour des raisons de très courte vue, ils ont continué à boycotter ce poisson, craignant bêtement que le marché soit inondé alors que la demande était bien supérieure à l'offre. C'est pourquoi j'ai demandé et obtenu une carte de mareyeur-expéditeur : dès cet instant mes problèmes de vente de poisson mauritanien ont été résolus.

Et ça ne m'a pas empêché de lancer un autre chalutier de pêche par l'arrière, en association avec Gaston Vandamme, *Le Cavaleur* [1].

Maintenant, je vais vous raconter la véritable guerre qu'il y a eu entre Miferma et moi. Il n'y avait à Port-Étienne qu'un seul quai – construit par Miferma. Il était destiné à débarquer le matériel lourd servant à faire les 700 ou 800 kilomètres de voie ferrée pour le train minéralier, et à permettre l'accostage de ses bateaux pour charger le minerai.

Un jour j'avais un gros déchargement de poisson frais à faire d'urgence et, malgré mes explications, le responsable du quai de Miferma me refuse son accès pour l'amarrage de mon gros chalutier car, prétend-il, un minéralier va manœuvrer pour accoster et charger. Premièrement, il n'y avait encore rien à l'horizon ; deuxièmement, j'avais largement le temps de décharger mon bateau et de quitter le quai avant que le bateau fantôme de la Miferma se pointe, et troisièmement, même s'il finissait par se montrer avant que j'en aie terminé, il en aurait pour deux ou trois jours à transborder son chargement alors que mon chalutier n'avait besoin d'au plus que d'une douzaine d'heures.

La bêtise et la mauvaise foi ont le don de me mettre hors de moi : un vertige de colère, et je pousse à l'eau le chef de quai ! Avec mon

1. J'ai eu tant de chalutiers que je ne peux pas les citer tous. Le *Géo André*, l'*Adrien Pla*, le *Guy Boniface* (celui qui était en association avec Ostrowsky), *Le Cavaleur*, donc (avec Gaston Vandamme), *Le Luc Michèle* (baptisé du nom de mes deux enfants de ce mariage), le *Notre Dame de la Chaume*, etc., je ne me rappelle pas le nom des autres, pour le moment. J'ai les coupures de presse de l'époque, mais j'en ai tellement, vous ne pouvez pas vous imaginer, et contrairement à ce qu'on pourrait croire, je n'ai pas de secrétaire particulier. D'où les défaillances de dates et de précisions diverses.

équipage on fait sauter l'amarre de la bitte d'amarrage, et je donne l'ordre à mon chalutier de venir débarquer mon poisson.

C'était une déclaration de guerre ouverte, j'en étais conscient, mais il fallait crever l'abcès, cette situation ne pouvait pas durer. M. Audibert et son adjoint, M. Montagne, les deux responsables de la Miferma, sont allés se plaindre auprès du président Moktar, lequel m'a convoqué. J'ai défendu les intérêts de *notre* pêche avec cet argument : Miferma était en train de creuser un très gros trou pour exploiter le minerai de fer et, dès que le pays aurait été pillé, qu'il n'y aurait plus la moindre molécule de fer, Miferma s'en irait. Les Mauritaniens resteraient donc avec un sous-sol comme du gruyère, alors que l'industrie du poisson ne faisait aucun dégât et qu'elle était la vraie richesse permanente du pays.

De plus, le poisson est une denrée périssable, au contraire des chargements métalliques de la Miferma sur lesquels le temps n'a pas de prise. Le président nous demande à tous de faire preuve de bonne volonté, obtient de la Miferma qu'elle passe l'éponge pour cette fois, et nous renvoie dos à dos.

Quelque temps après, la Miferma a un gros minéralier en cours de chargement au moment où moi j'ai trois bateaux prêts à décharger du poisson frais et j'apprends que le minéralier en a pour trois ou quatre jours avant de terminer – j'ai le sentiment très net qu'ils font exprès de prendre leur temps.

Je ne cherche jamais les rapports de force, mais quand il y en a, c'est une faiblesse de ne pas les affronter. Je suis furieux ! Je mets en place mon équipe et je donne par radio à mes bateaux l'ordre de se tenir prêts à accoster. Dès que le dernier wagon de minerai d'un convoi est chargé sur le minéralier, avant que le convoi suivant avec des dizaines d'autres wagons ne prenne place, je monte moi-même en haut de la grue, je neutralise le grutier qui a eu la peur de sa vie, là-haut. Pendant ce temps, mon équipe en bas exécute mes ordres, jetant à la mer les amarres du minéralier qui, avec le vent, dérive immédiatement en s'éloignant du quai, laissant ainsi la place à mes bateaux. J'ai eu de la chance car le minéralier a failli s'échouer avant de pouvoir mettre ses machines en route – et là je ne m'en serais tiré qu'avec des pénalités très lourdes, sans parler des poursuites judiciaires. Mais quand on est en colère...

D'après Audibert, j'avais dépassé les bornes – je ne le nie pas – et nouveau grand débat chez Moktar, lequel, embêté, n'aimant pas les complications, voulait que je prenne l'engagement de ne plus recommencer. J'ai refusé, malgré son insistance, et j'ai quitté la réunion en prévenant tout ce monde que j'allais étudier une proposition pour essayer de sauvegarder nos intérêts communs, et que je l'appliquerais, unilatéralement s'il le fallait !...

Moktar essaie comme il peut de faire baisser la tension en expliquant que je suis cabochard mais bon garçon. Cet argument, un peu léger, je le reconnais, laisse de marbre les deux pontes de la Miferma qui, en calculateurs de sang froid, préfèrent me laisser m'enferrer avant de porter plainte.

C'est là que j'ai eu une idée que je qualifierais de géniale si elle n'était pas de moi : je pars en Norvège, où j'avais sympathisé avec le patron du chantier qui avait construit mon *Clupéa*, et je lui demande s'il peut me construire un ou deux très gros minéraliers ; il ne le peut pas, mais il connaît un confrère qui pourra, à Oslo. On y part tous les deux.

J'explique mon affaire et il s'engage à me faire deux minéraliers, sous réserve qu'ils soient expressément commandés par le gouvernement mauritanien. J'accepte d'autant plus volontiers... que c'est exactement là où je voulais en venir !

De retour en Mauritanie, j'obtiens un rendez-vous du président Moktar, et là je l'attaque bille en tête :

– Monsieur le président, je vous ai fait une flotte de pêche mauritanienne, comme promis, et maintenant je vais vous faire une flotte de minéraliers mauritaniens !

Il rit, et me répond que je dois rêver, sachant très bien que son gouvernement n'a pas les moyens de financer un tel projet. C'est là que je l'attendais. Je lui explique que ça ne lui coûtera pas un kopeck, le prix des navires s'amortira par le fret. À la condition, bien sûr, que les minéraliers soient la propriété du gouvernement mauritanien et que lui-même décrète que, dans le cas où la Mauritanie posséderait des minéraliers, ils auraient la priorité absolue pour le fret à transporter, ainsi que pour toute opération de chargement ou déchargement sur le quai. Moktar n'en revient pas.

Après beaucoup de palabres, je le convaincs et je le prie de ne rien révéler avant la parution du décret au *Bulletin officiel* – et c'est parti ! En attendant, la Miferma et moi on continue nos bagarres, eux me laissant faire, dans l'espoir de me coincer au tournant.

Mais moi j'avais décidé que mon poisson frais devait avoir priorité sur leurs minéraliers. À la suite d'un dernier épisode où je les ai coincés sur leur dédouanement, Audibert et Montagne sont devenus fous furieux et m'ont prévenu qu'ils allaient m'écraser. J'apprends alors à M. Audibert que je fais construire deux énormes minéraliers *appartenant à la Mauritanie* et que ceux-ci auront tout naturellement priorité de fret sur eux au départ de Port-Étienne. Je lui adresse copie du contrat passé avec les chantiers norvégiens et copie de l'extrait du *Bulletin officiel*, avec le décret de Moktar.

Stupéfaction, branle-bas de combat, intervention directe du président de la République française, du président de la Banque de Paris et des Pays-Bas, et de l'ambassadeur de France. Devant le manque de résultat de ces interventions, qui se heurtaient à la loi (chacun son tour !), M. Audibert a capitulé. Je m'en souviendrai toujours : mon bras droit, ébahi, hilare, vient m'annoncer comme s'il n'osait y croire que ces messieurs étaient devant la porte de l'usine *avec un drapeau blanc à la main* ! Et c'était vrai. Preuve au moins qu'ils avaient un peu d'humour.

On s'est mis autour d'une table, et je leur ai demandé comment il se faisait que moi, qui avais échoué à l'oral du « certif », j'avais prévu avant eux qu'un jour une clause dans un contrat gouvernemental pouvait les reléguer d'un trait de plume au second plan. Mais j'ai été beau joueur, car j'étais content que pour une fois le pot de terre se soit montré plus fort que le pot de fer, et j'ai fait une concession : j'ai accepté de ne pas profiter de mon contrat à la condition qu'ils se montrent raisonnables à l'avenir et me laissent décharger mes denrées périssables avant leurs matériels. Et j'ai prévenu le président Moktar qu'il n'y avait plus de problème avec la Miferma, car j'avais en main l'accord signé par M. Audibert.

Comme le président subissait une forte pression de la part de la France, il a été content du dénouement. Moi aussi.

J'ai repris mon avion pour aller voir mes Norvégiens et je me suis excusé, en prétextant la pression de la France et la demande que m'avait faite le président de la République française, ce qui était d'ailleurs la vérité. On est restés bons amis, car j'ai payé bien sûr intégralement l'étude du projet.

Tout avait repris son rythme normal. Les poissons étaient heureux dans la mer, moi quand ils étaient dans mes cales, et Gaston Vandamme quand ils se retrouvaient dans nos frigos – sur lesquels, je le rappelle, on était associés.

Mon seul problème, mais de taille, était que les marins mauritaniens n'arrivaient pas à travailler d'une manière satisfaisante, même encadrés par du personnel breton. Tout ça parce qu'il y avait une guerre interne, d'abord latente puis déclarée, entre les Blancs et les Noirs. Il faut savoir que les Mauritaniens ne sont pas des Noirs, mais des Berbères, des Maures. J'avais pu constater que tous les ministres noirs que j'avais pratiqués dans le cadre de mes activités (par exemple, les ministres des Finances et de la Marine marchande) étaient nettement aussi compétents que les ministres français ou mauritaniens avec lesquels j'avais eu à travailler, mais ne faisant jamais de politique je ne voulais pas prendre position.

Jusqu'au jour où j'ai été obligé de le faire.

Lors d'un de mes voyages en France, M. Haïba Ould Hamady, président de la Somap et Somip, prend le risque – c'en était un – de m'envoyer un fax me prévenant qu'il est préférable que je ne revienne pas en Mauritanie pour l'instant car il y a une guerre à l'intérieur du gouvernement, des règlements de compte, et qu'une opposition veut la peau de M. Mamadou Wanne Birane (ministre – noir – des Finances). Ces opposants comptaient se servir de moi pour apporter la preuve qu'il avait touché des commissions sur les achats de bateaux (effectués dans les chantiers français que j'avais choisis moi-même) destinés à constituer une flotte de pêche mauritanienne méritant ce nom (je n'ai pas fait mention de tous les chalutiers que j'ai commandés aux chantiers navals français, il y en a eu beaucoup).

Comme je n'ai pas l'habitude de me déballonner, je prends la décision d'aller voir sur place ce qui s'y passe. J'avise Irène, mon irremplaçable secrétaire, de mon départ, en lui disant de faxer le jour de mon arrivée en Mauritanie – je devais en effet d'abord me rendre à Dakar, car j'avais rendez-vous avec mon ami Fulachier. Pour son dernier voyage, trois ou quatre années auparavant, celui-ci m'avait laissé piloter son Boeing 707 d'Air France, et j'ai fait le décollage et l'atterrissage à sa place sur Los Angeles-Paris. Il m'avait gâté.

En atterrissant à Orly, au retour, j'ai fait un *kiss-landing* qui a valu... à mon ami les compliments des passagers !

Ce n'était pas si difficile, au fond. Avoir des passagers derrière ne me troublait pas – en fait je n'y aurais même pas pensé sans un petit malentendu assez drôle. Comme le Boeing est en pilote automatique dès qu'il a atteint son altitude et sa vitesse de croisière, et que de toute façon Fulachier restait dans la cabine de pilotage, je rejoignais souvent ma place située en première, et je me relaxais en dégustant quelques lampées de champagne. Il y avait une actrice à bord, une grande vedette américaine, et elle trouvait avec un sourire faussement sévère que ce n'était pas très sérieux de la part d'un pilote... Elle semblait dire : « Ah ces Français !... » Et comme – à part tout ce qui concerne les procédures de vol – je ne parle pas un mot d'anglais, je ne pouvais pas la détromper. Alors, quand je retournais en cabine, je lui faisais un sourire du genre : « Quand il faut y aller, il faut y aller... » Je crois qu'il s'agissait de Julie Andrews.

Je reviens à mon marécage mauritanien. Comme un homme averti en vaut deux, je m'étais organisé. D'abord je me suis procuré une ceinture spéciale dans laquelle j'ai plié à ma façon (en fait celle de M. Luong Lap, du Grand Monde, à Saigon) des billets de 100 dollars dans toute la doublure : avec une pareille fortune je pouvais régler n'importe quel problème en Mauritanie.

Ayant laissé mon avion à Dakar, avec Fulachier, je loue un petit avion pour qu'on m'emmène à Nouakchott.

À peine l'avion atterri, je suis « accueilli » par deux hommes que je ne connais pas, et qui me prient de les suivre afin, disent-ils, de rencontrer un ministre de je ne sais plus quoi et dont je ne me rappelle pas le nom (il y avait ministres et ministres, les techniciens et les politiques : moi, je ne connaissais que les techniciens, celui-là était un politique). Et ils donnent l'ordre au pilote de l'avion de repartir.

Dès le début de l'entretien avec ce ministre, je vois que ça ne me mène à rien, que c'est trouble, à double sens, je ne joue pas à ces jeux-là, et je demande à être reçu par le président Moktar. Et je m'aperçois qu'il n'a pas du tout l'intention de me laisser le rencontrer tant que je n'aurai pas répondu à ses questions et que je ne lui fournirai pas « les preuves » des sommes que j'ai versées à M. Wanne Birane, le ministre des Finances.

Je prends immédiatement ma décision et je feins de lui donner mon accord. Cela dit, je sais qu'effectivement les chantiers français où on avait commandé certains chalutiers lui ont versé une commission pour son parti politique. Il va donc falloir que je joue serré si je veux m'en sortir moi-même !

Je demande à ce ministre qui sourit d'un air machiavélique, se croyant très habile, s'il peut mettre un fax à ma disposition. Mais voyons, mon cher, bien entendu ! Il accepte avec plaisir ! Il m'accompagne, même – je crois me souvenir que c'était à la chambre de commerce, la seule à avoir un fax, à cette époque. J'avais bien calculé mon coup et gagné assez de temps pour que mes bureaux de Paris soient fermés, étant donné le décalage horaire. Je rédige un fax à l'attention de ma secrétaire en lui demandant de prendre contact avec le patron du chantier naval de Saint-Malo où on avait commandé les chalutiers, pour le prier de nous donner le montant exact des sommes qu'il a déboursées, et enfin je dis à Irène de me confirmer qu'elle a bien reçu le fax.

Évidemment, vu l'heure, aucune confirmation.

J'appelle et je rappelle, et toujours pas de réponse. Jouant d'abord la perplexité, puis la nervosité, je finis par prendre l'attitude typique de celui qui vient de se souvenir de quelque chose d'évident, et je m'exclame :

– Mais que je suis bête ! ce n'est pas la même heure à Paris ! Mon personnel a déjà dû partir !

Et, en regardant ma montre, j'informe le ministre de ce que les bureaux ne rouvrent que le lendemain matin à 9 heures, heure de Paris. J'envoie un autre fax à Irène lui confirmant que j'espère la lire bientôt, et qu'en attendant... « je serai à Nouakchott, à l'hôtel... (je me tourne vers mon bonhomme et lui demande s'il connaît un hôtel. Il m'en indique un), à l'hôtel Machin, où elle peut me joindre ou me laisser un message ».

Satisfait de ma coopération, très satisfait de savoir que je reste à Nouakchott, encore plus satisfait que je lui permette de m'accompagner avec ma valise à l'hôtel, le ministre me sert de chauffeur. On prend rendez-vous pour le lendemain matin vers 10 heures, et je lui dis comme ça, dans la conversation, que je vais en profiter pour faire une partie de pêche afin de me changer les idées. Il ne tique pas, j'ai dit ça comme l'aurait dit un touriste.

Le soir, à la tombée de la nuit, il y avait souvent des gens qui allaient pêcher depuis le bord de la plage, et j'avais déjà mon programme en tête.

L'hôtel n'est pas mal, pour le pays : je monte dans ma chambre, j'enfile un jean et un blouson, je mets des chaussures de marche, je demande à l'hôtel de me louer une voiture mais ils ne trouvent qu'une vieille 2 CV qui, au premier regard, devait bien faire du 60 km/h maxi dans les portions de plat (si l'équipe Gordini me voyait !). Mais j'ai toujours aimé les 2 CV, pour leur capote, qu'on déroule et qui vous donne l'impression de rouler avec le ciel pour seul toit. En plus elle passe partout, elle ne cale jamais, bref, c'est la voiture idéale pour une journée de vacances pépère et ensoleillée et j'étais censé être un vacancier.

Je préviens la réception que je vais à la pêche et qu'ils veuillent bien me préparer un panier casse-croûte et une bouteille de vin.

Il fait nuit quand je quitte l'hôtel et je me dirige vers la villa de Wanne Birane qui, par bonheur, est chez lui. J'aurais eu l'air malin, s'il avait été absent ! Je laisse la 2 CV à 500 mètres de sa maison pour que mon approche soit discrète et que je puisse vérifier si sa maison est surveillée ou non. Elle ne l'est pas, et je me trouve face à Birane, étonné de me voir là. Je le mets vite mais à fond au courant de ma discussion avec le ministre.

– Comme ça, ils veulent ma peau ? Ils ne doutent de rien !

– Ils ont peut-être raison, monsieur Birane ; vous devriez vous méfier.

Il est un peu surpris quand je lui dis que je préfère tout laisser tomber dans ce pays plutôt que de me retrouver impliqué dans des affaires politiques...

– Mais tout est politique, vous êtes un idéaliste, mon cher !

Pour une fois, malgré les apparences, il dit vrai, sauf qu'il le formule très mal : je crois être un vrai réaliste, ceux qu'aujourd'hui on baptise idéalistes, justement, ceux qui veulent des hommes politiques propres s'occupant du bien-être et de l'amélioration de la vie de leurs concitoyens, raisons pour lesquelles ils ont été élus quand on y pense – mais on n'y pense pas, ça ferait trop cliché. Que le cliché ait souvent un fond de bon sens ne fait rien à l'affaire.

Je lui conseille quand même d'aller à Dakar chez son frère en attendant que ça se tasse. Je lui raconte tout une nouvelle fois, dans les détails, pour qu'il ne s'inquiète pas en apprenant par « eux » que j'ai envoyé un fax à ma secrétaire, et je lui annonce que j'ai pris la décision de partir tout de suite plutôt que de collaborer avec ceux qui veulent l'éliminer. Et qu'il ne s'inquiète pas, je téléphonerai à Irène à la première heure pour lui dire de ne pas tenir compte de mon message. D'ailleurs, je suis sûr qu'Irène, me connaissant, aura sans doute deviné toute seule.

Il me remercie, et me prévient que je risque de perdre tous mes biens, tous mes avoirs (qui représentaient tout de même plus de 250 millions de francs, c'était énorme ce que j'avais investi et bâti là-bas).

Que ceux qui ont des oreilles m'entendent, et que ceux qui ont du bon sens me croient. D'abord, il y a deux sortes d'intermédiaires : il y a les profiteurs, et ceux qui apportent des affaires, qui font du bien aux entreprises. C'est dans cette catégorie-là que je suis devenu intermédiaire, et encore : à soixante-douze ans seulement ! quand je n'ai plus pu physiquement suivre le rythme que je menais jusqu'alors, et en m'apercevant que j'avais un réseau exceptionnel d'amis exceptionnels aussi, aux postes les plus divers, à toutes les hiérarchies, et dans le monde entier.

Pourquoi ne me croit-on jamais, alors que j'ai plus de cinquante années de preuves derrière moi ? Passe encore si je prétendais marcher sur l'eau, mais là ? Je dis quel était mon métier, et les gens sourient, tout ça à cause de certains mauvais journalistes. Dans tous les métiers, il y a les consciencieux et les irresponsables, il y a les bons et les mauvais, mais dans certaines professions les mauvais sont très dangereux : les policiers (ils sont armés), les journalistes (ils font les réputations)... et quelques autres – regardez autour de vous.

Wanne Birane pensait que ça allait s'arranger, que Moktar allait sûrement être « viré », selon son propre mot, et que j'avais tort de m'alarmer.

– Eh bien si ça se passe comme vous le dites, tant mieux : je reviendrai !

Mais je savais qu'il se trompait. C'est vraiment dommage que Moktar ait été faible, ça allait très bien avec lui. Quand ses adversaires politiques l'ont emporté, ils ont complètement déliré, ils voulaient expulser les Noirs, flouer les Blancs, etc., plein de petites salades infectes pour se partager le pays... et bien sûr, pas pour la prospérité de leurs ressortissants ! Moktar s'est retrouvé piégé dans cette meute, et il a été obligé de s'exiler en France...

Si j'ai conseillé à Birane de s'en aller, moi aussi je fuis, je ne tiens pas à ce qu'on annonce aux miens que je suis mort dans un accident. Je fuis, mais n'oubliez pas que je pouvais l'éviter, ma fortune, je pouvais la sauver : il m'aurait suffi de « balancer » M. Birane. Je n'y ai même pas pensé sur le coup, c'est simplement maintenant, après les sales calomnies que j'ai entendues, que j'y repense. Je donnerais beaucoup pour voir comment ceux qui me jugent auraient réagi dans la position où j'étais.

Donc, je repars avec ma 2 CV sur Saint-Louis, je l'abandonne un peu avant le fleuve que je traverse avec un passeur à qui je donne 100 dollars – une fortune, pour lui. Et nous voilà partis sur sa pirogue, lui, heureux comme tout, pagayant comme un dingue pour ruser avec le courant, et moi qui me cramponnais de plus en plus au fur et à mesure que le tangage s'amplifiait – on a manqué chavirer deux fois au moins, sans compter les autres « petites alertes » (comme avoir le corps complètement trempé d'un côté ou de l'autre... et même de l'un *puis* de l'autre, dans la foulée).

De l'autre côté du fleuve, je vais à l'hôtel, je fais appeler un taxi, mais avant de partir je téléphone à mon ami Fulachier, à Dakar, pour lui dire de se tenir prêt à décoller au plus tard à minuit, lui fixant rendez-vous directement à l'avion à partir de 23 heures. Et on décolle à l'heure dite.

Passant à la verticale de Nouakchott, je fais un bras d'honneur (c'est puéril, mais ça défoule).

– Mais... et tout ce qui t'appartient, ici ?

– Tant pis ! Pour une fois que je tombe sur un bon ministre, je ne vais pas aider à ce qu'on l'éjecte !...

C'est vrai que je finissais par croire que ça ne pouvait pas exister. En France, à part M. Jean Morin, qui dans sa partie agissait au lieu de parler, je n'en connaissais pas. C'est pour ça que j'essayais de faire tout ce qu'il me demandait : il ne le demandait pas pour se faire réélire ou rester ministre, mais pour le bien des gens et du secteur qu'il avait en tutelle.

– Ils sont gangrenés, ici, j'abandonne ce pays définitivement. Avec la politique ils ont tout gâché. Qu'ils aillent se faire cuire un œuf !

À l'escale de Biarritz, j'appelle ma secrétaire chez elle, la réveillant, pour lui dire de ne pas tenir compte du fax qu'elle allait trouver au bureau.

– Tout est en ordre, donc. Je vais au bureau ou je peux me recoucher ?

– Recouchez-vous, Irène, recouchez-vous...

Ce sont des merveilles, des gens comme ça...

Voici le fond de l'histoire. Pendant mon interrogatoire à Nouakchott, j'ai aperçu sur le bureau du ministre, qui voulait m'arracher des informations sur M. Birane, une note confidentielle manuscrite que j'avais rédigée et remise en main propre à Moktar Ould Daddah ! et là j'ai enfin tout compris. Cette note concernait le précédent ministre mauritanien de la marine, M. Fall Papa Daouda, un vorace, qui était tellement exigeant sur les « avances » sans cesse réclamées qu'il compromettait la bonne marche de notre société Somap. J'y détaillais les sommes qu'il avait reçues et celles qu'il exigeait encore.

Si bien qu'il avait fini par aller en prison.

Comme il avait été remplacé par M. Wanne Birane, j'ai pensé que le ministre qui m'avait réceptionné à Nouakchott devait être un de ses amis, et sans doute un complice, et qu'il voulait le venger en ayant la peau de Birane – lequel n'était pour rien dans toutes ces histoires.

Plus tard, j'ai envoyé un fax à mon salopard de ministre, lui disant que puisque le président Moktar ne « voulait » pas me recevoir, je ne mettrais plus les pieds dans son pays. Grand seigneur, je lui faisais cadeau de mes actions de la Somap et de la Somip, en lui prédisant que, moi parti, ces deux boîtes ne tarderaient pas à s'effondrer et que j'attendais ce moment avec impatience. Je n'ai pas eu à attendre longtemps.

Ma décision prise, je fais savoir à M. Vandamme que j'abandonne définitivement la pêche, les industries qui l'exploitent, bref tout ce qui se rapporte à la mer, que je lui fais cadeau de l'argent qu'il lui restait me devoir sur ses parts, et que je lui abandonne les miennes sur le frigo de Port-Étienne. En prime je lui laisse aussi mon hôtel, en lui souhaitant bonne chance. Ça m'est d'ailleurs une consolation de passer la main à quelqu'un de bien.

C'était donc la fin de mon histoire avec la mer... Voilà comment, avec vingt-cinq ans de retard, j'ai enfin écouté celle qui m'avait prédit que tout ce que je ferais sur l'eau s'écroulerait tôt ou tard. Ça s'est réalisé plutôt tard, mais à fond.

On peut penser qu'une entreprise qui met si longtemps avant de s'écrouler peut aussi être simplement quelque chose qui a fait son temps, comme toute chose humaine, mais je sentais que j'avais encore bien des années à vivre, et à peine quelques jours auparavant je n'aurais même pas imaginé cesser cette activité. C'est pourquoi j'ai longtemps ressenti cet abandon comme un échec personnel, et je me suis longtemps dit que ma « chleuh » était descendue de ses montagnes uniquement pour m'avertir et que j'avais eu tort de ne pas l'écouter.

De mon aventure mauritanienne, je n'ai gardé avec moi que ma fidèle Fatima, ma cuisinière marocaine depuis trente ans, et un de mes collaborateurs parmi les plus capables et loyaux, M. Jean-Claude Cariou, un Breton, qui a débuté sur mes bateaux comme simple mécanicien, et qui est devenu par la suite chef mécanicien de toute ma flotte.

S'il m'avait fallu un autre signe, je l'aurais vu dans mon troisième accident d'avion, qui a eu lieu peu après. J'étais allé en Europe pour je ne sais plus quoi. Au retour, avec un copain que je ramenais, j'emmène avec moi un Marocain qui se disait pressé.

Au large d'Alicante, toussotement du Nord-Écrin, puis panne de moteur.

J'ai tout de suite pris un cap vers les bateaux que j'apercevais à l'horizon et j'ai demandé à mon copain de déverrouiller le cockpit pour le larguer avant notre impact, étant moi-même dans l'impossibilité de lâcher le manche. Il n'a pas su le faire et mon Marocain, à l'arrivée, criait et priait. On se crashe sur une mer assez mauvaise, mais je réussis à me poser sur le sommet d'une lame, pour ne pas couler aussitôt. On voit les bateaux, mais ils sont loin, loin... Immédiatement, bien sûr, on a une importante voie d'eau dans le cockpit, qui est impossible à ouvrir.

On commence à couler. Mon copain et moi on ne panique pas, on a déjà crapahuté ensemble, mais mon passager marocain, dans son costume trois pièces impeccable, n'en mène pas large. Je le rassure comme je peux :

– C'est rien, ça nous est déjà arrivé dix fois. Il faut juste attendre que le cockpit soit plein pour l'ouvrir, à cause de la pression.

L'eau monte, monte, notre passager pâlit, pâlit.

– Vous ne croyez pas qu'on peut ouvrir ?

– Pas encore, il y a une poche d'air.

Quand l'eau nous submerge, on peut enfin faire sauter le cockpit. Le Marocain ne sait pas nager. On est restés deux heures, mon ami et moi avec un seul gilet de sauvetage en brassant l'eau juste assez pour surnager, et en tenant le Marocain à bout de bras (« Bougez les bras, bougez les bras, regardez comme je fais avec mon bras libre, c'est facile... ») jusqu'à ce qu'un bateau de pêche, qui nous avait vus nous abîmer, vienne nous repêcher. Ce Marocain nous doit la vie, on était à bout de forces, et on lui aurait bien sûr abandonné le gilet de sauvetage. Il a été maire d'Agadir, plus tard... et il est mort dans un accident de Caravelle ; c'était son destin !

Et ça se passait dans la mer. Je me suis dit que c'était le dernier sursis que m'accordait ma voyante. Il ne faut pas tenter le diable.

La mer et moi, c'était fini.

Pour la première fois de ma vie, j'ai pris un mois complet de vacances pour réfléchir à ce que j'allais faire. Dans la foulée, sans qu'il y ait de cause à effet, j'ai divorcé d'avec ma femme, à qui je n'ai d'ailleurs strictement jamais rien eu à reprocher. C'est vrai, je n'ai jamais eu de vie de famille. Renée avait compté les jours où elle me voyait : d'après elle, et je la crois, un maximum d'une quarantaine de jours par an, trente-neuf au pire, quarante-cinq « les bonnes années », m'a-t-elle affirmé. Il n'y avait qu'à Noël qu'elle et mes enfants étaient sûrs que je resterais avec eux une soirée entière, c'était sacré, sauf une année où un de mes bateaux coulait et que je suis parti le secourir.

Je le regrette, évidemment, surtout parce que je n'ai pas pu m'occuper de mes enfants quand ils étaient petits. Je travaillais, je travaillais, et les seuls plaisirs auxquels je ne pouvais pas résister c'était lorsque Gordini m'appelait pour courir dans ses voitures. Ça paraît égoïste, ça l'est sûrement, mais j'avais *besoin* de respirer parfois, de sortir de mon métier. Ça a été au détriment de ma vie familiale, je le reconnais. D'ailleurs j'ai pris tous les torts à ma charge lors du divorce, et j'ai toujours veillé à ce que Renée et mes enfants ne manquent de rien.

Car on a eu ensemble deux beaux enfants : ma fille Michèle et mon fils Luc, qui ont heureusement été intelligents, ont compris que je les aimais, à ma manière. Je leur suis reconnaissant de leur indulgence envers leur père. Ils savent que je compte sur eux, comme ils peuvent compter sur moi. J'explique mon attitude, si je ne l'excuse pas, par deux choses : j'avais été élevé d'une certaine manière, et je pensais que c'était la bonne. Et en second, mon travail m'a trop pris – c'était un choix de vie.

Je n'ai jamais voulu les diriger, leur dire ce qu'ils devaient faire, je les ai laissés libres. Ils n'aimaient pas l'école, tout comme moi. C'était le problème avec Renée, elle voulait que je les pousse vers les études, et moi j'étais bien obligé de lui dire que, pour ceux qui n'aiment pas ça, les études ne servent à rien. Je lui donnais des arguments : j'avais dans mon staff des gens qui sortaient des grandes écoles, bardés de diplômes, mais chaque fois qu'on n'était pas d'accord, eux et moi, c'est moi qui avais raison, grâce à mon expérience. Alors je répétais aux enfants : si vous n'avez pas envie d'étudier, n'étudiez pas, ce n'est pas moi qui vais vous y forcer, si vous avez envie de travailler, travaillez... J'étais totalement en contradiction avec ma femme dans ce domaine.

Ce que je leur ai transmis, c'est ce que mes parents m'avaient inculqué : ne jamais mentir. Ils me craignaient beaucoup, sur ce chapitre. Un jour, ils ont pris une raclée, ils avaient menti pour une histoire de chocolats : je voulais bien qu'ils en mangent de temps en temps, mais là, ils avaient vidé la boîte. J'ai voulu savoir qui les avait tous mangés, ils m'ont menti [1], ils ont pris une raclée tous les deux. Ils s'en souviennent encore, pourtant ils étaient petits, il n'y a que ça que je leur ai appris, être honnêtes, le reste dépendrait d'eux.

Je leur ai conseillé aussi d'être sains, de faire du sport, ce que je voulais c'étaient des enfants honnêtes, et bien dans leur tête : le reste !... Si en plus ils ne fumaient pas, s'ils ne salissaient pas leur corps (la fumée dans des poumons, c'est comme du mazout qui pollue une plage toute propre), ils mettraient des chances supplémentaires de leur côté.

C'étaient donc des conseils de bon sens, pas du dirigisme.

Ils ont souvent changé d'école. Quand on a quitté le Maroc, je les ai inscrits dans une école près de Paris. Puis, au bout de quelques mois, ils se sont retrouvés à La Rochelle, et Paris de nouveau, etc., ils étaient dépaysés, en plus on les appelait « les Marocains », ils n'aimaient pas qu'on les regarde comme s'ils étaient différents, et donc l'école ne pouvait pas leur plaire. Ce n'étaient pas de bonnes conditions pour bien étudier.

Les enfants de mon premier mariage n'ont pas de diplôme, ni ma fille ni mon fils, ce qui n'empêche pas que ma fille Michèle vit très heureuse à Rome et grâce à elle je suis grand-père depuis vingt-deux ans. Mon fils Luc habite aux États-Unis où je lui ai conseillé de s'installer depuis une vingtaine d'années et il réussit parfaitement, profitant d'une vie très agréable dans l'Arizona, à Phoenix.

Avec ce divorce, que j'ai décidé soudain, comme ça, en quelques jours, c'était comme si je muais. Ce qui était passé était passé. Maintenant seules m'intéressaient ma disponibilité et mes forces vitales intactes : je devais en faire quelque chose. Pendant cette période où je me cherchais, avec le recul, je m'aperçois que je n'étais pas en train de tourner une page, je changeais carrément de livre.

Je suis retourné au Maroc et, grâce à l'amitié du général Oufkir, j'ai été hébergé chez lui le temps de prendre une décision – le temps que je voudrais, lui et sa famille faisaient tout pour que je me sente chez moi. J'étais très intime avec eux tous, on se connaissait bien, depuis le temps. Et comme on ne parlait pas de politique – cause de presque toutes les disputes – ça a continué à toujours très bien se passer entre nous. Il avait la même indifférence envers les affaires que

1. Michèle avait menti pour protéger son frère... c'était lui qui avait fait un sort aux chocolats !

moi envers la politique, c'est dire si ce n'étaient pas nos sujets de conversation !

D'ailleurs, je le répète, la première personne que Mme Oufkir est venue voir en arrivant en France, c'est moi. Je suis sans doute le seul à l'avoir aidée un peu pour vivre quand elle a débarqué sans un sou après vingt ans d'emprisonnement – car c'en était un. Je n'en parle que pour montrer quels sont nos rapports, c'était pour moi la moindre des choses envers la femme d'un ami, et une amie elle-même.

Donc, je n'ai jamais, comme l'ont écrit quelques journalistes, fait des affaires avec Oufkir. Je ne me suis jamais occupé de ce qu'il faisait, ni lui de ce que je faisais, jamais, jamais, jamais – et d'ailleurs il ne faisait pas d'affaires. Même s'il l'avait voulu, s'il en avait eu le goût – ce qui n'était pas le cas, je l'affirme – il n'en aurait pas eu le temps. Il était tout entier voué à sa tâche de protéger le roi. C'était un homme entier.

Il s'était d'abord consacré au père, Mohamed V, et, à sa mort, tout naturellement, à son fils Hassan II. C'était sa destinée, il n'en voulait pas d'autre. C'est lui qui m'a présenté au roi Hassan II. Ça s'est passé ainsi : d'après Oufkir, le roi m'avait trouvé drôle : « C'est un original... Il n'y a plus qu'eux pour oser vivre... » Je m'étais vite rendu compte qu'effectivement je le reposais du protocole, j'apportais dans son palais – paraît-il – un souffle de liberté et de fantaisie (inconscient de ma part, moi j'étais comme je suis et j'ai toujours été). Il s'est vérifié que Hassan II aimait se divertir.

D'ailleurs un jour je suis venu lui faire essayer un avion, un Merlin, un avion extraordinaire, un turbo révolutionnaire. Je l'ai posé sur le petit aérodrome d'Ifrane, tout près de son palais. Et je suis allé trouver Hassan II pour l'emmener faire un tour. Derrière nous, son intendant faisait des signes « non ! non ! » fébrilement.

Je dis au roi :

– Mais qu'est-ce qu'il a à s'agiter comme ça ?

Le roi a ri, m'a fait signe de ne pas m'en occuper, et il est monté avec moi. On a fait un tour en l'air ensemble alors qu'en bas, c'était le branle-bas de combat, l'affolement général. « Comment ? Sa Majesté faire un tour en avion comme ça, sans protection ! »

On est revenus se poser sains et saufs : l'avion n'avait pas explosé, Hassan II n'avait pas été enlevé, tout était bien qui avait mal commencé... pour eux, parce que le roi et moi, on n'a fait qu'admirer le pays :

– C'est un grand pays, mon pays, a-t-il dit à un moment. Je ne parle pas que de sa superficie.

J'avais compris.

Plus tard, il a voulu que je lui montre comment on passait les vitesses pendant les courses de voiture. Car il me connaissait, comme tous les Marocains, puisque je courais encore sous les couleurs de son pays. Alors là, pendant qu'on roulait à 200 à l'heure dans de longs virages, je ne tente même pas de décrire ce qui a pu se passer au palais.

On ne coupe jamais les ponts avec les gens ou les pays d'un seul coup. Il y a toujours des bribes, des choses inachevées qui traînent, ça se fait par à-coups, et un beau jour on se réveille : c'est fini. Plus envie d'y penser, plus envie d'en parler : c'est passé dans le Passé.

Je n'en étais pas encore à ce stade, et je me souviens d'avoir raconté à mon arrivée chez Oufkir toute mon histoire mauritanienne. Quelque temps après, il devait effectuer un voyage à Nouakchott pour rencontrer le président Moktar. Je lui ai confié une lettre à lui remettre en main propre. Elle le prévenait de tout ce qui se tramait (dans son dos ? ça, c'était moins sûr, mais je faisais comme si) et lui disait tout ce que j'avais à lui reprocher même s'il n'en était pas l'instigateur mais seulement le complice par faiblesse. Je n'en ai jamais eu d'écho. Je lui prédisais dans cette lettre qu'il finirait en prison (au mieux !) s'il se laissait manipuler. Et il a bel et bien terminé sa présidence en prison, avant d'être recueilli par la France.

Mes rapports avec Hassan II étaient toujours aussi bons, depuis le temps où j'étais resté au Maroc après la débandade qui avait suivi l'indépendance de son pays. Il savait ce que j'avais voulu faire pour son père, et que seul le tremblement de terre d'Agadir, en dévastant la plus grande partie de ma vie passée, en ravageant tous mes souvenirs, avait pu m'obliger à partir. Il le comprenait très bien, avait confiance en moi. J'ai dû être la hantise de ses services de sécurité, d'ailleurs...

Un jour, j'avais un copain qui m'avait donné des balles de golf, mais des balles de golf façon farces et attrapes. Le truc vraiment idiot, mais drôle. Je rencontre le roi sur son parcours de golf, et je lui dis spontanément :

– Majesté, je vous ai apporté des balles de golf, il paraît qu'elles sont extraordinaires. Un produit nouveau.

– Je vais les essayer tout de suite !

Je l'ai suivi (même quand il jouait au golf, il aimait que je l'accompagne, que je lui parle pendant le parcours) et au moment où il frappe la balle, celle-ci s'envole... et s'ouvre, un parachute se déploie, et la balle redescend doucement par terre. L'intendant était fou furieux. Le roi riait, et l'autre s'étranglait :

– Comment ! vous avez osé faire ça à Sa Majesté ?

Je lui réplique, ne comprenant ni sa frousse ni son indignation :

– Écoutez, c'est une plaisanterie : juste pour amuser le roi !

Il n'était pas de cet avis. Mais le roi et moi on l'était, c'était le principal. Vous voyez que si nos rapports se sont dégradés, je n'y étais pour rien. Je ne me mêlais pas de politique, je le fréquentais en tant qu'homme.

Mais je n'allais pas rester éternellement au Maroc sans rien faire.

J'étais ami avec Lamberto Micangelli [1] que j'avais connu pendant mes compétitions automobiles, et un jour, en parlant de choses et d'autres, on a décidé de construire ensemble une chaîne d'hôtels de luxe au Maroc. Micangelli était PDG de la CIGA, une des plus importantes chaînes hôtelières d'Europe dont le siège social est en Italie. Elle est propriétaire de palaces réputés comme le Danieli à Venise, le Grand Hôtel, le Palace à Rome, etc.

On a constitué une société marocaine, et acheté des terrains très bien placés (grâce à la connaissance qu'avaient les gens de mes liens amicaux avec le roi, sans doute, mais j'aurais dû faire quoi ? Dire « Non, merci, je veux payer plus cher » ?), dans différentes villes, Marrakech, Fès, et bien sûr, à Casablanca.

La répartition du capital était de 60 % pour moi et 40 % pour la CIGA. Micangelli a signé un engagement auprès du gouvernement marocain et a assumé la responsabilité juridique de la gestion des hôtels qui devaient être construits par notre société marocaine.

Je me sentais mieux. Le travail me manquait. Et, comme je me sentais mieux, ça s'est ressenti... sur tout.

Un jour, chez des amis, à Casa, je fais la connaissance d'une jeune femme, une Française. Bon. Elle s'appelle Cady, c'est facile à retenir. Elle est simple, souriante, ça me plaît bien, mais c'est tout. Le lendemain je n'y pense plus. Peu après je dois aller à Paris. Mes amis me demandent s'il m'est possible de la prendre avec moi dans mon avion. Et, comme pour m'y inciter, ils ajoutent : « C'est la nièce de Pompidou. » Je n'en ai rien à faire, que ce soit la nièce de Pompidou

1. Contrairement à ce qu'on a écrit et qu'on continue à écrire, ce n'est pas le magnat Agnelli, que je connais, c'est l'homme d'affaires Micangelli dont je parle largement dans ce livre, et ils n'ont vraiment, mais alors là vraiment rien à voir l'un avec l'autre. De toutes les erreurs faites à mon sujet, c'est de loin la plus inoffensive.

ou du pape, je vais à Paris, j'ai de la place dans mon avion, alors si elle veut que je l'emmène, je l'emmène avec plaisir, c'est simple. Si elle ne fume pas, bien sûr. Elle ne fumait pas.

Comme toujours quand je suis dans les airs, je me sens léger, je trouve tout beau, les nuages, le bleu du ciel s'il n'y a pas de nuages, les étoiles là-haut et les lumières en bas si c'est la nuit, et j'ai une passagère charmante. Je me sens tout jeune, on se parle. Je la fais rire. Ça me fait rire aussi. On se regarde. On se plaît bien ensemble.

Quelques mois après, de coups de fil en talons aiguilles, nous voilà fiancés puis mariés.

Je veux dire la vérité : je suis resté quarante ans sans être amoureux. Les deux femmes que j'ai épousées avant ma femme actuelle, Christine, je me suis marié avec elles sans amour. Mais sans leur raconter de mensonges non plus, je ne me suis jamais mis à genoux en chantant « *o sole mio* ». Ce deuxième mariage, c'était sans doute parce que je venais d'avoir tous ces coups durs, que j'étais sonné. Je n'avais pas le moral, elle me l'a redonné, et voilà comment ça s'est passé avec mes deux premières femmes : bonjour, fiançailles, mariage. Toc, toc, toc.

J'ai divorcé quelques années plus tard.

Le projet du premier palace de trois cent cinquante chambres était terminé et la construction prête à démarrer sur un magnifique terrain à Marrakech, on avait même choisi le nom de l'hôtel (il devait s'appeler le Danieli, comme celui de Venise), quand il y a eu contre le roi le complot militaire de Skhirat puis le grand procès des mille quatre-vingt-un officiers et cadets que le roi croyait à tort ou à raison impliqués dans le complot.

Puis Oufkir est retrouvé mort en 1973, « suicidé » de plusieurs balles dans le dos.

J'ai aussitôt décidé de quitter le Maroc, car seule cette amitié m'y retenait. Je savais que je subirais la rancœur du roi contre Oufkir dont j'étais l'ami.

Je sais aussi que le général Oufkir vénérait le roi, et qu'il n'aurait jamais fait quoi que ce soit contre lui, jamais. Il n'a rien à voir avec le complot de Skhirat. Au contraire, il avait prévenu le roi qu'il fallait de toute urgence neutraliser tous les militaires suspects, en particulier un responsable de la Sécurité qu'il jugeait un peu « léger »... celui-là même qui a été nommé par le roi « responsable de l'aviation ». Et, coïncidence sans doute, c'est l'aviation marocaine qui essaiera plus tard d'abattre le roi alors qu'il était aux commandes de son avion personnel. Ça se passait en 1972, des chasseurs F-5 ont tiré sur le Boeing 727 de Hassan II. Le roi aurait dû écouter Oufkir.

Je ne vais pas m'étendre sur ce sujet, je n'ai envie ni de me rappeler ce passé-là, ni d'avoir des ennuis, et je précise une fois pour toutes, pendant que j'y suis, que pour Ben Barka non plus je n'étais au courant de rien (Ben Barka ! qu'est-ce que je pouvais bien avoir à faire avec lui !). Si on en croit la fameuse fiche des RG que Mme Joly a eue entre les mains, je suis dans le coup. Et comme c'est aussi vrai que ce qu'on y raconte à propos de magouilles entre Oufkir et moi, on voit tout de suite le sérieux du document !

En ce qui me concerne, je n'ai gardé aucune haine contre le roi. C'est encore plus simple que ça : je m'en fous. C'est le roi, il fait ce qu'il veut, c'est le privilège des rois. Il a préféré écouter les ragots colportés sur moi – sans se poser la question de savoir si on n'avait pas intérêt à égarer ses soupçons –, après tout, ça le regarde.

C'est seulement quand il a fait demander au président de la République française [1] de lui faire restituer mon avion, « qui lui appartenait », que je me suis rebiffé. Cet avion était immatriculé au nom d'Oufkir pour que j'aie la paix avec le contrôle aérien marocain quand j'arrivais de Mauritanie, mais il était à moi.

J'ai écrit au roi, j'ai chargé l'ambassadeur, un ami, de lui remettre la lettre, il l'a remise, le roi ne m'a pas répondu, très bien. Il n'était pas question que j'accepte de laisser croire que j'étais parti avec un de ses avions. Ayant été prévenu par un fidèle d'un ordre donné par l'Élysée pour qu'on remette mon avion à des pilotes marocains, j'ai aussitôt été le cacher sur un petit terrain, puis j'ai fait effectuer une saisie.

Comme j'ai apporté toutes les preuves du paiement de l'appareil ainsi que la lettre du général Oufkir établissant qu'il m'appartenait, le tribunal a rejeté la demande de « Sa Majesté le Roi Hassan II ».

Pour ne pas perdre la face, le roi a déclaré qu'il me faisait cadeau de l'avion. Me faire cadeau de ce qui est à moi ? Je lui ai répondu à ma façon : je lui ai envoyé des photos de *mon* avion que j'avais fait sauter devant témoins, en lui soulignant qu'il m'appartenait si bien que j'en faisais ce que je voulais. Ça m'a fait mal au cœur, mais en ce qui me concerne, les rois passent après l'honneur et la mémoire des amis.

---

1. Je ne me souviens pas si c'est à la fin de la présidence de M. Pompidou ou au début de celle de M. Giscard d'Estaing.

Bien sûr, ce n'est pas seulement l'histoire de l'avion mais le fait que j'étais l'ami d'Oufkir qui a créé cet affrontement sur ce point mineur – qu'est-ce qu'un petit Cessna, pour Hassan II ? C'était dans l'ordre des choses. C'est du passé, et je ne sais rien de précis, mais j'ai mon intime conviction, bien sûr. Si je devais être appelé à témoigner, qu'est-ce que je pourrais dire ? Que j'étais ami avec Oufkir, que j'avais de bonnes relations avec le roi, mais que je ne connais pas, et que je n'ai jamais connu, la nature exacte de leurs rapports, car je ne les voyais pratiquement jamais en même temps.

Dans certains cas, il est bon d'avoir une mémoire sélective, il est malsain de chercher à ranimer des souvenirs qui préfèrent faire le mort.

7.

Après mon départ définitif du Maroc, Micangelli rachète mes 60 % d'actions de notre société hôtelière marocaine. Il me force par amitié à accepter un poste de conseiller technique à la CIGA (étant entendu que je ne mettrai pas les pieds au Maroc) moyennant un bon salaire et une belle suite à l'hôtel Danieli de Venise. J'y suis resté neuf mois avec des permis de séjour trimestriels renouvelables : lorsque je me déplaçais en France, je résidais au Meurice.

Et cet hôtel va jouer un grand rôle dans ma nouvelle vie.

Je me rappelle les moindres détails d'un déjeuner chez la mère et le beau-père de Cady, ma deuxième femme, où était aussi convié un de leurs amis : il s'appelait Radius.

En s'épanchant plus qu'en expliquant, il nous parle de ses malheurs, il y a une grosse mésentente entre lui et un de ses beaux-frères et néanmoins associé. Il en est venu à la conclusion que ça ne peut plus durer et il ajoute :

– Vous ne connaîtriez pas quelqu'un que ça intéresserait de prendre mes parts du Grand Hôtel, du Meurice et du Prince de Galles, plus les parts de mes associés, d'abord celles de mon maudit beau-frère, M. Chapotin, et aussi celles du docteur Toupet qui sont d'accord pour vendre ?

M. Radius termine à peine sa phrase qu'un déclic se fait en moi. Ah tu n'as pas pu faire tes hôtels au Maroc ? Eh bien, on t'en offre ici sur un plateau ! Et quoi de plus opposé à cette mer dont tu ne veux plus entendre parler que des immeubles avec des fondations bien ancrées en terre ? Et en terre pas sujette aux tremblements, en plus ! Tu veux du solide ? Du concret ? Saute sur l'occasion !

En plein silence, je déclare, faisant sursauter Cady :

– Moi, je connais quelqu'un.

Le silence s'épaissit. Radius me regarde vraiment pour la première fois :

– Et qui donc ?

– Et moi donc !

Comme ça ne fait rire personne, je m'empresse de leur expliquer que je cherche une nouvelle orientation à donner à ma vie professionnelle, et que celle-là me plaît, a priori. Si ça cesse de me plaire, je revendrai, mais en attendant, s'il cherche vraiment un acheteur, eh bien il en a trouvé un.

Comme je devine qu'il est anxieux de connaître l'état de mes finances et le sérieux de mon propos, je lui fixe un rendez-vous pour le lendemain.

On se retrouve lui et moi dans mes bureaux du « 30, Champs-Élysées ». Après une discussion longue et serrée, je lui demande pour conclure un tas de documents sur toutes ses sociétés, mais je lui donne mon accord de principe sur le prix dont on a débattu et sur lequel on s'est accordés.

Je fais vérifier sa situation financière et celle de son beau-frère, le docteur Toupet, par Jean-Roch Vittori, mon fondé de pouvoir, et comme tout est limpide, je signe.

Aussitôt après la signature, je pars en Suisse pour obtenir de ma banque les fonds nécessaires. J'explique au directeur ma décision de me reconvertir et l'opportunité exceptionnelle que j'ai de reprendre le contrôle d'une chaîne d'hôtels à Paris. Il me félicite et me souhaite bonne chance. (Traduction en clair : « il est bien content pour moi, mais en quoi tout ça le regarde ? ») Je le renseigne : c'est que, pour acquérir la majorité des parts et arrêter cette affaire je dois hélas retirer mon argent de chez lui. À ma grande surprise, au bout de quelques secondes interminables, j'entends :

– Quel argent ?

D'un coup, je fais un flash sur Saigon et je me dis : Ah non ! On ne va pas me refaire le coup du père Poulet !

– Qu'est-ce que ça veut dire ? C'est une plaisanterie ?

– Vous n'avez, *à ma connaissance*, aucun avoir disponible chez nous, monsieur Guelfi.

Je suffoque, je proteste, je cite mon numéro de compte et mon nom exacts, lettre après lettre, chiffre après chiffre, et malgré ça, rien à en tirer ! Je me fâche pour de bon, et je demande à être reçu par le président de la banque en personne.

Il me reçoit au bout d'un certain temps – calculé, j'en suis sûr, pour me mettre en situation de nervosité et donc d'infériorité. Je dois argumenter avec lui un bon moment avant qu'il ne daigne me confirmer, qu'il y a bien une somme « relativement importante » en ma faveur...

Je pousse intérieurement un gros ouf de soulagement. Oui, mais voilà : cette somme ne sera pas disponible avant seize mois – « selon votre propre souhait ». Il souligne au passage qu'il aurait tout à fait eu le droit de faire le mort, de ne pas me souffler un mot de la situation de mon compte jusqu'au « jour J » où, là, bien sûr, mon compte débloqué exactement à l'heure et au jour prévus, j'aurais retrouvé tous mes droits et tous mes relevés, au centime près.

Une fois dehors, je me demande comment je vais faire pour verser l'acompte promis. Je me dis alors que seul mon ami Micangelli peut me sortir de là. Je lui téléphone et je lui explique que j'ai besoin de le voir tout de suite, il comprend que ça ne va pas et veut savoir où je suis. Je lui réponds, piteux, comme si je disais « en enfer » :

– À Genève.

– *Ma* c'est rien, c'est l'air *souisse*. Viens, on dîne ensemble, et tu dors à la maison.

Je reviens encore une fois sur cette notion d'amis pour distinguer les amis à qui on peut dire qu'on a eu des ennuis une fois qu'on les a surmontés, d'avec ceux à qui on peut le dire *pendant qu'on les a.* Micangelli est de ceux-là, j'ai presque honte d'avoir hésité à l'appeler.

J'atterris à Rome sans trop d'illusions toutefois, parce que, même pour lui, trouver une telle somme dans un délai si court ne va pas être simple.

À mon arrivée, il coupe court à mes effusions, il veut tout savoir, on se congratulera après.

Bon, je lui dis la vérité, je lui précise comment j'ai de l'argent sans en avoir, et pendant que je parle, une idée me vient : je m'anime, et soudain enthousiaste je lui exprime mon souhait de l'aider, *lui*, à réaliser le rêve de sa vie (rester dans les annales de sa présidence de la CIGA) : le Maroc, c'est bien joli, il va gagner de l'argent, mais pourquoi n'étendrait-il pas son empire hôtelier à Paris, où je pourrais avec mes parts lui revendre plus tard la majorité de ces trois magnifiques hôtels que sont le Meurice (il est interloqué), le Grand Hôtel (il se demande si je me moque de lui) et le Prince de Galles (il n'en est plus si sûr devant ces énormités, une blague doit être crédible pour fonctionner).

Il me presse de questions, et apprend, stupéfait, que je suis tombé presque par hasard sur le coup du siècle – dans le domaine hôtelier en tout cas.

Moi, je m'occuperais de l'affaire quelque temps, puis je lui vendrais mes parts, il me laisserait gérer ces hôtels mais lui serait en fait le vrai propriétaire, et tout le monde serait content. Jusque-là, tous les efforts de la CIGA pour posséder un hôtel de prestige à Paris se sont soldés par un échec.

– André, *ma* quelle chance on a, que tu aies quitté le Maroc !... Bien entendu que je suis d'accord, *ma* quelle question idiote ! Quand est-ce que tu peux me dire le prix, que je te fasse un engagement *irrévocablé* d'achat !

– Mais ça y est, j'ai déjà signé. Le prix, je peux te le donner tout de suite !

Il en reste sans voix. Ça me laisse le temps, par mesure de prudence, de donner comme chiffre le triple de mon prix d'achat, pour être sûr d'obtenir un minimum des 51 % des parts (nécessaires pour obtenir la majorité des trois hôtels à la fois). Il trouve le prix tellement intéressant qu'on décide de l'augmenter légèrement pour me dédommager de l'affaire du Maroc, et le lendemain matin je repars avec mon avion sur Genève, mon contrat en poche.

Là, je prends rendez-vous avec le directeur de l'Union des banques suisses et lui explique à titre confidentiel que j'ai signé un accord pour reprendre le contrôle de trois hôtels à Paris et que je vais avoir besoin d'une grosse somme. Plus que rassuré par l'engagement *irrévocablé* d'achat de la CIGA (signature 100 % certifiée), à un prix dépassant le triple de mon engagement, il me donne son accord sans hésiter.

Je n'avais plus aucun problème pour payer Radius et son beau-frère le docteur Toupet. Je n'ai pas tardé à avoir pas mal de trésorerie, et j'ai pu négocier le contrôle de la majorité dans de très bonnes conditions. C'est toujours la même chose, quand vous avez, on vous accorde, quand vous n'avez pas, on vous refuse, c'est comme une loi naturelle que connaît toute personne ayant à gérer un budget, de la ménagère au financier.

Et c'est ainsi que j'ai pris le contrôle des trois palaces, avec en prime le Café de la Paix. Je me suis dit : « Eh bien, elle avait raison, ma diseuse de bonne aventure, c'est vraiment facile, sur terre ! »

En tant que patron, j'ai mis aux postes de responsabilité des gens que j'ai choisis personnellement un par un : auprès de moi, Jean-Roch

Vittori et, pour diriger le Café de la Paix, Lucien Abadie, un Basque que j'avais connu en revenant d'Indochine et que j'aimais beaucoup. Il tenait alors avec sa femme un restaurant, Le Corsaire basque. Il en avait assez, de la restauration. Je les ai pris avec moi, lui et sa femme, on a travaillé ensemble en Mauritanie et on ne s'est plus quittés... jusqu'à ce qu'il me laisse tomber, qu'il m'abandonne, il n'y a pas si longtemps, en mourant, comme ça, d'un coup, sans prévenir.

Pour lui le Café de la Paix, ça avait été son bâton de maréchal. Je me souviens d'un jour où il y avait MM. Gault et Millau [1] qui étaient venus déjeuner et Lucien était excité comme un pou :

– Dis donc, ils ont l'air contents... je leur donne quand même l'addition ?

– Évidemment ! Tu dis toi-même qu'ils sont contents de la cuisine, qu'est-ce qu'ils veulent de plus ?

La sanction a été immédiate, c'est comme s'ils m'avaient entendu : l'article de Gault et Millau mentionnant notre restaurant disait carrément que tout ce qu'ils avaient mangé à « ce fameux Café de la Paix » c'était grosso modo du niveau gargote. Je ne regrette pas d'avoir agi comme je l'ai fait, je trouve que tous les restaurateurs honnêtes devraient m'imiter au lieu de faire des courbettes à ceux qui se conduisent de cette façon.

Laetitia (la fille que j'ai eue de Cady) a un restaurant à Paris. Si elle écoute mes conseils : « qualité, prix, et accueil parfait », elle réussira, son restaurant est très sympathique, aussi j'espère qu'elle n'aura jamais Gault et Millau comme clients. Si oui, je lui ai dit quoi faire. M'appeler. Ce sera alors une soirée « dîner-spectacle »... car j'y participerai activement.

J'avais nommé comme directeur du Grand Hôtel un gars sympathique, un certain Del Antona qui n'était jusque-là que le chef comptable de l'hôtel, mais j'avais vite vu que c'était quelqu'un de capable. Il a d'ailleurs parfaitement rempli sa tâche, et a si bien réussi qu'il est devenu par la suite le directeur général du principal complexe hôtelier de Monaco.

J'ai également nommé directeur de l'hôtel M. Gillet (qui était la « clé d'or » du Meurice, le concierge si vous préférez). Il avait des scrupules et prétendait que ce n'était pas sa place. Je lui ai affirmé que

1. Un de mes amis les appelle « les Papilles de la Nation » parce qu'ils prétendent représenter le Goût français !

je connaissais les hommes mieux que lui, et la preuve, lui aussi a parfaitement réussi.

Je crois que j'ai gagné – et que je gagne encore – mon argent grâce à la connaissance que j'ai des hommes. Je sens vite si un type est capable ou non, et surtout si je peux lui faire confiance. C'est différent avec les grands dirigeants d'entreprise : ils ne se montrent jamais tels qu'ils sont vraiment, et c'est la raison pour laquelle j'ai perdu de l'argent avec certains d'entre eux. Il a fallu que j'atteigne l'âge que j'ai pour voir des gens à de tels niveaux de responsabilité se conduire de façon inimaginable pour moi. Je dois être trop simple, mais j'ai longtemps cru que « poste à responsabilité » signifiait « personne responsable ». Pourtant, dans la vie quotidienne, les seules personnes qui m'ont coûté et me coûtent beaucoup d'argent, ce sont toujours des personnes recommandées par des amis ou supposés tels : là, j'accorde trop vite ma confiance, et je perds souvent mon argent... et mes soi-disant amis en même temps.

En examinant les bilans de nos trois hôtels, on a trouvé dans leurs actifs... des actions de la Rente foncière. Et alors là, la surprise de ma vie, stop ! arrêtez tout ! On tombe sur de l'in-cro-ya-ble ! ! !... Plus encore que dans la cave de la banque de mes débuts, c'était la caverne d'Ali Baba ! Après les avoir soigneusement recensés et examinés je me suis rendu à l'évidence : nous détenions, sans nous en douter, 45 % du capital d'une société qui avait un actif de *cent vingt-huit immeubles dans Paris*, sans compter quelques-uns à Biarritz et ailleurs.

Je donne aussitôt des instructions à Jean-Roch Vittori et lui demande de n'en parler à personne avant que j'aie pris le contrôle de cette manne. Je décide d'acheter en Bourse 6 % du capital, ce qui sera suffisant pour que je me retrouve majoritaire de la Rente foncière, et je charge un ami, M. Ravier, opérateur boursier, de mener discrètement à bien cette opération. Ça a pris quatorze mois, mais je les ai eus, ces 6 %.

J'ai continué à gérer ces hôtels pendant plusieurs années, j'avais même envisagé d'en garder un, le Prince de Galles, avec l'accord de Micangelli, mais la mentalité des syndicats à laquelle je n'étais pas habitué m'en a peu à peu dissuadé.

Dans ma vie j'ai toujours intéressé mes collaborateurs et mon personnel. Je voulais tout naturellement faire la même chose en France. Pour Noël, j'ai fait ouvrir un livret de Caisse d'épargne aux noms de tous les enfants de nos employés – et il s'agissait de plusieurs millions de francs. Tous unis, pour une fois, les syndicalistes m'ont reproché d'être un patron paternaliste, et de vouloir « acheter » le personnel par cette façon déloyale d'empiéter sur leur autorité, etc. Holà ! Stop ! Merci ! J'ai compris ! Et j'ai instantanément décidé la revente du tout à la CIGA.

J'ai prévenu les syndicats qu'ils se débrouilleraient avec leurs nouveaux gestionnaires : ceux-là seraient moins sur le terrain, davantage dans leurs bureaux. Les rapports humains ? Connaissent pas. Les leaders syndicalistes seraient donc probablement plus tranquilles, mais les employés, eux, allaient vite me regretter.

Rappelez-vous la fois où mes ouvrières et moi on a eu ce fou rire général à propos de leurs « youyou ». C'est un de mes meilleurs souvenirs. Alors je sais, on me l'a dit, je suis un patron « paternaliste », c'est un défaut, bon d'accord, j'accepte la critique, mais je ne sais pas si beaucoup de patrons modernes [1] oseraient rire ainsi avec leurs employés, ou se conduire avec eux avec naturel sans craindre de perdre de leur prestige ou de leur autorité... Du reste, comme c'est vrai que je me conduisais avec mes ouvrières un peu comme un père, finalement je ne trouve pas que l'appellation « paternaliste » soit une injure. Certains patrons, dans l'intérêt de leur personnel – et dans le leur aussi, en fin de compte – feraient même bien de le devenir un peu plus.

Je sais quels ont toujours été les rapports entre mon personnel et moi, dans toutes mes entreprises, aussi bien au Maroc qu'en Mauritanie et il en aurait été de même en France si on m'avait laissé faire. Je n'éprouve pas le besoin de me justifier mais je précise que si avec moi on travaille toujours à un rythme industriel, c'est avec une mentalité et une ambiance artisanales, ainsi qu'une paye correcte et équitable, sans parler des primes dues au mérite. Tout ça faisait peut-être un drôle de mélange, mais il a drôlement bien fonctionné, pour mon personnel comme pour moi. Autour de la Méditerranée, on s'apprécie et on se comprend très bien, on n'a pas besoin de psychologues. En famille comme au travail, enfant ou vieillard, on se dit tout, on ne garde rien sur le cœur, et il s'ensuit une absence totale de psychanalystes dans ces contrées. On les laisse aux civilisés.

---

1. Disons « nouveau modèle », ceux qui licencient quand ça va bien en prévision des jours où ça pourrait aller mal.

Je pense souvent à mes « femmes », et j'ai le cœur gros de ne pas pouvoir, d'un coup de baguette magique, être avec elles comme dans le temps.

Ma décision étant prise, bien entendu, j'avais avisé mon ami Micangelli, qui m'avait chargé d'accomplir les formalités pour le rachat des hôtels par la CIGA. Il nous faudrait un peu de temps pour obtenir l'autorisation du ministère des Finances, mais je n'étais pas pressé car je voulais assurer le coup extraordinaire de vendre la Rente foncière qui ne faisait pas partie du « deal » avec la CIGA.

J'ai donc dit à Micangelli que j'étais en train de négocier sa revente auprès d'un groupe anglais sur la base de 26 milliards de francs.

Lors d'une assemblée générale de la CIGA, un administrateur qui représentait la banque Paribas, dénommé Varangot, a failli tomber raide quand Micangelli a annoncé à l'assemblée qu'il y avait dans l'actif des hôtels la majorité de la Rente foncière dont « M. André Guelfi négociait la revente auprès d'un groupe anglais ».

Quand tout ce petit monde a appris ce que j'avais réussi à faire, Paribas s'est alarmé – on a même parlé d'affolement. Ça m'amusait bien, moi, d'affoler Paribas... mais c'était l'un des plus gros actionnaires de Micangelli.

M. Varangot restait toutefois sceptique. Il a provoqué une réunion à Paris, en présence de Micangelli, et a demandé à voir la preuve de ce que j'avançais, ce qui, d'après lui, n'était « pas même envisageable ! ».

– Il (c'est de moi qu'il s'agit) n'a pas pu prendre le contrôle de la Rente foncière, ça fait dix ans qu'on la surveille ! Il n'a pas pu réussir un coup comme ça ! Les titres qu'il t'a présentés doivent être faux !

Je l'ai obligé à se tourner vers moi, en lui prouvant que mes titres n'avaient rien d'irréel. Je me suis fait un malin plaisir à le pousser à bout. Il mâchonnait des allumettes qu'il finissait toujours par casser tant il avait les mâchoires crispées : toute la boîte y est passée. Je me suis même offert le luxe de jouer au modeste :

– Évidemment, c'est plus facile quand les gens se surestiment, au fond je n'ai pas eu tellement de mérite...

Il m'aurait tué !

Mais il n'y a pas eu de miracle. Paribas a fait pression auprès de Micangelli pour que, après la régularisation de l'autorisation d'achat des actions de la Rente foncière, il rentre dans le rang et leur cède ces actions sur une base (bradée !) de 11 milliards. Micangelli a pris peur, il me l'a avoué, en me demandant de ne pas lui en vouloir, de comprendre qu'il était obligé de leur céder.

Tout d'abord j'ai tenté de le raisonner. Il était tellement gêné que c'est moi qui ai fini par lui remonter le moral, en lui faisant remarquer que la majorité de la Rente foncière représentait plus du double de la valeur de l'engagement d'achat des trois hôtels : c'était donc quand même une bonne affaire. J'ai simplement regretté qu'à cause de sa faiblesse on ait lui et moi un manque à gagner se chiffrant en milliards. Mais, devant sa triste mine, j'ai pris sur moi pour ne pas l'accabler, il avait l'air assez puni comme ça, et j'ai fait taire ma colère.

Pas très longtemps. Je me suis dit qu'à la réflexion il n'y avait vraiment aucune raison que je permette à Varangot de l'emporter si facilement. Je me connais : je m'en serais voulu longtemps de me laisser voler sans réagir.

Après avoir bien réfléchi, j'ai trouvé comment prendre ma revanche sur Paribas (je vous le dis, c'est passionnant, les affaires !). J'allais prouver à une élite autoproclamée ne doutant jamais d'elle que tout dans la vie est une question de motivation, et que, moi, je l'avais ! Je suis quelqu'un qui n'a jamais eu et n'aura jamais la grosse tête, mais je trouvais que, sur cette affaire, Paribas m'avait un peu pris à la légère. Il y avait eu de la condescendance, puis du mépris. Eh bien j'allais les forcer à compter avec moi !

J'avais déjà entamé la procédure pour obtenir l'autorisation du ministère des Finances de céder mes actions à une société étrangère (CIGA, je le rappelle, était une société italienne). Mais, encore patron pour quelque temps, j'ai demandé à des amis anglais de faire, par lettre recommandée, une offre à mon fondé de pouvoir, officiellement responsable des trois hôtels, sur la base dont on avait discuté, soit 27 milliards (réussissant au passage à augmenter les 26 milliards d'une unité supplémentaire pour ne pas risquer de perdre l'affaire contre Paribas, et m'assurer qu'ils soient bien possédés). Ce serait moral.

Ça n'a été ni diabolique, ni difficile du tout. Dès réception de l'offre de 27 milliards, Jean-Roch Vittori, sur mes instructions, en avise la Commission des opérations en Bourse (le « gendarme » qui surveille la régularité des opérations qui s'y déroulent). La Rente foncière étant cotée en Bourse, il n'était pas question que la COB laisse la CIGA vendre ses parts – majoritaires de surcroît – à un prix si inférieur à l'offre des Anglais.

J'ai ainsi liquidé cette affaire à ma façon, en gagnant beaucoup d'argent, et j'ai même accepté, par amitié pour Micangelli, de lui laisser pour quelque temps mon fondé de pouvoir, qui l'a bien aidé pendant toute une année.

En 1975, ne me plaisant plus en Italie, j'ai pris la décision de m'installer en Suisse. Ils ne laissent pas entrer n'importe qui – je parle non de la valeur des gens mais de celle de leurs avoirs. J'ai déclaré environ 50 millions de francs suisses, et on ne m'a pas refoulé. Mais obtenir d'être résident est une autre affaire. Il faut investir, ne pas être qu'un oiseau de passage qui profite du pays sans s'y installer.

J'ai d'abord obtenu un permis B en rachetant 50 % d'une affaire, la société Giobellina et Cie, près de Lausanne. Frais gogo débarqué, j'ai eu affaire à ce drôle de bonhomme qui m'affirmait pouvoir m'obtenir un permis C (synonyme de « résident suisse ») moyennant une association avec lui dans une affaire de gravier qui, *sur le papier*, devait nous faire gagner des millions.

Je me suis fait rouler, et ça m'a coûté un peu plus de 10 millions de francs (suisses, bien sûr), c'est-à-dire le cinquième de ce que j'avais en entrant en Suisse, et ma seule consolation est que ce monsieur a fait de la prison.

C'était le genre vautour de haute volée. Toutes proportions gardées, il était de la même espèce que les minables profiteurs qui vont attendre des immigrés à la gare de Lyon, proies faciles, et qui leur prennent un argent fou pour les emmener soi-disant en sécurité mais se contentent souvent de les lâcher en pleine nature.

Ne sachant pas rester sans rien faire, je me suis laissé tenter par une autre affaire, assez importante, que j'ai accepté de garantir parce qu'elle m'avait été demandée par un vieil ami, Paul Villard, qui a d'ailleurs été décoré plus tard par M. François Mitterrand qui l'appréciait beaucoup.

N'allez pas croire que ce dernier détail m'importait, ou que je sois de gauche. Je ne suis ni de gauche ni de droite. En son temps, le général de Gaulle m'a demandé d'aider un jour un grand résistant, le commandant Camille Rayon. Je lui ai prêté 120 millions de l'époque. M. Rayon s'est remonté avec ça, et c'est fini ; c'est une dette que j'ai oubliée. J'ai fait une croix dessus. Et j'en ai fait bien d'autres ! je le répète, je peux tapisser ma chambre avec des reconnaissances de dettes de copains qui ne m'ont pas remboursé.

Je reviens à M. Villard : il m'a recommandé M. Giusti, un « ancien de l'armée de l'air », un « ingénieur électronique très compétent », et grâce à lui il était presque certain qu'on allait gagner beaucoup d'argent. Il s'agissait d'obtenir l'exclusivité d'une marque de téléviseurs Cony, ce fameux pilote et ingénieur se faisant fort d'en vendre des milliers sans aucun problème – il avait étudié le marché à fond.

Avec Paul Villard et son gendre, on constitue une société, appelée CPDE et on en confie la gérance à Mme Christine Menegazzi, une amie à moi... qui est devenue ma femme.

On part tous discuter avec les patrons de Cony, à Hongkong. On arrive à un accord et Paul Villard rédige un protocole dans lequel on s'engage à acheter une première tranche de cent mille postes. Ce n'est pas rien... surtout quand ce n'est plus seulement sur le papier ! cent mille postes, ça prend de la place.

D'après le prix d'achat et le prix de revient calculé d'une façon magistrale par notre ingénieux ingénieur, Paul me dit :

– Tu vois, André, tu m'as souvent aidé dans la vie, eh bien je suis content de te renvoyer l'ascenseur aujourd'hui.

Ça partait d'une bonne intention, c'est ce qu'il faut se dire...

Mais je poursuis : Giusti avait une petite boîte à Orléans et on décide que, dans l'intérêt de l'affaire, nous allons importer nos postes via sa ville.

Les postes arrivent, là, pas de problème. Premier lot. Deuxième lot. Quand arrive le troisième lot, on se retrouve les plus gros propriétaires de téléviseurs du monde, mais on se retrouve aussi et surtout sans aucun client.

En fait, Giusti n'avait jamais été ni officier ni pilote ni ingénieur (il n'avait été qu'adjudant dans l'armée de l'air !) et n'avait aucun acheteur sous le coude, comme il nous l'avait fait croire. Il m'a fait perdre 35 millions de francs. J'espère que je ne suis pas trop vulgaire en précisant qu'il s'agit de francs d'aujourd'hui ? Deuxième procès, discussions, ça a duré des mois et on s'est résigné à céder le stock à perte.

Dès que la situation s'est dégradée, mon ami Paul m'a demandé de les autoriser, lui et son gendre, à se retirer de la société. J'ai souri, j'ai soupiré, j'ai accepté – et je suis resté seul avec Christine pour assumer cette grosse perte. Aujourd'hui, grâce à Christine et à moi, la CPDE a pu rembourser toute sa dette.

Par contre, ceux qui n'ont pas remboursé leurs (grosses) dettes à mon égard, ce sont deux coquins locaux, MM. Demarquis et Finger

– des notables, des gens bien, connus, respectés –, je leur avais prêté de l'argent au vu de garanties bidons, et je me suis fait rouler. De nouveau, procès, etc., vous commencez à connaître la chanson...

Qu'est-ce qui m'arrivait ? Avant, je ne réagissais pas ainsi. Rappelez-vous cette affaire de bière à fournir à l'armée, très mal partie, et où j'avais fait mieux que retomber sur mes pattes. Alors quoi ? Eh bien j'étais dans un milieu nouveau pour moi, et je ne m'étais pas encore adapté. Faire des affaires sans rien de stable et de permanent, je faisais comme mon argent, je partais dans tous les sens. Il me fallait un coup de chance.

Parfois, il n'y a qu'à demander.

Un jour, en 1976 ou 77, je crois, je ne sais plus, je suis appelé par un ami, ministre du Budget, M. Christian Poncelet (aujourd'hui président du Sénat). Il me demande si je ne veux pas reprendre le contrôle d'une société en liquidation pour éviter le licenciement de cinq cents personnes. C'était la société Camuset, dont le siège social était à Romilly. Ça ne vous dit rien, c'est normal, mais, si je vous dis que sa marque principale était Le Coq sportif, vous connaissez déjà mieux. Et si je dis Adidas...

Je suis nommé PDG et en deux ans je redresse l'affaire. Un jour je me rends compte, en regardant de plus près les archives de la maison, que le logo des (maintenant fameuses) « trois bandes » qu'on voit aujourd'hui sur les chaussures de sport, tennis, basket, etc., appartenait à notre actif. Par ses statuts, Le Coq était propriétaire de la marque. Or Adidas-France s'en servait. Personne ne s'en était aperçu, parce que Le Coq ne faisait alors que du tissu.

Je suis allé voir Horst Dassler, le patron d'Adidas-Landersheim (France), je le précise parce qu'Adidas-Allemagne, la maison mère, appartenait à sa famille. On a sympathisé : ça tombait bien car je trouvais plus intelligent de m'allier avec lui que de perdre du temps et de l'énergie à le combattre.

J'ai vu tout de suite que c'était un homme qui avait une véritable vision de l'entreprise. Bref, quelqu'un comme je les aime, avec qui j'ai un langage commun. Je me retrouvais en terrain solide, et il y avait de quoi faire : deux conditions pour que je me donne à fond et que je redevienne le bon industriel que je n'aurais jamais dû cesser d'être.

On s'est facilement mis d'accord tous les deux. Je lui ai dit : voilà, je fais croire que je suis majoritaire, et je te donne ce qu'il faut pour que tu le sois, *toi*. Et on a passé un accord, pour notre profit commun ! Bien sûr, cet accord devait rester confidentiel... surtout vis-à-vis des parents de Horst qui n'auraient pas apprécié d'être laissés en dehors de ce deal !

On a décidé avec Horst de développer et compléter la marque Le Coq en faisant également des chaussures de sport. En voyant aujourd'hui leur nombre dans le monde entier, je vois qu'on a eu raison. Mais je reconnais volontiers que, si je n'avais pas conclu cet accord secret avec Horst, jamais je n'aurais accepté de me lancer sur ce créneau qui aurait nécessité beaucoup trop d'investissements avant de pouvoir obtenir les prix de revient qu'obtenait Adidas – qui passait ses commandes par *millions* de paires de chaussures dès cette époque ! J'étais content de m'être associé avec lui, on formait une bonne équipe, et une confiance totale s'était instaurée entre nous... Je la sentais bien, cette affaire : une bonne idée, un bon associé : que demander de plus ?

Vis-à-vis de la famille, Adidas-France (personne morale) avait repris 49 % du Coq et moi-même 51 % – alors que j'avais signé une cession en blanc de 2 % à Horst Dassler (personne physique), pour qu'il ait la majorité requise de 51 %. C'est ainsi qu'à nous deux on a développé Le Coq à travers le monde et pris dans notre giron des équipes de football prestigieuses – qui ont d'ailleurs été championnes du monde, coïncidence ou chance pure, chaque fois qu'un contrat avait été signé avec nous ! L'Argentine, l'Italie, etc. La marque portait bonheur. J'avais eu l'idée de prendre à nos couleurs en Espagne le fameux footballeur Di Stefano. C'était une méthode nouvelle : nos concurrents prédisaient que ce serait de l'argent gaspillé que de se servir d'un grand nom pour promouvoir un produit. Aujourd'hui celui qui n'a pas un sponsor est vaincu d'avance, et la grande société qui ne sponsorise personne ne fait pas de vieux os non plus, tant est forte la répercussion de la publicité sportive.

Je parcourais le monde entier pour convaincre et obtenir ce que Horst souhaitait. Un jour il me charge d'éliminer le responsable d'une grosse régie publicité, la société West Nally (société monégasque de promotions internationales). Quand je dis éliminer, je ne parle pas de tuer les gens (je me méfie, de crainte de voir s'enjoliver ma fiche fantaisiste des RG !), j'entends par là réussir à racheter cette régie ou à en prendre le contrôle. Horst et moi sommes donc devenus les patrons de cette société qui, sous un nouveau nom, a obtenu un contrat d'exclusivité de très longue durée pour tout ce qui était publicité dans les stades, Coupe d'Europe, Coupe du monde, Jeux olympiques. Grâce à notre influence, on a pu agir pour que les Coupes du monde viennent dans les pays que Horst [1] choisissait, et par notre position et nos contacts on faisait vraiment la pluie et le beau temps.

C'est via cette société [2] qu'on a signé les contrats d'exclusivité avec la FIFA (Fédération internationale de football association) et le Comité international olympique. Et j'ai également signé nombre de contrats pour promouvoir nos marques (Le Coq sportif, Arena, etc.) avec des champions comme Arthur Ashe, Michel Platini, Guy Drut, Bernard Hinault, Yannick Noah, j'en passe et non des moindres, qu'ils me le pardonnent, sinon je vais réciter un Who's who sportif composé des grandes unes de *L'Équipe*.

Michel Platini est même venu dans mes bureaux à Lausanne. Je l'ai trouvé très sympathique, ce n'est pas un garçon qui a la grosse tête – c'est toujours le signe d'un homme de qualité.

Pour agrémenter ces histoires d'affaires dont je ne suis pas sûr qu'elles soient toutes bien drôles, je vais encore vous en raconter une qui l'est, et le comique, ça a été moi. Si ça ne vous déride pas, moi en prison ça m'a soulagé et ça m'a amusé de l'écrire. Donc, je la laisse.

Horst et moi étions à New York et son équipe discutait un contrat avec Jonas Center – Jonas étant le roi de la chaussure (encore un roi !) – pour négocier le rachat d'une immense fabrique de pneus, que nous voulions utiliser pour la fabrication de chaussures de sport. Le prix demandé était de l'ordre de 100 millions de dollars et, après avoir discuté toute la journée, on convient de se retrouver chez Jonas à partir de 20 heures dans son magnifique appartement aux deux derniers étages d'un grand building.

En attendant, je lui demande s'il peut me faire conduire chez la propriétaire de Saks (je lui montre l'adresse) à qui je dois remettre un message de la part d'un de mes amis, Pierre X..., qui avait une liaison avec elle. Jonas me fait traduire par Jo Orsini, un de nos responsables financiers, que c'est un immeuble près du sien mais que, évidemment, son chauffeur peut me déposer.

Je suis bien entendu immédiatement reçu par cette dame qui parle très bien le français, à mon soulagement, et, après m'être acquitté de

1. Il avait plus d'expérience que moi dans ce domaine, aussi je le laissais décider des grandes orientations, en toute confiance. J'ai déjà dit que l'expérience est la moitié du talent.

2. Appelée aujourd'hui ISL, International Sport Leisure. Elle gère les intérêts commerciaux de la FIFA dans le monde entier.

ma mission, je lui donne des nouvelles de Pierre que je dois revoir la semaine suivante.

Elle me demande si ça m'ennuierait de lui remettre une cravate qu'elle a spécialement fait peindre par un artiste très connu en Amérique, ainsi qu'une lettre. Naturellement, je lui certifie que ça me ferait même plaisir, que Pierre n'arrête pas de me parler d'elle, etc.

Je prends congé et, après avoir flâné un peu, j'arrive tout seul comme un grand à 20 heures précises chez mon hôte. Je sonne, un majordome m'ouvre et je constate (comme toujours) que je suis le premier arrivé – je suis la ponctualité même, ce qui fait sourire dans un certain monde.

Lorsque Jonas apparaît, me voyant le paquet à la main (il n'entrait pas dans mes poches), il me prend dans ses bras, me donne l'accolade et me l'enlève en me remerciant chaleureusement :

– *Thank you very much, André ! Thank you !*

Etc., etc. À part « thank you », je ne comprends pas une brindille de ce qu'il m'envoie comme brassée de fleurs, mais ce que je comprends, c'est qu'il croit que le paquet est pour lui !

On n'est pas dans la panade !...

J'essaie de balbutier une explication, et je me rends compte que je suis encore plus nul en anglais que je ne le croyais. Je me demande bien comment je vais me sortir de cette situation, avec la cravate destinée à Pierre devenue cadeau pour Jonas ! Dès que Horst arrive avec son équipe, je prends à part Jo Orsini et je lui raconte la méprise.

Il rit, et me dit qu'il va arranger ça, il va parler à Jonas, c'est un homme intelligent, il comprendra, etc. Je le lui interdis catégoriquement, surtout après les remerciements chaleureux que ce dernier a déversés sur moi, et je lui demande simplement de rester devant la porte de la pièce où j'ai vu Jonas déposer le paquet afin que je puisse au moins en retirer la lettre. Pour la cravate, je m'expliquerai avec Pierre, il n'est pas tortueux et il a le sens de l'humour.

L'opération « Retrait du Billet dans le Paquet » effectuée avec succès, je regagne le salon avec Orsini qui ne peut s'empêcher de rire, alors que moi je commence seulement à pouvoir respirer de nouveau normalement.

Mais voilà que Jonas s'inquiète de ma mine et me demande avec sollicitude si j'ai chaud, si je désire qu'il rende son appartement plus frais. Pour ne pas avoir l'air trop bête ni suspect, j'accepte et je me confonds en remerciements et en excuses... Il trouve les Français bien polis !

Bon, avant la dégustation du repas chinois annoncé par le maître de maison, on nous sert des apéritifs si compliqués et de couleurs si surprenantes que ce serait sans doute les humilier que de les appeler « apéros ». Jo me souffle à l'oreille qu'il espère que la nourriture sera bonne car il n'a pas trop d'odorat, qu'en plus il n'aime pas du tout la cuisine chinoise, et qu'il ne veut pas être malade.

Je le rassure :

– Ne te casse pas la tête, moi je sens avant que le plat arrive si c'est bon ou mauvais. Si c'est mauvais, je te fais le signe zéro (geste du pouce et de l'index réunis) et tu laisses passer le plat concerné.

Alors qu'on était en pleine discussion, le responsable financier de l'affaire qu'on voulait racheter annonce son prix. Mais il l'annonce juste au moment où on présente un plat (sentant très fort) à Jo Orsini à qui je fais discrètement le signe zéro, comme convenu.

Croyez-le ou pas, mais mon geste a été vu et interprété par le vendeur d'une telle façon que, nous croyant réticents, il nous a fait de lui-même une proposition nettement inférieure à son offre initiale !

Pendant une des séances de travail avec Horst qui duraient très souvent jusqu'à 2 heures du matin, il me charge de faire accepter à l'adorable M. Päulen sa démission de la présidence de la Fédération d'athlétisme. J'ai dû forcer mon caractère pour remplir ma mission lors d'un séjour de quarante-huit heures à Monaco où, sur un bateau de plaisance (qui a d'ailleurs coulé lui aussi plus tard – décidément, qu'on insiste avec elle ou qu'on lui dise adieu, quand la mer vous en veut...), j'ai finalement réussi à obtenir cette démission – qui m'a coûté presque autant qu'à celui qui l'a donnée. C'est la partie que je déteste, dans les affaires.

Mais c'est à ce prix que M. Primo Nebiolo a pu devenir l'un des meilleurs présidents de la Fédération d'athlétisme.

Notre société, à Dassler et à moi, avait l'exclusivité des contrats de publicité des stades pour toutes les grandes manifestations sportives, comme je l'ai déjà indiqué, et à travers elle on trustait le monde entier. Personne ne pouvait faire la publicité sans passer par nous, de Coca-Cola à Kodak (c'est-à-dire le « Top », composé des onze plus grandes compagnies mondiales). Imaginez le pouvoir que ça nous donnait...

Les Jeux olympiques ont un impact extraordinaire. Barcelone, par exemple, a complètement changé depuis les Jeux, ça a apporté énormément à son économie. Même à Atlanta, malgré la mauvaise organisation et tous les pépins qu'il y a eu, ils ont été gagnants. Bien que ce soit officiellement « privé », les Jeux, au fond – si on ne considère que le résultat –, c'est gouvernemental, c'est politique. Ça apporte tellement de choses dans un pays, que tous se battent pour les avoir, et tout le monde sait, à présent, que le sport est beaucoup plus puissant que tous les pouvoirs.

Avec Le Coq sportif, on décidait de tout. On avait toutes les portes ouvertes au plus haut niveau, les hommes politiques ne savaient plus qu'inventer pour nous recevoir les premiers. Comme je connaissais presque tous les membres du Comité olympique, et que Horst connaissait les rares que je ne connaissais pas, les Américains eux-mêmes n'ont rien pu faire contre nous quand on a voulu que les Jeux se déroulent à Moscou – sauf compliquer notre tâche, car ils y étaient absolument hostiles. Quand on ne peut rien faire, il reste toujours la capacité de nuisance, l'arme des mauvais perdants...

Moi, j'ai été plus spécialement chargé de m'occuper de tous les votants d'Amérique du Sud et d'Afrique. J'en ai fait des heures de vol pour convaincre les responsables nationaux concernés de « bien voter » malgré la forte pression exercée par les États-Unis...

En parlant de « pouvoir », on ne s'en sert pas forcément avec égoïsme, comme on le dit ou qu'on le croit généralement. En Afrique, par exemple, on pourrait très bien s'attirer la sympathie des votants avec une aide financière, mais cet argent est rarement utile à la collectivité. Alors ce qu'on faisait, c'était d'équiper les sportifs (on imagine mal un ministre ou le président du Comité olympique local revendre des shorts ou des chaussures de sport pour son profit personnel !). Quantité de nations africaines n'ont eu un équipement sportif que grâce à nous. Bien sûr, il ne faut pas faire l'hypocrite, quand vous aidez un pays à s'équiper, il vote dans le sens que vous souhaitez, mais je veux surtout souligner que ça ne lésait en rien le pays concerné : aucun d'eux n'avait une chance sur un milliard d'obtenir les Jeux.

À part la fois où c'était un peu États-Unis contre URSS, en général on disposait de toute façon d'une bonne majorité pour donner les Jeux au pays qui en était le plus digne sur le plan de l'organisation, on n'était pas à une voix près. Aussi je n'ai pas peur de dire que la bonne affaire, ce sont ces pays d'Afrique qui la faisaient. D'ailleurs ce n'est pas un hasard si les Africains émergent de plus en plus et dans tous les sports – même dans ceux dits « techniques », où les conservateurs, les cyniques, les indifférents, dans un simplisme au fond cruel, ne leur prévoyaient aucun avenir *même à long terme*.

Dassler s'est occupé aussi efficacement des pays de l'Est, c'est lui qui m'a présenté M. Smirnov, ministre des Sports de l'URSS, qui était son ami, et qui depuis est devenu le mien. M. Vitaly Smirnov est le président du Comité olympique russe et vice-président du CIO : c'est un ami de près de trente ans fidèle et très compétent. Il a eu une attitude exemplaire à mon égard pendant ma détention à la Santé en écrivant à Mme Eva Joly pour lui dire ce qu'il pensait de moi et de mes capacités – soulignant qu'au fond, je faisais travailler des entreprises françaises. Ça compte, pour moi.

Au final, les Américains ont échoué, et leur boycott a eu moins d'impact que prévu sur le retentissement des Jeux. Faire du commerce avec des pays où les droits de l'homme ne sont qu'un rêve, soutenir des dictateurs sud-américains, et refuser dans le même temps de participer à des Jeux pour des raisons politiques, c'était se moquer du monde, et le public l'a bien compris. Ce sont les Américains qui ont été les perdants dans cette histoire, en boudant comme des gamins, et je ne peux pas dire que je les ai plaints.

Quand je travaillais pour que les Russes obtiennent les Jeux, j'étais content d'aider ces gens-là, j'estimais qu'ils le méritaient, ils n'avaient rien du tout, ils avaient toujours l'air triste, peu de magasins, rien aux étals, leur vie était grise. Et ces files d'attente !... Je pensais que leur donner les Jeux ferait venir des gens du monde entier et que ça pourrait les aider à se développer économiquement. C'est ce qui s'est passé.

J'étais déjà « spécialisé » dans les pays de l'Est bien avant ces Jeux, quand Horst Dassler m'a présenté M. Juan Antonio Samaranch, alors ambassadeur d'Espagne à Moscou. On a discuté avec lui pour savoir ce qu'il pensait de la présidence du CIO, s'il était intéressé. Il l'était.

Depuis cette rencontre on est devenus de grands amis et il faut reconnaître que c'est un président du CIO qui a fait faire un bond colossal à ce comité. Je suis persuadé qu'il fera encore beaucoup pendant son nouveau mandat. Il a toute ma fidèle et sincère amitié comme j'ai la sienne, et je vous assure que je peux compter sur les doigts d'une main les amis qui m'ont soutenu pendant mon séjour à la Santé.

Il y a les Jeux (olympiques), et il y a les jeux de l'amour. Vous vous souvenez peut-être que j'étais très ami avec Marceau Crespin, que j'ai d'ailleurs chaperonné en Indochine.

Un jour il vient passer Noël avec moi à Agadir avant de partir pour Saigon – ce pays l'avait envoûté. Je lui remets une lettre pour un grand ami, un chirurgien génial, le docteur Salinesi. Et voilà que ce sacré Marceau, qui a été reçu « comme chez lui » par mon ami, prend cette formule au pied de la lettre et revient d'Indochine avec la femme de mon ami ! Il s'agissait d'une Française que j'avais eue comme ambulancière pendant ma « période commando » et si, sur le coup, j'ai eu du mal à digérer cette situation, je dois reconnaître que de toutes les femmes qui sont passées dans la vie de cet incurable cavaleur, elle a été la seule à rester au chevet de Marceau jusqu'à sa mort.

Quelque temps après ce coup de foudre, je suis réveillé par Mme Simone Veil à 2 heures du matin : elle m'appelle vraiment au secours pour que je cherche Marceau car son amie, l'aviatrice Jacqueline Auriol, à qui Marceau avait promis le mariage, vient de tenter de se suicider.

J'étais très ami de Jacqueline, moi aussi, elle et Marceau ont été les témoins de mon deuxième mariage. Son geste de désespoir m'a beaucoup ému, et j'ai fait ce que j'ai pu pour elle, mais sans grandes illusions : dans le domaine de l'amour, on ne peut jamais faire grand-chose... On ne commande pas nos propres sentiments, comment influencer ceux des autres ?

Je suis triste pour Jacqueline, et je me souviens des moments qu'on a connus, elle et moi – elle a vraiment été une pilote fabuleuse, mais une femme plus extraordinaire encore. Elle m'a toujours épaté, et je ne peux pas dire ça de beaucoup de personnes.

Je me rappelle un incident qui nous a concernés tous les deux : je venais de gagner la coupe de « l'Homme dans le vent », attribuée au pilote d'avion ayant fait le plus d'heures de vol dans l'année, et que j'avais largement emportée, avec 750 heures. Cette victoire avait calciné le moral de nombreux pilotes... car mon vrai travail ne commençait que lorsque j'avais atterri, alors que pour eux il était terminé ! C'est Jacqueline qui devait me remettre la coupe à Cannes et j'avais pris rendez-vous avec elle en lui indiquant mon heure d'arrivée. J'avais à mon bord ma fille Michèle et un ami brésilien, Hugo Borghi. Un type très corpulent.

Alors que je survole Nevers, mon moteur droit explose, en faisant un gros trou sur le côté gauche du capot, je mets instantanément l'hélice en drapeau et, comme j'étais très chargé, je me pose sur un moteur. Je téléphone à Jacqueline pour lui annoncer ce qui m'arrive et elle me dit : « Ne bougez pas, André, je vous envoie quelqu'un. » L'avion qui vient nous chercher est un Cessna Push-Pull piloté par quelqu'un que je connaissais bien comme mécano, M. Salmon.

On embarque avec un minimum de bagages. Avant de décoller, Salmon me propose aimablement les commandes, que je refuse, par politesse. La piste était très humide. Je ne connaissais pas l'avion, mais je note quand même que Salmon ne met pas les volets. Je pense, surpris : « Peut-être qu'il décolle sans volets ? » Il met les gaz et c'est parti, mais pas pour longtemps car je vois arriver très vite le bout de la piste. Presque au bout, Salmon tire sur le manche : on accroche une ligne à haute tension, on pique sur le nez et on s'encastre dans une ferme avec les pompes qui fonctionnaient toujours. Je passe mon bras par-dessus Salmon et je coupe les pompes, puis on essaie de sortir en vitesse avant que ça explose. C'était compliqué, les portes étaient coincées par des broussailles et, au moment où je réussis à ouvrir la petite fenêtre de droite, je vois sortir comme une fusée mon ami Borghi, le Brésilien, passant sans trop d'égards par-dessus ma fille.

Heureusement pour nous, l'avion n'a pas pris feu, car on a mis près d'un quart d'heure pour sortir de là. Salmon avait fait une faute de pilotage très grave. Mais en ce qui me concerne, ce que je voulais à tout prix comprendre, c'était comment un type comme Borghi, dépassant le quintal, avait pu sortir si vite par une issue où quelqu'un de normal passerait tout juste les épaules en se tortillant ! J'ai toujours voulu exposer ce mystère à un scientifique, ça ne s'est jamais trouvé : dommage. Il paraît que Borghi a perdu plus de 25 kilos après l'accident. Il aurait mieux fait de les perdre avant, mais félicitations quand même, bravo l'artiste. Il m'a assis.

C'est comme ça que je n'ai pas pu aller recevoir des mains de Jacqueline Auriol ma coupe de « l'Homme dans le vent ».

Et maintenant, Jacqueline est au bout du rouleau, elle a besoin de moi, et il n'y a rien que je puisse faire pour elle. Bien sûr, j'ai engueulé Marceau, je lui ai fait la morale, je l'ai torturé pour être sûr qu'il était bien conscient de la femme exceptionnelle qu'était Jacqueline, mais c'étaient des discours inutiles, il était mordu. Comme on dit dans ces cas-là : « C'était plus fort que lui... » Il n'était pas responsable du mal qu'il faisait à Jacqueline, et je dois dire que je l'ai vu très malheureux de cette situation, vraiment.

J'étais déchiré entre elle et lui, mais il m'était impossible de me fâcher avec Marceau. C'est d'ailleurs moi, en accord avec Horst, qui lui avais confié la présidence de notre société de Monaco.

Un jour il m'a invité à déjeuner à côté de son bureau, alors qu'il était responsable des Sports, pour me présenter un certain Jean-Claude Killy, qui m'a tout de suite plu. Je ne sais pas s'il s'en souviendra, mais je lui ai dit :

– Vous êtes l'une des rares personnes sympathiques que j'aie rencontrées dans les douanes – avec un certain monsieur Oberkampf de Dabrun – et pourtant, j'en ai vu et connu et... et rien ! je préfère ne pas dire ce que j'en pense parce qu'on me fouillerait à chaque passage de frontière !

Jean-Claude Killy me répond alors :

– Pour un douanier, c'est sympa à entendre, ce que vous venez de « déclarer » !

J'ai éclaté de rire, et on a vite sympathisé. J'ai nettement senti en lui un potentiel dépassant largement le cadre de ses exploits de skieur.

Je disais encore récemment à Juan Antonio Samaranch qu'il devrait le prendre à ses côtés et le préparer pour sa succession, plus tard, car je suis persuadé que Jean-Claude Killy en sera digne un jour (il l'a d'ailleurs prouvé avec la responsabilité de l'organisation des Jeux d'hiver).

Pour des raisons que sans hésiter je vais qualifier de personnelles, j'ai cédé à Horst Dassler en 1981 la totalité de mes actions de la société suisse, la Société Sarrangan, propriétaire de toutes les affaires de sport qu'on dirigeait ensemble (Le Coq sportif, Pradet, Façonnable, Arena, etc.) – en lui donnant jusqu'à fin 1985 pour me payer, ce qui en gros a été fait. On a tout liquidé tous les deux, j'ai tout abandonné, je lui ai fait des facilités pour me rembourser, etc. J'avais confiance. Disons que ça ne s'est pas trop mal passé, je ne veux pas chipoter.

Voici maintenant pourquoi j'ai cessé de travailler avec Dassler.

J'ai arrêté parce que j'arrête dès que je sens que les choses ne vont pas. Son bras droit et son directeur financier, Jean-Marie Weber – qui est toujours là d'ailleurs –, lui montait la tête contre moi, car j'essayais de placer dans notre équipe un type très bien, très capable, et que j'avais fait embaucher par Dassler. On ne doit pas rester indifférent quand on voit du talent, là j'en ai vu, et j'ai voulu lui donner un petit coup de pouce mérité. Il s'appelle Jo Orsini, je parle de lui plus haut, et il a maintenant un très gros poste chez Roussel-Uclaf.

Weber, craignant qu'Orsini, vu ses qualités, lui prenne sa place, a monté la tête de Dassler en insinuant que je prenais trop d'importance, que si on n'y faisait pas attention j'allais prendre le pouvoir, etc. Or, alors que Dassler, lui, voulait le pouvoir, moi je m'en foutais. Moi, ce qui m'intéressait, c'était de travailler à ma manière, parce que j'avais le contact humain – ce que justement Dassler n'avait pas, et ça le chagrinait.

De là à prêter aux propos de Weber une oreille plus ou moins complaisante, il n'y avait qu'un pas. Il l'a franchi, mais je ne lui en veux pas, je ne le juge pas, moi j'aime les choses simples, quand ça devient trop entortillé, je me retire, c'est tout.

Mais, quelque temps après, Dassler a reconnu son erreur, il m'a écrit pour me dire qu'il regrettait de s'être laissé influencer et que, si on avait maintenu notre association, on aurait été « les maîtres du monde », ni plus ni moins. J'étais très content de le savoir, mais moi ce que je regrettais c'était une manière de travailler qui me plaisait bien ; être un des maîtres du monde ne me tente pas du tout.

Quand j'ai revendu mes 49 % de parts à Dassler, j'ai conservé mes parts suisses, afin de sauvegarder les emplois que j'avais créés.

J'ai d'ailleurs continué à sponsoriser le triathlon suisse jusqu'au dernier moment, je n'ai arrêté que très récemment, après ma détention à la Santé, en prenant la décision de quitter la Suisse pour Malte, à cause de l'empressement que les Suisses ont mis à montrer tous mes comptes à la justice française, même si je n'avais rien à cacher. Il y a le secret bancaire suisse pour tout le monde, et ils font exception pour moi, après tout ce que j'ai investi (et perdu) chez eux ? J'ai trouvé que c'était injuste, et voilà une des raisons qui m'ont fait quitter la Suisse !...

Un peu après la fin de mon association avec Dassler, j'ai été appelé au secours par Cady, ma femme, pour sauver sa famille de la faillite.

Si vous sentez une restriction dans ces deux lignes, ne vous en étonnez pas, il y en a une. Et même plusieurs : autant que d'entreprises en difficulté. J'ai vite vu que toutes ces affaires (du groupe Fonteix, le nom de famille de Cady), différentes les unes des autres, étaient en piteux état.

Je les ai reprises. Parmi elles, la Blanchisserie de Grenelle, la Blanchisserie Simon, les sociétés Centrale Linière, Garnier-Lauridan

Bell, Dubix de Souza (et même, ce qui était plus amusant, le restaurant bien connu La Mère Poulard, au Mont-Saint-Michel, mais c'était un cas à part). J'ai remis les autres sociétés à flot, et je les ai revendues à une grosse société suédoise, Electrolux, leader sur le marché mondial. Elles étaient viables, mais très mal gérées, c'est souvent le cas avec les affaires familiales.

Je prends un seul exemple, pour ne pas vous fatiguer : la Blanchisserie de Grenelle. Sous ce nom de petite boutique se cachait en fait une assez grosse entreprise. Or elle ne pouvait pas être rentable. D'une part, une grosse partie du matériel devait être rénovée. D'autre part – ce qui était beaucoup plus pénible pour moi, même à cette époque où le chômage n'existait presque pas – parce qu'il aurait obligatoirement fallu des licenciements. Il y avait en effet mille employés là où huit cents auraient largement suffi. Un investissement pour moderniser cette affaire et un allégement de la masse salariale auraient donc permis de la rentabiliser.

J'ai réuni tout le personnel pour lui expliquer la situation et j'ai obtenu l'accord des syndicats sur un licenciement de deux cents personnes, qui sauverait la boîte si j'investissais autant que je le promettais. Je crois que vous savez maintenant que je tiens mes promesses – ou alors c'est que ce livre n'aura servi à rien – mais devineriez-vous que, une fois les investissements faits, et sur mes fonds propres, les syndicats m'ont fait savoir que le personnel avait changé d'avis et qu'ils étaient mandatés pour refuser ne serait-ce qu'un seul licenciement ?

Faut-il être bête, tout de même ! Naturellement, comme je n'aime pas qu'on me prenne pour une poire, j'ai sans hésiter annoncé que je déposais le bilan. Ils en sont restés bouche bée, ils pensaient sans doute finasser et négocier. Je donne facilement ma confiance mais, quand je la retire, c'est pour toujours.

D'après ce qu'on m'a dit, seul un administrateur judiciaire pouvait liquider l'affaire ou licencier le personnel en trop dans le cadre d'une proposition faite à un éventuel repreneur. Quelqu'un qui connaît la société de la cave au plafond n'a pas son mot à dire, mais un administrateur judiciaire qui débarque, oui. Je trouvais ça ridicule, lourd, bien français, et je ne m'en suis pas caché à l'administrateur nommé, qui s'appelait Me Adam.

Un jour, ce monsieur profite d'un tête-à-tête pour m'annoncer benoîtement que, afin qu'il continue à « bien m'aider » dans le processus engagé, il serait bon que je lui verse – « en espèces, naturellement » – la somme de 5 millions de francs *nouveaux*. Je m'attendais si peu à une telle demande que, pour avoir le temps de réfléchir, je lui dis, OK, ça ne devrait pas poser de problème, c'est comme si vous les aviez... Sauf qu'il va me falloir de deux à trois semaines pour réaliser des titres et réunir cette somme, mais qu'il se rassure, en attendant je vais déjà aller à Genève voir le montant de l'acompte que je peux lui rapporter. On prend rendez-vous pour le surlendemain.

– Mais prenez votre temps, je vous en prie ! Je ne suis pas à la minute !

Moi, je l'étais. J'avais décidé non seulement de ne pas me laisser flouer par ce piranha mais en plus de lui donner une leçon. J'ai pris comme appât 500 000 francs (l'acompte promis), et j'ai fait venir deux témoins en présence de la directrice du petit hôtel où je descendais alors fréquemment pour l'accueil simple et la tranquillité qu'on y trouvait, La Résidence du bois. J'ai compté les 500 000 francs devant ces trois personnes, on a mis l'argent dans une grande enveloppe et, pour la cacheter, j'ai signé en travers de la fermeture, afin que Me Adam voie bien que personne n'avait pu l'ouvrir avant lui.

Une demi-heure avant l'heure du rendez-vous, je téléphone à son étude. Et, comme prévu (puisque bien sûr il est en route pour notre rendez-vous), on me dit qu'il est absent. Je fais semblant d'être ennuyé, je donne mon nom, en priant mon interlocutrice de faire savoir à Me Adam dès qu'il sera de retour que j'ai essayé de le joindre, mais que malheureusement je dois repartir d'urgence pour Genève. Et j'ajoute que vais confier à son intention un dossier à la directrice de mon hôtel, où lui et moi on avait rendez-vous. Effectivement, dès que Me Adam est arrivé, la directrice, ayant bien appris sa leçon, lui explique que j'ai été obligé de rentrer d'urgence à Genève, et lui tend le dossier « laissé pour vous par M. Guelfi ».

Et devant mes deux témoins, installés au bar en face de la réception, elle remet le dossier à Me Adam, qui part en la remerciant. Je téléphone le lendemain à Me Adam, m'excuse de ma défection et, pour le ferrer encore plus sûrement, je lui annonce qu'on peut se rencontrer pour le solde au même endroit quelques jours plus tard.

Et ce jour-là, je le regarde bien en face et je lui débite d'un coup, mais calmement, ce que j'ai sur le cœur. C'est sa fête. N'osant plus faire un mouvement, il m'écoute bien sagement et sans protester lui expliquer que dans ma vie j'ai beaucoup travaillé et toujours intéressé les gens qui travaillaient avec moi, mais *a*) me faire arnaquer sur une affaire où je perds déjà de l'argent et *b*) par un monsieur qui veut une part de profits alors qu'il n'y a que des pertes, c'est au-dessus de mes forces :

– Estimez-vous heureux d'avoir encaissé 500 000 francs devant témoins, et si vous me posez encore des problèmes et si vous ne faites pas votre boulot correctement, sérieusement, et dans l'intérêt de la boîte, je vous dénonce. Et vous le sentirez passer.

Je le regarde, il n'a pas l'air de respirer du tout. Ça va. Il a compris.

Ça m'a coûté quand même 500 000 francs uniquement pour qu'il ne sabote pas la liquidation.

C'est drôle, beaucoup plus tard, un soir, un de mes amis avocats me dit qu'il avait eu une conversation avec un administrateur judiciaire très en vue qui lui avait demandé des renseignements sur moi parce que, paraît-il, il avait entendu « des bruits défavorables », un de ses collègues lui aurait dit que je n'étais pas sérieux. C'était Me Adam, bien sûr. Pas mal, non ? Ça vous surprend ? Moi pas.

Pendant cette époque, toutes les affaires dont je m'occupais étaient trop près de Paris pour que je puisse faire mes aller et retour en avion. C'était donc une magnifique occasion pour que je m'achète un hélicoptère, un Bell Augusta, que j'ai ramené moi-même d'Italie.

Un jour, lors d'un de ces voyages, dans le Massif central, j'avais aperçu de là-haut un coin à écrevisses (je les reconnais), difficile d'accès. Dès que j'ai quelques heures de libre, j'y retourne. Je me souviens, je m'étais fait une entorse au pied, j'avais un plâtre, avec une talonnette pour pouvoir clopiner avec une canne. Je me pose en plein champ et, clopin-clopant, je vais installer mes balances dans l'eau, garnies de bleu d'Auvergne (un tuyau : les écrevisses n'y résistent pas). Au bout d'un moment, alors que je m'apprête à relever mes balances (lourdes d'écrevisses, une très belle pêche) je vois au bout du champ sur lequel je me suis posé une silhouette immobile que je prends pour un épouvantail... Je n'y pense plus, je prends mes écrevisses, je remonte dans mon hélico, et je décolle. Au moment où je survole l'épouvantail... celui-ci se jette à terre, à plat ventre, tête cachée dans ses bras !... C'était en fait un paysan terrorisé qui a dû me prendre pour une soucoupe volante ou je ne sais trop quoi, mais il faut dire à sa décharge qu'on ne voyait pas encore beaucoup d'hélicoptères dans le coin.

Un autre soir, on dînait avec ma femme Cady dans un bon restaurant de Montboudif, on commande des truites, elles sont délicieuses, et au moment de payer je m'aperçois que la note est plutôt salée. Je paie, mais je commente, en souriant :

– Dites, on est du coin, ma femme et moi. Vous nous prenez pour des Américains, pour qu'elles soient si chères, vos truites ?

Le patron, qu'on connaissait un peu, baisse la voix, ennuyé :

– C'est que la pêche à la truite n'est pas encore ouverte, et il paraît que les gardes-pêche ont des hélicoptères, maintenant !

On éclate de rire, et le patron nous regarde comme si on était malades. C'était moi et mon hélico, « les gardes-pêche » !

J'attendais toujours le fameux permis C. Si je n'avais pas été dans cette situation agaçante, je n'aurais pas cherché à monter une affaire en Suisse, car je n'y trouvais pas de caractères à ma convenance, et vous avez déjà vu que le pays ne m'avait pas trop réussi sur le plan des affaires.

J'étais donc échaudé, mais je me disais que travailler à nouveau en Suisse accélérerait peut-être les choses. Je finis par prendre la majorité d'un groupe de clubs sportifs à court de capitaux, le New Sporting Tennis Forest Hill [1]. Jean-Paul Belmondo, que je connaissais depuis longtemps, est venu parrainer devant la presse le lancement de mon club principal, situé tout près de l'aéroport de Genève, sur un peu plus de six hectares.

Ce club, bien que magnifique, avait besoin d'être agrandi, et j'y ai pas mal investi pour le rentabiliser selon des études faites par des spécialistes [2] suisses. Leurs prévisions se sont révélées exactes sur le nombre de membres... et leurs chiffres complètement fantaisistes sur le prix à faire payer à chaque membre.

J'ai bien sûr eu rapidement de grosses difficultés pour pouvoir ne serait-ce qu'équilibrer mes comptes, ce qui m'a amené à accepter l'entrée de partenaires. « Pour finaliser cette merveilleuse opération », ils ont commencé par affirmer qu'on devait impérativement être propriétaires des terrains. Je n'étais que locataire, mais le loyer était si dérisoire que je ne les comprenais pas : j'avais un bail de soixante ans avec un loyer annuel non révisable de seulement 50 000 francs suisses. Gratuit, pour ainsi dire !... Eh bien non, ça ne faisait pas leur

1. En fait, le groupe s'appelait New Sporting Tennis, mais ayant passé un accord avec mon ami Michel Corbière qui possédait le sigle Forest Hill, c'est devenu New Sporting Tennis Forest Hill. C'était un ensemble de quatre clubs.

2. Je vous dirais bien ce que je pense des spécialistes en général – toutes nationalités confondues – mais je me suis promis de surveiller mon langage.

affaire ! Encore des optimistes ! Ils auraient dû sauter sur l'occasion : soixante ans, c'est l'éternité, de nos jours, même pour des financiers !

Résigné, énervé, commençant à prendre cette affaire en grippe, je cède, et j'achète le terrain puisque « c'était indispensable » pour qu'ils s'engagent avec moi. J'obtiens de l'UBS un crédit d'une partie du montant de l'achat (s'élevant à 8 000 000 de francs suisses) et je règle moi-même le solde...

Bon... D'abord, quand il y a comme ça des points de suspension qui viennent sous ma plume, c'est mauvais signe...

C'est difficile à expliquer, mais je vais essayer : parfois, on sait qu'on va faire une bêtise, mais on la fait quand même. Voilà, là, c'était ça. D'avoir renoncé à ce bail exceptionnel a fait que, d'un seul coup, les intérêts annuels se sont élevés à 1 million de francs suisses par an. Soit vingt fois mon loyer initial, mais on m'affirmait que les rentrées seraient en proportion.

Un point d'acquis : quand je fais une bêtise, je la fais bien. Un deuxième point : je n'aurais jamais dû m'acoquiner avec ces gens-là. Et un troisième, pour finir en beauté : ce serait la dernière fois que j'aurais des associés, désormais je travaillerais toujours en solitaire, seul maître à bord (mais évidemment avec mon staff de fidèles).

Je ne vais pas vous ennuyer avec les détails, sachez seulement que malgré les études de rentabilité ex-cel-lentes, l'argent rentrait mal, les clients venaient peu, et mes partenaires se défaussaient allègrement. C'était un peu un conte de fées à l'envers :

« – Sœur Anne, ma sœur Anne, ne vois-tu rien venir ?

« – Pour André ? Je ne vois que la Suisse qui verdoie et son...

« – ... compte bancaire qui rougeoie ! Compris. Viens. Allons dormir... »

Quand j'ai voulu me dégager, ma banque, l'UBS, m'a pris de vitesse. Elle aussi en avait assez d'attendre les rentrées et elle a fait le nécessaire pour reprendre les clubs – ce qui ne lui a coûté que le montant de son prêt. Et j'ai tout perdu, sur ce coup-là.

En faisant mes comptes, j'avais calculé que mes pertes – depuis que j'étais en Suisse – s'élevaient à pas loin de 50 millions de leurs francs... à peu près ce avec quoi j'étais arrivé dans ce pays. Décidément la Suisse ne me réussissait pas.

Alors j'ai cessé de vouloir y monter quelque chose à tout prix et un beau jour je me suis repris en main... comme toujours.

Fatigué et vexé de tout cet argent envolé, depuis le début où je me cherchais, où je flottais (n'ayant pas trouvé une occupation qui me satisferait sur tous les plans) jusqu'à mes derniers avatars, j'ai décidé que je m'accordais un maximum de cinq à six ans pour rattraper toutes les pertes occasionnées à la fois par ma naïveté et par la malhonnêteté de certains.

J'y suis parvenu, je me suis refait une santé, comme on dit, même si dans ce livre je parle surtout des affaires qui ont échoué, et qui ont presque toutes la même cause (déjà évoquée dans mes entrevues avec Mme Eva Joly et lors de mes confrontations) : le manque de parole de nos grands chefs d'entreprise. On peut dire que c'est une spécialité française. Nos concurrents étrangers n'en reviennent pas, et concèdent qu'eux et nous on ne travaille pas à armes égales : ils disent qu'on part avec un handicap, et ils ont tout à fait raison.

Comme j'ai réussi ma « reconversion », tous ceux qui tenaient tellement à me faire passer pour un intermédiaire peuvent y aller, à présent. Mais qu'ils constatent au passage que jusqu'à l'âge de soixante-douze ans, j'ai toujours été un industriel et rien d'autre. Bien sûr, même quand je ne m'occupais que du poisson, je faisais des affaires si elles se présentaient, mais là encore j'achetais, je transformais, je vendais, je travaillais toujours sur du concret. Je confirme donc que je ne suis devenu vraiment intermédiaire qu'à partir du jour où je n'ai plus fait que ça et que je me suis servi de mes relations – ce qui me permet de traiter directement avec les chefs d'État et les PDG des sociétés que je choisis.

Et cette nouvelle direction donnée à ma vie professionnelle est due à l'âge autant qu'à mes déboires en Suisse.

Depuis que je travaille « à mon compte », c'est moi qui prends tous les risques ; parfois je sème, mais ça ne lève pas, je perds, mais je n'en parle pas, ça ne regarde personne, je ne me plains pas. La seule chose qui m'exaspère c'est que, comme je n'aime pas rester sur un échec, il m'est toujours difficile de me reposer au moment où il le faudrait, physiquement et moralement (parce que c'est un métier tuant, il faut quand même le savoir).

Ce qu'il faut savoir aussi, c'est que dans mes périodes fastes, il m'arrive souvent d'intervenir sans rien demander en contrepartie pour faire aboutir des contrats grâce à mes relations.

Car, souvent, je travaille gratuitement, soit pour faire plaisir à mes nouveaux amis (de l'Est, en particulier), soit parce que je juge que c'est profitable pour tous dans le long terme, soit même pour le simple plaisir – ce qui n'est pas rien – de faire plaisir.

Ainsi, en Ouzbékistan où j'étais devenu le conseiller du président Karimov, j'ai fait le maximum pour les entreprises françaises, mais j'ai également favorisé et fait aboutir gracieusement un contrat pour la société Thomson, dans le domaine de l'équipement d'aéroports. Je n'en ai pas soufflé mot, et il n'y a jamais eu même l'ébauche d'un contrat : en France, on m'aurait pris pour un imbécile.

Mais en Ouzbékistan on m'a remercié d'avoir pu mener à bien cette opération. On ne l'a pas oublié et on ne l'oubliera pas. C'est à la fois ma récompense, et la promesse de coopérations futures. En tout cas, quand j'aurai quelque chose à leur proposer, je serai toujours écouté.

M. de Jomaron (de Thomson) que j'ai rencontré après coup, et qui a évidemment su ce que j'avais fait pour sa société, m'a demandé de l'aider dans le cadre d'une autre affaire importante, en Russie, qui est d'ailleurs toujours d'actualité et que j'espère mener à bien. Comme quoi, je ne suis pas si imbécile que ça, et qu'il n'y a pas que des margoulins et des ingrats, dans le monde des affaires. On trouve, tant que la tête des dirigeants n'a pas trop enflé ou que le démon de la politique ne s'en est pas mêlé (qui ôte sinon toute morale et tout scrupule, au moins tout sens des réalités), la même proportion de gens bien et... les autres.

J'ai évidemment noté que beaucoup de patrons craignent d'aller en Russie à cause de la mafia. Ils ont tort. Il y a bien sûr la mafia en Russie, mais pourquoi ? Parce que la Russie est en pleine révolution. Depuis des années, c'était l'indigence, ils n'avaient rien du tout, et d'un coup tout est libre : alors comme partout il y en a qui sont plus malins et plus forts que les autres. Là-bas comme aux États-Unis au début, certains gagnent leur argent sur le dos des plus faibles. Mais ça se tasse, les gens s'organisent, les bandes se déchirent, et de toute façon : *a*) c'est inévitable dans tout pays neuf – et la Russie l'est ! – et *b*) ça ne concerne pas les grosses affaires, donc les grands patrons, qu'ils se rassurent.

Une petite précision à propos de ce qui a été dit dans l'émission de M. Zéro (Karl).

Je n'ai jamais fait d'affaire avec M. Gafour, soi-disant patron de la mafia ouzbek. J'ai été présenté à ce monsieur lors des Jeux d'Atlanta par mon ami Vitaly Smirnov, président du Comité olympique russe. Je ne l'ai revu que dernièrement lors de la visite à Lausanne de la délégation du CIO ouzebk ; après cette réunion M. Gafour a profité de l'avion que j'avais loué pour revenir à Paris avec moi.

Contrairement à ce qui a été dit, je ne lui ai en aucun cas vendu un avion. Depuis plus de vingt ans, je fais acheter l'avion que je choisis par une société qui me connaît et qui me fait confiance, on a toujours gagné et amorti nos avions grâce aux affaires que je réussissais à conclure grâce à eux. Une fois l'avion amorti, on partageait à 50 % le produit de la revente. C'est ainsi que je fonctionne et à l'heure actuelle, j'utilise un Falcon 2000 acheté par une société qui le met à ma disposition dans les mêmes conditions. Un des avions de cette société a été vendu par Air Entreprises et je ne suis jamais intervenu dans cette vente et je ne sais pas qui est l'acheteur.

Dans toutes les affaires que j'ai discutées en Russie, je n'ai jamais rencontré la mafia, ni de près, ni de loin. Je traite avec le gouvernement, avec le Premier ministre, avec des responsables. Et je ne me déplace pas en voiture blindée.

D'ailleurs le président de la République russe fait ce qu'il faut pour supprimer la mafia. Ça ne se fait pas du jour au lendemain, ils auront certainement quelques années agitées, mais dans dix ou vingt ans, la Russie sera comme les États-Unis pendant les années d'or. C'est un pays très riche, la Russie sera mieux que les États-Unis sur le plan industriel. Il y a de la richesse, il y a du bois, des arbres, c'est d'ailleurs encore le seul pays au monde où vous pouvez avoir les forêts que vous voulez. Avis aux intéressés.

Vous allez voir comme c'est amusant de travailler avec les Français et pour eux. Ne voulant pas laisser l'Ouzbékistan en l'état, j'ai eu l'idée, pour faire connaître le pays, de poser sa candidature pour les Jeux olympiques. Contrairement à une déclaration ridicule de journaliste, le président Karimov et moi savions fort bien qu'il était complètement exclu de postuler sérieusement – et encore moins de penser pouvoir les obtenir ! On voulait se servir de cette candidature pour faire connaître l'Ouzbékistan, en faire parler, déclencher une curiosité, donc une dynamique commerciale et touristique.

Karimov avait confiance en moi – nul n'est prophète en son pays – et il m'a délégué un homme sûr pour m'aider à préparer cette candidature. Je me suis occupé de tout et, lors de la présentation du dossier à Acapulco, notre équipe a préparé une projection de tous les sites anciens, grandioses, ainsi qu'une magnifique brochure sur Samarkand (ce seul nom, déjà, allèchait les agences de voyages).

Le but a largement été atteint. L'Ouzbékistan a reçu des visites de touristes mais aussi d'Américains qui ont réalisé des investissements en masse alors que les responsables d'industries françaises, toujours à la traîne, se demandaient encore en quelle saison ils auraient le meilleur climat pour aller voir un peu ce qu'on pouvait y faire.

J'ai des poussées de colère, parfois : on a en France le don de se faire des croche-pieds, de se dénigrer, et surtout, surtout ! de ne pas plonger sans avoir, pendant quelques années, tâté du bout du pied la température de l'eau ! La mer d'Aral s'est asséchée en moins de temps que ça ! Pourvu qu'ils n'aient aucun projet en Méditerranée, les touristes de tous les pays côtiers ne pourraient plus que jouer dans le sable ! J'ai l'air de rire, eh bien, toutes proportions gardées, et transposées dans le contexte des pays concernés, il y a eu je ne sais combien de « grandes bleues » transformées en « mer de sable d'Ermenonville » !

Malgré tout, l'Ouzbékistan, la confiance d'Islam Karimov, tout ça n'aurait jamais dû être que de bons souvenirs et finalement c'est de l'amertume que je garde de cette histoire Elf, qui m'a valu une polémique avec Françoise Sagan. Je vous avais dit que j'en parlerais, j'y arrive.

Il se trouve qu'un jour, je suis devenu ami avec un grand géologue qui détenait les cartes secrètes de tous les gisements de pétrole et de gaz sur l'ensemble des républiques « ex-soviétiques ». C'était un type formidable qui n'avait qu'un défaut, mais de taille : il m'embrassait « à la russe », sur la bouche !

En Ouzbékistan, je savais donc où il fallait forer.

Le Floch-Prigent me faisait confiance, tant en Russie que dans les républiques du Sud, du Caucase, où Elf devait faire une belle percée. J'avais donc un impératif et un objectif :

– l'impératif : que Le Floch reste le plus longtemps possible à la tête d'Elf;

– l'objectif : faire recevoir Karimov en visite officielle en France. J'y tenais énormément, même sur le plan humain. J'aime ce pays, et je voudrais qu'il s'en tire.

Face aux espoirs d'or noir dans son pays, pas mal de gens s'étaient entremis sans que j'y sois pour quelque chose. Il y a eu ce dossier Elf du *Canard enchaîné*, que je me suis forcé à lire, et j'y ai découvert une lettre signée Françoise Sagan. Une lettre envoyée à Mitterrand pour lui demander de recevoir M. Ulugbek Estaiev, le « Premier ministre d'Ouzbékistan ». Cette lettre, je ne l'ai jamais vue, ni demandé que Sagan l'écrive. Pour moi, il n'avait jamais été question qu'Ulugbek [1] soit reçu à l'Élysée. J'ignore qui est derrière cette initiative. Mais il est exact en revanche que j'ai fait passer une lettre d'Islam Karimov à François Mitterrand par l'intermédiaire de Françoise Sagan.

Je vous raconte d'abord comment je l'ai rencontrée : je la connais depuis plus de trente ans, c'est moi qui lui ai appris à conduire une voiture de course. C'était à l'époque du succès de son premier bouquin, et elle était alors très connue (sauf de moi, évidemment). Gordini lui avait promis « Je vous donne mon meilleur pilote » et à moi il me dit : « Il y a une jeune femme qui veut acheter une de nos voitures de sport. Il faut que tu lui apprennes à la conduire sinon elle va se tuer. »

J'ai donné rendez-vous à cette cliente à l'autodrome de Montlhéry. J'ai vu arriver une gamine qui m'a tendu la main en me disant :

– « Bonjour tristesse ».

J'ai répondu, en lui serrant la main :

– Bonjour, Guelfi.

Je ne mens pas, j'ignorais complètement qui était Sagan, je ne savais même pas qu'elle écrivait. Au bout de deux ou trois leçons, je l'ai prévenue qu'elle se crasherait aussi sûr que la nuit suit le jour si elle continuait à laisser le pied sur l'embrayage en conduisant. Elle n'a pas tardé à me donner raison, et a fait un jour plusieurs tonneaux, s'en tirant de justesse. Les journaux de l'époque en ont longuement parlé. Mais on avait sympathisé (elle n'avait pas peur au volant, même si elle conduisait mal) et on avait gardé un contact lointain, épisodique, mais amical. Elle m'avait offert le manuscrit d'un de ses romans, *La Laisse*, dédicacé.

Donc, à un certain moment, Karimov souhaitait être reçu en France.

J'avais fait remettre une note à Mitterrand, par son conseiller personnel, M. Lévy (à présent consul au Pérou, je crois), disant que ce pays était potentiellement très riche, très prometteur, qu'il serait excellent pour notre économie de coopérer avec lui, que Karimov n'était pas n'importe qui, qu'il avait une réelle cote d'amour et d'estime et qu'il avait d'ailleurs été reçu en Amérique par le président des États-Unis.

Il tenait maintenant à l'être en France par le président Mitterrand qui, à mon sens, se devait de ne pas rater cette occasion, c'était un bon

1. Cela dit, c'était une de mes relations amicales de travail, mais il n'a jamais été Premier ministre.

coup à jouer pour faire travailler les entreprises françaises... Je n'ai pas eu d'écho.

J'ai donc dit à Françoise, proche de Mitterrand et qui l'accompagnait parfois dans ses visites officielles :

– Demande au président de recevoir Karimov, je t'assure qu'il ne le regrettera pas, l'Ouzbékistan est une très belle ouverture pour la France...

Elle m'informe un peu plus tard que Mitterrand lui a dit que ce ne serait pas possible cette année, que des réunions ça se prépare un an à l'avance, etc. Toujours cette lenteur bien française à nouer des contacts.

Je savais que Karimov était pressé, aussi ai-je fait une intervention directe auprès de M. Balladur. Plus ouvert, plus moderne, mieux au courant des difficultés à trouver des affaires et des marchés, il m'a fait recevoir par M. Nicolas Bazire, à qui j'ai tout expliqué. Huit jours après, M. Bazire m'appelle :

– Monsieur Guelfi, vous pouvez dire au président Karimov qu'il sera reçu en octobre, cette année.

Ça, c'est du travail ! C'est donc grâce à MM. Bazire et Balladur que Karimov a été reçu en France. Quant à Françoise, elle ne s'est jamais doutée que je m'étais arrangé autrement : elle pensait que Mitterrand avait réfléchi, et je n'ai pas voulu la détromper.

Ayez du tact !

Un peu plus tard, avec cette histoire de cohabitation j'avais entendu dire que Le Floch-Prigent allait « démissionner » d'Elf. Or il fallait qu'il reste encore à la tête de son groupe le temps que je concrétise tous les contrats ouzbeks pour Elf. Il est en effet toujours mauvais de changer de dirigeant en cours de négociations, c'est souvent une garantie d'échec : la suite l'a prouvé.

J'ai donc demandé à Françoise Sagan de se renseigner auprès de Mitterrand pour savoir si la rumeur du départ de Le Floch-Prigent était fondée. Question simple, demandant une réponse simple, oui ou non. Si par chance c'était « non », s'il restait, comme cette affaire me tenait à cœur, dans un élan j'ai dit à Françoise Sagan que je lui céderais 50 % de mes bénéfices nets sur ce contrat Ouzbékistan (qui avait bien avancé – on était à deux, trois mois de la signature finale, j'y travaillais depuis plus d'un an).

Sagan me rappelle après avoir vu le président :

– André, tu peux être tranquille. Mitterrand m'a assuré que Le Floch-Prigent restera en place jusqu'à la fin de son mandat.

Et elle me fait transmettre par son avocat un projet d'association avec une société à Vaduz, au Liechtenstein. Déjà, pourquoi un avocat alors qu'on est supposés parler entre amis ? J'ai refusé. Je lui ai dit qu'étant résident suisse, je ne ferais pas de contrat à Vaduz, et je lui ai signé une lettre qui m'engageait dans ce deal (j'ai conservé le protocole que son avocat voulait me faire signer). Puis elle me prie de l'écouter [1] :

– J'ai des ennuis avec les impôts, des problèmes d'argent, est-ce que tu peux m'en avancer ?

– Pas de problème, combien tu veux ?

– Cinq millions.

Cinq millions de francs, même français, comme « avance » sur une affaire non signée, c'est quelque chose : néanmoins, je dis d'accord.

Je lui ai fait un chèque de 3,5 millions et j'ai retiré 1,5 million en espèces que j'ai remis à sa demande, devant témoins, à Marc Francelet, son « associé ». Pour des raisons qui ne me regardent pas, Mme Sagan avait en effet décidé de partager cet argent avec ce monsieur.

Un peu de temps passe et, comme Françoise avait une maison à restaurer à Deauville (qui « tombait en ruine », pour reprendre son expression), elle me demande encore de l'argent. Toujours « une avance », sur un contrat toujours pas signé. C'est donc moi qui ai payé directement les 4 millions des factures de l'entreprise qui a fait les travaux, j'ai tous les documents à la disposition des incrédules.

Je le répète, toute cette partie me gêne à écrire, mais si je veux rétablir la vérité, j'y suis bien obligé.

Quelques jours après, Le Floch-Prigent quittait Elf pour la SNCF. Quand Philippe Jaffré lui a succédé chez Elf, on a pu constater qu'il avait décidé de mettre en l'air la politique de son prédécesseur (tout en assurant par lettre à Karimov qu'il poursuivait l'affaire, d'ailleurs [2] !)... Moi qui ignorais que ces deux hommes se haïssaient, je trouvais ça aberrant sur le plan général, mais mon problème en particulier était de me faire payer, et Elf devait honorer mon contrat. Je vous ai déjà parlé de tout ça.

J'avais donc donné 9 millions « d'avances » à Françoise Sagan, pour rien, puisque son information s'est révélée fausse, et avec Jaffré à

1. Je suis désolé de déballer tout ça, mais vous reconnaîtrez qu'on m'y force.
2. Voir Annexes et Notes, n° 4, page 367.

la tête d'Elf, je n'avais pas reçu un centime sur cette affaire d'Ouzbékistan.

Je m'en fous, de l'argent, mais je ne veux pas qu'on dise que j'ai « arnaqué » Sagan, parce que c'est exactement le contraire de la vérité. Je n'ai jamais arnaqué personne.

C'est pour ça que ça s'est gâté avec Françoise Sagan, c'est à cause de cette histoire d'argent. Pas parce que j'exigeais le remboursement de mes avances – je ne leur ai pas demandé un sou, je ne suis pas idiot, tout de même – mais parce qu'ils m'en demandaient encore et que, après avoir été floué une première fois, j'ai dit « stop ». Ce qui m'a valu la campagne de presse calomnieuse dont je vous ai parlé au début, quand on a commencé à me traiter de balance. Marc Francelet en était probablement responsable.

À son sujet, une précision : la recommandation de Sagan n'aurait sans doute pas suffi pour que je le reçoive, mais hélas il y a eu aussi celle de Jean-Paul Belmondo. C'est un ami de longue date, il l'est toujours, mais n'empêche que je l'ai... amicalement engueulé (Jean-Paul est trop faible) de m'avoir présenté ce Francelet qui ne m'a d'ailleurs pas fait une très bonne impression, et j'aurais dû écouter mon intuition.

Passons.

Maintenant, ayez du tact et en plus soyez généreux... et voyez le cocktail que ça fait.

Bien que mon contrat Ouzbékistan se soit évanoui en même temps que Le Floch-Prigent, je n'en ai pas voulu à Françoise, je suis certain qu'elle ne m'a pas sciemment menti mais qu'elle a été trompée. Bon. J'avais joué, j'avais perdu, ça arrive. J'ai laissé tomber. La moindre des choses c'est qu'elle aurait dû en faire autant ! Elle a quand même bien dû finir par apprendre, ne serait-ce que par les journaux, que son renseignement était bidon (croyez-le ou pas, je ne lui en avais même pas parlé, pour ne pas la vexer !). Mais j'ai vraiment commencé à être contrarié à cause d'elle et de son ami, quand un jour elle m'a appelé pour me parler d'un article devant paraître dans *Le Monde* qui « pourrait indisposer Mitterrand ». Allons bon, quoi encore ?... Je suis allé la voir chez elle. Francelet y était déjà, et c'est lui qui m'a dit qu'avec 1,5 million de francs, il se faisait fort de stopper l'article. J'étais interloqué. Je ne voyais pas en quoi n'importe quel article me concernant pourrait indisposer le président, et je m'étonnais aussi que *Le Monde* accepte de tels procédés, mais Francelet m'assure qu'il sait de quoi il parle, et qu'il a les relations qu'il faut. Bon. Je lui dis de passer, j'enregistre notre conversation, et je paie contre sa promesse qu'il me rapportera l'article le lendemain.

Il ne m'a jamais rapporté l'article (qui à mon avis n'a jamais existé). C'est là que je me suis rebiffé et que j'ai dit ce « stop » qui a déchaîné Francelet. J'ai rappelé à Françoise (qui le savait fort bien) que l'affaire « Ouzbékistan » était la seule qui nous liait, qu'elle avait échoué pour les raisons qu'elle connaissait, et que je ne lui avais promis de l'argent que sur cette affaire-là, pas sur toutes mes affaires ! Ou alors qu'elle me demande carrément un virement mensuel permanent sur mes bénéfices de toutes les affaires que j'ai traitées, que je traite, et que je traiterai, ce sera plus simple.

En ce qui concerne ce dernier chèque de 1,5 million de francs « pour faire stopper l'article », j'ai fait opposition quand j'ai compris que ce n'était qu'une extorsion de fonds, mais malheureusement mon avocat m'a dit que je ne pourrais pas empêcher la banque de payer. Francelet m'a donc soutiré encore un peu plus d'argent [1], et je suis bien obligé de constater que Françoise n'était pas étrangère à cette dernière opération.

Depuis que je leur ai signifié à tous les deux que je n'allais pas laisser l'affaire en l'état ni me laisser diffamer, Mme Sagan et M. Francelet crient au vol. La meilleure défense étant l'attaque, comme chacun le sait, ils se répandent dans tout Paris en se plaignant que je leur dois des milliards et des milliards (rien que ça ? ils ont l'air de penser que c'est bien facile à gagner)...

Pour me résumer et en finir avec cette histoire, Sagan et Francelet savent très bien tous les deux que je ne leur dois pas un centime sur ce contrat Ouzbékistan [2] sur lequel je devais partager mes bénéfices avec elle. Des bénéfices, vraiment ! quand l'affaire ne s'est pas faite, et qu'on ne m'a même pas remboursé mes propres frais... car moi je continuais à dépenser mon argent sur la foi de son mauvais renseignement !

Voilà la vérité. Alors, en toute justice, qui doit de l'argent à l'autre ?

Cette affaire Sagan ne concernait que mon projet en Ouzbékistan, mais Le Floch-Prigent et moi en avions bien d'autres, dans d'autres pays de l'Est et en particulier en Russie. Des projets vraiment excellents. Je vous fais un rapide historique. Il se trouve que, dans les pays

1. Si je compte bien, ils m'ont allégé en tout et à eux deux de 10 500 000 francs.
2. Que devait entériner M. Marc Francelet.

de l'Est, Elf était représenté par un certain M. Maurice Mallet. Mais les dossiers n'avançaient pas. On m'a demandé d'intervenir. Je m'y suis mis. Bien sûr, j'ai signé ce contrat qui, à la mise en œuvre du marché, devait rapporter 100 millions de dollars à mon groupe – et beaucoup plus à Elf ! – mais j'ai pu tout de suite être efficace, même si, bien entendu, de tels projets ne se réalisent pas en quelques jours.

Pendant que j'étais au travail, à Paris, Boris Eltsine et François Mitterrand ont signé un accord. Chez Elf, on m'a alors dit : « L'affaire est réglée. » Mais je leur ai répondu : « Non. Vous verrez. Tant que la Douma n'a pas ratifié le contrat, l'accord ne vaut rien. » Et la suite m'a donné raison, le Parlement a dit *niet*. Le Floch-Prigent m'a alors relancé, définitivement cette fois : « Puisque ça n'avance pas, foncez ! »

Moi, je continuais ma mission pour Elf et, quinze jours avant que Le Floch-Prigent soit déboulonné, je lui ai soumis un contrat qui, lui, portait toutes les signatures avec feu vert de la Douma, un document correspondant point par point aux désirs d'Elf. J'insiste : je l'ai donc fait complètement accepter par les autorités russes, avec toutes les conditions intégrales fixées par Le Floch-Prigent. C'est sur ce contrat que je devais toucher, grosso modo, avec ma prime sur les barils et le paiement de tous mes frais, etc., une centaine de millions de dollars.

J'en ai obtenu une copie certifiée conforme par Viktor Tchernomyrdine. J'avais accompli ma tâche. La suite, vous la connaissez, contrat original signé par Le Floch-Prigent consigné à la banque dans l'attente de la régularisation de ma situation, et prétendu contrat de solde de tout compte de 7 millions de dollars demandé par Mme Gomez pour ses fameuses « raisons internes à Elf ». Mais, souvenez-vous, avant de signer ce dernier document, je suis allé en Suisse avec M. Halphon retirer tous les contrats originaux des engagements d'Elf à mon égard avant l'arrivée de M. Jaffré.

C'est en fonction de ces contrats que j'ai porté plainte [1].

J'ai passé assez de temps en Ouzbékistan pour en parler ici quelques minutes de plus. Avec le recul, je constate que la seule société qui a véritablement respecté les engagements pris après avoir signé un contrat définitif avec moi, c'est la société Technip, qui termine actuellement la construction d'une des plus importantes raffineries de toutes les régions d'Asie [2].

1. Voir Annexes et Notes, n° 5, page 368.
2. Voir Annexes et Notes, n° 6, page 371, la liste jointe.

Pour en revenir à une affaire à laquelle je tenais, une chaîne d'hôtels indispensables au pays, et à ma déception due à l'attitude des grands responsables français, je me souviens du jour où le président Karimov est venu à Paris [1] et de la conférence qu'il a donnée devant le patronat français au grand complet.

Il a dit en conclusion que la porte était ouverte dans son pays et qu'au moment où il parlait « ... ici, dans cette salle, il y a un Français qui peut faciliter l'accès à son pays chez nous, et qu'il y a tout intérêt, pour gagner du temps, à le consulter » ! Il m'a nommé, et m'a même désigné du doigt, en ajoutant que j'avais toute sa confiance.

Après cette réunion, je préviens Karimov qu'il ne se fasse pas trop d'illusions. Je lui dis que ce qu'il a fait devant le patronat est sympathique, et flatteur pour moi, mais que ça ne servira à rien. J'espère pour lui et son pays que, lorsque ces messieurs se décideront enfin à bouger, lui et moi on aura déjà amené sur place les meilleures entreprises françaises, que j'aurais démarchées personnellement.

J'ai bien fait de le prévenir : la délégation du patronat français n'est venue en Ouzbékistan qu'un an au moins après cette fameuse conférence. Entre-temps j'avais déjà fait venir dans le pays les sociétés que j'avais démarchées moi-même.

Je regrette de constater que de grandes compagnies françaises s'occupent de luttes internes et négligent l'intérêt évident pour leurs emplois et leurs profits de s'implanter dans un pays qui leur tend les bras.

Le manque de discernement de certains grands patrons me stupéfie. Chaque fois que je pense que M. Jaffré (personne physique contre laquelle j'ai porté plainte pour diffamation – en plus du procès que je fais pour me faire payer ce qu'Elf me doit) a fait tout un micmac pour ne pas me payer ma commission de 100 millions de dollars, et qu'il a donné son accord pour payer 3,2 milliards de francs une toute petite participation dans la société russe Yuski afin de prendre pied en Russie (soit trente-deux fois plus cher) je ris ou je râle. Ça dépend des jours. Parce qu'avec moi il y serait déjà, gagnant ainsi des années, et qu'il bénéficierait de gisements autrement plus importants... Je comprends qu'il ait essayé de me descendre auprès de ses actionnaires : si ceux-ci savaient la vérité, ils ne croiraient peut-être plus tel-

1. Je lui avais conseillé de ne pas venir, comme beaucoup d'autres, en position de demandeur d'argent. Je lui avais suggéré, au contraire, d'effectuer un dépôt d'or dans une banque française et c'est moi qui ai choisi la banque, le CCF (pour faire plaisir à un compatriote, pourquoi se priver d'un petit plaisir ?). Ces 30 tonnes d'or (et non 300 comme il a été écrit) ont rassuré les entrepreneurs. C'était l'effet attendu.

lement dans son infaillibilité de PDG et m'éliraient peut-être moi, allez savoir ! Leur apporter une meilleure affaire, dix fois plus vite, et pour trente-deux fois moins cher, ça peut faire réfléchir tout le monde, même un actionnaire [1]...

Sur le plan moral, il est impossible de respecter de tels dirigeants qui se défaussent et qui fuient leurs responsabilités, mais sur le plan des affaires, c'est encore plus grave, ils perdent toute crédibilité, et à l'étranger ils font sourire ou pitié.

Une petite histoire drôle pour me changer les idées, parce que rien qu'en évoquant Elf, même brièvement, ma tension monte. Pendant que le président Karimov était en séjour à Paris, il y a eu, à ma demande, un repas organisé par Charles Pasqua dans les Hauts-de-Seine. Il y avait près de quatre-vingts convives ; j'ai horreur des tables qui dépassent huit personnes et ce dîner était pour moi une véritable corvée.

La fin du repas arrive et, avant que le dessert soit servi, je vois arriver des gens avec des boîtes de cigares. Avant même que le premier cigare soit distribué, je fais signe à ma femme qui se trouvait à droite du président Karimov de se lever et de me rejoindre – me connaissant, elle avait d'ailleurs anticipé, à contrecœur je dois dire. Je me lève et je pars avec elle, tout de même un peu gênée. Elle trouvait que ça ne se faisait pas. Je l'ai rassurée en lui disant que la preuve que ça se faisait, c'est que je venais de le faire. Allez répondre à ça.

Le lendemain, Pasqua me téléphone et me reproche gentiment de l'avoir laissé tomber, mais me raconte en riant que le président Karimov lui ayant fait remarquer que ma femme et moi étions partis avant la fin du repas, il lui avait répondu, croyant bien faire et m'excuser, que je devais être fatigué :

– Mais non, lui a tranquillement expliqué Karimov, M. Guelfi est allergique à la fumée : quand il est chez nous, personne ne fume.

D'ailleurs, pendant les réunions dans les pays de l'ex-Union soviétique, je mets devant moi une feuille de papier pliée en deux de façon qu'elle tienne debout, sur laquelle sont inscrits en russe à l'intention de tous mes interlocuteurs, ces quelques mots : « Veuillez je vous prie ne pas fumer en ma présence. »

1. Cf. le *Figaro économique* du 23 avril 1998, l'interview dans laquelle il reconnaît avoir cherché à entrer directement en Russie par l'acquisition de domaine minier en vue d'exploitation. Pour trouver des excuses il ajoute que d'autres Majors ont également essayé en vain. C'est faux.

Mes poumons n'ont pas le sens de la hiérarchie.

J'ai souvent proposé de quitter une réunion au cas où quelqu'un voudrait fumer, mais c'est le contraire qui s'est toujours produit : ceux qui ne tenaient plus, les intoxiqués graves, sortaient en griller une avant de revenir. Ils m'ont toujours fait penser à ces drogués qui s'éclipsent le temps de se faire une petite piqûre pour se remonter – et malheureusement je connais assez de fumeurs pour savoir qu'eux-mêmes sont conscients de leur esclavage.

Alors Pasqua lui dit :

– C'est vrai qu'il faut le connaître... Par exemple, vous ne le verrez jamais en cravate, dans la vie de tous les jours.

– Chez nous, il n'en met jamais, lui répond Karimov, même durant nos réunions et les réceptions. Ah si, il en a mis une pour sa première rencontre avec le président Eltsine.

La cravate, je n'ai rien contre, c'est son obligation que je ne comprends pas, sauf circonstance vraiment exceptionnelle, inévitable ! Mais on me prend tel que je suis, ou on me laisse. Tout le monde le sait, ce n'est pas par arrogance, ou parce que je suis mal élevé : ils disent « Guelfi, il n'aime pas la cravate », et c'est tout. Pas de quoi en faire une montagne.

Comme je viens de parler de Pasqua, et qu'on fait toujours des romans sur lui et ses amis, je précise qu'à part une visite organisée par lui chez Dassault pour Karimov, et ce banquet dans les Hauts-de-Seine, la seule chose que je lui ai demandée, c'est une intervention quand il était ministre de l'Intérieur pour un excès de vitesse. Et il n'a rien pu faire...

Je vous raconte l'anecdote.

Il n'y a pas si longtemps, je ne sais plus qui était en train d'organiser un grand prix avec tous les anciens coureurs, Fangio, etc., on m'a demandé si j'étais partant, j'ai bondi : « Mais bien sûr, que je suis partant, et tout de suite ! » C'était il y a deux, trois ans. Ça ne s'est pas fait...

Même maintenant, malgré mes soixante-dix-neuf ans, je suis capable de conduire à 300 à l'heure. D'ailleurs on a parlé de moi dans le journal, en gros titres, il y a de ça quelques années. Dans les journaux populaires, pas les journaux politiques. Mais pas non plus à la rubrique des sports, comme par le passé...

C'était drôle, et ça concerne indirectement Charles Pasqua. Je vous raconte.

J'avais le pied dans le plâtre à cause d'un petit accident, je commençais à ne plus tenir en place. Je suis allé voir mon toubib (ça se passait à Lausanne) et je lui ai demandé si je pouvais conduire dans cet état. Il a cru que je me moquais de lui et il m'a dit : « Si vous pouvez conduire avec un pied, je n'y vois pas d'inconvénients. »

Bon. Puisque le médecin l'a dit. Je prends ma voiture et je vais à Paris. J'allonge ma jambe handicapée bien au repos, et je roule à 200 à l'heure dans une voiture toute neuve, ça ne me dérange pas, c'est une boîte automatique. J'arrive à Paris, on m'enlève le plâtre. Au retour, sur l'autoroute, je marchais à une vitesse excessive, et tout d'un coup un radar me flashe. Bon. Je n'ai pas envie qu'on me retienne pendant des heures dans une gendarmerie ou sur une aire de sécurité. À la sortie d'autoroute suivante, je sors et je me débine, profil bas, en prenant des routes départementales. Un peu après, j'étais de nouveau à mon rythme normal sur une longue ligne droite, disons entre 200 et 220 km/h quand j'aperçois loin devant moi deux motos qui viennent en sens inverse, en roulant à fond la caisse. Je me dis qu'ils sont fous de rouler si vite !

C'étaient deux motards de la gendarmerie. Ils venaient à ma rencontre. Ils me font signe de ralentir, de m'arrêter, puis de les suivre. Je les suis jusqu'à leur poste, je descends et, je me le rappellerai toujours, je baisse la vitre mais je n'arrivais pas à éteindre la radio, je ne savais pas comment l'éteindre. Ils croyaient que je les narguais.

– Je ne sais pas comment ça s'éteint, je ne connais pas la voiture.

– Vous ne connaissez pas la voiture ? Et vous rouliez à cette allure ?

Ils me prennent pour un fou ou un hâbleur.

J'avais un peu mal au pied, je n'arrivais pas à très bien marcher, mais je parviens quand même dans la gendarmerie. Ils me regardent clopiner, sidérés : ils devaient se dire, il est complètement malade, de conduire dans cet état ! Le plus vieux des deux vérifie mon identité, tapote sur son ordinateur, consulte ses archives, mais je n'ai aucune crainte : pas d'antécédents. Le jeune, plus sympa, me demande comment marche la voiture.

– Bien. 260 chrono. C'est un modèle un peu arrangé.

– Elle est belle.

– Pas mal. Je n'ai pas eu le temps de bien regarder, à l'aller j'avais un pied dans le plâtre...

Cette fois ils se regardent tous les deux, estomaqués. Je les sens penser « il a encore le culot de se moquer de nous ou il est dingue ? ».

Le vieux a eu sa dose : il me dit : « Vous feriez mieux de prendre l'avion » en me montrant la porte, pour que je m'en aille.

– Mais j'y vais justement, j'ai mon avion qui m'attend, et en principe je décolle dans une heure et demie, alors merci de ne pas m'avoir arrêté ! Et au moins quand je serai aux commandes, là-haut, on ne risquera plus de m'arrêter pour excès de vitesse !

Croyant que je le cherchais ouvertement, le vieux l'a très mal pris et m'a fait rentrer de nouveau dans la gendarmerie, et cette fois c'était le grand jeu. Quand j'ai vu la tournure que prenaient les choses, j'ai demandé à téléphoner :

– Vous dépendez de qui ici ? On est dans quel département ? Qui est le préfet ?

Le jeune me donne un nom.

– Bon, je vais donner un coup de fil à Pasqua

Il était alors ministre de l'Intérieur, et ils croient encore que je me moque d'eux.

Je l'ai tout de suite :

– J'ai un coup dur, j'ai été pris à 260 km sur une route à 90 et on veut me garder.

Il me dit qu'il fait immédiatement le nécessaire. Le temps passe, et pas d'intervention, pas de coup de téléphone, rien. Je commence à avoir une petite crainte : et s'il m'avait laissé tomber exprès, juste pour me donner une leçon ? Au bout d'un moment, les gendarmes me disent, bon, on a compris, on va vous raccompagner à la frontière et interdiction de revenir en France, etc.

Ils me reconduisent à la frontière et, dès que je la passe, je comprends que le petit jeune s'est trompé : il ne m'avait pas donné le nom du bon préfet, ce qui fait que celui alerté par Pasqua n'a pas su où ni à qui s'adresser, et il n'a rien pu faire pour moi. J'ai fait arranger le coup après, mais c'est à la suite de cet incident qu'un article est paru en première page dans un journal suisse, disant que les gendarmes m'avaient demandé à combien je roulais sur l'autoroute, et que, comme je n'aime pas mentir, j'avais dit la vérité : à 255/260 km/h environ, ce que les gendarmes avaient confirmé, leur radar bloquant à 248 km/h. L'article était illustré d'une caricature : un vieux crabe au nez crochu et un gendarme avec un drapeau à damiers représentant l'arrivée d'une course. Le gros titre était « Un chauffard du troisième âge ! ».

Tous mes amis et employés ont su immédiatement que c'était moi, sans même avoir besoin de lire mon nom. Et moi, je me demande aujourd'hui ce qui se serait passé si je m'étais fait arrêter à l'aller, même à 200-220, avec mon pied dans le plâtre ?...

J'ai beaucoup parlé de la Russie et des pays de l'Est, et en particulier de l'Ouzbékistan, mais je ne voudrais pas donner l'impression qu'il n'y a qu'eux qui m'intéressent. J'aime tous les grands pays, les grands projets, j'aurais voulu connaître l'Amérique à ses débuts ! Et, à mon avis, la Russie et la Chine sont à peu près tout ce qui nous reste qui soit quasi vierge sur bien des plans !

Par exemple, comme je savais que la Chine voulait réaliser et construire un avion de cent places, je décide un jour de tenter le coup. Je suis longuement reçu par M. Li Peng, que je connaissais déjà, je l'avais rencontré lors d'un voyage avec Juan Antonio Samaranch. Je m'étais dit, même avant de le rencontrer, que le dirigeant d'un si grand pays (dans tous les sens du terme) ne pouvait pas être n'importe qui, de toute façon.

C'est systématique, quand je vais dans un pays, j'en profite toujours pour rencontrer le chef d'État ou les vraies personnalités dirigeantes afin d'expliquer ce que je peux faire. On accroche ou pas, obédience communiste ou pas : les affaires survolent la politique.

J'obtiens de M. Li Peng qu'il m'organise un rendez-vous avec le responsable de ce projet. Et j'annonce à ce dernier que, s'il choisit la Snecma – non par favoritisme, mais parce que son projet est le meilleur – je pourrai faire quelque chose pour le Comité olympique de la Chine, qui connaît bien l'importance des JO comme irremplaçable moyen de communication. Ce responsable, avec la prudence légendaire des Chinois, me laisse entendre que le projet que je lui soumets « n'est pas impossible ». Traduction : il est bouillant.

Je l'avoue, j'ai des sympathies pour tous les pays qui veulent accéder à la modernité. Si mes affaires roulent comme je le souhaite, je me servirai de ma commission pour aider l'olympisme en Chine. J'ai promis au responsable du CIO en Chine d'offrir à son pays une aide pour la formation de champions olympiques, comme je l'avais promis en Russie pour Saratov et Volvograd.

Sur place, il s'est trouvé que je pouvais être très utile aux entreprises françaises, certaines se disant intéressées par l'électrification de l'île Hunan. Ça tombait bien, les Chinois étant intéressés par le savoir-faire français.

Or la Chine, c'est un énorme défi, et un immense gisement : faire découvrir un tel pays, le plus peuplé du monde, le faire accéder à un certain confort, à une certaine aisance... Quel patron, même le plus mou, le plus obtus, ne se sentirait pas pousser des motivations pour aller voir ce qu'il peut y entreprendre ? Eh bien je vous réponds : tous. Quand la Chine sera tout à fait moderne, tout à fait équipée, ils iront peut-être voir en masse s'il n'y a pas un petit marché à dénicher, mais pour l'instant : prudence !

Ne croyez pas que j'exagère ; quand je suis revenu en France et que j'ai parlé de ce projet, personne ne s'est déplacé pour aller cueillir le marché. J'ai beau être un peu blasé, je n'en revenais pas.

Moi qui aime les fonceurs, les gens entreprenants, j'étais vraiment servi...

Vous allez peut-être dire que je suis vraiment bien bête de me décarcasser autant pour trouver des marchés même quand on ne me demande rien, mais n'allez pas croire que je fais ça d'abord pour l'argent. Je vous assure que je me fous de l'argent, je vous l'ai déjà dit, et c'est la vérité, je travaille parce que j'aime ça. C'est pour le plaisir de réussir, et plus c'est difficile, plus j'aime ça, j'aime le défi, c'est le mot. J'attache plus d'importance à la réussite qu'aux retombées. Une fois que j'ai réussi, la pression retombe, je peux aller me reposer en paix ; là, je récupère, je savoure le calme : pas avant.

Mais après ce coup-là, cet échec concernant la Chine et le manque d'esprit d'entreprise des dirigeants du même nom, j'ai eu la tentation d'arrêter tout, et de profiter un peu plus de la vie, avec ma femme Christine.

Ça m'arrive effectivement de songer, de temps en temps, à tout plaquer et à me retirer en Corse. Non pour arrêter toutes mes activités d'un coup, mais pour m'y installer, y vivre. Je ferais au moins une heureuse, en plus de ma femme : ma chienne Flassi ! Et je ne travaillerais plus que pour le plaisir, pour des gens valables, qui me plaisent. La Corse, pour moi qui voyage dans le monde entier, est un des plus beaux pays du monde, tant par ses paysages que par son peuple. D'ailleurs un pays n'est beau que quand son peuple est bien.

Depuis que j'ai perdu mon pays, le Maroc [1], que j'y ai perdu tous mes amis puisqu'ils sont presque tous morts dans le tremblement de terre d'Agadir, que ceux qui ont échappé au désastre sont partis et se sont éparpillés dans le monde entier, je ne vois vraiment pas où j'aimerais finir mes jours ailleurs qu'en Corse.

---

1. Je me répète, mais il y a des répétitions qui tout en faisant du mal font aussi un peu de bien.

D'ailleurs, si j'avais trente ans de moins, je me mettrais d'accord avec les Corses pour qu'on demande notre indépendance, mais maintenant je suis trop vieux. Fut un temps où je connaissais des entreprises étrangères qui étaient prêtes à investir beaucoup d'argent en Corse, avec possibilité de donner plus de 50 % du capital aux autochtones. Les Corses auraient eu du travail, il aurait simplement suffi qu'on exonère d'impôt ces entreprises. Ce « simplement » peut faire sourire, mais il faut bien voir que ça aurait coûté beaucoup, beaucoup moins cher à la France que de donner et de redonner de l'argent mal utilisé, et dont les Corses moyens (comme on dit Français moyen) savent très bien qu'il n'est pas pour eux. Le gouvernement de l'époque – je ne sais même plus lequel et ça n'a aucune importance – n'a pas eu le courage de me suivre, et j'ai laissé tomber.

Souvent, quand j'ai besoin de me reposer un peu, j'irais bien quelques jours en Corse, dans ma maison, mais pour l'instant j'ai l'esprit encore trop vif, je m'énerve trop facilement, ce que j'y vois me met tout de suite en boule, alors je vais ailleurs, n'importe où, du moment qu'il y a une île avec des plages magnifiques, où je peux courir, faire du sport, sans fumeurs autour de moi et sans boîtes de nuit bruyantes.

Je connais des endroits où je vais souvent me reposer, aux Caraïbes, aux Bahamas. J'avais d'ailleurs acheté une petite île qui s'appelle la Petite Cloche, c'est une île splendide avec une plage de sable blanc de plusieurs kilomètres de long, où je faisais mes 7 kilomètres dans l'heure tranquillement après mes 12 ou 13 kilomètres de kayak. En l'aménageant un peu, ça aurait été le paradis. Pour moi, c'est ça le rêve, le soleil, la mer, les bains, le sport, je ne souhaite pas autre chose. Vous voyez que les journaux – toujours bien informés – peuvent parler de vous comme de l'un des hommes les plus riches de France, et que vos goûts peuvent être ceux de n'importe quel homme sain et simple, qu'au fond vous avez les mêmes envies et les mêmes plaisirs que n'importe quel gagnant de loto.

La « petite cloche », c'est aussi le surnom que j'ai donné au copain qui m'a fait acheter cette île, puisque je me suis fait avoir. Il avait un hôtel à la Martinique. Il m'a dit : « Je veux faire un hôtel là-bas, le même genre, juste pour les gens bien, comme ça j'aurai un hôtel, un endroit à moi avec le service, etc. »... Total : il est resté avec son hôtel à la Martinique. En revanche, moi, je me suis traité de « grande cloche » parce que j'ai cru à son baratin, et rien n'ayant été fait je l'ai revendue même pas la moitié de ce que je l'avais payée.

C'est difficile, des vraies vacances, pour moi. J'aime la mer, mais pas la foule. Heureusement que je connais encore quelques coins où il n'y a presque personne. Il suffit d'aller loin [1]. Pour la montagne, ce n'est pas du tout la même chose, hélas : j'adore skier, c'est mon sport préféré, mais je ne supporte pas de faire la queue aux remonte-pentes, ni même de voir tant de gens à la fois, et des belles pistes de ski isolées, ça n'existe pas.

Je me souviens qu'un jour – il y a longtemps – j'avais rejoint des amis à Megève. Mes amis m'ont mis des skis, ils m'ont emmené en haut de la piste. Je leur ai dit que je n'avais jamais fait de ski. Ils ont haussé les épaules : c'est facile comme tout. Ils ont compris ce que ça veut dire : « N'avoir *jamais* fait de ski. » Ça a été un calvaire pour eux et pour moi, ils peinaient pour me faire redescendre, je ne tenais pas debout sur ces machins glissants. À un moment, ils m'ont lâché une seconde ou deux, et involontairement j'ai filé tout droit, je dépassais tout le monde sans le faire exprès, j'ai bousculé des gens, j'ai arraché les bâtons d'une femme, je suis rentré dans une autre sans même avoir le temps de m'excuser, je ne pouvais pas m'arrêter, j'essayais seulement de ne pas tomber – je devais avoir l'air fin, tout droit sur mes skis – et ils m'ont récupéré je ne sais pas combien de centaines de mètres plus bas, immobile, ne faisant pas un mouvement, de peur de repartir encore pour un tour, et dans l'attente impatiente d'être délivré de ces engins de mort que j'avais aux pieds.

Je me suis bien rattrapé depuis, à un moment je ne faisais plus que ça dès que j'en avais l'occasion, je descendais comme un fou, je laissais les moniteurs sur place. C'est là que j'ai commencé à penser à mon hélico, et quand je pouvais le faire, quand ce n'était pas trop voyant ou que ça ne risquait pas de déclencher une avalanche de commentaires ou une avalanche tout court, je me faisais déposer là-haut et je redescendais, heureux comme un pape.

Un ami suisse emmène un jour sa famille skier à Crans. Ils m'emmènent avec eux. Au moment où je prends les tickets pour payer, la femme à la caisse me demande si on fait tous partie de la même famille : je dis non, pas du tout, voilà la famille, moi je suis à part.

– Ce n'est pas par indiscrétion, est-ce que vous avez plus de cinquante ans ?

Je lui dis que j'aimerais bien, que j'en ai plus de soixante-cinq !

1. « Il suffit, il suffit »... mais ça prend du temps, et ce n'est pas ce dont je dispose le plus.

Alors elle m'explique qu'il y a un prix pour les plus de cinquante ans. Moi je n'ai qu'une hâte, c'est d'avoir les tickets et d'aller skier. Mais elle prend la décision de me donner un ticket à part, elle me passe un truc autour du cou. Dessus, je lis : AVS.

Un peu plus tard, là-haut, je demande à mon ami :

– Dis donc, c'est quoi, AVS ? Ça veut dire quoi ?

– Ça veut dire : Assurance vieux survivant.

– Quoi !

Ce n'était pas la véritable signification, ça voulait dire un truc genre « tarif au-dessus de cinquante ans », mais c'était le surnom que, dans le coin, les gens donnaient à cette carte à assurance spéciale ! J'étais furieux, j'ai vite enlevé mon truc autour du cou, et je l'ai échangé avec celui de son gosse. Du coup, le vieux survivant est passé au tarif enfant et il allait encore plus vite que d'habitude, il laissait sur place tous les petits jeunes du coin. Non mais !

Et si je ne peux même plus faire de sport, me demanderez-vous peut-être ?

Eh bien, dans ce cas-là, je vous l'ai dit, je me laisserais doucement fondre, en Corse, dans ce pays que j'aime, avec ma femme. Qu'est-ce que je pourrais faire d'autre ? Me prélasser ? Me faire voir là où il faut être vu ? Ce n'est pas *du tout* mon goût. On a pourtant prétendu que je faisais partie de la « Jet Set ». Ah bon ? Première nouvelle.

On a prétendu aussi que j'avais une revanche à prendre, pour avoir voulu dès l'enfance devenir riche. Eh non. D'abord, je n'avais aucune revanche à prendre : sans être riche, je ne suis pas né pauvre. Et ça fait longtemps que j'ai de quoi vivre pour le restant de mes jours, je ne vois pas l'intérêt de perdre mon temps, ce temps qui devient de plus en plus précieux au fil des ans, à essayer d'augmenter mon pécule.

Les gens sont bizarres. Ainsi, il y en a, parmi ceux qui me critiquent, qui passent beaucoup plus d'heures que moi à penser à l'argent, ils calculent, ils spéculent. Moi, si j'ai voulu devenir riche, c'était justement pour ne pas avoir à penser à tout ça : du moment que j'avais de quoi vivre librement, sans dépendre de personne, ça me suffisait, voilà ma seule vraie motivation. Uniquement celle-là.

Ça ne peut pas être autre chose : je n'ai pas le goût du pouvoir. Je ne terrorise personne, et en général les gens sont contents de travailler pour moi ou avec moi.

Je ne suis pas non plus un vieux beau : aucune femme ne me mène par le bout du nez, pas même la mienne.

Ce n'est pas la vanité non plus. Je ne tiens pas du tout à parader au milieu de gens connus. J'en ai fréquenté quelques-uns, j'aurais pu en citer beaucoup, mais les gens auraient pensé que je me vantais ! La seule exception, c'est Jean-Paul, Belmondo. Je peux me permettre d'en parler sans risquer de faire croire que c'est sa célébrité qui m'attire, on se connaît depuis l'époque où on me demandait plus d'autographes qu'à lui [1] (je courais encore en grand tourisme). Maintenant, quand on est ensemble sur mon bateau, je lui ordonne de rester en bas quand on accoste quelque part, sinon il est assailli par les chasseurs d'autographes et, du coup, on se fait tous remarquer : non, merci, la tranquillité avant tout !

« Avant tout »... Je dis ça, mais depuis qu'on collabore, Bernard Tapie et moi, pour qu'il retrouve une situation digne de lui [2], que je l'emmène partout, je m'aperçois qu'avec lui c'est pire que ça l'était avec Belmondo ! Il suffit qu'on le voie pour que des gosses jaillissent de partout et l'entourent comme un héros, et les gens s'attroupent ! Alors que pendant des dizaines d'années je cachais mes amis trop connus, voilà que je me retrouve avec un partenaire plus célèbre et connu à lui seul qu'eux tous – et c'est avec Bernard le seul point qui me défrise.

J'ai toujours vécu caché. En ce moment je suis un peu à la lumière [3], mais c'est contraint et forcé, à cause des bons à rien qui ont été à l'origine de mon séjour en prison. Quand je faisais des courses de voitures, on parlait de moi dans la presse, ça ne me dérangeait pas, mais en dehors des circuits, rien, pas un mot, la paix totale : il a fallu les attentats contre moi pour que je paraisse dans le journal ailleurs qu'à la rubrique « Sports ».

On m'a déjà suggéré que, puisque je pouvais me permettre de passer mon temps comme je le voulais, au lieu de rester tranquille dans mon petit coin de Corse je ferais mieux d'aller visiter des pays au passé prestigieux, l'Égypte et ses pyramides, ce genre-là, Bayreuth, Salzbourg, avoir une loge à l'Opéra, etc., bref : puisque je n'aurais plus rien à faire, pourquoi je n'en profiterais pas pour me cultiver ?

---

1. Je ne dis ça que pour vous dire que, paradoxalement, il trouve que c'était le bon temps. Et comme je le comprends : les autographes, la gloriole, bon, ça va un moment, mais la jeunesse...

2. Je le lui avais promis à la Santé, souvenez-vous.

3. Mais ça s'est tassé, c'était surtout très pénible l'an dernier.

Pour commencer, à mon avis, la culture, ça s'apprend, et moi je n'ai pas eu le temps d'apprendre – ni le goût, je le reconnais sans discuter. Quant à la musique, à part une rhapsodie [1] de Franz Liszt *(Le lac de Côme)*, que ma mère jouait tout le temps sur notre piano, et que j'ai tellement entendue que je l'adore – le reste m'énerve ou m'endort, selon que ça fait beaucoup de bruit ou pas.

Dernièrement Juan Antonio Samaranch m'a entraîné à Vienne voir un opéra, donné avec l'Orchestre philarmonique de Berlin. À la première grande pause je fais ouf, et voyant que les rideaux se ferment, je commence à applaudir en cherchant déjà la sortie. Il ne fallait pas. Ce n'était pas fini. C'était seulement le premier acte. *Il y en avait cinq !*

Pour moi, c'est comme les vieilles pierres, les monuments, des choses comme ça. Quand on m'emmène, je suis le mouvement si j'y suis obligé, mais on m'entend râler. Par exemple en Grèce, un jour, il y a longtemps, j'ai été reçu par le colonel Makarezos, qui était alors le président de la République, et il m'emmène voir quoi ? L'Acropole ! Je lui dis tout de suite :

– Je ne suis pas venu pour voir ça, je suis venu pour voir les frigos.

Il en est resté comme deux ronds de flan. Alors on est partis, on est allés voir les frigos, et le soir il m'invite à dîner dans sa propriété d'où on voyait l'Acropole éclairée, et là je lui dis :

– Ah c'est beau, c'est merveilleux, ce truc-là !

– Mais comment « c'est beau » ? Ce matin, vous me...

– Oui mais là, en pleine nature, de loin, je trouve que c'est beau, comme ça, c'est joli... Mais les pierres en elles-mêmes, je m'en fiche...

Je me souviens qu'une fois, m'étant laissé entraîner à visiter Pompéi, et en ayant eu très vite assez, j'ai pris à part le guide et je lui ai donné la moitié d'un billet de 100 000 lires. S'il abrégeait la visite, il recevrait l'autre moitié.

Jamais je n'ai vu un Italien comprendre mon baragouinage si vite, ni une visite s'expédier à un tel pas de charge. On s'est arrêtés quelques secondes devant le moulage d'un homme mort sous la pluie de cendres, avant que le guide reparte au trot sans même signaler les autres moulages, en disant quelque chose qui devait plus ou moins ressembler à : « Aucun intérêt, aucun intérêt, les autres, c'est la même chose, mais dans d'autres positions. Passons à la meule de pierre, c'est

1. Il paraît qu'on écrit « rapsodie », maintenant. C'est dommage, ce n'est plus du tout la même chose !

vers la sortie, près de la porte Marina. » Mes amis et ma femme ne comprenaient pas pourquoi en quarante-cinq minutes, on était déjà à la sortie (où je lui ai donné l'autre moitié du billet). Mon ami italien était scandalisé, jusqu'à ce que je lui avoue que tout était de ma faute. Comme il avait été mon équipier aux Vingt-Quatre Heures du Mans, il connaissait mon impatience, il a mieux compris !

Si ça avait été le Vésuve se mettant soudain en activité, je n'aurais pas été si pressé. Je peux rester des heures à regarder les beautés de la nature (ça peut paraître cruel à dire, mais il faut bien avouer qu'elle n'est jamais si belle que lorsqu'elle est en colère et dangereuse).

Mais, même quand elle est calme, je suis toujours impressionné par la mer, la montagne, les éléments... bref, la nature, sous toutes ses formes. Vous me mettez devant la baie d'Along, ou une autre merveille naturelle pas trop peuplée : vous pouvez partir et me laisser tout seul, revenez quand vous voulez, eh bien moi qui ne tiens pas en place, je serai toujours là, admiratif et pas rassasié.

Je peux aussi passer des heures à regarder les animaux. Plonger mon regard dans celui de mon chien : il se passe des choses. Il y a des gens qui cherchent à entrer en contact avec les extra-terrestres, mais les animaux sont nos extra-terrestres à nous, ils sont extra-humains, ils communiquent avec nous autrement que par la parole, c'est un autre monde. C'est mystérieux et anormalement émouvant quand on échange un regard avec un animal et qu'on se comprend... Et puis, ils ne savent pas mentir... Je ne suis pas un misanthrope, j'aime les gens, j'ai beaucoup d'amis... mais je me demande quand même si je n'ai pas une petite préférence pour les animaux.

Alors, en comparaison, les monuments, même anciens, et qu'on voit souvent en cartes postales, je m'en désintéresse complètement.

Ne croyez pas que je m'en flatte, ou que je fais le bravache. Ça s'est trouvé comme ça, je ne regrette pas, je ne peux pas tout faire, j'ai mes plaisirs à moi, nombreux, qui me suffisent. Du moment que je ne fais pas le pédant avec le peu que je sais, et que je comprends fort bien qu'on ait d'autres goûts que les miens, je me sens en paix avec moi-même sur cette question. Les sarcasmes des autres me laisseraient froid d'ailleurs si je les entendais. On peut rire ou sourire de moi, ça ne me gêne pas : au moins je serai utile à quelque chose, faire rire ou sourire, ce n'est déjà pas si mal.

La seule chose qui me poserait un vrai, un gros problème, c'est que, si j'arrêtais de travailler, je n'aurais plus à voyager aussi souvent à l'étranger, donc à piloter – et ça, c'est comme si vous m'annonciez qu'à partir de tel jour, telle heure, je n'aurais plus que la moitié seulement de l'oxygène dont j'ai besoin pour vivre.

Tant que je peux piloter, je travaille. Tant que mon travail est synonyme de déplacements en avion, avec moi aux commandes, je continue. J'adore dompter un avion, faire ce que je veux *moi*, pas ce qu'il veut *lui*, je veux me poser comme je veux, décoller d'où je veux, et toujours en douceur.

Comme tous les pilotes, j'aime spécialement l'atterrissage et le décollage.

Cela dit, vous trouvez normal que je doive à un quasi-miracle la permission d'avoir le droit de voler ? Aujourd'hui l'algèbre recale des mômes dès la maternelle ou presque. Alors, ceux qui ont le don, mais pas la bosse des maths, comment devront-ils faire, pour vivre leur passion ? Je sais, ce n'est pas un problème qui intéresse tout le monde. À côté des grandes catastrophes naturelles, ce n'est rien, bien évidemment. Mais, pour ma vie à moi, ça aurait été une catastrophe naturelle. Interdit de pilotage. « Pourquoi ? – Trop nul en maths. » Et ne pas avoir de goût pour les études n'est pas une excuse autorisée. Alors, quand je dis que j'ai la baraka, je sais ce que je dis. Si je n'avais pas appris à voler avec des copains en Indochine, ni passé mes examens à une époque où on examinait surtout la manière de piloter du candidat, toute ma vie en aurait été bouleversée, et pas dans le bon sens. Tous les six mois, j'ai une visite médicale, pour avoir le droit de continuer. Ce qui veut dire que deux fois par an je connais un moment très difficile dans l'attente du verdict. Sinon, le reste du temps, ça va, je suis un homme heureux.

On m'a parfois dit que je parlais d'un avion comme d'une femme. Mais naturellement ! Et encore, pour moi l'avion est plus facile à comprendre et donc à maîtriser, à contrôler qu'une femme, même dans des conditions difficiles avec les réacteurs en flammes – ça m'est arrivé – avec un train sorti de travers, atterrissage difficile, amerrissage et tout, j'ai tout eu, je m'en suis toujours sorti. J'étais fait pour l'avion.

Je faisais souvent escale à Malaga. Un jour, au cours d'un déjeuner, à la terrasse d'un bel hôtel pittoresque, je racontais à mes amis que j'avais dans le temps fait une promesse marrante à des copains qui pêchaient régulièrement à un certain endroit de la côte, vers Casa. Je leur avais dit que je passerais en avion et que, du bout de l'aile, je leur enlèverais leurs cannes à pêche. J'ai attendu qu'ils n'y pensent plus, et un jour je l'ai fait. J'ajoute, parce que c'est vrai, qu'à côté de mes copains qui pêchaient, il y avait un pêcheur qui était là par hasard, qui n'avait rien à voir avec la bande et qui a été victime du même rapt ! Il paraît qu'il a eu la peur de sa vie, et qu'il a mis pas mal de temps avant de comprendre, puis d'admettre, ce qui s'était passé.

On riait de bon cœur, parce que je donnais tous les détails, quand tout à coup j'entends un Espagnol qui était à deux tables à côté de la nôtre, dire en espagnol à sa femme :

– Tu entends ces conneries ? Il est complètement abruti de raconter des choses pareilles...

J'appelle le maître d'hôtel et je lui demande de transmettre ce message en espagnol : « Je suis certainement moins abruti que vous, et si vous voulez je peux vous le démontrer quand vous voulez. »

Le type était sidéré. C'était un grand d'Espagne, et il avait une très jolie femme. Il s'est excusé. Je me lève :

– Écoutez, moi aussi je m'excuse, mais vous me traitez d'abruti, alors... Si vous voulez être fixé, vous montez sur le plongeoir de la piscine, vous mettez un foulard au bout d'un roseau ou de je ne sais pas quoi de léger, et moi j'enlève le foulard du bout de l'aile.

Il me répond : « Non, non »... mais sa femme dit : « Oui, oui, si ! »

Et voilà qu'elle insiste pour que je lui montre, elle va monter sur le plongeoir, elle n'attend plus que moi, etc. J'ai dû m'exécuter. Elle me faisait penser à une « comtesse aux pieds nus », élégante, son foulard au vent, là-haut sur le plongeoir. En tout cas, moi c'est l'image qui me revient quand je me revois dans mon cockpit à ce moment-là. En réalité, je devais sans doute être surtout attentif à ne pas la blesser, on ne sait jamais, un pépin de moteur à la seconde où il ne faut pas, une rafale de vent, n'importe quoi. Sur un petit avion, ça va vite, une rafale. Depuis un certain atterrissage mouvementé, je me pose presque toujours avec 10 km/h de plus que ne le voudrait le pilotage classique, mais je suis heureux d'être vivant pour vous dire que mon choix s'est plus d'une fois révélé judicieux.

Je passe donc avec l'avion, j'enlève le foulard que le vent garde plaqué contre l'aile, et je vire déjà pour atterrir et le lui rapporter... quand je m'aperçois que la jeune femme est tombée du plongeoir à mon passage.

Sur le coup, j'ai eu peur de l'avoir touchée, mais pas du tout, elle a avoué elle-même qu'elle a sauté de frousse. Et puis, le souffle de l'avion... Quand même, je trouve qu'elle a eu du cran de rester jusqu'à ce que je passe. Ce n'est pas un vilain souvenir.

Après, j'étais le roi à Malaga, c'était le bon temps, je faisais du rase-mottes sans arrêt parce que tout le monde me le demandait, je commandais les paellas par radio, de mon avion, je m'amusais comme un gosse. Et en avion, je suis toujours un gosse. Et vous voudriez que j'arrête ? Même si, malheureusement, aujourd'hui les rase-mottes sont plus risqués dans les pays modernes.

Bien sûr, c'était mieux avant. C'était la liberté, on se posait et on repartait, on faisait ce qu'on voulait. On peut encore le faire dans certains pays, et surtout en Amérique, c'est génial, vous partez quand vous voulez, vous vous arrêtez si vous voulez, vous repartez, bref, comme pour une voiture. Sinon, en Europe, et surtout en France, le temps passé en formalités vous ôte plus d'une fois l'envie de faire une petite virée.

Même à l'Est, ça va encore à peu près. Quand je suis sur une affaire, il m'arrive de décoller pour aller à Moscou, puis Saint-Pétersbourg, Naskin, Boukhara, et à mon arrivée, c'est là que commence mon travail, malgré mes soixante-dix-neuf ans...

Ce qui me fait penser que j'ai commencé ce bouquin quand j'en avais soixante-dix-huit. Il m'aura donc fallu un an pour le terminer. Je ne m'en étais même pas rendu compte, parce que je n'ai pas arrêté de travailler. J'écris entre deux voyages. Par exemple, je ne reste pas à m'ennuyer quinze jours à Tachkent à attendre que les choses se fassent s'il y a des lenteurs inévitables : je préfère faire des aller et retour, sinon je m'ennuierais à mort.

Dans ces conditions, j'espère que je vais travailler jusqu'à mon dernier souffle. Si on me retire ma licence avant, je tâcherai encore de faire du sport, j'en ferai jusqu'au bout. Mais ce sera la mort dans l'âme, quelque chose sera cassé en moi. Je ne me sentirai plus entier. L'avion me manquera infiniment plus encore que la compétition automobile quand je l'ai arrêtée.

De toute façon, je ne vais pas faire un faux suspense : pour la retraite, c'est un peu juste, je ne suis pas prêt. Pour ne rien vous cacher, quand j'y pense, ça dure rarement plus d'un jour ou deux. Même moins, me souffle Christine, ma femme. En soupirant, je dois dire.

Je crois maintenant que j'ai dit à peu près tout ce que je pouvais décemment dire. Je ne peux pas vous raconter tout ce qui m'est arrivé, dans le genre aventures, je n'en aurais jamais le temps, et si je devais vous infliger les péripéties arrivées à l'autre facette du bonhomme, à savoir la liste de toutes les personnes que j'ai aidées, et les entreprises que j'ai sauvées [1], vous penseriez que je me prends ou pour Zorro ou pour Mère Teresa. Et pourtant, c'est la vérité, tout ou presque m'est revenu, en écrivant ce bouquin.

C'est pourquoi moi aussi j'irais bien de mon petit soupir, parce que la fin de ce livre, c'est la fin de quelque chose, et une fin c'est toujours un cap délicat, et cette fois-ci... plus que d'habitude.

Mais je n'ai plus d'excuses pour continuer, je ne peux pas m'étendre sur le sujet qui a motivé (au début) l'écriture de ce livre, je veux dire l'affaire Elf, la seule affaire au fond dont je voudrais parler, mais je ne le peux pas vraiment, parce que l'instruction est en cours, et que chaque jour il y a de nouveaux développements qui en font l'une des affaires les plus compliquées de ces vingt dernières années.

Et je n'aurais pas eu la prétention de la résumer en quelques lignes, même si j'étais au courant de tout. Je m'expliquerai en ce qui concerne mes actes devant mon juge quand le moment viendra, pour l'instant, je veux juste dire un mot – qui n'engage que moi – sur la raison qui fait des intermédiaires des gens incontournables, et même souhaitables, en dépit de leur mauvaise réputation.

Les grosses affaires ne peuvent pas se faire sans eux. Les marchés d'État nationaux, c'est la routine, c'est la combine, ce sont les amitiés et le financement politique, rien de difficile, mais les gros marchés internationaux, s'il n'y a pas d'intermédiaires, ce sont d'autres pays qui les décrocheront.

Les intermédiaires ne se partagent pas le monde, certains ont leur spécialité, moi je ne me suis jamais intéressé aux armes, par exemple. Mon rôle c'est l'économie, je suis capable dans n'importe quel projet économique, que ce soient des routes, un grand stade, une usine de produits chimiques, une raffinerie de pétrole, de trouver les meilleurs spécialistes. Et d'ouvrir les portes d'un pays au plus haut niveau pour que l'affaire se passe dans les meilleures conditions en supprimant tous les innombrables petits intermédiaires qui ne font guère avancer le schmilblic.

J'ai les introductions. Ça ne s'est pas fait du jour au lendemain, et ce n'est jamais acquis. C'est un effort constant de contact humain, la

1. D'ailleurs pourquoi en faire des tartines ? Quand on peut aider les gens, soit parce qu'on n'a rien à faire d'autre à un moment donné, soit parce qu'ils vous sont sympathiques, pourquoi ne pas le faire ? Je n'ai jamais compris ni admis le principe du chacun pour soi. Il est égoïste, il est mesquin, et à la longue il est néfaste. Ça me fait penser à la politique économique à court terme des grandes sociétés, qui mettent des gens sur le carreau et qui seront tout étonnées, un jour, de ne plus trouver de clients ; eh oui, ça a l'air tout bête, mais quand on licencie les gens, il ne faut pas pleurer s'ils n'ont plus les moyens d'acheter vos produits.

confiance que j'ai des dirigeants russes je l'ai méritée, et les contacts que j'ai avec eux reposent là-dessus, sur une confiance mutuelle. C'est un métier extrêmement sérieux, où il n'y a pas de place pour l'amateurisme. Je choisis toujours très soigneusement les techniciens les plus performants dans chaque spécialité que je serai amené à prospecter.

En heures de travail, ce que ça représente pour moi est incalculable. Je ne fais pas ce métier juste en ouvrant mon carnet d'adresses et en décrochant mon téléphone. J'y pense jour et nuit, et il n'y a pas une minute où je ne sois disponible. Il y a le mot mi-temps qui dit bien ce qu'il veut dire, il faudrait inventer un mot pour dire plus que tout le temps, plus que vingt-quatre heures sur vingt-quatre, bref, un mot qui serait au temps ce que le rire est au sourire.

Donc la commission que je prends, loin de coûter de l'argent, en rapporte aux sociétés qui ont recours à moi, ou à d'autres intermédiaires, je ne sais pas, je ne me mêle pas des affaires des autres. Je sais que je peux faire des choses un peu partout, mais pour l'Est, et en particulier la Russie, je suis toujours, et de loin, le mieux placé. Là, plus qu'ailleurs, je ne traite qu'au plus haut niveau, gouvernement, Premier ministre, voire présidence de la république, ou avec les grands patrons d'entreprise comme Illyouchine, MIG, etc.

Mais attention ! ce n'est surtout pas un appel d'offres ! J'ai assez de travail devant moi pour le restant de mes jours.

Contrairement à ce qu'on s'imagine, sans intermédiaires, les sociétés qui veulent des marchés internationaux donnent quand même de l'argent à droite et à gauche, des sous-fifres aux chefs de service, et au total ça leur coûte une fortune sans qu'ils soient sûrs de réussir, loin de là, alors qu'avec moi ils ne me versent ma commission qu'en cas de signature définitive du contrat.

Le prix que je fais accepter pour un marché par le gouvernement concerné est un prix qu'il contrôle avec des experts pour voir s'il est valable, personne ne perd d'argent. Le gouvernement obtient ce qu'il veut à un prix normal, et l'entreprise gagne sa vie malgré la commission qu'elle me donne. Et voilà. Qu'y a-t-il là de déraisonnable ou de néfaste ? Les abus ? Il y en a partout, partout il y en a qui exagèrent, qui en profitent. Il faut faire attention, c'est tout. S'imaginer que nous, en France, seuls au monde, on peut trouver des marchés sans intermédiaires est une erreur que comprend un enfant de cinq ans : l'économie va stagner puis régresser, et toutes les grosses affaires seront prises par les étrangers.

Six mois après ma sortie de prison, le vendredi 26 septembre 1997, les présidents Chirac et Eltsine ont signé un accord de collaboration pour la fabrication du MIG-AT qui a été faite avec les deux sociétés que j'ai réussi à imposer au constructeur russe MAPO-Mig : la Snecma pour les moteurs et Sextant pour les composants électroniques (« l'avionique »).

Même encore meurtri par la prison, ça m'a fait plaisir parce que j'y travaillais depuis... disons très longtemps. Pour y arriver, j'ai dû réconcilier General Electric et la Snecma, j'ai dû forcer les gens à se rendre compte de l'intérêt que ça représentait pour eux, j'ai dû plaider la cause de cet avion auprès de beaucoup de « décideurs », j'ai dû... mais pourquoi perdre mon temps à expliquer tout ce que j'ai dû faire ? Mettons que ce résultat est mon dernier succès... en date, mais il y en aura d'autres, puisque je travaille déjà sur autre chose et que ça me prend tout mon temps.

C'est pourquoi, à mon grand regret – et ce n'est pas juste une formule – je vais terminer mes histoires ici.

Il y a peut-être des gens qui se demandent de quoi je parle, de quoi j'ai parlé au juste ? De ma « carrière » ? De mon innocence ? Je ne sais pas. Sans le faire exprès j'ai parlé de moi plus que de mon sujet, qui était initialement « *Pourquoi on m'a jeté en prison et pourquoi je n'aurais jamais dû y être* ». À ceux qui m'auront lu, il est un peu tard pour dire « croyez-moi sur parole », mais je le dis quand même. J'ai engagé des procès, s'ils ne me croient pas, qu'ils viennent aux audiences.

Je ne voudrais pas que vous vous trompiez : les requins, je les repère, mais je n'en suis pas. Et c'est à la fois par goût et par choix.

Peut-être n'avez-vous pas plus de préjugés que moi, et qu'a priori vous croyez ce qu'on vous dit ? Moi, récemment encore, je me suis fait avoir, je donne trop facilement ma confiance, mais j'ai été tellement gagnant dans ma vie que je ne dramatise jamais très longtemps. Passer sa vie à se méfier, ce n'est pas une vie. Et puis j'évite quand même pas mal de coups fourrés, grâce à une espèce de sixième sens qui a mis du temps à se développer mais qui commence à fonctionner (il est temps !).

C'est un peu comme au volant sur les longs trajets, quand tout le monde croyait que je m'endormais, alors que moi je repérais déjà comment dépasser ces deux voitures de sport qui luttaient entre elles et qui toutes deux étaient mal conduites. Plus ça va, mieux je choisis mes amis. J'aurai attendu quand même un peu longtemps, mais il n'est jamais trop tard.

Un dernier mot. Écrire ce livre a été long et difficile, mais ne m'a pas déplu, loin de là. Je crois même que j'ai ressenti des choses que je n'avais pas souvent ressenties. Je ne me doutais pas que je ferais un si long voyage dans le passé, que je revivrais tant de choses. Je croyais que réfléchir si longtemps à sa vie, la revoir, c'était réservé aux professionnels ou écrivains, qu'eux seuls pouvaient se permettre ces longs voyages dans le temps, d'où on revient changé... ou pas, mais en tout cas fixé sur soi.

J'ai donc pu me revoir, et j'ai bien regardé dans tous les recoins de ma petite tête, j'ai bien fouillé partout, de la cave au grenier, et j'ai la chance de pouvoir dire que je n'ai rien découvert de sale, ou de moisi. Ce qui était jauni avait son charme. Après cette inspection, j'estime que la « maison Guelfi » est en bon état, qu'elle n'a à rougir de rien. Je n'ai rien retrouvé que j'aurais caché et oublié, je n'ai rien survolé très vite de peur de tomber sur quelque chose de douteux, jeté ou planqué dans le coin d'une cave. Ça ne m'a pas surpris, mais j'en ai été content, j'ai refait connaissance avec moi-même. Ça valait le coup.

Vous allez voir à quel point : la plupart des gens que j'ai rencontrés regrettent l'insouciance de la jeunesse, mais pour rien au monde ils ne voudraient revivre leur vie. Je l'ai constaté très souvent, posez la question autour de vous, vous verrez bien. C'est sans doute que la vie en général a plus de mauvais que de bon. Eh bien moi j'avoue que si je devais *tout* recommencer, et *exactement* de la même manière, avec les *mêmes* moments, les bons et les mauvais, *y compris mes trente-six jours de prison*, je signe tout de suite. Quand vous aimez la vie à ce point-là, elle vous le rend toujours.

Je remercie, sans ironie, Mme Joly de m'avoir involontairement donné l'occasion d'écrire ces sortes de Mémoires. Ça va permettre à mes amis, aux gens bien que j'ai connus, aux lecteurs de bonne foi, de ne pas garder de moi l'image qu'en ont donnée certains journaux. J'ai assez vécu pour savoir une chose : quand on vous dit du mal de quelqu'un, ne pensez pas à celui dont on vous dit du mal, regardez plutôt celui qui parle.

Je ne vais pas vous quitter sans vous raconter cette dernière anecdote (vraiment la toute dernière, c'est promis) : après mon grave accident en compétition, à Reims, j'ai fait beaucoup de natation dans la piscine d'Oustau de Baumanière, ça m'a fait un bien fou, et dès que j'ai pu reprendre la culture physique, j'ai commencé à assouplir mon dos, et très vite ça allait beaucoup mieux. Quand je me suis senti guéri, en forme, j'ai demandé un rendez-vous au directeur de la compagnie d'assurances. Vous vous souvenez du faux jeton qui croyait que je ne remarcherais plus jamais ? celui qui m'avait pressé d'accepter son fameux chèque forfaitaire de 35 millions de l'époque ? C'était lui. Je ne l'avais pas oublié. Je voulais prouver à ce charognard qu'il ne faut pas enterrer les gens trop vite, alors j'entre dans son bureau en lui demandant :

– Comment ça va ?

Il est si stupéfait de me voir marcher (et sans béquilles, en plus !) qu'il en reste sans voix. Je m'avance vers lui, tout sourire et, sans plier les jambes, je touche à trois reprises le bout de mes chaussures avec mes mains, pour qu'il se rende compte que tout va bien pour moi.

Là-dessus, je m'incline poliment, et je me retire sans ajouter un mot.

Permettez-moi – la moquerie et les salamalecs en moins mais avec mes remerciements en plus – de faire la même chose maintenant.

ANNEXES
et
NOTES

I

À propos de ces documents – et surtout de cette note interne retrouvée récemment établissant la répartition exacte des 20 millions de dollars, et transmise à Mme Eva Joly – quelques explications.

Courant 1990, Firmin Fernandez qui, au nom de la société Sulina, faisait du lobbying au Venezuela afin de décrocher un marché de pétrole pour Elf, est passé me voir dans mes bureaux de Genève. Il m'avait averti qu'il viendrait, mais n'avait pas précisé l'heure. J'étais absent et il a été reçu par Roland Trachsel, qui est au courant de toutes mes affaires. M. Trachsel rédige une note à mon intention où sont consignés les désirs de Fernandez pour la répartition des commissions (voir fac-similé pages suivantes).

Cette note dit quoi, en clair ? L'ayant droit m'avise que l'on doit recevoir pour le compte du contrat Sulina la somme de 20 millions de dollars, et qu'il me donne l'ordre de dispatcher de la façon détaillée plus loin, à part les 10 millions de dollars en faveur de Sulina. Le reste a été distribué comme l'indique cette note interne.

Pour que Elf débloque sa première tranche de 20 millions de dollars, Fernandez attendait un document venant du Venezuela. Un papier qu'il va falloir attendre plus d'un an, quinze mois exactement ! Fernandez était tombé en plein coup d'État, ou je ne sais plus quelle embrouille politique, d'où ce retard. En attendant, j'ai demandé à Graziella, chef secrétaire de ma fiduciaire Orgafid, de communiquer cette note à la banque pour qu'elle soit prête à répartir l'argent quand Elf le mettra sur le compte de ma société Blue Rapid. Quand ce virement a été annoncé, j'ai demandé à Roland Trachsel si tout était en ordre. Il m'a, par prudence, conseillé d'obtenir de Sulina et de la banque un certificat attestant qu'aucun salarié de Elf n'était le bénéficiaire de ces commissions.

On a obtenu ces papiers qui démontrent notre prudence et notre bonne foi. Ce n'est pas moi, ni un de mes collaborateurs qui a communiqué à ma banque les numéros de compte correspondant aux initiales données par Fernandez. Par ailleurs, Sulina m'avait donné un pouvoir pour agir ici en son nom. C'est dire si cette opération était encadrée. Je n'étais vraiment qu'une salle de transit. Si incroyable que ça puisse paraître *aujourd'hui*, à l'époque je n'ai pas imaginé que « LLFP » correspondait à Le Floch-Prigent, ni que Fatima était le prénom de sa femme (je ne savais *rien* de sa vie privée, ni même s'il était marié, et si oui, avec qui !).

Et pour une bonne raison : je ne connaissais pas ces gens, je ne les avais jamais rencontrés ! Je ne les ai connus qu'après, quand j'ai vraiment repris la suite de Mathieu Valentini.

Idem pour André Tarallo, compagnon de promotion de Chirac à l'ENA, éminence grise du groupe Elf. C'est Dominique Colonna, ancien gardien de but de l'équipe de France de football et du Stade de Reims – et ancien du Coq sportif, où il avait été mon employé – qui me l'a présenté en 1991, le jour des obsèques de Mathieu Valentini (mort d'un infarctus alors qu'il n'avait pas encore cinquante ans, je crois !). Ce n'est que huit mois après que je l'ai revu, mais je n'ai jamais eu à discuter mes contrats avec lui. Je ne l'ai jamais vu avant. Quand Mathieu Valentini est mort, je lui ai succédé sans connaître personne.

Même chose pour « AS », Alfred Sirven : je ne l'ai connu qu'en juin 1993 quand il a été nécessaire de prolonger de deux ans le contrat Sulina, ce qu'il a fait sans difficulté dans ses bureaux, au 12, rue Christophe-Colomb, près des Champs-Élysées. C'est la seule fois où je l'ai vu pour affaires, et plus généralement je le voyais le plus rarement possible : il sentait vraiment trop la fumée (c'était un gros fumeur de cigare) et ça me rendait malade.

Et même ! Même en supposant que je les connaissais tous déjà depuis l'enfance, je n'y aurais jamais fait attention ! Je n'aurais jamais imaginé que quelqu'un voulant déguiser ou cacher son nom choisisse ses propres initiales ! Ça m'aurait paru si gros que je n'aurais jamais fait le rapprochement. D'ailleurs, à cette date-là, ça ne me regardait pas, du moment que l'affaire était nette, et pour moi elle l'était (je le redis : j'ai demandé tous les papiers nécessaires pour me rassurer sur ce point), je devais dispatcher, je dispatchais, c'est tout, puisque tout était en ordre...

Ce n'est qu'après coup que cette affaire nous est peu à peu apparue bizarre, que nous avons commencé à faire le rapprochement avec ces initiales, et la preuve en est que nous avons refusé dès lors de répartir l'autre tranche de 20 millions de dollars qui était prévue.

Un détail : avant d'effectuer cette première répartition, j'avais écrit une lettre à M. Mitterrand pour le prier de me faire rencontrer Le Floch-Prigent, à propos de marchés que je pouvais trouver pour Elf.

Même en supposant que j'aie « la mémoire qui flanche », cette preuve que je ne l'avais encore jamais rencontré aurait été un bon aide-mémoire.

Fac-similés des quatre pièces jointes :
- la note interne rédigée par M. Trachsel ;
- l'attestation de l'Union bancaire privée ;
- la procuration de Sulina ;
- la note de Figepla.

Note pour AG

Monsieur FF est passé cet après-midi pour vous rencontrer et en votre absence je l'ai reçu.

Il m'a fait savoir que suite à la réunion qu'il venait d'avoir à la Tour (Elf), il partait sur Caracas pour obtenir un document réclamé par Elf.

A la remise de ce document, il a reçu l'assurance que les 20 millions de dollars à valoir sur le contrat Sulina seront immédiatement versés sur le compte qu'il a remis à JH.

Dès réception de ces 20 millions de dollars, il vous demande d'exécuter les instructions suivantes :

1. Verser US$ 10'000'000.-- en faveur de Sulina
2. US$ 2'500'000.-- en faveur de LLFP
3. US$ 2'500'000.-- en faveur de AS
4. US$ 2'500'000.-- en faveur de suite MV (affaire Afrique)
5. Placer les US$ 2'500'000.-- restants en attendant l'approbation des relevés factures avions, séjours, etc. La différence devra être réservée à Fatima.

FF vous demande de lui téléphoner au 00331 450 33 675 ou au 00582 28 42 737 pour qu'il vous transmette les données exactes pour chacun des bénéficiaires.

CBI-TDB UNION BANCAIRE PRIVÉE

GENÈVE

Genève, le 26 juin 1992

ATTESTATION

Selon les indications qui nous ont été fournies par les représentants de la société SULINA ENTERPRISES INC., Panama, les bénéficiaires économiques des montants versés à SULINA ENTERPRISES INC. ne sont pas, à leur connaissance, des collaborateurs ou des filiales de la société ELF AQUITAINE.

Ces renseignements sont donnés à titre strictement confidentiels et ne sauraient engager la responsabilité de la banque.

UNION BANCAIRE PRIVEE

96-98, rue du Rhône · Case postale 1320 · CH-1211 Genève 1 · Tél. (022) 737 21 11 · Télex 415 423 · Fax (022) 786 08 10

PROCURATION

Nous, soussignés, Sulina Enterprises Inc., 53rd Street, Urbanizacion Obarrio Torre Swiss Bank, 16th Floor, Panama, donnons par la présente, tous pouvoirs à

Monsieur André Guelfi, 20, Avenue de la Gare, Lausanne

pour signer en notre nom, une convention entre la Société Nationale Elf Aquitaine, selon modèle ci-joint et déposer ladite convention auprès de la Canadian Imperial Bank of Commerce (Suisse) S.A., Genève et, à cet effet, faire tout ce qui s'avèrera utile et nécessaire.

Le 2 juillet 1991

SULINA ENTERPRISES INC.

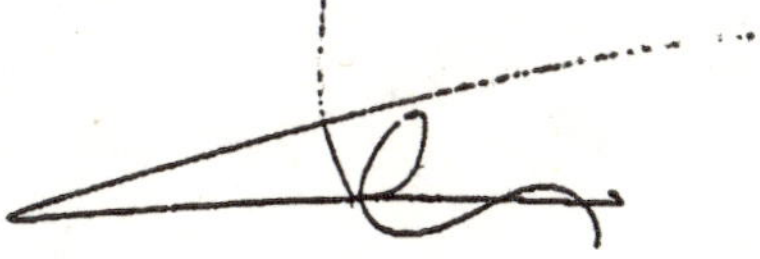

FIGEPLA SA
Fiduciaire de gestion et placements

A QUI DE DROIT

Conformément au devoir de diligence qui nous incombe, nous confirmons par la présente que les bénéficiaires économiques ultimes des montants versés à SULINA ENTERPRISES INC., Panama sont des personnes physiques ou morales qui n'ont aucun lien économique ou juridique avec la SOCIETE NATIONALE ELF AQUITAINE ou l'une de ses filiales.

FIGEPLA SA

Pierre MULLER

Avenue Dapples 17, 1006 Lausanne
Case postale 169, 1000 Lausanne 13
Tél (021) 617 02 34 Fax (021) 617 02 37

II

J'ai donc écrit à MM. Foccart, Soustelle, et Frey : je leur ai demandé de déclarer clairement que je ne les connaissais absolument pas, et je les ai prévenus que sinon j'allais moi-même faire une déclaration à la presse dans ce sens. C'était fin janvier 1980.

Ils m'ont heureusement répondu tout de suite, pour reconnaître qu'ils ne me connaissaient pas.

Certains journalistes étaient même allés jusqu'à me faire passer pour un « barbouze », on a parlé de moi dans un livre, *B comme Barbouze*, qui aurait mieux fait de s'appeler « C comme Conneries ». Sur les conseils de mon avocat de l'époque, j'avais laissé courir mais aujourd'hui je me rends compte que j'ai eu tort. J'aurais dû mettre le holà tout de suite.

À la lecture de ce livre, j'espère qu'il ne restera pas un lecteur qui croira encore à ces racontars sur moi – ou alors c'est que je me serais mal expliqué, et je fais en sorte que ce ne soit pas le cas.

Voici toujours, donc, les fac-similés des lettres de MM. Foccart, Frey, et Soustelle.

Évidemment, on peut toujours dire que ce ne sont pas des preuves. Tout le monde peut faire une lettre de complaisance. Alors que faire ? Je montre ce que j'ai, si ça ne suffit pas, je n'y peux rien. Les faits sont têtus, mais l'absence de fait l'est encore plus car s'il y a toujours l'ombre d'une chance de prouver quelque chose *qui a été fait*, il n'y en a aucune de montrer *matériellement* ce qui n'a jamais existé.

Reçu le 11 FEV. 1980

JACQUES FOCCART

154/80

PARIS, le 6 Février 1980.

Monsieur,

J'ai bien reçu votre lettre du 31 Janvier ainsi que la copie de la lettre que vous adressiez à M. Roger FREY.

C'est bien volontiers que je confirme que je ne vous ai jamais rencontré sauf peut-être dans des réceptions au cours de mes nombreux déplacements en Afrique et en tous cas nous n'avons jamais effectué de voyage ensemble.

Veuillez agréer, Monsieur, l'assurance de mes sentiments distingués.

Monsieur André GUELFI
Avenue de la Gare 20
1003 LAUSANNE

L'original

Reçu le 15 FEV. 1980

JACQUES SOUSTELLE
85, Avenue Henri Martin
75016 - PARIS

PARIS, le 12 Février 1980

Monsieur André GUELFI
Avenue de la Gare 20
1003 - LAUSANNE
(SUISSE)

Réf : JS/CM - N° 115

Monsieur,

J'ai bien reçu votre lettre du 31 Janvier.

En réponse, je tiens à préciser que je n'ai pas l'honneur de vous connaître, non plus d'ailleurs que Monsieur Jacques REITZER, et que je n'ai jamais été en communication avec vous.

Les conditions de mon départ de Genève pour Alger en mai 1958 sont bien connues : j'ai pris place le 17 mai à bord d'un avion de la Compagnie BALAIR affrété par le général de Bénouville, qui m'accompagnait. Cet appareil a accompli un vol sans escale de Genève à Alger (aéroport de Maison-Blanche).

Il n'a jamais été question que j'utilise l'avion d'une personne privée et votre nom n'a jamais été mentionné à cette occasion.

J'ignore tout des allégations vous concernant auxquelles vous faites allusion et je n'ai par conséquent à me prononcer sur aucune de celles-ci.

Veuillez agréer, Monsieur, l'expression de mes salutations distinguées.

Reçu le 1 : FEV 1980

CONSEIL CONSTITUTIONNEL

Paris, le 4 Février 1980 .

Monsieur,

En réponse à votre lettre du 31 janvier 1980, j'ai l'honneur de vous informer que le 13 mai 1958 j'étais à Paris et que par conséquent je ne pouvais être dans un avion à destination de la Corse en compagnie de M. Jacques FOCCART et de vous-même .

Veuillez agréer, Monsieur, l'expression de mes sentiments distingués .

R. Frey

Roger FREY

Monsieur André GUELFI
c/o. ORGAFID
20, Avenue de la Gare
1003 LAUSANNE

Fac-similé de la lettre de Mme Fatima Oufkir.

Attestation

Je soussignée, Fatima, Chenna, OUFKIR, née le 04-02-1936, demeurant au 7 Villa Dancourt - 75008 Paris, certifie sur l'honneur que les informations parues, dans la presse et en particulier dans le livre « Forages en eaux troubles - Les secrets de l'affaire Elf » indiquant que Monsieur André GUELFI se serait approprié la fortune prétendue du Général OUFKIR sont totalement fausses et dénuées de tout fondement, de sorte qu'il n'a jamais été question pour moi-même comme pour les membres de ma famille de réclamer quoique ce soit à monsieur André GUELFI.

Je tiens à préciser que le Général OUFKIR n'a jamais fait aucune affaire, ni transaction financière avec Monsieur A. GUELFI, ni avec aucune autre personne.

Je tiens également à dire que, non seulement, les déclarations sont mensongères, mais bien au contraire, Monsieur A. GUELFI est l'une des rares personnes à m'avoir aidé à ma iibération et je lui en suis reconnaissante.

Je sais que cette attestation est faite en vue de sa production en justice et que toute fausse déclaration m'exposerait à des sanctions pénales.

Fait à Paris, le 24 juin 1998.

IV

Fac-similé de la lettre de M. Jaffré.

elf

Paris, le 18 août 1993

Le Président
93.047

Monsieur le Président,

J'ai l'honneur de porter à votre connaissance que le Conseil des Ministres de la République Française m'a nommé le mercredi 4 août 1993, Président de la Société Nationale Elf Aquitaine, sur proposition du Conseil d'Administration pour succéder à Monsieur Loïk LE FLOCH-PRIGENT qui vient d'être nommé Président de Gaz de France.

Je profite de la circonstance pour exprimer le voeu que les relations nouées entre le Groupe Elf et votre pays se traduiront par la poursuite de notre coopération dans des conditions mutuellement avantageuses.

Je vous prie d'agréer, Monsieur le Président, l'assurance de ma très haute considération.

Philippe JAFFRE

Son Excellence, Monsieur Islam KARIMOV
Président de la République d'Ouzbékistan

V

Fac-similé des deux premières pages de la plainte que j'ai déposée contre Elf Aquitaine.

SECOND ORIGINAL

ASSIGNATION

devant le Tribunal de Commerce de PARIS

L'an mil neuf cent quatre vingt dix huit, et le Vingt Neuf MAI

A LA DEMANDE DE :

- **La société BLUE RAPID Inc.**
  Société de droit panaméen
  inscrite sous le registre 99452 - 9712, créée le 26 Octobre 1982
  au capital de 10.000 US dollars
  dont le siège est 20 avenue de la Gare - LAUSANNE - SUISSE

  agissant poursuites et diligences de son représentant, M. André GUELFI

Ayant pour Avocat :

La SCP SONIER & ASSOCIES
Avocat au Barreau de PARIS
demeurant 69 avenue Victor Hugo - 75116 PARIS
Tél. 01.45.02.17.17 Toque P.175
Fax. 01.45.01.26.65

Elisant domicile en son Cabinet

[illegible]
Huissiers de Justice Associés
8. Avenue Ch. de Gaulle
[illegible]

Maître
Huissier de Justice
demeurant

SCP Simon NADJAR, Carole LEBAILLY-NADJAR, Claire RICHARD,
Frédéric NADJAR et Florence HUGUET-JOANNOU,
Huissiers de Justice Associés, 14, Av. Charles de Gaulle,
92200 NEUILLY S/SEINE, par l'un d'eux soussigné

A L'HONNEUR D'INFORMER

- **La SOCIETE NATIONALE ELF AQUITAINE** devenue SA ELF AQUITAINE.
  Société Anonyme au capital de 13.765.420.500 F
  immatriculée au RCS de NANTERRE sous le numéro B.552.120.784
  dont le siège social est Tour Elf - 2 place de la Coupole - LA DEFENSE 6 - 92400 COURBEVOIE

prise en la personne de ses représentants légaux domiciliés de droit audit siège

Comme dit en la signification de l'acte

Qu'un procès lui (leur) est intenté, pour les raisons ci-après exposées, devant le Tribunal de Commerce de PARIS (1 quai de Corse - 75004 PARIS), et qu'il(s) elle(s) est (sont) convoqué(e)(s) à comparaître à l'audience du :

15 Juin 1998 à 14 heures (1ère Chambre)

Il est rappelé au(x) destinataire(s), conformément aux articles 56 et 853 du Code de Procédure Civile :

Que les parties se défendent elles-mêmes ou qu'elles ont la faculté de se faire assister ou représenter par toutes personnes de leur choix ; que leur représentant, s'il n'est Avocat, doit justifier d'un pouvoir spécial.
Que faute de comparaitre ou de se faire représenter, elles s'exposent à ce qu'un jugement soit rendu contre elles sur les seuls éléments fournis par leur(s) adversaire(s).

VI

Liste des entreprises introduites en Ouzbékistan.

1.	A.V. Consultants	Tourisme
2.	ARCOMAT	Maisons individuelles
3.	ALTERNATIVE	Loterie
4.	AÉROSPATIALE	Aéronautique
5.	AMCA CHIMIE PLASTIQUES	Chimie
6.	ALBERT MONCEAU	Agro-alimentaire
7.	BOUYGUES	BTP
8.	BEGUIM	Commerces
9.	COMITÉ OLYMPIQUE INT.	Sport
10.	C.P. TRANS	Transport
11.	Cie GÉNÉRALE des EAUX	BTP-services
12.	CALLIOPE	Pesticides
13.	Cie des LEVURES LESAFFRE	Agro-alimentaire
14.	COGEMA	Minerais
15.	CRÉDIT COMMERCIAL de FRANCE	Banque
16.	DELEPLANQUE & Cie	Sucre
17.	DREYFUS	Matières premières
18.	DUMEZ	Construction
19.	EURALAIR	Aviation
20.	ERSUC	Sucre
21.	ELIG	Commerces et duty free
22.	ELF	Pétrole
23.	FEAL	BTP-hôtellerie
24.	F.C.B.	Sucre
25.	GENERAL ELECTRIC	Aéronautique
26.	INTRAVEN	Matériel aéronautique et naval
27.	INTER SPRING	Agro-alimentaire
28.	KELT ÉNERGIE	Pétrole
29.	OTV	Traitement des eaux
30.	SNECMA	Aéronautique
31.	SAUR	Traitement des eaux
32.	SEXTANT AVIONIQUE	Aéronautique
33.	SOFINFRA	Équipt. aéroportuaire
34.	SUCDEN	Sucre
35.	TECHNIP	Ingénierie
36.	THOMSON	Électronique
37.	TURBOMÉCA	Aéronautique
38.	UNITRAC	Coton
39.	VALME	Minerais

Cet ouvrage a été réalisé par la
SOCIÉTÉ NOUVELLE FIRMIN-DIDOT
Mesnil-sur-l'Estrée
pour le compte des Éditions Robert Laffont
24, avenue Marceau, 75008 Paris
en mars 1999

Imprimé en France
Dépôt légal : février 1999
N° d'édition : 39959 - N° d'impression : 46249